高校体育文化教育研究

包娅　刘洋　著

中国纺织出版社

图书在版编目（CIP）数据

高校体育文化教育研究 / 包娅，刘洋著 . -- 北京：中国纺织出版社，2018.5

ISBN 978-7-5180-4175-6

Ⅰ . ①高… Ⅱ . ①包… ②刘… Ⅲ . ①体育文化—教学研究—高等学校 Ⅳ . ① G80-054

中国版本图书馆 CIP 数据核字（2017）第 252920 号

责任编辑：武洋洋　　　　责任印制：储志伟

中国纺织出版社出版发行

地址：北京市朝阳区百子湾东里 A407 号楼　邮政编码：100124

销售电话：010-67004422　传真：010-87155801

http：//www.c-textilep.com

E-mail：faxing@e-textilep.com

中国纺织出版社天猫旗舰店

官方微博 http：//www.weibo.com/2119887771

虎彩印艺股份有限公司印刷　各地新华书店经销

2018 年 5 月第 1 版第 1 次印刷

开本：787 × 1092　1/16　印张：16.375

字数：370 千字　　定价：78.00 元

前　言

文化既是一种社会现象，又是一种历史现象，体现出十分复杂的特征。体育文化作为文化的一种，也具有传承性与时代性。体育教育是高等教育的重要组成部分，是培养德、智、体、美全面发展人才必不可少的重要内容。体育文化作为人的身心健康和全面发展为目的的身体运动及其相关文化体系，其目的与教育的目的有不谋而合的相似点。

近年来，随着高等教育的不断发展，人们重新审视了学校课外体育活动和体育竞赛的作用和价值，期盼着丰富多彩的体育文化能走近校园，强烈呼唤变革和创新传统单一的校运会模式。在这种形势下，体育教学的内容和形式更加贴近时代的潮流和在校学生的需求，体育的内容和形式都有了很大的变化，很多兼具健身性和娱乐性的体育课程已经进入高校体育教学中，而且受到了大学生的欢迎，各种形式的教学形式在高校体育教学中蓬勃发展，呈现了良好的势头，促进了体育教学，丰富了高校体育文化形式，提高了高校学生参与体育文化活动的热情，培养了学生终身体育文化意识。

高等院校是培养高素质人才的摇篮，肩负着全面提高国民综合素质的重要任务。高等院校对学生的培养必须注重综合素质的全面提高。健康的体魄、全面的健身知识是新时期普通大学生必须具备的，但是大学体育的学时有限，这需要学校通过加强校园体育文化建设来弥补体育课堂教学的不足。校园体育文化教育一直是校园文化建设中重要的话题，《高校体育文化教育研究》从体育与文化理论概述、高校体育文化、我国大学体育文化演变分析、高校体育文化的交流与传播、高校体育文化建设、体育运动的人文价值、高校体育教学中传统体育项目、体育文化遗产的传承与保护等九个部分，引用各种案例，运用文献资料、数据调查、逻辑推理的方法，以体育文化理论为出发点，对高校校园体育文化的模式、历史演变、传播交流以及传承与保护，尤其对体育运动的人文价值等诸多问题进行了讨论和分析，并根据发展的趋向，运用国内外经典案例提出新时期高校校园体育文化建设的方向。

本著作由汉口学院的包娅和刘洋编写，包娅负责编写第六章、第七章、第八章和第九章（共计约 18.5 万字）；刘洋负责编写第一章、第二章、第三章、第四章和第五章（共计约 17 万字）；最后由包娅和刘洋共同统稿完成。

编　者

2018年 1月

目　录

第一章　体育与文化理论概述

毛泽东主席曾说过“身体是革命的本钱”。现代社会各方面都在不断地进步，对人才的要求也越来越高，竞争可以说无处不在，而且越趋强烈。一个人要想在当今这个社会更好地生存下去，首先得有一个强健的体魄。尤其对大学生而言，身体就是他们服务社会的本钱，因此一个强健的体魄使我们能在不同的社会生活环境、自然环境（特别是艰苦的环境）中独立生存下去，这对自身的生存和发展是非常重要的。

第一节　文化的定义与发展

一、文化的定义

人类从野蛮到文明，靠文化进步；从生物的人到社会的人，靠文化教化；人们千差万别的个性、气质、情操、风格也靠文化培养。人们全部生活的意义及存在价值都离不开文化。今天我们正在建设一个具有中国特色的、现代化的和谐社会，也必须从现存的文化基础出发，去开创新的历史格局。

1. 什么是文化

“文化”一词的社会学含义，是19世纪后期和20世纪初期随着社会学、人类学而赋予的。最初只是把它定义为：“以广泛的民族意义而言，……文化或文明乃是一复杂的整体，包括知识信仰艺术道德法律风俗即作为社会成员的个人而获得的任何能力与习惯”（E. B. Tylar ：《原始文化》）后来又被补充修正为：文化是一种复杂体，包括实物、知识、信仰、艺术、道德、法律、风俗和习惯（M. M. Willey ：《社会导论》）。通常而言，文化有狭义和广义两种含义：狭义的文化主要是指人类社会意识形态及与之相适应的制度和设施；广义的文化指人类所创造的物质财富和精神财富的总和及其创造过程。严格地说，“文化”一词是一个发展变化的概念。在中国古籍上，文化主要指文化教化，与武功相对立。在西方，文化一词来自拉丁文“cultura”，主要是指耕作、培养、教育、发展出来的事物，是与自然存在的事物相对应而言的。随着历史的演变，文化一词在不同的时期，其含义也有所变化。

2. 文化的性质

根据文化的定义，可以看到文化具有非遗传性和超个人性，文化还具有复合型和象征性。就文化的时间和空间存在而言，还具有以下的社会学特点。

（1）文化的继承性

人类的文化，随着物质生产和人口生产的发展，是具有历史的连续性的，甚至是可以形成传统的。文化的继承性，使文化成为一个整体，而非散漫无规则的无序状态。由于文化的继承性，同一民族在不同的时代，总会有共同的东西。这就使文化因素具有超时代性。对文化的继承过程，也就是文化的过程。文化的继承是有选择的、批判性的。在文化继承的过程中，人们总是批判传统文化，有选择地继承。我国体育文化具有悠久的历史，各种养生导引术，武术技击，民间游戏娱乐等，经历了几千年的承袭、发展、演变、成为当今世界体育文化中的瑰宝，充分证明了文化的继承的存在，也充分证明中华民族是世界上文化传统最优秀的民族之一。以奥林匹克运动为代表的欧洲竞技体育，在古代延续了 1 000 年，共举行了 293 届奥运会。由于战争等原因，古代奥运会被迫中断。但在约 1400 年后，近代奥运会又重新勃起，这虽然是一种间接的继承，然而正好说明，凡是一种进步的文化，总会得到历史的承认，而被继承下来。现代奥运会已经举行 28 届，可以遇见它的生命力一定会大大超过古代奥运会。

（2）文化的时代性

有本书曾经这样说过，一定时代有其一定的特点，这一定的特点必然导致一定的发展规律和一定的发展方向，也正是在这个时代的发展规律和发展方向中，这个时代才充分表现出来。文化的时代性要反映这个时代的特点，必须表现这个时代的发展规律和发展方向。的确如此，每个时代都有不同于其他时代、特殊的物质生产方式、特殊的人与自然的关系（在阶级社会中就是特殊的阶级关系）。因此文化也具有特殊的性质。事实上任何文化的发展都不是一成不变的，都具有一定的时代特点和差异。时代的经济和政治变动得越激烈，这种特点和差异就越明显。然而，在同一时代里，并非每一种文化都具有时代性。应该严格区分这两种文化，既反映时代精神、具有时代性的文化和不具有时代性而只具有时代烙印的文化。只有这样才能把握文化的发展方向。体育运动的时代特征是十分鲜明的。例如，古代奥运会进行的项目主要是田径、摔跤等个人项目，那是在希腊奴隶制走向民主政治，提倡个性解放时代的必然产物。而到了 20 世纪的现代奥林匹克，则越来越多地增加了集体项目，如球类比赛等，深刻地反映出了工业大生产条件下的一种新型人际关系。现代奥运会是全世界 200 多个国家和地区参加的体育盛会，而古代奥运会只不过是古希腊一些城邦参加的地区运动会。由于国际政治、经济、文化、科技的飞速发展，现代奥运会所代表的竞技体育，几乎在每十年中，甚至每一届奥林匹克运动会的四年之间，都可以看出新的时代特征。

（3）文化的民族性

每个民族的文化都有着不同于其他民族文化的特点，这就是文化的民族性。任何形态的民族文化，都是从本民族的特点而形成和发展的。它把本民族凝聚为一个整体，具有独特的民族个性和社会心理意识。每个文化所蕴藏着的，并从多发面显示出来的这些特征，是有不同的地理环境、人种特点、生产条件、社会结构造成的。每个民族都是一个世界，其内部由于阶级、阶层、职业、信仰等的种种差异，各色人等的文化心理呈现复杂的状态。然而，一个民族总是有共同的历史渊源，承接着大体一致的文化积淀，因而每一个民族往往又带有倾向性的心理素质和文化特征。不重视文化的民族性，抛弃文化的民族个性，就会陷入民族虚无主义。但是，过分强调文化的民族性，无视文化的世界性，这都是不可取的。体育运动的民族性十分强烈。我国56个民族各有自己的民族体育形式，如傣族的泼水节，苗族的踩花节、侗族的三月三、白族的三月街、朝鲜族的荡秋千、藏族的春节、蒙古族的那达慕、宁夏藏族的响浪节，黎族的火把节，都有多姿多彩的民族传统体育。全世界两千多个民族更是以各种各样的体育活动形式和内容，组成了一个蔚为壮观的体育大千世界。

（4）文化的世界性

在当今世界，任何一种文化，都是属于全人类的，纯粹的、独立的民族文化是不存在的。现代人类学的研究成果证明各民族的文化，其实是大同小异的。文化的世界性表现在以下两个方面：其一，文化是可以通过各种传播媒介传到世界各个角落中去的人类绝大部分文化形式都可以在各民族中相互沟通。正是因为这个缘故，文化中存在着大量的冲突、交流、选择、融合等现象。体育运动是一种最便利的条件、这就是构成体育运动国际化的一个重要因素；其二，文化财富为全人类所共有。任何一个民族所创造的物质文明和精神文明都是属于全人类的，任何一个民族文化都是世界文化的一部分，它或多或少于其他民族相互影响。越是接近现代，越是如此。文化的民族性和世界性之间存在一种辩证的关系。一个民族文化不仅应有与世界其他文化相同的规律和内容，而且应该有不同于其他民族文化的特殊的民族形式。一个民族的文化特征越鲜明，形式越独特，它对世界的文化的价值和意义越大。那进入世界文化宝库中的精品，都是具有鲜明的民族性的。没有鲜明的民族性的文化，世界文化也就不能存在。是否在各个民族文化冲突和融合、消化、吸收其他民族的优秀文化，并把自己民族的优秀文化传播到世界各国去，是衡量一种民族文化水准的标志之一。

（5）文化的阶级性

虽然文化多少带有某种程度的阶级性，但不能说一切文化现象都有阶级性，不能把文化的阶级性绝对化。那些揭示自然发展规律的自然科学、人体科学（包括体育科学中的部分内容），一般来讲不涉及阶级利益，往往是各阶级公认的，是没有阶级性的。然而，它的制度组织价值观念目的任务等方面则是有鲜明的阶级色彩的。在不同的阶级社会形态，体育呈现不同的特征，在同一阶级社会中，不同阶级的体育有着明显的差别，如在奴隶社会，奴隶主阶级是角斗场上的看客，而奴隶角斗士就只能充当相互残杀或与猛兽以死相拼的玩物。奴隶的命运掌握在奴隶主手中。文化的主体是人。在阶级社会中，人是分为不同阶级的，物质生产及其所造成的经济关系，正是通过对阶级关系的影响来左右文化。各种文化在不同形式上，从不同的角度，以不同的方式表现不同的阶级利益、感情和思想。

3. 文化的结构

在文化的大结构中，是分内外层次的。一般将它划分为三个层次，即外层的物的层次（物质层次），核心部的层次（心理的层次），中间的是心与物的结合的层次。（体制的层次）。文化的外层，即马克思所得“第二自然”或称对象化了的劳动。这个物质形态文化，不是任何未经人力作用的自然物，也不是指劳动的物质产品本身，而是指物质产品中所体现的人的行为方式和思维方式（如生产工具、技术、生活器物所体现的生活方式和情调等）。文化体现在所有的产品中却不就是产品本身。因此，科学技术也应该归属物质形态文化之中。

文化的中间层次，包括各种社会制度、社会关系、社会组织和有关社会的各种理论等。

文化的里层（核心层次），指的是文化心态，包括价值观念、思维方式、宗教情绪、民族性格、审美情趣、道德情操等等。应该指出的是，文化的三个层次是相互适应、相互联系的，由里向外表现出更为强烈的制约作用。因此，任何真正意义的革命或改革都必须以最里层文化心态的变革为最终的实现目标。

体育运动与上述三个层次的文化均有不同程度的联系。它既有物质技术层次，还有内在的价值观念、思维方式、审美情趣、道德情操等。因此，体育文化是一种多层次、内容极其丰富的文化形态。反映这个文化形态的体育科学、体育学也必定是复杂结构的综合体。

二、文化的发展

当我们回顾各民族体育发展的历史时，可以发现文化的运行有着惊人的相似之处，尤其是一百多年来的文化争论始终凝聚在两个焦点上，即历史性（纵向）的传统与反传统之争，和共时性（横向）的民族文化与国际文化之争。也就是说，可以把文化的四个特征中的传统与民族放在一极；时代与国际放在一极。

有人会说：“文化不就是我们从书上学习的知识，上学就能使我们成有文化的人。”也有人说：“文化是个很有内涵的东西，高深莫测，对于我们来讲触之不及的东西……”其实这些对文化的理解都有失偏颇。文化不仅是知识，更是一种精神追求。“腹有诗书气自华”，它的内涵与外延是相通的，如同太阳以它内心的炽热表现出外在的光辉。但同时文化又是深深植根于我们每个人的心中，就像空气一样，无时无刻不围绕在我们的身边，体现在我们每个人的精神风貌上。

打开历史的画卷，纵览千年风尘，回忆朝代更迭，我们不难发现，中华文化不断地变更发展。在几经改变之后，多数在今天似乎已经面目全非，但我们依然喜爱李杜的诗，唐寅的画，松龄的小说，孔老夫子的警言。当今世界，各个国家、各个民族的文化正在相互交融，相互撞击。各国经济政治生活中的摩擦，更多在表现在文化的冲突。美国之所以成为超级大国，除了其经济军事势力没有一个国家，或者国家集团能够与之抗衡外，更主要的还表现在它的文化强势，虽然美国建国还比较短暂，其文化存在着粗俗一面，但其影响力和渗透力也是其他文化难以比拟的。战后的日本经济迅速崛起，早已是个经济巨人，但在工业革命中，日本几乎失掉了全部的民族文化，在世界舞台上，日本的声音及其国际影响力是很微弱，这让日本国人生活得非常压抑。

近年来，我们的政府比较重视现代文化建设，将它作为“软势力”纳入综合国力建设的重要组成部分。如何构建“大文化”战略，也成为当代中国社会建设的重大课题。中华传统文化也经历了无数辉煌：春秋时期是文化的勃兴期。从社会形态上看，农奴制布满了县邑，奴隶制相反没有得到充分地发展。在民族政策上，楚人把自己定位于夷夏之间，实行抚夷属夏的国策，对所灭之国，迁其公室，存其宗庙，限其疆土，抚其臣民，用其贤能。充分昭示了文化的个性与气魄。战国时期是文化的鼎盛期。铜器生产登峰造极，铁器运用普遍推广，丝织刺绣兴旺发达，漆器木器应运而生，城市建设欣欣向荣，物质文化达到了顶点。特别是此时的精神文化大放异彩，给予后世巨大的启迪，从哲学到文学，从字画到乐舞，无不独风骚，彪炳千秋。政治社会体制、民族文化心理，日常生活方式等趋于成熟定型，使楚文化真正成了千百年来为人们津津乐道。秦汉之际为文化的转变期。秦国灭掉楚国，并排斥楚文化，使文化遭受重大打击。汉武帝独尊儒术后，成为新的汉文化的组成部分。魏晋南北朝时期，农业文明与游牧文明在民族迁徙、冲突中互相交流和融摄，北方世族南迁，促进了南方文化的发展，南方文化又回流北方，实现了南北文化的沟通。同时，玄学从儒、释、道争论中诞生，各民族文化风习也在战乱中薪火相传，可谓中国文化内部冲突与融摄的阶段……

一个民族失去了自己的文化传统，就难以屹立于世界民族之林。一个文化没有创新的民族，就失去了精神支柱和前进的动力，最终断送国家民族的前途与命运。我国拥有着56个民族，也就有56种不同的文化，但因为彼此的尊重与交流，形成了中华民族的大家庭。世界各国如果文化与文化间没有交流，只会造成误解甚至是仇视与敌视。在当今世界上，有多少人因不同文化不能相互理解，在制造着冲突与战争。

在文化的发展脉流中，现代文化离不开优秀传统文化的传承，我们必须从孔孟那里汲取阳光，从李杜那里获得雨露，从屈原那里丰盈血脉，从鲁迅那里强健筋骨，唯有如此，我们的现代文化之树方能根繁叶茂、参天挺立。文化只有慎重的选择，才有更美好、更丰富的内涵。有人说现在是知道“周迅”的人越来越多了，知道“鲁迅”的越来越少了；知道“关之琳”的越来越多了，知道“卞之琳”的越来越少了；知道“马克”的越来越多了，知道“马克·吐温”的越来越少了；知道“比尔”的越来越多了，知道“保尔”的越来越少了；知道“景岗山”的越来越多了，知道“井冈山”的越来越少了；知道“爱情”的越来越多了，知道“艾青”的越来越少了；知道“就要发”的越来越多了，知道“九一八”的越来越少了。文化的发展既需要创新，更需要传承。就如同我们生活，记住该记住的，忘却该忘却的，保留该保留的，淘汰该淘汰的。只有这样，千百年以后，人们才可以仍然记得鲁迅是如何用笔与当时的黑暗社会斗争；爱情依然是人们永恒的主题，而艾青的诗作依然被传唱；青年们带着保尔的精神，如同比尔一样去创业；海外的游子们对月举杯吟诵李白的诗。

现代文化，在发展中反思，在反思中茁壮，如同浴火的凤凰，在生命的涅槃中获得绚烂的完美。文化呈一种两极运动的规律。两极运动规律，就是指每个文化形态（包括体育文化）都是有两极对立动态的构成。两极对立或交替出现，或同时并存，并不断发生冲撞与抗击。双方都有相对立面反方向运动的趋势，而某一极又为另一极所牵制，因而在对立的两极中，便形成一种张力平衡。其效应就转化为文化发展的内部动力。正是这两极运动中，文化自身不断调节和新陈代谢，并向更为完善的高级形态演变。文化的发展是一种曲线运动，在两极之间摆动前进。历史越向未来发展，两极对立越是激烈，中间的张力越来越大。这种文化发展的两极运动是普遍的，必然的。文化的发展，既不会是全盘的民族本为文化，也不会是全盘的外来文化。因此，在我国只有掌握好批判地继承，批判的吸收，古为今用，洋为中用的方针，才能少走弯路，才能建设一个独具民族特色的先进的中国体育文化。可以这样说，民族文化是历史的必然，世界化是当今地球上各种文化的未来。在我们掌握中国体育文化体育发展的方向时，无疑应该持这种观点。

三、中国文化的特质

中国文化的特质如果仅仅以一个简短的篇幅来概括，是十分困难的，因为中国不仅幅员辽阔，而且有绵延五千年的历史，不仅有历史的、地域的、时代的、民族的阶级的多种差异，而且又包含进步、落后的、明哲的、愚昧的多种多样的文化因素和成分。因此，这里只能做一个简单的概括。

1. 统一性

中国文化在其历史文化发展的长河中，逐渐形成了一个以华夏文化为中心，同时汇聚国内各民族文化的统一体。这个统一体发挥了强有力的同化作用，在中国历史上任何时刻都未曾分裂和瓦解过，即使在内忧外患的民族存亡危急的关头，它仍能保持完整和统一。这一特质是在世界其他任何民族的文化中都难以找得到。这种传统性是中国人对自己的民族文化产生强烈的认同感，在对于各种文明的比照中，往往一眼就能认出自己文化的象征。中国人自始至终都在严守华夏文化的纯洁性、独立性和统一性。这已经成为中华民族性的重要特征。

中国文化的统一性对体育文化的影响是非常深广的。这不仅表现在中国体育活动的内容和形式上，而且表现在体育运动那种强烈的民族情绪和愿望上。这常常是其他文化系统所不能比拟。

2. 非宗教性（人文精神）中国文化的非宗教性

在西方，宗教传统直到现在任保持着强大的势力，并渗透到文化生活的各个领域，使西方文化带有浓厚的宗教色彩。而中国文化显然不具有这些特质。中国文化的这种非宗教性的品格特征，主要是由其浓厚的人文加精神决定的。西方体育文化与宗教有着密不可分的联系，虽着宗教产生，并随宗教传播，体育运动中附有许多宗教精神和思想。而中国体育文化则不具备这样的特征。

3. 连续性

中国文化是世界各种文化中唯一没有中断过的文化，表现出极其优良的传承性。这种特有的连续性，使中国文化具有牢固的传统，这种文化传统既是前进的一个起点，也是导致倾向保守的一条羁绊。因此，中国社会的发展常常在文化传统中获益很深，同时，而又不得不付出沉重的代价。中国的体育文化也具有很好的连续性。几千年来，虽有多次朝代更，经济兴衰，但体育文化始终一如既往，绵延至今。到了近代虽受到西方体育文化传入的影响，但其精髓始终保持了下来，并将发扬下去。

4. 乡土情谊

中国长期以来一直处于典型的农业社会之中，人们世世代代生活在同一块土地上，对自己的乡土人物有无限的眷恋之情。乡土中华民族的理解之情深深地灌注进中国文化之中，促进中文化的发展。这种乡土情谊经过升华，可以加强中华民族的凝聚力，培养团结共进和互助友爱的精神，是当代竞技体育在中国发展的一种重要推动力。中国运动员在国际比赛中获胜，不但国人为之振奋，还常常引起海外华人的热烈反响，就是这一特征的反映。

5. 泛道德性

中国文化中，道德对政治、法律、文学、艺术等（包括体育）都具有深刻的影响和重要的指导意义。道德的理性化发展，使之常有取代政治、法律而起作用的趋势。中国文化的泛道德性，常使体育娱乐成为教化民心的一种手段，即所谓的礼乐之治。有人曾专门研究中国古代的一些竞技运动规则发现，发现有四分之一以上的条款不是约束比赛本身，而是规范参与者的道德的。这一点与其他文化系统的体育有很大的不同。

6. 中庸和平

与其他文化系统相比较，中国人具和有和平文弱的性格，这是中国文化中庸和平特征的表现和反映。与西方的好战健斗相比，中文化不仅在人与的人的关系上，都表现出那种雍容、巽顺、和平、温良、宽柔的品格。中国人崇拜圣人超过崇拜英雄。中国历来奉行非侵略政策。然而这一特征，也导致了长期的重男轻女，文弱之风盛行。

中国文化的这一特征不利于体育文化的发展，这是中国古代体育长期发展受压抑，未能走向世界的重要原因。这一特征也抑制了学校体育教育的发生和发展，几千年来始终没有形成自己独立的体育教育形态。因为这一特征从根本上是扼杀人的竞争性的。因此，在中国竞技体育虽几度兴起，最终都几乎湮没。

第二节 体育文化的概述

一、传统体育的起源与发展

1. 传统体育的起源

体育是人类社会活动的内容之一，它同其他文化活动一样，起源于原始人的生产劳动和其他社会实践，并伴随着社会的进化不断地发展完善。体育的产生与发展决定于社会物质生活条件，首先决定于经济生产的发展，由于生产资料异常贫乏，生产力极为低下，所以原始体育形态对于经济的依赖性表现得更为突出和直接，其活动领域不仅与生产活动紧密联系，而且在原始社会人们的物质生产、生活的原始性的制约下，相应地表现得很狭窄。所以只能从生产活动及其他社会活动中间看到某些体育因素。随着原始公社制的发展，人类从生产劳动实践中所得来的认识、思想、感情等日益复杂，原始体育形态的内容和表现形式才逐渐丰富和多样化起来。并在人们对其逐步认识过程中，逐渐从生产劳动和其他社会实践活动中萌发出来。

在生产力低下的原始社会，人类为了生存，除制造和使工具从事劳动外，还必须依靠自身徒手的技能与大自然斗争，如奔跑、攀援、跳跃、搏击等技能最初是出自人类的本能活动，但随着生产力的发展，这些技能也逐渐成为有目的、有意识的活动。我国北京人居住过的洞穴遗址中，有数千计的鹿和马以及其他兽类遗骨。可双以推测北京人在用其制造的原始粗糙的木石工具进行狩猎的同时，也具有一定奔跑追逐的能力。从历史记载和近代一些原始部落的狩猎活动中也可以看出这种奔跑的萌芽。原始人采集、狩猎及居住活动等都离不开攀援。清代云南一些少数民族仍有巢居的遗俗。采集果实需要爬树，栖息在树上同样需要爬树，这就逐渐有了攀援的技能。北京人遗址中除大量的动物遗骸外，还有相当数量的被燃烧过的树籽。朴树籽是小球似的果实，食之有香味，是北京人通过攀援采集的主要果实之一。又如，台湾土番人当时处于“射飞逐走，殪獐杀鹿为事”的原始部落生活阶段，可见“攀藤援木”是基本活动技能。至今在一些少数民族中常见一种藤秋千，它是利用树上垂下的藤来摆荡而发展来的。这种藤秋千很可能就是从人类采集果实抓住垂藤摆荡而发展来的。

我国手搏技能的产生也与原始人徒手搏兽的生产技能有关。沧源崖画第七地点五区的画面上，就有两人与兽搏打的场面。二人均两臂展开，有一臂与兽搏斗，旁边有一人两手各持短棒，似赴援者。

我国羌族有一种古老的传统风俗舞，叫“跳盔甲”，又名“大葬舞”。舞者人数不定，数人，十多人不等。舞时身穿生牛皮制作的铠甲，头戴插着野鸡翎和麦秆的皮盔，手执兵器。开始时先跳圈，然后形成两排对陈，长弩飞舞，肩上挂的铜铃作响，吼声震天。这种舞蹈既是祭祀舞又是训练战伐之用的舞蹈。傣族至今流传有单刀舞、棍舞，也可以两人对舞，近似耍枪棒或器械操，不过带些舞蹈的艺术动作和美观步伐罢了。这种舞蹈都可能是原始武舞的遗俗。其他如布朗族的“刀舞”，景颇族的“盾牌舞”以及描写血亲复仇的“以湾湾”等舞蹈，都类似古代的武舞。可见武舞是原始部落进行军事训练，为战争准备的主要内容。

总之，我国不同地区、不同民族从原始部落形成的各种生产技能、生活技能和军事技能形成了传统体育的起源。最初的体育内容是通过从事生产劳动的形式体现出来的，生产劳动场所往往是学习体育活动的内容。随着社会生产力的发展，一些体育内容开始在生产活动之外进行了，它是有意识地通过某些身体锻炼手段来培养人们的体魄，这意味着“体育”作为身体练习手段开始萌发了。

2. 传统体育的发展

在生产技能和军事技能的基础上，体育作为一种有意识的身体练习手段逐渐完善起来，形成了各具民族特色的传统体育内容，在源远流长的中国历史上大放异彩，据史料记载，传统体育早在夏商时代已具雏形，某些传统体育的内容在从其他社会活动中分离转化的过程中，逐步丰富和多样化起来，具有了明显的体育特性。经过春秋战国、汉、唐、宋、元、明、清等历史朝代的锤炼和加工。特征鲜明的传统体育已奠定了深厚的民族根基，为提高国人的身体健康做出了巨大的贡献。传统体育的发展主要经历了下列几个发展阶段：

（1）夏商周的传统体育雏形

夏、商、西周的体育是我国奴隶制建立及发展基础上形成的体育形态。其内容已与生产劳动分野，而进一步与军事、教育、礼仪等社会活动结合在一起。并在其中向着多样化和复杂化的方向发展。这个时期，战争发展了，军事斗争成了推动体育发展的重要动力之一。因此军事体育活动的内容较为丰富。在学校教育方面，奴隶主阶级“文武兼备”特点的教育奠定我国学校体育教育的雏形。其他如医学知识和积累，养生思想的反映等都在不同程度上为体育的继续发展提供了前提条件。这一时期，一些有关体育的概念及理论也在逐步地形成和发展，如射、御、舞、拳、搏、寿等。这方面的内容与后世传统体育的概念和理论有区别，又有联系。它在某种程度上为后世体育的发展奠定了基础。

（2）春秋战国传统体育的兴盛

春秋战国时期是我国奴隶制向封建制剧烈转变的时代，由于奴隶制的崩溃，奴隶主阶级垄断体育的局面被打破了，民间体育活动蓬勃发展起来。这时刚登上舞台的新兴地主阶级要求改革旧制并付诸实践，使很多体育内容在相当程度上得到了发展。这时，“百家争鸣”的各个学派都在不同程度上涉及了体育的思想和实践问题，这对体育发展有推动作用。有些虽是用体育现象来说明其哲学观点，但对后世也有相当之影响。另外，这一时期，逐渐增长的自然科学知识也为体育发展创造了有利有条件。上述这些原因促成了我国古代体育第一次较全面的大发展。

这一时期的军事体育活动，民间娱乐体育活动以及各种导引养生活动都出现了崭新的局面。不仅内容丰富多彩，形式多样，而且很多项目，很多体育观点都是新的，一些体育内容走向竞技化的趋势也在逐渐形成。这些都对传统体育发展产生着深远的影响。此外，值得一提的这时期的教育家孔子，他身体力行的体育实践对传统体育产生了较大影响。

孔子身体魁伟，身高九尺六寸（相当现今 2 米）。青年时期的孔子身强力壮，有能举起数百斤重的城门栓记载。他的养身之道曾对后代产生了很好的影响，主要包括两个方面：第一、积极提倡并亲自参加各种身体活动。孔子从教四十多年，设置六门课程，其中有锻炼身体的射（射箭）、御（驾御战车）两门为学生必修。此两项也是他本人之擅长。孔子还喜爱钓鱼、田猎、登山、郊游等，很重视户外体育活动。现在泰山顶还有“孔子登临处”的古迹。他“登东山而小鲁，登泰山而小天下”的名句至今为人们所颂；第二、倡导注意起居饮食卫生。孔子曾以回答鲁哀公提问形式，从反面儆告人们长寿有三条经验。子曰：“人有三命而非命者也，人自取之。夫寝处不时，饮食不节，佚劳过度者，疾共杀之。”这就是说，人要延寿，一要寝处有时（按时作息），二要饮食有节（节制饮食），三要佚劳适度（劳逸结合），否则就会致病早亡。另外，《论语》中记有：“食殪而（粮食坏了有臭味）、鱼馁败（鱼肉腐烂）不食。色恶不食。失饪（烹调不当）不食。不时（不到吃饭之时不食）。”“内虽多，不使胜食气（不吃过量）。”“食不语”等；对睡眠卫生要求“寝不言”“寝不尸”（不要僵直躺）……孔子不但自己这样做，而且也要求学生这样做。不这样做的学生，要受到他严厉批评。如“宰予昼寝”（白天睡觉），屡教不改，孔子非常不满，喻之为“朽木不可雕也”。

（3）秦汉传统体育的体系构成

秦汉时期，是我国体育进一步大发展的时期，这一发展对先秦文化成就的总结和升华。决定这一发展的主要因素有三个，一是统一的多民族的封建集权国家和社会比较稳定。二是封建地主土地所有制的确立及封建国家经济文化的繁盛。三是春秋战国民间体育的大发展为这一时期体育发展奠定了基础。

秦汉时期体育的发展表现在：体育活动项目增多，内容丰富，开展广泛，规模较大。有些体育活动，如蹴鞠、角抵、剑道、手搏、导引养生法都逐渐形成其技术和理论体系，其中不乏各具特色的内容。体育的场地设备不仅纳入了宫廷的建设计划之中，而且在民间也多见。与此同时，体育专著也有相应的发展。这一时期，体育活动的娱乐表现得比较突出。体育的表演内容有了发展，如剑舞、戟舞、刀舞、蹴鞠舞等，体育的欣赏娱乐功能进一步被人们所认识。例如，在汉代盛行的蹴鞠运动（现代足球的雏形）就是一个很好的实例。汉代宫廷盛行蹴鞠。汉朝初年，汉高祖刘邦在宫苑里建造了一个宏大的鞠城（蹴鞠城），作为御林军举行蹴鞠比赛和定期检阅军队的场所。汉武帝刘彻经常在宫中举行斗鸡、蹋鞠比赛，称为鸡鞠之会。汉成帝刘骜由于好蹴鞠，还受到臣下的非议。即“成帝好蹴鞠，群臣以蹴鞠为劳体，非至尊所宜”除宫廷外，贵族府邸中也见有蹴鞠活动。据学者桓宽说，西汉社会承平日久，贵人之家，蹋鞠斗鸡为乐。为了便于开展蹴鞠活动，有些贵族还在府邸中修建蹴鞠场，养鞠客。如东汉优波将军马援的儿子马坊的府邸中就有蹴鞠场；汉武帝的男宠董贤家中就养有长于踢球的鞠客。蹴鞠活动在民间也蔚成风气。据《盐铁论·国疾》载：“里有俗，党有场，康庄驰逐，穷巷蹋鞠”里与党是沿西周之后乡间的居民组织，常是25家为一里，500户为一党。由此可知，那时的乡村有蹴鞠习俗，有的地方还建了蹴鞠场，无论是宽阔的大道还是狭窄的小巷都有人在玩蹴鞠。

（4）西晋南北朝时期的民族体育融合

两晋南北朝时期虽然是一个分裂割据的动荡时期，但是由于民族的大迁徙、大融合，使中华民族从物质到精神都吸收了外部的丰富营养。学术思想的发展，也由汉代的独尊儒术演变为佛、道、儒三家并立的文化格局，体育在这样的社会条件下有了颇具特色的发展。由于大量的少数民族相继进入中原地区，使骑射技能，技及角力等项活动都得到了较大程度的发展；中原地区妇女习武等活动也空前盛行。导引养生之术也有新的发展，这都表明了这一时期体育在某些方面是有显著发展的。但这一时期体育发展也是极不平衡的，就南北而言，体育活动也有相当的差异。这都表现了社会分裂、动荡以及玄学兴起等社会因素对体育的影响。总之，两晋南北朝的体育上承两汉，下启隋唐，处处呈现出汉唐两大盛世间过渡时期的风貌，同时也为隋唐时期的体育繁荣作了准备。

这时期民族传统体育相互融合，出现了一些新的传统体育项目，如击鞠。击鞠又称击球、打球，是骑在马或驴上用棍杖击球的一项游乐活动，今谓之马球运动。击鞠活动究竟起于何时，倡于何时，历来众说纷纭。一些学者认为它发源于波斯（今伊朗），由波斯传到西域在唐代传入中国长安；有的认为马球在欧亚一些民族语言中称“波罗”，而“波罗”一词起源于西藏，后为许多民族语言所借用，所以击鞠起源于中国的西藏地区，再向东西方传播；也有的认为它源于中原，是由汉代的蹴鞠发展演变而来的。这些说法都不能论定，还有待于进一步研究。然而可以肯定的是，至晚到东汉末年三国初年已经出现了击鞠活动。曹植的乐府诗（名都篇）中即有“连翩击鞠壤，巧捷惟万端”之句，用以描写当时王公贵族们的娱乐活动，曹植的这首诗是至今为止发现的最早见寸：文字的关于击鞠活动的明确记载。

（5）隋唐时期活跃的传统体育

隋、唐时期，中国封建社会出现了空前繁荣的景象，当时政治、经济、文化等方面的发展为体育的兴盛奠定了非常有利的社会基础。

体育的兴盛主要表现在：宫廷、军队、民间的体育活动都非常活跃；体育项目的多样化和规范化；体育竞技活动空前兴盛，规模宏大，技艺精湛；有些体育项目设有专职机构和专业人员体育技术、方法及理论探讨进一步深化。这一时期，女子体育活动较前代有显著发展，球戏、弈棋、武艺、杂技、秋千等项活动均有妇女参加，成为妇女生活中的组成部分，这在女子体育发展史上，占有非常重要的地位。例如，击鞠在女子体育中就很盛行。

女：子击鞠早在唐朝就已经出现，唐诗人王建的《宫词》中说："新调白马怕鞭声，隔门摧进打球名"，就是指的皇宫内宫女打球。在现土的唐代文物中，有击球的女陶俑，还有铸着妇女骑刀持杖击球的八棱面的唐代铜镜。唐代女子打马球完全是为了娱乐。剑南节度使郭英义看女伎打球作乐，每天得花费数万钱。大约在唐代宗时期（763 ～ 779 年），还出现驴鞠。《旧唐书·郭英义传》说，剑南节度使兼成都尹郭英义"聚女人骑驴击球"。《新唐书 · 郭知运传》也提到，"（知运子英义）教女使乘驴击球。"驴鞠就是骑在驴背上挥杖击球。驴比马身体矮小，而且性格特别温顺，非常适宜于女子骑乘。因此，一些宫女、富家闺秀，都喜欢以驴代马，挥杖打球。唐以后，有的朝代宫中也有女子击鞠活动。五代时后蜀孟昶的妃子费氏（自号花蕊夫人）所作的一首官词，"自教宫娥学打鞠，玉鞍初跨柳腰柔。上棚知是官家认，遍遍长赢第一筹"。就生动地描写了妃子宫女打马球的情况。

（6）宋元时期传统体育的整合

宋元时期的体育发展是多方面的。首先是在尖锐的民族矛盾和阶级斗争中，军事武艺得到相当程度的发展，表现在兵器种类的增加，武艺的多样化，武科制度的进一步完备以及民间武艺组织的建立及广泛发展。

由于宋代社会生产力的发展达到了前所未有的水平，所以农业、手工业、商业都呈现出了繁荣的局面。这为当时体育的长足发展奠定了基础。宋代市民阶层壮大，角抵、马球、蹴鞠、武艺、棋类等项活动不仅广泛在市民中开展，而且还建立了民间体育组织，使体育日趋大众化、社会化。这标志着传统体育发展到了一个新的历史阶段。一些市民体育活动的内容，一直延续到元代。宋代在文化方面也实行了较为开明的政策，所以宋人思想活跃，敢于思维，敢于创新。因此在导引、棋类、武艺、蹴鞠、捶丸等资料的收集、整理、编纂；创编简便易行的活动套路；从不同角度研习体育和发挥体育健身、娱乐功能等方面都是有相当成就的。

宋元时期一些项目的发展也逐渐出现了衰亡的趋势，如蹴鞠由直接对抗转向间接对抗，马球由于骑兵落后，儒臣的反对，重文轻武之风的影响，习者渐少。这些现象一直到明清无多大变更。但从总的趋势看，宋元体育是有相当发展的，它在中国体育发展史占有重要的地位。当时流行的"捶丸"运动，对现代的高尔夫球运动产生了深远的影响。"捶丸"（捶为打击的意思，丸为小圆形物体）是中国古代的一种球类游戏，盛行于宋元明三代。它是由唐朝的"步打球"发展而来。唐代盛行马球，但还有大量的人无马可骑，徒步打球便成了马球的补充，这种徒步打球受到不善骑马的宫女们所欢迎。唐代宗时的进士王建在（官词）中有"殿前铺设两边楼，寒食宫人步打球"的诗句。到了宋代，因受到社会文弱风气的影响，步打球改为非直接对抗，改球门球穴，用"捶丸"取代旧名。这时的捶丸，据《丸经》记载：是在空旷地上画一球基，离球基七步至百步做一定数目的球窝，旁树彩旗，用棒从球基击球人窝，以用棒数少或得穴数多的一方为胜者。从所记场地、运动用品、竞争人数、竞赛方式、裁判规则等方面来看，均与现代的高尔夫球很相似。由此可以推断：高尔夫球这种运动形式与我国宋元时期流行的捶丸运动有着十分相似之处，高尔夫球是从捶丸发展演变而来的。高尔夫球在区洲形成于十四、十五世纪，流行于荷兰、英国以及日本、美国等地。这比中国捶丸至少要晚一百年。

（7）明清时期传统体育的定型

明代是中国封建社会后期占有重要地位的一个朝代。这一时期，封建社会各方面都有重大的发展，同时出现御倭战争等明以前不曾有过的情况。因此体育的内容在沿袭前朝的基础上有多方面的发展变化。民间武术在沿袭宋元发展的基础上，出现了众多的拳、械门派。并开始向技艺融合兼备的方向发展。同时，辑录、整理、研究武术的著作也大量出现，内容丰富多彩。观点颇为深刻确切。民间武术体系初步形成，体育化现象日趋明显。

清王朝是少数满洲贵族建立起来的政权，他们采取了严苛的民族压迫政策，严禁民间宗教活动和习武，但是农民的反抗斗争一直未能停止，民间宗教和秘密结社活动迅速发展，并多和演习拳棒结合在一起，这对明朝发展起来的民间拳法的传播和发展起了积极作用。这时冷兵器进一步衰亡，而民间武术却蓬勃发展，不仅进一步门派化，理论化和套路化，而且多和导引养生术相结合。既练拳又练气功，成了一个普遍的现象。这时武术已演变成为表演多种作用的运动项目了，武术的体育化进程此时基本完成。继明之后，清人进一步应用导引养生术健身治病。他们在辑录前人导引之说的同时，注重了内外兼修，简便易行功法的推广和应用，以及其保健祛病的理论研究，把我国导引养生术的发展推向了一个新的高度。清廷入关后，注重本民族的体育活动，提倡骑射、摔跤、滑冰等项活动，使这些活动出现了兴盛的景况。而对其他则不重视，因此清代球类活动进一步衰亡，宫廷府第球类活动少见，民间的球类活动也多为节日活动。此时，棋类活动有了新的发展，棋坛名手辈出，棋着丰富，棋谱亦大量涌现，有很多创新和发展。

当然，明清保留的一些传统体育项目在中国健身史具有重要的历史意义，它所继承和发展的一些传统体育项目使中国传统体育，特别是武术、养生等健身方法对现今仍有重要的影响。

二、体育文化的基本概念

体育文化，大而言之，指体育运动本身所蕴含的、围绕体育运动所形成的一切物质文明与精神文明的总和。小而言之，又可指体育运动某一方面的文明因素。体育文化的主体是人类，是人类特有的社会文化现象和文明的成果，泛指人类在体育历史发展过程中所创造的物质和精神财富的总和。

1. 体育文化的定义

在近二十年国内兴起的体育文化讨论中，人们除了考察国外和我国的各种体育文化的概念之外，也都从各自不同的角度去界定体育文化，几乎每一位论者在谈论体育文化时，都不可避免地要在现存的体育文化的诸义中做出自己的选择或提出自己的看法，以至于这个时期国内提出的体育文化定义有数十余种。

（1）用物质与精神的二元关系来定义体育文化

这种界定是源自《辞海》“文”部条有关文化定义——“文化从广义上说指人类社会历史实践过程中所创造的物质财富和精神财富的总和”的一个拷贝品。持这一观点的学者认为体育文化是有关体育运动的物质文明和精神文明的总和，即一定社会中的人们通过长期的体育实践所创造物资财富和精神财富总和。

（2）借用文化结构主义来界定体育文化的概念

国内也有一些学者倾向于从文化结构层次来定义体育文化。关于文化结构，理论界存在诸多提法，如：物质文化与精神文化两分说，物质文化、制度文化、精神文化三层说；物资、制度、行为心态四层说；物资、社会关系、精神、艺术、语言符合、风俗，习惯六大子系统说等。

（3）用狭义的文化概念来界定体育文化

这类观点把体育文化限定在体育精神现象或与体育活动相关的社会意识形态以及与之相应的制度和组织机构等范畴之内，也称为狭义体育文化说。狭义体育文化论者主张把体育文化的概念的外延限定在精神领域，认为体育文化就是在以身体的活动为基本形式，以身体的竞争为特殊的手段，以身体的完善为主要目标的体育活动过程中有关人的精神生活的那些方面。

体育文化究竟应该如何定义？体育文化的主体是人类，是人类特有的社会文化现象和文明的成果，泛指人类在体育历史发展过程中所创造的物质和精神财富的总和。

2. 体育文化的发生和发展

关于体育文化的产生和发展有很多说法，但比较集中的有以下几种，其中包括：

（1）劳动起源论

从总体上说，人类的文化是通过人类自己的双手和大脑的思维创造出来的。早期人类在求生存中学会了奔跑、跳跃等技能，并在追捕猎物等活动中，发展了速度、耐力、力量、灵敏等各种身体素质。这个时候的体育鲜明地体现在以生存为直接目的，进行着各种能力的训练。

（2）军事起源论

这是由于个人之间为争夺狩猎得来的猎物而产生的冲突到后来发展到部落之间的武装冲突，各部落为了提高自己的力量进行了有组织的身体训练。其中还包括摔跤、飞镖、棍棒等技能。

（3）游戏起源论

这是当原始人在获得丰富猎物后，特别是当丰收之后，聚集在一起以游戏欢舞的方式庆贺，也表明了体育是在跑、跳、投等劳动形态中演化出来，并以欢唱和舞蹈表达内心的喜悦。

（4）宗教起源论

原始社会后期，由于生产力水平低下，又受到四季和环境的困扰，原始人为求助于自然恩施，祭祀天地而形成的原始宗教活动，并以体育形势进行求助祭拜。

（5）教育起源论

生产劳动的发展以及在军事、游戏中演变出来的运动技能、技巧，以劳动教育的方式传授给后代。既发展了上述各种技能和身体素质，又逐步脱离了动物野性，向人性方向进化，形成了具有文化内涵的体育生活。

体育文化的产生是在人类从动物野性变为人性的过程中上述因素相互综合演化的结果。也就是说，体育文化是人类在改造自身的过程中，由动物本能改变成自觉行为人性时，是原始的野性、进攻性通过劳动和游戏、教育以及合理的竞争方式逐步的形成了人类社会特有的文化现象，即体育文化。

3. 体育文化的内涵与基本特质

（1）体育文化的内涵

体育文化是人类本身需求的特殊反映。它是人类在体育生活和体育实践中创造出来的，并通过有形的身体形态、动作技能、运动器材、物质以及无形的与社会属性相关的意志、观念、时代精神反映出来，显现了各具特色的存在方式。

体育文化和其他文化一样反映了一个时代、一个国家或民族的特征，并规范着人们的体育行为，也影响着人们的价值观念。东方，特别是中国体育文化，在儒家文化的长期影响下形成了以追求“统一”“中和”“中庸”，重在修身养性的内向性、封闭性、圆满性为主要特色的体育文化。像印度的瑜伽就反映了印度民族的体育文化特性。所谓体育文化，是一切体育现象和体育生活中展现出来的一种特殊的文化现象，就是说，人们在体育生活和体育实践过程中，为谋求身心健康发展，通过竞技性、娱乐性、教育性等手段，以身体形态变化和动作技能所表现出来的具有运动属性的文化。

（2）中国传统体育文化的特点

中国传统体育文化从中国文化母体中孕育出来的，道德是中国传统文化的重要组成部分。中国传统文化的历史渊源是以儒家为主、诸子百家各学派的文化，以及同时期产生印度的佛教文化传入中国后与中国文化相融合而形成的独特文化形式。文化体系不仅是一种形态，而且是一套价值系统与行为模式。文化不仅具有外显的构架，而且具有无形或隐形的构架，从根本上制约、指导着人类的思维、行为，以及情感方式和表现形式。中华民族体育传统文化萌生于特殊的地理环境与民族文化氛围中，潜涵着纷繁复杂的民族文化哲理和伦理价值观念。这种文化具有其显著的特点：

①民族传统体育的产生和发展，受到民族地区政治、经济的制约

在历史发展长河中，民族传统体育如同民族文化、民族风俗一样与民族地区人民生活息息相关，它同样受到政治、经济的制约。多年来的历史证明，哪一时期社会稳定、经济

振兴，那么这一时期的民族文化、民族传统体育就得到发展，反之就受到影响。

②民族传统体育集文化、娱乐、体育于一体

民族传统体育与现代竞技体育不同，它的活动内容涵盖着本民族的传统文化和风俗，这些体育活动多在喜庆节日或丰收农闲、恋爱社交、宗教祭祀中进行。因此它具有多方面特点。

③民族传统体育古朴粗犷，独具特色，深受各族人民的喜爱

因为民族传统体育产生于生活，来自民间。在长期历史进程中不断交流、传承并逐步发展，它反映了生活，锻炼了身体，得到了保留。

④民族传统体育简便易学，对器材场地要求不高

场地就在田间地头，房前屋后，随手拿起农具或生活用具即可加入到活动行列中。可见其简便易学易于开展。

⑤身心并重，内外兼修的体育观念

体育文化是身体与精神的高度统一，和谐发展。中华民族的祖先世代生活在自给自足的小农经济为基础的社会环境中，习惯于相对稳定、和平宁静的生活方式，所以中华民族的体育文化带有浓厚的修身养性的特征。这也是东方体育文化区别于西方体育文化的主要特征之一。

⑥以伦理道德为重点的体育特色

中华文明与道德风尚是举世推崇的，在中华民族传统文化与伦理观念的制约下，民族传统体育具有鲜明的道德教化痕迹，即使是以技击为特点的中华武术竞技，也以身体、武功、德行全面发展为重点，其守内、崇实、尚礼的风格正是中华民族传统伦理的反映，这与古罗马角斗士在格斗中所追求的所谓勇敢、残忍相比，中华武术在价值取向和文化坐标上的追求，显得更为深远，更加广博。对精神道德的侧重使得体育运动的审美标准也被赋予了相应的伦理道德观，这种追求完美的价值取向，使民族传统体育的内容和形式纷繁复杂，缺少西方体育的简洁明快，因此难以迅速推广和普及。

⑦高度吻合传统文化的体育形态

在中华民族传统体育文化的价值系统结构中，人体生命观、贵生观、养生观的体育价值取向尤为显著。这也是东方体育文化从最高层次的哲学思维，乃至各种社会文化形态区别于西方文化的另一特征。中国古典哲学中阴阳平衡的辩证观、天人合一的宇宙观，精气神相统一的人体生命观，为民族体育的养生思想奠定了哲学基础。这种体育文化精神，促进了那种通过人的意念、呼吸及身体运动，来调解机体内部阴阳平衡，活动气血，祛除疾病，增进健康，以获得超自然体验的特殊活动形式的顺利发展；另一方面它又在一定程度上抑制了竞技性运动的正常开展，使得民族传统体育文化与现代体育文化相背离。

⑧独特性

中国民族传统体育文化传统具有鲜明的独特性。民族传统体育文化无论从悠久的历史传承还是从广博的丰富内涵以及辽阔的地域分布上都具有鲜明的典型性。从文化的主导性

而言，民族传统体育文化历经数千年不衰，其交融会通的强大生命力之中，展现出立于主导地位的、与时代发展相适应的文化特质，居于中国传统文化的主流地位，成为民族传统文化的重要特征，反映出民族文化的主导性特性。一般来说，各民族都有保持民族体育文化传统独特性的强烈意识。因为有了它，对内可以增强民族凝聚力，对外可以显示民族体育的独立性，而民族体育文化传统独特性更重要的价值在于，它使世界体育文化丰富多彩。

⑨遗传性

文化遗传是指文化在一个人们共同体（如民族）的社会成员中作接力棒似的纵向交接的过程。这个过程因受生存环境和文化背景的制约而具有强制性和模式化要求，最终形成文化的传承机制，使人类文化在历史发展中具有稳定性、完整性、延续性等特征。中国民族传统体育文化的传承是体育文化具有民族性的基本机制，也是体育文化维系民族体育价值观的内在基因。民族传统体育礼仪文化传承首先是民族体育文化的再生产。每一历史时期的文化成果，都同它以前的成功有着继承的关系。民族传统体育文化传承不是简单的体育文化元素传递，而是按照体育文化适应的规律和要求作有机的排列组合，最终为民族的体育文化选择与体育活动准则提供要素积累，并使这些要素整合为一个具有民族性的和谐有序的系统。而这绝不是单个人的自我行为，而是需要极强的群体性和整合性，需要全民族的共同努力。民族传统体育文化礼仪传承是民族意识的深层次积累。

⑩变异性

生物基因复制具有较高的保真度，是在复制自身，而且整个过程都是相当精确的；文化有机体则表现为一个比较快速的历史进化过程，特别是在当今时代，变化更加明显。文化基因在传承过程中的复制，往往是不完整的，加之受到其他文化因素的影响，所以变异比较明显。文化变异是指一种文化因其内容的增量或减量所引起的文化结构、模式或风格的质的变化。通常而言，传统体育文化变迁的原因有两种：第一，随着社会状况的改变，尤其是社会形态的改变，传统体育文化传统内部新旧因素在矛盾中不断分化整合，通过变异、淘汰、更新由旧的平衡转化为新的平衡，从而导致体育文化传统的改变。这是内部促发的文化变异；第二，在外来体育文化的影响、冲击、碰撞下，通过对外来体育文化因素的吸纳、交汇，使原有的体育文化传统结构发生某种程度的改变，进而达到新的协调统一。这是外部引发的传统体育文化变异。它的具体形式有三种：一是取代，即比较完整地吸收和接受某种新传统而抛弃原来的旧传统；二是融合，即通过不同民族体育文化传统的交汇、综合而形成的体育文化变异；三是消化，即以原有的体育文化传统为基础，对其他文化传统或文化因素的精神实质进行改造和吸纳。从广义看，这也是一种融合，但其特点在于不是融合了其他文化的具体内容，而是融会了其他文化的精神实质，使之以本民族体育文化传统的面目和形式出现，将其纳为原文化传统的有机成分。

⑪相对稳定性

传统体育的文化基因在体育文化发展的过程中具有稳定性，传统体育文化作为民众的生活文化，作为人们日常生活结构的一部分，与人们的生产和生活密切相连，只要社会结构基本稳定，人们的生产和生活结构不发生剧变，它就会基本保持稳定。另外，传统体育文化的稳定性又是相对的，其中存在着一定的变异性。与上层文化主要依赖于书写传承不同，传统体育文化主要是通过语言、行为和心意进行传承，这种沟通方式决定了文化在传承过程中有一定的不稳定性。同时，传统体育文化的历史环境总在不断变化，民间文化会不断地自我调适，自发地进行新陈代谢，从而适应这种变化。

民间文化非成文的传承方式为它应时而变提供了便利。民族传统体育文化是我国优秀的传统文化中的重要组成部分，它在中国社会漫长的历史发展过程中，深受传统文化的熏陶而逐渐形成了融养生健体、道德教育、娱乐竞技于一体的独特风格。这种根植于中华民族、具有极强生命力和稳定、坚韧的结构形态，并世代传承的体育文化模式就成了民族传统体育文化。这种文化模式主要体现了四个特征：注重“天人合一”与“身心兼修”的整体和谐理念特点；体育活动与文化娱乐融为一体的特点；养生保健功能突出的特点；采用直观与辩证的方法进行文化传承的特点。在看到民族体育文化博大精深的同时我们也必须看到它所附带的不健康的一面。特别是对于其过于玄乎、带有一定封建思想的狭隘内容，我们给予全面清理和淘汰。我们正确认识了民族传统体育文化，就能看清自身文化的优与劣，就能真正做到对待民族传统体育文化的不卑不亢，既不文化屈从和文化投降于西方竞技体育文化，也不文化自大，不加思索地认为民族传统体育文化就是优秀的文化，没必要融入世界文化体系。因此只有正确认识民族传统体育文化，才能树立正确的体育文化观念，才能树立民族传统体育文化的自信，才能改革我国现有的体育文化格局。

总之，民族传统体育文化自信的重塑将是文化全球化进程中重要的一个内容。我们要重塑民族传统体育文化的自信，就应当正确认识民族传统体育文化，看清中西方体育文化的差异，坚持文化的多样性，克服民族传统体育文化自卑感，进行正确地民族传统体育文化定位，做到不卑不亢，并通过大力的推广与普及，提高民众对民族传统体育的认同。只有真正做到这些。我国传统体育文化的自信才能真正重新树立，民族传统体育才能更好地走上持续健康发展之路。

4. 体育文化的价值

现代体育教育和世界教育发展潮流是一致的。一百多年来，不但极大地丰富了体育文化，提高了体育在社会中的地位和价值，而且在促进人的“全面发展”“协调发展”“完善发展”中起到了重要作用。

（1）奥林匹克运动文化的价值

“更高、更快、更强”是奥林匹克的精神，“互相理解、友谊、团结和公平竞争”是奥林匹克的格言，“为建立一个和平美好的世界做出贡献”是奥林匹克的目的。奥林匹克激励着青年人奋发向上、超越自我，向着更高的目标迈进。运动员们勇于克服各种艰难险阻，付出辛勤的汗水去争取胜利的意志和品质对所有人都是一种启迪。现代奥运会的五环设计要比 20 世纪二三十年代推进了一大步。体育文化的任务由感性深入到理性，从形体美深入到心灵美。体育文化的理性任务要求锻炼者在身体健美、均衡和体态端正的基础上达到意志品质高尚、身心尽善尽美的境地，并与艺术相结合。这种深入的心灵美，是一种更高层次的体育文化的理性价值。现代奥运会经过一百多年的发展，已经成为世界上无与伦比的最广泛的社会文化现象。现代奥运会精神文化的设计，是对古代奥运会的简单继承和发展。古希腊的竞技运动受到社会各界的广泛支持和尊重。竞技场上的优胜者不仅受到橄榄桂冠、棕榈花环和塑像等奖励，更重要的是他们像英雄一样受到故乡人民的崇拜，为他们举行盛大庆典。

（2）竞技体育文化的价值

体育与人类的生存、发展紧密相连，人类创造了体育，也创造了体育文化。体育文化是一种竞技运动文化。正是人类对这一种竞技运动文化进行了改造，经济、文化才不断地获得创新与发展。然而这些创新与发展，是在众人不断的实践中完成的，并经历了与西方学者的社会变革的历史里程相对应的三个阶段，即宗教体育文化阶段、科学体育文化阶段和正在进行中的艺术体育文化阶段。艺术体育摆脱了人类求生存的宗教体育文化和强身健体适应环境的科学化和功利性体育文化的特征之后，向着竞技与艺术相结合、形体美与心灵美相结合的形态发展。

（3）校园体育文化的价值

校园体育文化作为学校教育的重要组成部分，在德、智、体、美、劳全面发展的教育方针中，在培养身心健康和具有创新精神和实践能力的社会主义现代化合格人才中具有十分重要的作用。

（4）大众体育文化的价值

在人类文明的进程中，出于人类的共同需要，对人类自身生存、发展、享受的追求和关注一刻也没有停止过，正是这种大众体育文化在教育全球化的浪潮中的推动力最大，影响最为广泛，也最为深刻。这是因为大众体育文化给人类带来快感和美感，并给社会带来健康和活力。无论中国的大众体育，还是西方的大众体育，都是以全面发展和和谐发展为根基。

（5）中国传统体育文化的价值

中国传统文化有着历史悠久、博大精深的光辉篇章，也是中华民族自强不息的象征。

自古以来，中国传统体育都是围绕“养生”为主开展的，人与自然的结合在与通过与自然的交换排除身体内部的浊气、吸取真气、五脏通达、六腑调和，并认为决定健康和长寿的根本在于人体的内部而不在于外部；中国传统体育文化在体育形态上强调整体观和意念感受、动作简单而内涵深刻，很少有强烈的肌肉运动，因此缺少激进和冒险行为。随着东西方文化的交往，中国传统体育文化这种整体修炼和内在和谐之美，正在和现代科学相结合，形成新的独特风格而走向市场。

第三节　体育文化的模式初探研究

体育文化模式，是指体育文化在历史发展过程中形成的相对稳定的标准形式，或使人可以模仿的大致的标准样式。探讨各种体育文化模式的异同，对揭示不同体育文化的具体的特征和属性，对体育理论建设和体育实践指导，都是十分有益的。

一、文化模式与体育文化模式

1. 文化模式

模式一词，指的是某种事物的标准形式或使人可以照着做的标准样式。它指涉的事物范围很广，涉及前人积累的各个方面经验的抽象和升华。不仅是图像、图案，也可以是数字、抽象的关系、甚至思维的方式。它揭示了事物之间隐藏的规律关系，但强调的是形式上的规律，而非实质上的规律。简单地说，只要是一再重复出现的事物，就可能存在某种模式。文化模式，是某种文化的标准形式或使人可以照着做的标准样式，是具体历史文化的形式和内容、结构和要素的统一。确切地说，文化模式即以一定的价值系统为核心，并按一定结构组织起来的文化内涵的整体，是融语言、信仰、生活方式、价值观念于一体，融器物文化、制度文化、精神文化以及人本身的文化性格于一体，组合起来的具有独特个性的文化体系。文化模式也是指与人类特定区域、特定历史时期和特定人群相联的一种稳定的文化趋向。这种文化趋向有着共同的价值观念体系。有着较一致的道德评价和社会理想，并由此决定着人们大体一致的行为方式。在人类社会的发展中，主导性文化模式在人类社会和人类历史进程中具有重要的地位：决定着个体的行为；构成社会政治经济等活动的内在机理；在深层次上标志人自身的发展和社会历史的进步。

2. 体育文化教学的组织模式

抓好体育课各阶段的组织教学。体育教学过程是由开始、准备、基本、结束四个部分组成的，由于四部分教学内容和学生情绪各不相同，因此，教学中教师要灵活地组织教学，充分调动学生的学习积极性，切忌出现先紧后松、龙头蛇尾的不良现象。学生的情绪极易松懈，此时教师的组织教学更不能忽视，应采用一些调节情绪和恢复体力的放松性练习，保持学生兴趣，如舞蹈放松、意念放松，同时作好课堂的小结。如何在体育教学实践中通过教师的引导，培养学生自觉地参与学习呢?

（1）培养学生的学习兴趣

学习兴趣是指对学生活动所具有的爱好和追求的心理倾向，它带有鲜明的感情色彩。

浓厚的学习兴趣能调动学生的学习积极性，促使大脑处于高度兴奋，造成获取知识、探究未知的最佳心态。可见，学习兴趣是促使学生主动参与学习的前提。如何使课堂教学兴趣化呢？

①导入课堂时激发学生的学习兴趣

课堂导入，它好比一场戏剧的序幕，要一开始就引人入胜，激发学生的好奇心，使学生产生求知欲，诱发出最佳的心理状态，做到这一点，就需要教师创设最佳的教学情。在导入课堂时（课的开始准备部分），无论从场地的布置、学生活动的队形、活动的内容以及组织手段的形式等方面，都应根据不同类型的课时内容，因地制宜地为学生创设一种富有激情、新颖的外界条件。有时场地采用的是多方位或半圆形的、梯队形的、五角形的、马蹄形的、梅花形的等不同常规的场景设计，给学生一种好奇、新颖的感觉。热身活动时，有时采取否定上位的自由运动，通过教师的引导，师生一起一会儿自由练习、一会儿小组结伴练习；有时安排在音乐的伴奏下，师生一起自编自舞或模仿各种动跳跃的随乐活动和无拘无束的唱游等。这种组织方式既给学生创造了良好的学习氛围，诱发了学生的练习激情，达到热身的效果，又缩短了师生之间的距离，为顺利进入运动技能状态创造了良好的学习条件。

②新授教学时引发学生的学习兴趣

新授教学是学生理解知识、掌握知识的重要过程。教师要尽可能地创造条件，让学生参与这个过程。为达到此目的，教学中教师一定要重视对学生的启发、引导，使学生在教师的启发引导下，正确的思维，轻松地接受新知识。在新课教学中，要改变班级只是作为制约学生课堂行为的一种“静态的集体背景”而存在的现象，使班级、小组等学生集体成为帮助学生学习的一种“动态的集体力量”。因此，在教学时，教师不要急于讲解新授知识的动作要领，而是要创设教学情景，组织学生以学习小组为单位开展讨论，让学生进行自学积极地思维，来提出问题、分析问题。教师则根据学生所提问题进行边整理、边删改、边示范、边讲解的方法，最后很自然地引出了正确的动作要领，使学生在充满热烈探讨的交谈气氛中和积极参与思维的过程中，自然地掌握了新授知识的内容。如我在新授“前滚翻”内容时，场地安排是把垫子摆设在斜面上，在带着学生来到布置好的场地前时，用直问与曲问相结合的方法，来帮助学生进入学习角色。

③安排练习时要生动有趣

练习是学生各种技能形成的基本途径，优化练习设计是提高学生学习积极性的重要一环。单一的练习乏味，使学生厌学，因此，练习设计要尽量做到多样化，趣味化。在前滚翻练习时，我安排了自练、互练、小组合练以及互比、互评的交替练等方法，其间教师则运用精讲示范、恰当点拨、分层要求和整体提高等方法进行指导。这样的练习安排既达到了巩固知识的目的，又培养了学生浓厚的学习兴趣。

（2）教给学生学习的方法

课堂教学不仅需要帮助学生“学会”知识，而且要指导学生“会学”知识，学生掌握了学习的方法，就能快地获取知识，更透彻地理解知识，从而可以增强学生学习的自觉性和自信心，要做到这一点就要求我们必须做好以下几方面：

①教给学生自觉学习的方法

体育教学是学校教学工作的重要组成部分，我们不要把体育教学单一的理解为只是直接为增强学生体质服务，更重要的是教会学生自觉学习、自觉锻炼的方法，只有这样才能达到“教是为了不教”和“自练通行，自学得之”的目的。教材是学生学习的重要依据，教师要精心创设问题情境，要因地制宜的组织学习材料，使教材中的图案，文字表达方式能够符合各年级学生的认知规律性，使学生通过自己的探索明确原理，掌握方法。

②学生练习的方法

体育教学间的知识结构虽然相当复杂，但知识间往往存在着某种类同或相同的成分。在安排练习时既要考虑到学生身体的素质情况，又要考虑到学生自身的知识体系的差异性，同时又要根据不同的内容组织不同的练习方式，所以教师在教给学生的练习方法时，应根据不同的教材内容而定。如引导学生尝试自练；来体会动作的难易点。启发学生通过自由组合的小组练；来开拓学生的思维、提高学生的组织表达能力，达到练习的效果。

在体育教学过程中，应随时给学生创造一个自我评价、自我检验以及对知识点的简单分析、对课堂教学中提出一些要求等的活动。这种活动既是对学生组织能力、口头表达能力、思维能力、合作能力、评价能力的培养，也给学生创造了一个剖析自己、彼此交流、公平竞争、巩固知识的理想场所，后进生可以得到帮助和提高。总而言之，在体育教学中让学生主动参与学习，才是真正把开启知识的钥匙交给了学生，也是提高学生身心素质、掌握知识的最佳途径。

二、国外学校体育教学模式改革

1. 以学生能力驱动为导向的学校体育课程教学模式改革——以新加坡为例

尽管新加坡强调了统一和社会凝聚力，但这里在体育议程中并未提出要对性别或种族界限之间的权力关系做出分析。区别体育教育一般是大学预科水平的标准，由于在国民心态中防御非常重要，因而人们普遍认为，男人由于其在每年国民兵役征召（一直到 40 岁）中的角色，需保持健康身体素质，而女人尽管一般在外工作，但也应该对家庭负责，她们越来越多地从事家政助理、儿童看护等工作。在新加坡体育是可以作为学校整体学科发展评估的一个硬性指标，体育教师所获得的工作量相对于课堂教师工作量的两倍。在当地环境中，目前体育教师需有第二个教学科目，因为体育联谊会之外的共同看法是该领域内的教学只是“娱乐和游戏”。因此，体育教师并未被全面分配到他们的专业领域中。最近，规定的体育与第二教学学科的教学工作量比已经从 50：50 增加到 60：40。只有学校极力主张体育优化配置其专业体育教师，即体育价值比其主干学科价值要高，才能有效提升学生的体育学习效率和健康水平。

不幸的是，关于摒弃的全民健康匀称（TAF）计划，公众还强烈地感觉到这对于肥胖和超重儿童是一种侮辱。体育被普遍接受的程度仍然仅限于通过学校对健康状况的重视，主要针对小学四年级和大学预科班，以及维持身体健康的需要。尽管近年来，新加坡官方立场已经通过“系统性健康框架”得到扩展，且体育基础设施建设有广泛的提升。但是，正是入学学生对国家体适能奖（NAPFS）的从一而终，使得学生和其教师在被问到他们对体育的看法时，他们不约而同地提到了国家体适能奖（NAPFS）的压力，尤其是在学校的成就和长期成就中，实现全民健身目标的压力。有学者通过面谈得知，即使是分数极高的女生一想起国家体适能奖（NAPFS）也会哆嗦，学生对其体育经历的记忆越来越多地反映出与将奔跑作为教学计划的重点有直接关联。

尽管新加坡在学术成就方面的声誉是应得的，但其教育还是因为通过高风险考试使学校损害了全面发展教育的推行，过度强调学术结果而备受批评。因此，在过去的十年中，注意力被放在了推动系统性教育概念中，这是一种用非学术结果从结构上平衡学术课程的概念。“重思考的学校、好学习的国家（TSLN）”这一政策得以强化，而2006年的体育教学大纲的修订推动了“系统化学习”这一知识体系。近年来，新加坡一直通过扩大教师体育知识学习的范畴，摆脱“优秀学业从而开发对成功生活至关重要的特质、心态、性格和价值观”这一压力。关于当前新加坡国家体育课程的结构变化，2000年制定的体育运动系统教育框架，直至4年后国家议会要求改进，才有了迅速的发展。

当时，新加坡国家议会承认了课外体育活动在实现教育成果中的重要作用。新加坡国家议会达成共识，学生的活动选择不是可有可无的额外活动，而是对学术课程必不可少的补充。关于结构问题，学术性课程包括体育课程，这多少有点自相矛盾，但是该学科中的解决问题的价值取向经常被学生忽视，因为对他们来说，体育不涉及“思考”。大多数非学术课程得以重新制定，将体育教育内在的一些特质作为目标。对于不同层次的学校教育，各国家有不同的课程要求。新加坡在国家意识形态上的教育目标，通过控制根据学生潜能所选的资源来服务，以便增强多民族，多语言的新加坡的社会互动，信心和领导。

2. 国外学校体育教学模式改革的走势及其启示

在能力驱动时期，教育和体育部也基于识别和输送学校体育人才展开合作。自2004年起，新加坡体育学校一直为在所选核心体育项目中有天赋的小学高年级学生提供食宿。这些学生运动员满足严格的学术甄选标准，他们已经在新加坡举办的首届青年奥林匹克运动会（YOG）中获得了3枚奖牌，新加坡体育代表团共获得7枚奖牌。学校还在其拥有先进设施的校区内主办了2008届和2010届世界游泳杯赛（国际泳联）。政府的另一项人才推动举措使学校特定体育院校得以建立。该举措自2008年制定后每年都在拓展，目前重点倾斜支持21家初中学校和3家青训学校。精英体制以主办学院为目标，具有可靠的业绩和完善的管理支持系统的学校中也得到证实。

三、东西方体育文化模式的差别与融合

如果将体育视为一种文化，这本身就是体育研究的一大独特视角，它摆脱了以往“以教育观体育”的思维羁束，开辟了多层次、多方位研究体育的先河。

1. 中西体育差别的研究概括

中西体育比较研究的不断深化就反映了这一点。以往对于中西体育差别的研究可以概括为以下两个方面：

（1）以文化三层次理论为基本思路，对中西体育的思想理论层面进行比较

有文认为，中西体育在哲学思想、医学基础、审美观念方面有显著差异。中国传统体育植根于“天人合一”、阴阳、八卦、五行理论等之中，而西方体育在西方哲学重外在、分析，重与自然的斗争等观念的指导下形成和发展；中医整体观重人体自身的统一性及自然界的和谐，带有某种经验、直觉、模糊的性质，西方体育是科学实验、解剖学、生理学、现代医学等的综合运用；中国传统体育重节奏、韵律、神韵、内涵、和谐美，重朦胧、抽象、含蓄美，西方体育阳刚的力量、速度之美，重外在、形体美。

（2）对中西体育进行体育性质的整体比较

如李力研认为以中国传统体育为代表的东方体育是哲学体育，其实质是对宇宙的把握；西方体育则是一种物理体育，其实质是对生命的展现。东方体育和西方体育都是人类共同的体育文化，是人类互相交往的结果。作为东方体育的代表，中国传统体育是黄河、长江文明孕育出来的，西方现代体育则是不列颠、美利坚等文化的产物，是古代希腊和意大利罗马体育文化发展的结果。

2. 中西方体育文化模式的融合

目前，世界文化在互相开放和交往中日益趋同，中西体育也日渐走向融合。中国传统体育在封建制度中存在和发展，自给自足的自然经济环境形成相对独立和隔绝的体育文化，封闭性、伦理性、民俗性、宗教性、军事性较强。西方现代体育是适应现代社会生产方式存在并发展的，呈现出竞技性、普遍化、个性化、娱乐化等发展趋向。这两种不同时代中产生和发展的体育在人类进入近代社会以后逐渐消除了隔阂。鸦片战争以后，中国传统体育在被动与主动、自觉与不自觉中开始了与西方体育的冲突与交融。如今，西方的田径、游泳、足球等项目已成为中国体育的主要内容，西方体育中的平等竞争等观念也已日渐深刻地影响到中国的体育（包括中国传统体育）。一部中国近现代体育史，实际上就是中西体育互拒互斥、互渗互融的历史。中国传统武术吸取了西方体育竞赛方式，形成了散手竞技；气功引入了现代科学理论；龙舟、风筝等赋予了现代人的精神需求，这些中国传统项目成为中西皆宜的竞赛和活动方式，它逐渐得到西方人的接受和认可。这表明了中西体育逐步契合的趋势。有研究者指出，以奥林匹克主义为主的西方体育观念“和平与友谊”“平等地公平地竞争”“体育为大众”“重要的在于参与”等逐渐为中国传统体育所吸收。而中

国传统体育中的伦理道德观、健康长寿观、自然养生观、形神相关论、动静相关论、人天相关观等构成的整体体育观也被西方体育不同程度地接受；中西体育在运动形式、方法与手段上也不断趋同，西方的摔跤、举重、拳击被中国接受，网球、橄榄球也被引入。

西方体育文化，起源于古希腊、罗马的西欧文化。它是在资本主义工业革命、市场经济的社会条件下，以城市为中心发展起来的，以竞技为主要特征的一种体育文化。西方体育文化与资本主义历史条件以及竞争、冒险的哲学思想相适应，从而形成了重视“练形”、健美，讲究外在统一和激烈竞争的风格。奥林匹克运动文化便是西方资产阶级价值观的产物。它的基本概念或范畴，如尊重、和平、友谊、团结、公平、人的全面发展都是西方工业文明的产物。这些观念代表了社会发展和文明进步的趋势，具有进步意义。它是一个超越体育范畴，影响波及国际政治、经济和文化的相对独立的社会现象。

随着西方物质文明的高速发展，人们越来越对现代社会中精神颓废的生活感到失望和厌倦。而东方体育中强调“养生修性”，练养结合，动静平衡的体育思想，对西方人来说具有极大的吸引力，他们试图从东方的处世之道和养生方法中寻求出路。人类对仅追求胜负与狂热刺激的西方体育竞技日感不满，人们需要更多层面的身心体验和更深邃的高情感活动。东方体育具有注重肉体和精神统一的文化价值特征，在缓解高科技带给人类的不良影响方面，具有划时代的功能效应，成为满足人类精神需求，促进人类身心健康的高情感体育活动。东方的传统生命观、健康观和与此相适应的保健体育，蕴涵着人体生命科学的丰富内容，对指导人类的保健活动，具有十分重要的意义。在奥林匹克运动文化风靡世界的今天，东方体育文化以其特有的魅力悄然升起。东西方体育文化的冲撞与融合，必然导致新一轮人体生命科学的革命，其最终结果必将以人的身心和谐发展为归宿。东方体育文化在儒家思想的熏陶下，逐渐形成了融养生健体、道德教育、娱乐竞技于一体的独特风格。在西方奥林匹克运动的巨大影响下，东方体育文化不再是封闭环境里的自足体，而是在同西方体育文化相互融合，相互竞争的汇流中迅速发展。

西方社会的经济、文化和与之相适应的资本主义历史条件和竞争、冒险的哲学思想，使西方体育文化形成了重视练形、健美、讲究外在统一和竞争激进的风格。西方体育文化发展的直接结果产生了奥林匹克运动。同时，东方体育文化中有价值成分，也被越来越多的西方人接受。

（1）西方体育文化模式的形成

西方现代体育的发展大致经历了三个阶段：第一阶段（古希腊时期）。古希腊十分重视对青年的身体训练，公元前300多年前教育家柏拉图在他的身心调和论的教育设计中，规划了各种年龄体育活动的内容和要求；第二阶段（文艺复兴时期）。英国教育家洛克首先提出了“三育学说”，即把教育分为体育、德育和智育三部分。并强调“健全之精神，富于健全之身体”；第三阶段（十九世纪产生革命后）。当时德国体操盛行，与此同时，美国球类运动，法国体育也都迅速发展起来。其主要内容有田径、体操、举重以及各种球类运动等。这些运动特别强调肌肉锻炼和体格健壮。研究表明，西方体育文化的特征，是和相适应的资本主义历史条件以及竞争，冒险的哲学思想有关，从而形成了重视“练形”、健美、讲究外在统一和竞争激进的风格。

19世纪末，西方体育文化发展的直接结果产生了奥林匹克运动。奥林匹克运动经历了一个世纪的发展，终于成为一个超越体育范畴，影响和波及国际政治、经济和文化的相对独立的社会现象。同时，西方社会伴随着物质文明的高速发展，人们越来越对现代社会中缺乏运动以及精神颓废的生活感到失望和厌倦，因而对竭力想摆脱这种状况的西方人来说，东方体育中的许多体育思想和运动方式，对他们来说越来越具有吸引力。世界体育的发展史表明，世界体育首先产生于东方而不是西方。在公元前5000年古代的东方就开始向文明社会过渡，产生于这个历史时期的东方体育，不仅对后来的西方体育，而且对整个世界体育都产生了积极的影响。而在东方体育已作为一个整体存在于人类社会并得到了充分发展的时候，即公元前11—9世纪，欧洲文明的发源地——地处南欧的古希腊，罗马都还处在稚气的神话时代，其体育自然也才刚刚起步，经过公元前8—5世纪的创造和发展，西方才形成了不同于东方体育并具有鲜明西方色彩的体育类型。至此，西方体育才初步形成。世界体育也因此进入了一个由东西方两种不同类型体育交相辉映，平行而不同步发展的新阶段。公元2—10世纪，东方的亚洲和北非的多数国家相继进入封建社会，东方体育在良好的社会条件下继续保持其兴盛发达的状况，并越来越趋向于成熟。此时的西方体育，无论在内容和形式上都较之同一时期的东方体育远为落后和贫乏。但是，从公元15世纪至17世纪，欧洲向资本主义社会发展，从而使西方体育开始进入一个伟大的转折时期，西方体育逐渐摆脱落后状态，并从战争和宗教活动中分离出来，成为一个独立完整的社会现象。

（2）东方体育文化模式的形成

以中国、日本、印度、朝鲜等亚洲国家为代表的东方体育，都由于大部分时间处于一种闭关自守的封建社会条件下，而使他们在古代所形成的兴旺发达的状况在近代未得到进一步充分的发展，从而使东方体育进入了一个停滞和衰落的时期。到了20世纪50年代以来，东方社会条件发生了根本性的改变，缩小了在经济、文化和科技发展上与西方的差距，中国、朝鲜、越南等亚洲社会主义国家的崛起和亚洲四小龙在经济、文化和科技上的高速发展，使以亚洲诸国为代表的东方体育在与奥林匹克运动为核心的西方体育的相互交汇，融合中得到迅速发展。就中国而言，经过世代的传承，嬗变和发展，逐渐形成了自己独特的风格和特质；形成了以养身健体、道德培养为主要目的，并高度吻合了中国传统文化的基本精神和由这种文化所锻造的民族性格的体育形态：形成了一个结构稳定，区别于世界上其他任何国家体育形态的独立体育文化体系。鸦片战争后，西方体育相继传入中国，从而使东西方体育文化相互交汇和融合，并逐步形成了一种东西方体育文化的相互迁移和相互竞争、共同提高的新格局。

以儒家为核心的东方文化和以新教伦理为核心的西方文化，是两股不同的文化源流，显然，东西方体育文化必须带有各自核心文化的色彩和特征。同时随着近代自然科学的发展，人们对体育的价值观发生了改变，逐渐意识到近代体育对培养全面发展的新时代所需要的人格与体格的具体价值。东方体育文化强调“内意识”的养生健体能力，西方体育文化强调练“外形”而改善人体“内环境”的能力，我们应将这两种不同的能力培养和教育融为一体，不仅要培养学生的健身锻炼能力、竞技和竞争能力、自立和应变能力、娱乐消遣能力，还应从学生的精神面貌，意志和品格中去探索其内在涵义都更为深刻的内容和实质，能力培养必将提高学生对体育的兴趣，爱好的习惯，体现“因材施教，全面育人”的内涵，从而为终生体育奠定基础，为培养和塑造决定着中华民族的前途和命运的青年一代打下了全面而坚实的基础。

四、我国体育文化对外有效交流模式

体育文化对外交流的主要内容包括体育物质文化的交流和体育精神文化的交流。在体育文化交流的过程中，体育的物质文化和精神文化不断与外界进行着新陈代谢。目前我国体育文化对外交流的方式主要包括以下四个方面：

其一，各类国际比赛为体育文化的交流；通过国际竞赛平台增强了我国传统体育文化的竞争性和对抗性，也把我国传统体育文化推向世界，为世界人民所接受，把中国传统文化发扬光大，2008 年北京奥运会更是彰显了我国传统体育文化的特色，并与世界其他国家进行交流；其二，各类的国际学术交流活动，也大大促进了中国体育文化与国外体育文化的交流；其三，各类民俗表演和活动也促进了我国与外界体育文化之间的交流；其四，各类政治和经济活动也间接地促进了体育文化的对外交流。体育文化对外交流有以下特点：首先是大众性。体育文化是一种需要人们广泛参与的休闲文化，其次是连续性。虽然，中国民族传统体育文化对外交流还不到几百年的时间，但是由于其文化的相互矛盾存在，不断碰撞磨合，它们不仅各自获得新的文化血液，而且获得新的文化生存空间。最后是不平衡性。各体育文化之间的对立统一的调节作用要体现在交流的各方吸引对方精华，吸取对方的经验教训，互相补充。

1. 我国体育文化对外交流的现状

对于我国体育文化对外交流来说，存在着一定的优势和相应的劣势。促进我国体育文化发展的因素主要有以下几点：

其一，国民对体育认识需求层次上的提高。随着国民生活水平的提高，人们对体育领域的需求不断增加，无论是对体育运动自身的需求还是体育相关产品。过去人们对体育的需求仅限于是认识层面，随着体育文化的不断发展，现在国民对体育的需求也从单纯的身体方面的需要向更高层次的物质需要和精神需要方面转变。越来越多的人参加到国际体育社团和组织当中去，参加一些娱乐性的体育活动。

其二，国家颁布政策支持我国体育对外交流发展。我国政府部门自新中国成立以来一直对体育对外交流相当重视，在政策上给予了极大的支持，周总理曾亲自批示要求原国家体委要注意人选的政治条件。国家体育总局（原国家体委）无论是贺龙主任，还是以后历任的领导都高度重视这项工作，指示承办部门在具体实施过程中要严格遵照周恩来总理的批示精神，派出业务水平高、政治素质好的教练，向世界展示社会主义新中国的崭新风貌。许多著名的运动员在过去的时候很少得到外国锻炼的机会，但是现在在国家政策的放宽下，许多运动员可以比较自由的参加到国际体育联赛中，比如说最成功的是姚明，既创造了物质财富，也为我们的国家争光，这些与我们当前宽松的国家体育政策是分不开的。

其三，2008 年奥运会为我国体育文化对外交流传播提供平台。北京奥运会是历史赋予我们的机遇。在奥运会之前的准备阶段，我们通过基础设施建设，奥运会的主题等很多方式和世界各国人民进行了充分的交流，在这个过程中，我们向世界传播和展现了中国体育文化的精髓。在奥运会期间，对中国体育文化对外交流事业和向世界营销中国提供了较好的机会。

其四，国外对我国发展的认可促进我国体育文化对外交流的发展。自改革开放以来，中国取得的社会主义建设成就举世瞩目，国际地位和国际影响与日俱增。我国在经济、文化、政治以及教育方面的快速发展已经得到了其他国家的认可和信任。从而在从我国加强体育交流这个过程中减少了很多弯路，从而使我国的体育对外交流顺利发展。

综合四点因素有力地促进了我国体育文化对外交流与发展，我国体育文化在国际体育上也有一定的影响力。把我国体育文化传播是一项长期的任务，在对外交流传中也遇到了很多问题，主要有以下阻碍因素。

其一，知名体育产品品牌较少。知名体育品牌在体育对外交流的中发挥着不可估量的作用。世界上有很多著名的国际体育品牌在世界体育交流中发挥着重要的作用，知名体育品牌既能挖掘自身的潜力，又能够带动整个体育产业的发展。我国现在也在积极打造我们的优秀体育品牌，但是由于我们的基础比较弱，所以还处于学习阶段。我国最成功的体育品牌是李宁，但还是和同领域世界品牌有较大的差距。我国的体育品牌和世界名牌相比主要存在以下差距或不同：一是国际化战略；二是针对消费群体的不同；三是质量的差距；四是文化底蕴的差距。

其二，我国体育发展区域差异较大。由于我国的经济、政治、文化发展不平衡。导致我国体育文化发展出现了偏差。我国的体育事业总的来说是南方发展比北方快，沿海发展比内地快，我国区域经济发展差异显著，各地区的经济发展差异还是比较大的，体育实力较强和体育发展速度较快的地区主要分布在东部，南部沿海地区，而中西部、西北、西南地区各省的体育实力相对较弱，发展速度相对较慢。东西部之间体育发展速度的差距仍在继续扩大。

其三，体育文化发展规划存在不合理性。我国体育用品从整体来看，自主开发、设计能力较低，产品科技含量不高，产品附加值低，大都以加工型企业为主，还没有形成自主开发的主导性体育产品。在整个体育产业结构中，主体产业所占比重较少，产业结构之间发展不协调。在产业项方便面，体育项目重复投资现象严重，缺乏整体规划布局。在这些项目投资过程中，投资者缺乏必要的市场调研与市场预测，过高地估计了中国体育产业市场发展的需求，企业过分追求短期超额利润，导致部分企业服务质量差，社会效益不明显，经营业绩不佳。另外，体育产业法规不健全，调控机制还未形成。目前我国出台的体育产业法规对管理各运动项目则，如体育产业经营的申办条件、经营条件、从业人员的资格认证等。

2. 对我国体育文化对话交流模式发展策略

体育的各个组成部分之间，即学校体育、社会体育、大众体育以及体育文化之间的各个因素在社会中都在不断地进行对外交流，不仅包括体育系统内部的交流，也包括系统外部的交流，现阶段，我们需要把体育信息在这两个系统之间进行传播才可以实现体育对外。目前，我们需要寻找适合我国体育对外交流的模式，在适当的模式下，推动我国体育文化有效的传播。进过对体育文化元素特点分析，促进我国体育文化对外有效交流传播的模式主要有三种。

其一，以媒体为中介对外交流的模式。媒体作为重要的传输工具，极大地促进了社会个体社会化的进程，并在质和量的维度上提升了其社会化的水平。无论是体育传播还是交流，都存在主体、客体和内容这些元素。主体主要指媒体组织，客体是媒介的受众，即媒介的使用者。传播的内容是体育文化。媒体有较强的辐射作用。在传播体育文化时可以辐射到国民的各个方面。媒体可谓发挥了核心的作用。从上面分析可以看出建立以媒体为中心的现代体育对外交流模式对实现体育对外交流的有序发展有着重要的价值。

其二，建立体育文化对外交流的多元化模式。体育文化多元化发展和传播主要是指从不同的角度来认识我国体育文化，把体育文化不同维度的意义进行对外交流和传播。当前，在西方体育文化的强大攻势下，非西方传统体育文化受到严重威胁，使人们对本民族体育文化的认同和保护意识逐渐得到强化。人们希望加强各民族体育文化的交流，构建一个多元而和谐的世界体育文化体系，对于民族文化的保护和多元文化的追求，决不能仅仅停留于口号和理想的层次，而要付诸行动，在切实可行的范围内争取更大的具体的利益。目前，当今西方体育提倡“互相了解、友谊团结、公平竞争”体现了一种博大的人文关怀，这无不渗透着中华文化的人文内涵。体育作为一种特殊的文化现象，随着各种形式的交流，变得日益多元化，可见，构建我国体育对外交流的多元文化模式，是我国体育对外交流的必由之路。

其三，建立我国体育文化对外交流的国际化模式。要想我国体育文化对外交流有效快速，必须减少国际体育间的差异，通过一定的途径寻求大家认可的内容。我国体育的发展应该超越国界，与别国体育间相互联系、相互渗透、相互沟通和相互协调，逐步把我国的体育惯例逐步统一成国际体育惯例的过程。实施我国体育对外交流国际化的模式，我国应该建立一个国际体育交流的组织机构和一整套体育对外交流制度，各种单项国际体育组织还定期举办世界锦标赛、世界杯赛。这些运动会都是在国际规则和规程统一标准下进行的，促进了体育交流在全球的开展，促进了各国人民之间的体育交流，有利于体育交流的发展和进步。再次，职业体育运动在全球扩展是我国体育对外交流的机遇。我国职业运动员在与国外其他职业运动员进行竞赛的时候，不但可以进行对外体育技术交流，而且还可以进行体育文化的交流与沟通。可见建立我国体育文化对外交流的国际模式对我国体育文化对外传播有重大的意义。

我国体育文化对外交流正借助于北京奥运会的东风在世界体育领域发挥着越来越重要的作用，我国体育正从一个传统的世界体育大国真正的向一个世界体育强国递进。我国体育文化正在通过自身的方式，与世界性的社会大众体育交流融合，并在世界范围内占有越来越重要的地位。加快我国体育对外交流快速发展，能为我国的体育事业和由它衍生来的很多事业带来更多的帮助和更好的保障，提供的体育对外交流的发展策略方案具有科学的和实用的价值，这些方案的顺利实施影响着我国体育对外交流的发展。

实例分析：北京奥运会对中西方体育文化的融合模式分析

中西方体育文化各有自己的独立特性，中国传统体育文化是以个体农业经济为基础，以宗法家庭为背景，以儒家思想为核心的体育文化，而西方体育文化是以技运动项目竞赛为特征的一种体育文化。东西方文化有着诸多差异，作为文化大系统中的一个分支，中西方体育文化自然也就存在着许多不同。然而在近代两者却奇迹般地结合在一起，并且在碰撞之中逐渐融合，最终西方体育占据了中国体育的主体地位，成为近代中国体育的主流。北京奥运会的举办为加深中西方体育文化的交流与融合提供了历史机遇，同时也成为中西方体育文化融合的桥梁。

1. 中西方体育文化对比

中国传统体育文化是指由中国几千年文明史演化而成的，以个体农业经济为基础，以宗法家庭为背景，以儒家思想为核心的体育文化。西方体育文化是指源于古希腊、罗马的西欧文化，它是经过文艺复兴和产业革命，在工业生产、市场经济的条件下，以竞技运动项目竞赛为特征的一种体育文化。中西方由于地域环境、思想意识、文化背景等诸多因素的差异，直接导致了体育思想和体育价值观的差异。从两种文化的比较中，我们可以看出它们各自的特征。中国哲学观讲“天人合一”，认为宇宙、自然界、人都是由“气”构成的一体，而西方哲学讲天人相对、天人有别。人生观方面，中国人乐长生，重节制，讲中庸之道（温、良、俭、让）；西方人求价值、谋进取、趋极端（敢、强、险、异）。在认知形式上，中国人重直观感受、求整体把握；西方人重知行分析、细剖层究。思维方式上，中国人重直觉顿悟；西方重抽象思辨。由于以上原因，西方产生了以激进性、个体性、开放性、流变性为特征的“竞技体育文化”。中国因封闭的农业基础、自给自足、缺少更高文化竞争等产生了崇尚经验、注重伦理、看重礼仪教化、稳健为特征的农耕文化，也孕育出了“养生体育文化”。

2. 借北京奥运会促进中西方体育文化的交流

人类社会的体育交往，就其整体发展来看，它包括接触、传播、冲突、选择、调适、融合和发展等过程。从系统论的角度看，一个社会的信息输入和输出频率越高，这个社会的体育交往就越频繁，反之则是越低。

国际奥委会主席罗格曾再三表示，希望2008年北京奥运会办成一届具有奥林匹克文化传统和中国民族文化相结合的奥运会。曾参加汉城奥运会策划和组织工作的韩国教授访华时表示，韩国为了让西方人接受韩国文化，仅对开幕式就争论了3年，争论的焦点是如何使韩国文化与西方文化相融合。这同样也是我们当时要面对的问题。我们不能生搬硬套，强迫别人接受中国文化，而是要想办法把东西文化融为一体，使人们感到既是东方的，又是西方的；既是民族的，又是世界的；既是传统的，又是时尚的。这就要依靠智慧、艺术和科技来解决，绝非轻而易举，要花大力气才行。北京奥运会有一项重要任务，就是使奥林匹克运动在中国和亚洲扎根。从推进奥林匹克运动的角度来说，举办奥运会只是手段而不是最终目的。如果把举办奥运会分成三个阶段，即赛前阶段、比赛阶段和赛后阶段，我们切不可忽视赛后阶段，因为普遍的现象是赛前紧张准备，比赛轰轰烈烈，而赛后就冷冷清清，一切故我依然，要不了多久，奥林匹克就会在人们心中烟消云散。亚洲举办过两次都是如此，这就没有达到举办奥运会的真正目的。要使奥运会在中国扎根，需要大量引进先进的西方体育文化，同时输出以中国为代表的东方体育文化，包括哲学思想、人文理念、养生之道和健身方法，使奥林匹克文化注入世界体育文化的精髓，使中国体育文化有长足发展。

3. 北京奥运会下中西方体育文化融合模式

（1）物资层面的融合

北京奥运会推动了中西方体育文化在物资层面上的交融，促进了运动项目的健全、运动形式的多样化、场地设施的改善、体育器材的现代化和运动技术的创新性。北京奥运会的举办为促进中西方体育项目的融合提供了机遇，其主要的表现形式是以奥林匹克为代表的西方竞技运动项目的融合，如我国实施竞赛制度的运动项目的增加，与西方休闲运动项目的融合（如台球、保龄球、健身操等），以及中国的传统体育项目（如武术、太极拳、气功等）为西方人所接受。在奥运会的推动下，我国按照奥林匹克组织体系健全了国内体育组织，逐渐完善了运动体制，如全国体总与奥委会分离，又成立了一些全国性的单项体协和行业体协。北京奥运会推动了我国各项公共体育文化设施的建设、修复和完善，提高了人民群众对体育文化资源的共享数量和质量。2008年北京奥运会共有37个比赛场馆，其中在北京修建的场馆有32个（11个新建，其他改扩建等），总投资127亿元（约合16亿美元），其中国家体育场为31.3亿元，国家游泳中心10.34亿元，国家体育馆8.67亿元。据知，其自行车比赛馆为中央政府财政投资（中央财政拨专款）3.6亿元。有5个场馆建在北京的大学校园内，赛后将留作该大学的永久体育馆。如北京大学乒乓球馆建筑面积约为

26 000平方米，投资额约为2.6亿元，奥运比赛结束后，将改建为北京大学体育馆。同时要建设1.3万亩国家森林公园，在亚运村地区至今没有一座有规模的公园，而亚运村地区的居民却日益增多。

另外，北京奥组委确定了40余项场馆通信设施建设项目，包括：国家体育场、国家体育馆、奥体中心体育场、奥体中心体育馆、工人体育场、工人体育馆、北京大学体育馆、北航体育馆、首都体育馆、国际广播中心（IBC）、主媒体中心（MPC）、奥运村、媒体村、IOC总部饭店、奥组委总部大楼、BOB总部大楼等竞赛场馆和非竞赛场馆。场馆分散，规模空前，通信网络的复杂程度超过了历届奥运会，对北京网通来说，奥运场馆的通信保障工作是一次巨大的挑战。奥运的体育设施和国家森林公园的建设为市民提供了更加丰富、更加优质的文化休闲资源。为迎接奥运会，各大古典园林均进行了有组织、有计划的全面系统的整修，规模之大，覆盖之广是前所罕见的。随着《中华人民共和国国民经济和社会发展第十一五规划纲要》“推动实施农民体育健身工程”的提出，人文奥运进社区，促进了社区体育文化设施的建设。

（2）制度层面的融合

新中国成立以来，我国的体育体制于20世纪50年代借鉴了苏联的体育模式，它是按照计划经济体制要求而形成的高度集中、行政肯理主导型的体育领导体制。改革开放后，随着社会经济的发展，这种体制阻碍了中国体育的发展，而西方的体育制度从某种程度上能够弥补这些不足，解决这些弊端。因此，北京奥运会给这种融合带来了契机，中国体育文化开始了与西方的体育制度文化的融合，这种融合需要经历一定的过程。首先是部分的、浅层次的融合。原有的举国体制和运行机制并不从根本上转变，融合西方的体育文化的目的是为了完善“举国体制”，即试图不触动原有的体制和运行机制，对其不足之处进行补充、改善；其次是全方位的融合。其历史变革性不亚于新中国成立之初与苏联、东欧派西方体育文化的融合。一方面，改变原有的体育体制和运行机制，逐步实现两个根本转变，另一方面，实行体育职业化的管理模式。最后，在体育职业化取得实效的同时，体育的产业化也初步形成规模。

（3）精神层面的融合

在中西方体育物质文化和制度文化的融合不断走向全面的过程中，随着思想的解放和观念的不断更新，中西方体育思想文化也开始了全面的交融，它以我国改革开放为背景，也是我国体育思想发展最快的阶段。从20纪80年代开始，西方的体育思想和实践经验不断被介绍到我国，成为我国体育思想发展的重要资源。首先是终身体育思想的形成，其次是多维体育思想的形成，最后是体育产业观念的形成。在不同外来体育思想的引入之后，我国的体育思想内容日益丰富，具有时代特色的面貌。素质教育的实施、“健康第一”的教育思想、“以人为本”的人文主义都是中西方体育思想融合的结果。

体育的本质功能只是教育、健身和娱乐，这是任何一种体育形态所共有的，是体育本身所固有的，也是其他任何一种社会现象无法替代的。至于其他社会功能，如政治、经济、文化、科技等只是借体育活动来达到某种目的，是体育的非本质功能，不是体育本身所固有的。北京奥运会是全方位发挥体育功能的大好机会，是体育大显身手的舞台，对我们全面理解和实践体育的多功能、增强感性知识有十分重要的作用，也是提高体育在人民心目中地位的一次最充分的展示。在“更快、更高、更强”的奥林匹克精神下，“友谊第一、比赛第二”“内外合一”的中国传统体育思想逐步显示出它追求卓越、超越自我的一面。北京举办奥运会是在我国发扬奥林匹克精神的最好时机。奥林匹克精神的内涵十分丰富，它包含整个奥林匹克运动的各种活动的全过程，集中体现为友谊、团结、和平、进步、公平、参与、民主与科学，等等。这些对于我国精神文明建设和国民整体素质的提高，以及我国运动员的奥林匹克意识和体育道德作风的提高起到了不可估量的作用。

第二章　高校体育文化

校园文化是社会主义精神文明在学校的体现，是一所学校独特的精神风貌，也是学生文明素养、道德情操的综合反映。校园文化建设反映了学校的综合办学水平，是培养具有创新精神和实践能力的高素质人才的内在要求。因此，倡导什么样的校园文化，始终是高等学校的一项重要研究课题。校园文化又是整个社会文化的一部分，是一种具有引导性的亚文化，一种特殊的社区文化、一种精神文化。从其构成上看，它是以物质条件为基础的载体文化和以人文为中心的人和社会精神文化的统一。校园文化活动的蓬勃开展，对于提高学生的人文道德素养，拓宽同学们的视野，培养一专多能的跨世纪、高层次的复合型人才具有深远意义。

第一节　校园体育文化的理论概括

一、校园体育文化的定义

1. 校园体育文化的概念

校园体育文化是校园文化和体育文化两者相互影响、融合、渗透、促进而发展起来的，是在一定社会政治、经济、文化、教育、体育等条件依托下，由学校广大师生在实践过程中共同创造的体育精神和财富的总和。校园体育文化有着深刻的内涵和丰富的外延，首先，它与校园德育、智育、美育文化等一起构成了校园文化群；其次，它又与竞技体育、群众体育等共同组成了广大的体育文化群。从广义上讲，校园体育文化是学校广大师生员工在学校现存的环境中，在学校体育教育、学习和活动等过程中创造出来的物质与精神的所有内容。从狭义上说，校园体育文化是指在学校教学环境下，以学生为主体，以教师为主导，在各种体育活动中相互作用创造出来的学校文化形态之一，包括体育精神、体育的价值观念、体育道德和体育能力，是学校这一特殊社区的体育群体意识。学校体育文化是一个内涵广泛、系统开放的文化形式。这个系统大致可以分为三个层面：第一层是精神层面，居于主导地位，其中体育健康价值观是学校体育文化的本质和核心，决定了它的目标；第二层是制度、方法层面，这个层面既是学校体育的组织形式，也是学校体育意识的体现，包括体育教学、课余体育活动、体育科学研究、体育竞赛、体育协会、体育交流等全方位制度、方法的确立；第三层是物质层面，是学校体育文化的基础，也是客观物质保障，包括校园的体育建筑、环境、场地、器材、用品和师资队伍等。以上三个层面在学校体育文化建设过程中，应当在“以人为本”的基础上获得协调发展。

2. 校园体育文化功能

（1）教育熏陶，促进身心全面发展

文化环境是一个使人不断地接受新文化滋养、熏陶、装备的园地。校园体育文化是存在于学校这一特定环境中的体育文化形态。学校的体育教师，是拥有专门体育知识的人才，人类创造的体育文化以系统的知识形态经教师的传授，给学生们以滋养，使他们掌握体育知识，认识体育的价值，逐渐地成熟起来。同时，文化是一种超个体的社会存在，它不依人的产生而产生。从个人的角度看，文化首先是作为一种生活环境而先于个人存在的，人受其影响得到发展，通过从文化环境中吸取营养，潜移默化，接受熏陶，不断地追求培养人的可能和界限，促使人从“自然”到“文化”，从“现实”到“理想”的实现。

（2）强身愉情，增进人们身心健康

“健康应是在精神上、身体上以及社会上保持健全的状态”，这一世界卫生组织对健康的定义提出了现代健康的新概念，阐明了人的健康应包括身体和精神两个方面。身体健康包括良好的发育、正常的生理机能及承担负荷的适宜反应。校园体育文化中的行为文化即是以身体运动为基本的表现形式，由它所构成的体育锻炼过程，给予人体各器官系统以一定的强度和量的刺激，使机体在形态结构、生理机能等方面发生一系列适应性反应，从而对机体产生积极的影响并能有效地促进人们的身体健康。校园体育文化中的意识、行为、物质三个文化部分均能有助于人们的心理调节，满足师生员工对精神文化生活的需要。通过各种体育手段和方法，可以锻炼意志品质，催人奋发进取，培养集体观念，加强组织纪律，协调人际关系，消除精神烦恼，给人带来欢愉，使人身心得到和谐、健康的发展。

二、校园体育文化的意义

校园文化是学校组织在教育管理过程中营造的具有各自特色的文化意识，包括学校的发展目标、价值观念、风格特点、传统习惯和规章制度等在内的有机整体。在校园文化建设中，从多元化入手，立足于现实建设，着眼于长远发展，开展校园体育活动，使校园文化建设活动寓乐、美、学、文于一切健康有益的社会活动之中。用现代体育思想促进校园文化建设，以健全的组织文化构建凝聚群体意志和力量的团队精神，这对组织成员的创造力、凝聚力、组织效率的提高及组织目标的实现有着广泛深刻的影响和积极作用。

1. 体育文化是校园文化不可分割的整体及校园文化的特点

（1）校园文化的整体性特点

就体育文化而言，它不是对单一的文化活动的开阔和描述，而是以深邃的大学传统为底蕴、先进的大学精神为理想。通过校风、学风等校园精神层面而弥漫在每一个学生心中的群体文化。在高校任何一种校园文化传播中，从精神理念的设计到具体部门的实施，都需要教学、科研、管理、后勤等各部门的密切配合，群体协调。

（2）校园文化的实践性特点

校园文化即是一种文化理想，又是一个实践过程。不管是从学校层面、管理层面、教师教育层面还是学生层面，都存在继承、发扬、修正、完善的过程。也称为是一个系统工程。体育文化的凝练和形成同样需要有针对性地工作部署与实践活动来实践、传播、运用、灌输与推广。

（3）校园文化的主体性特点

校园文化的主体是指与客体对象相对应的校同文化建设的承担着、执行者和受益者，包括学生、教师、管理人员等全部的校园人。课堂教学、课外活动、学术论坛、社团组织的各类活动、媒介宣传引导、各类的竞赛活动等。都需要学校教师、学生的主观能动意识得以充分发挥，共同建设美好精神家园。

2. 校园体育文化在校园文化建设中的作用

体育运动是体育文化发展的载体，也是一种社会文化需要。作为文化现象，体育有很强的教育功能，在校园文化建设中具有不可替代的特殊作用。

（1）高校体育具有教育效能，在校园文化建设中育德于乐

具思想性、学习性的体育活动是校园文化中一种无形的精神力量，能在体育活动和体育锻炼的过程中培养人、教育人、改造人，从而潜移默化地熏陶、感染每一个校园人；也加速校园人在政治素质、价值取向、知识技能、人格心理等方面的社会化进程，使学生在不同程度上产生完善自我、发展自我的心理需要，有效抑制与大学生要求不相符合的思想和行为。高校体育文化以其广泛的群众基础、突出的德育功能，提高了校园人热爱美、鉴赏美和表达美的能力，使高校形成具有鲜明特点的校园文化。

（2）高校体育具有凝聚效能，在校园文化建设中寓教于乐

青年学生是祖国的栋梁，必须引导青年学生努力拼搏、刻苦成才，发挥凝聚力和战斗堡垒作用。体育活动中的竞技运动正好突显了为集体拼搏的竞争精神，是沟通感情的“桥梁”，是增进友谊的“纽带”，是凝聚人心、增进团结的“法宝”。实践证明，高校体育作为校园文化的一部分，激发人们产生认同感、使命感、自豪感和归宿感，合成巨大的内聚力，将个体目标整合为学校的总体目标。

（3）高校体育具有激励效能，在校园文化建设中励志于乐

开展积极向上的体育活动能够强有力地调动校园人的积极性、主动性和创造性，从而

产生一种巨大的鼓舞人心的精神力量，形成学校活力。校园文化工作离开了体育工作就缺乏应有的生机和活力。我们在抓好教学与科研的同时，要注重以有效的体育活动相配合，鼓舞斗志，培养集体荣誉感。

（4）高校体育具有传播导向效能，在校园文化建设中获智于乐

学生在运动场中最容易传递真情实感，最容易赢得同场竞技者的喜爱和尊重，也最容易得到战友般的信任，并在“是对手更是朋友”的轻松氛围建立新友谊。在运动中，校园人学到如何尊重自己和他人，如何实现合作，如何把握适度忍让和情感表达，“学会做人、学会学习、学会做事”，具有传播导向效能。高校体育活动能陶冶、感染、规范学生，为个体行为提供价值参考，使个体自觉地把组织目标视为自己的行为目标。

3. 应该采取怎样的措施来发展校园体育文化

（1）要树立科学的校园体育文化观

校园体育文化观是个人或社会对体育存在的意义和价值的认识或看法，可以说，校园体育文化观念的方向决定了校园体育文化的发展方向。校园体育文化的参与者应具备如下的校园体育文化观：校园体育文化是学校文化的重要组成部分，体育锻炼是科学、文明、健康的生活方式，应成为学校师生生活中不可缺少的内容。师生生活中不能缺少体育，娱乐中离不开体育，健美中更需要体育，体育是竞争、完善个性、体现人的价值的重要途径，也是强身健体、缓解学习疲劳和工作压力的重要手段。

（2）要转变教育思想观念

教育思想和教育观念的转变是校园体育文化建设的关键。教育目标、培养模式、体育课程设置、教学内容等各方面在深层次上无不受到教育思想、教育观念的支配和指导。要用新的思维、新的标准、新的目标去组建新的大学体育教育体系，塑造新的大学体育教育模式。在体育教学过程中，应强调技能与文化的自然渗透与融合，一方面，在教学中要增强对学生体育意识和健康意识的教育，培养学生自觉参与体育锻炼的兴趣和习惯；另一方面，要把当前体育教育与终身体育教育有机地联系起来，使学生树立终身体育的意识。

（3）加强校园体育文化制度建设

校园体育文化制度是学校根据自身的特点，制定的包括学校颁布实施的涉及体育教学管理、运动竞赛管理、体育社团管理等各方面的规章制度。在加强校园体育文化制度建设的时，要积极吸收学生的建议，使校园体育文化制度能够适合本校学生的实际状况，更大程度上激起学生共同参与建设校园体育文化的兴趣。

（4）加强课余体育俱乐部和运动队建设

课余体育俱乐部是广大学生自愿参与以健身和娱乐为目的，组建的体育娱乐组织。成功的俱乐部及有特色的运动队对校园体育文化建设具有举足轻重的作用，常常会对师生员工产生巨大的凝聚力。

（5）实施“主体性教育”，改变以往由学校主导并控制的校园体育文化

在校园体育文化的建设中，要充分提高学生的自主性、主动性和创造性。使校园体育文化成为学生自己的体育文化。

三、我国校园体育文化存在的主要问题与对策研究

在素质教育发展的新阶段，我国高校均进行了独具特色的大学体育课堂教学活动，在课堂上，教师与学生之间通力合作，基本上已摆脱了传统教学模式的束缚与影响，在提高和锻炼大学生身体素质的同时，着力摆脱陈旧的教学模式对大学生身体素质的束缚，提升高校学生的体育文化素养，在体育教学中培养学生正确的情感、态度和价值观，促进身心全面、协调、健康发展。

1. 我国高校体育专业发展中存在的问题

在改革开放以前，我国的基础体育教育没有受到足够的重视，造成了各类高校的体育教育非常简单，体育教师资源短缺，常存在不上体育课的情况。缺少规范的体育教材、教学大纲，上课时主要是自由活动，形式单一，教师没有发挥很大的作用。随着教育改革的发展，增设了体育专业班，学习体育专业的学生迅速增加，但是这给学校在课程安排、师资力量的配备等方面带来了一些问题。

（1）扩大招生和生源质量存在着矛盾

目前，每年高校的招生量大大增加，但是多数报考体育专业的学生在文化成绩方面比较弱，体育类的文化课的录取分数线较低，多数考生能如愿被录取。在这种情况下，一些根本不具备学习体育专业基本条件的考生为了升学也报考了这个专业，这就在很大程度上降低了高校体育专业的生源质量，导致教学质量也难以提高。因此，相关高校要认真对待体育教育，不能为了经济利益盲目扩招，更不能为了经济利益以牺牲学校生源质量和教育质量为代价。

（2）迅速扩招引起了就业困难的问题

在我国，长期以来，高校体育专业一直实行着“统包统分”的就业制度。在这种制度下，我国高等院校的体育专业毕业生一直保持着较高的就业率。随着社会主义市场经济体制的不断推进，高等学校的招生数量急剧增长，院校的规模也在不断扩大，要求人才市场要加大对人力资源进行调节，也就是说高校培养人才的进度要和人才市场吸纳人才的进度要一致。后来，教育部取消了关于高校毕业生的就业分配制度，所有的毕业生面向市场，由毕业生和企业进行双向选择。但是这一制度的颁布，使高校体育专业的毕业生感受到了巨大的就业压力，就业形势也不容乐观。有调查表明，各个城镇的大多数中小学体育教师已处于饱和，有的学校甚至超出了编制数量，真正缺少体育教师的地方是一些偏远、贫穷的乡村学校，毕业生大多数不远去往这些地方，择业热情也较低。

（3）课程层次类型不合理

目前，我国高校体育专业的课程层次类型多种多样，不同的学校有不同的分类方式，例如多数高校将课程分为必修和选修两大层次，选修又根据细化的专业进行分类；还有一些学校将课程分为四个层次，分别是：基础课程、专业基础课程、专业课和选修课 [2]。尽管课程层次类型体现了不同高校的教学特色，但是也在一定程度上限制了学生向多方面发展，也反映了一些课程分类后的无序性，甚至会与教育部规定的课程方案有较大差异。因此，有必要对体育专业的课程类型进行严格规范的系统划分。

2. 高校体育教学中体育文化的传承

（1）转变教学观念，全面提高大学生的体育文化素养

体育文化素养就是指人们平时所习得的体育知识、技能，借此而形成的正确的体育认识、价值观，以及正确的待人处事态度和方式等的复合性整体。学生体育文化素养由体育知识、体育意识、体育技能、体育个性、体育道德、体育行为等六个方面的要素组成。体育知识是基础；体育意识是动力；体育技能是重点；体育个性是关键；体育品德是灵魂；体育行为是目标；高校体育要从“育体”向“育人”方向转变，从单纯追求学生的外在的技术水平和身体素质转变到追求学生的身体全面协调发展上，即打破以往的以运动技术传授为主线的教学体系，建立起以合理的运动实践为手段，全面完成增强体质，传授体育文化、培养学生的终身从事体育健身的意识、能力及坚持体育锻炼的意志品质的统一协调发展的教学新体系，为学生终身从事体育健身锻炼打下良好的基础。

（2）提高学生的体育素养

体育素养指人们平时所习得的体育知识、技能，借此而形成的正确的体育认识、价值观，以及正确的待人处事态度和方式等的复合性整体。从素质教育的角度来讲，就是人们在先天自然因素（生理方面）基础上，通过环境与体育教育影响所产生的后天社会因素（精神方面）及其体育能力等品质相结合而形成的人的一种体育素质。它包括体育知识、体育意识、体育技能、体育个性、体育品德和体育行为六个方面。传承文化的活动是人的创造性活动，人的素质的高低直接决定着文化发展的速度和水平。当代大学生作为传承体育文化的主力军，不仅要保存，传递人类历史的一切优秀体育文化而且还要在继承，吸取的同时，通过选择，整合，实现综合创新，创造出与时俱进的先进文化。因此，要使学生能够真正承担起传承体育文化的历史责任，必须全面提高他们的体育素养这是体育文化得以传承的保障。

（3）加强校园体育文化环境建设

学生体育意识、体育价值观的形成过程中，文化环境的影响具有极为重要的作用。学校可在运动场地、区域竖上与该运动项目相关的宣传牌，包括该运动项目的中英文名、项目的简介、技术要领、锻炼作用以及注意点等。体育馆门厅两侧可布置上制作精美的健身、宣传长廊，包括锻炼对身心的影响、合理营养、准备活动的要求和功能、各年龄段身体形

态的正常值等内容，墙上还可布置上名人谈健身和体育的格言等等。

（4）在体育教育模式中传承体育文化

①改革课外体育活动

首先，必须明确课外体育活动是体育课的延续和有效补充。课外体育活动必须有明确目的地给予辅导。不能仅局限于发放器材或监督活动时间，既要让学生对课堂上的理论技术得到充分实践，又要使学生获得必要的运动快感，还要与学生良好的运动习惯养成联系起来。其次，课外体育活动的形式可以多种多。它可以是俱乐部的形式，也可以是学生的体育组织，如各类体育协会和社团组织等。还可以是体育知识专题讲座等，因为体育本身就是异彩纷呈，所以活动形式也应当是缤纷多姿。

②改革课堂体育教学

要提高学生的体育文化水平，必须突破传统的体育教学模式的束缚，营造轻松、活泼、欢乐的学习氛围，让学生在快乐的学习与锻炼中体验体育的乐趣，学会用运动锻炼身体增强体质。在教学组织上，以“活泼、自由、愉快”为主调。主张严密的课堂纪律与生动活泼的教学氛围相结合，强调信息的多向交流与教学环境的优化。要克服教学组织形式竞技化的倾向。教师向学生传递的应当是体育文化，而非单纯的竞技运动训练，应向学生重点传授体育锻炼的方法和如何培养良好的运动习惯等，为学生的终身体育打好基础。因此，现代体育教学方法应当是：完整系统的、理论文化、知识传授与愉悦深刻的运动体验相结合；课堂教学与课外活动相结合，显性课程与隐性教育相结合，多管齐下散发渗透深刻影响，使学生的身心内外均能得到变化与提高。

（4）举办体育文化艺术节，加强体育文化之间的相互交流

在举办体育节时，其主要内容就以体育和健康为主，并将全校的师生看作参与主体，在融入一些竞技体育还有健身体育以及娱乐体育的同时，加入一些文化元素。应该说通过这种方式不仅能够进一步地拓宽学生进行体育锻炼的时间，而且还丰富了其相应的内容及其实现形式，进而实现让学生都能更多、更好地融入到体育活动中来，真正意义地实现了集健身性以及娱乐性还有教学性等为一体的活动。并能在调动学生自身积极性的同时，培养学生的自身兴趣以及自我个性。另外，通过这种方法也能有效地增强学生的体育意识毛病在提高自身体育能力的同时，为学生提供了一个能够随时展现自己技艺以及才华的舞台。近些年以来，我国部分高等院校开展和组织了一些体育文化节，不仅能够加大学生同教师之间体育交流，同时也能够有效地传播体育价值观念，从而有效地激发学生自身的体育兴趣。还有各大高校通过合理利用现阶段的体育资源，来组织以及承办各种相关的体育赛事，进而使得校园里的学生焕发属于自己的那份青春，激涌出那些令我们振奋的希望，并在丰富大学校园文化生活的同时，也进一步的促进和推动体育文化的建设。

（5）成立相应的体育俱乐部，并加大宣传力度

应该说，成立体育俱乐部，能够增强和提高学生自身的组织能力以及领导能力还有社交能力。此外还能在培养学生自身体育精神的同时，拓展了体育教学自身的延伸性以及连

续性。在成立体育俱乐部过程中，还需要相关校领导加强重视，并倡导和调动学生们积极有效地参与进来。进而在体育俱乐部开展活动过程中，能够在丰富体育文化自身内涵的同时，也能有效地拓宽学生自身的认真视野以及实践范围。从而促进校园文化部的整体发展。当然开展体育教学过程中，还需要我们不断地来加大对体育文化的宣传力度，以调动学生参加体育活动地主动性以及积极性，例如，使用一些报刊或者橱窗来多做一些宣传海报；定期或者是不定期地进行宣传，从而在校园中努力地形成一种轻松、和谐的文化氛围；通过利用当前的一些互联网络来制作一些课件，并放到校园内容的局域网中，以方便学生浏览。这样就能在调动学生自身积极性的同时，有效地增强了他们内心的体育意识。

（6）对教学管理理念进行不断优化和改进，并不断地创新教材体系

在当前的一些高校体育教学过程中，为了能够更好地保证校园体育文化能够顺利地开展，就需要我们采取科学、合理的措施和手段来不断地对高校自身的体育制度，并通过使用规范化以及法制化的制度，来约束和制约校园内部所开展的体育活动。另外，需要我们对管理理念以及管理手段进行不断地创新和改进，并结合当前学校的自身的实际情况，来因地制宜地采取相应的政策和办法，来做好体育教学工作，以能够将体育文化自身的生命力还有时代特色都能够呈现出来。此外，在高校开展体育教学过程中，所设置的课程内容，应该具有持续性以及大众化的特点，以确保学生能够在体育教学中，积极主动地参与整个教学中来。应该说，在我国当前的体育教学过程中，比较流行的体育项目主要有游泳以及网球还有羽毛球和体育舞蹈等等。另外，在当前开展体育教学过程中，我们还应改变传统的教学模式以及课程设置。换言之就是改变以往在教学过程中，只是在大一以及大二阶段开设体育课的情况。争取将体育课堂贯穿到大学四年当中来，并在开展教学过程中，并依据学生自身的兴趣，来适当地增添一些课程。

随着新课改的发展，文化观念的转变，传统意义上的思想理念与文化形态均遭到持续性的影响与冲击。同时，大学生人文主义思潮也逐步被淡化，在大学体育课堂中，培育青年学生人文理念与精神成为教学的一大任务。

四、奥林匹克精神文化对我国校园体育文化发展的影响

1. 奥林匹克运动精神

在浩瀚的历史长河中，人类的体育活动丰富多彩。然而，从古至今在持续的时间、规模、影响以及所追求的崇高思想方面，几乎没有一种活动可以同奥林匹克运动相媲美。现代奥林匹克运动创始于 1894 年，是古希腊在奥林匹亚每四年举办一次的体育竞赛和文化盛会的延续。它不是一般的体育竞赛，而是一个以体育为载体的社会文化运动，一种有自己的哲学、理念、追求目标的社会文化运动。奥林匹克运动把自己的理念称为奥林匹克主义，并指出，这是一种“人生哲学”，旨在通过体育运动，增强人的体魄、意志和精神，使人获得全面、和谐发展，进而建立一个尊重人的尊严和平的社会。现代奥林匹克运动是人类社

会进入工业文明以后的一项伟大的社会实践，对人类文明的进步与发展产生了深远的影响。

在 2000 年 9 月 11 日生效的《奥林匹克宪章》中指出，奥林匹克精神是“以友谊、团结和公平竞争的精神相互理解”。它引导人们摆脱文化偏见，以博大的胸怀认识和理解自己民族以外的事物，学会尊重其他民族，学习他们的优秀文化；在公平竞争中加强团结、增进友谊。奥林匹克精神体现的是社会和平，人的文明生活方式，它将体育运动作为实现人和谐发展的途径；是主导体育运动与教育、人性、社会文化发展相结合的崇高精神；是奥林匹克运动所具有的最珍贵的精神核心。奥林匹克精神不仅是古代奥林匹克运动产生和延绵不断的原动力，也是现代奥林匹克运动得以复兴的历史因由。奥林匹克精神是人类一种向善、向美、向真的精神追求，体现了人类自强不息、永远向上的精神旨归。《奥林匹克宪章》明确指出了：奥林匹克精神就是在公平竞争的体育竞赛中促进不同种族、不同国家、不同信仰的人之间的相互了解、友谊和团结，它的本质内容包括：参与、竞争、公正、友谊与奋斗，这些精神内涵的实质在奥林匹克发展的著名格言中“更快、更高、更强”得到了充分的体现。

2. 奥林匹克运动对中国现代体育的影响

奥林匹克运动需要中国传统民族体育。奥运会是世界上最具影响力的号召力的世界盛会，奥林匹克运动是跨国，跨文化，多元化的一个庞大的体育系统，它在倡导公平竞争的同时需要吸取不同的民族体育来充实和壮大自身。由于奥林匹克运动过于注重个体力量与“自我价值的彰显”，导致了兴奋剂，球场暴力等一系列弊端，中国传统民族体育的注重整体、自然、和谐的主张正好为奥林匹克运动注入一股清流，使奥林匹克运动系统更为完善。

契机——世界体育一体化、世界和平的需要。经济全球化加速了其他元素的全球化进程，其中自然也包括了世界体育一体化。中国传统民族体育拥有悠久的历史与深厚的文化内涵，有着巨大的潜能和良好的发展前景，而奥林匹克运动是世界体育一体化的最典型代表，二者的融合与和谐发展能大大加快世界体育一体化的进程。奥林匹克运动还致力于世界的和平事业，在维护世界和平方面有着不可替代的作用。中华民族自古以来就是一个热爱和平的民族，新中国也在当今世界的和平维护事业中担任重要的角色。中国传统民族体育与奥林匹克运动的和谐发展，符合中国的和谐社会建设，对世界的和平也有积极的意义。“只有民族的才是世界的”。现今世界上任何一项流行的体育项目，最初都是源于各国的民族体育，它们同样是在一定的地域受一定的文化而逐渐形成，后来随着经济发展、文化渗透而逐渐成为在世界上被广泛开展的世界性的运动，例如日本的柔道，英国的击剑运动。发展中国民族传统体育不仅仅可以弘扬博大精深、源远流长的中国文化，更能挖掘和继承中华民族的优秀遗产。发展我国的民族传统体育，也可以使中华民族的传统体育全面走向世界，与世界的体育运动相交融，从而更好的促进国际体育文化的发展。中国民族传统体育要想走向世界并让世界接受，首先要让更多地人了解民族传统体育背后所蕴含的文化内涵。中国体育文化体现出的则是天人合一、崇尚和谐、恪守中道这些人文思想。人们从事体育的目的是健身、养生、益智，排斥激烈的对抗竞争。这些在太极拳、射箭、舞剑、棋类等中国民族传统体育项目中已有所体现。比如中国民族传统体育项目武术，它的民族性特征非常突出。讲究的是形神合一。外国人如果对中国文化及其精神不了解，就难以把握武术的奥妙和精髓，学习中国的武术就只不过是机械模仿。另外，由于我国国土面积幅员辽阔，而民族传统体育又是依存于某一地区特定的历史和文化背景存在的，因此我国的民族传统体育也具有一定的地域性与民族性。

3. 中国当代体育与奥林匹克运动

新中国的成立，为奥林匹克运动在中国的进一步发展提供了前所未有的机遇，在党和政府的高度重视下，奥林匹克组织得到了更新，群众体育和竞技体育得到了全面发展，奥林匹克宣传、教育与研究逐渐普及。这一阶段，是利用奥林匹克运动的项目、运动会形式、体育场馆和技术设施为中国人民服务，对奥林匹克运动的表层结构进行平等的改造和为我所用的阶段。而与奥林匹克运动的深层结构，如价值观、思想体系的融合尚未开始，与其中层结构即组织体系方面则存在着严重的对立。1979 年中国恢复了与国际奥委会的正式关系，中国体育开始了全面走向世界的新历程。这一时期的中国当代体育以空前的规模、全方位地同奥林匹克运动进行了接触、交流和融合，并取得了举世瞩目的巨大成就，从而使双方的关系进人了新的发展阶段。奥运会是世界体育运动的盛会，一直吸引着世界的注意。2008 北京奥运把北京和中国置于全世界所关注的地位，向全世界展示了北京和中国文明、友好而鲜活的真实面貌。北京奥组委承诺保证为世界大家庭成员提供最好的体育场馆、最优美的环境、最方便的服务；保证办成“绿色奥运、人文奥运、科技奥运”而终获巨大成功令世界刮目相看。成功举办 2008 年奥运会，促进了我国群众体育与竞技体育的全面发展，促使中国成为真正的体育强国；促进我国与世界的体育合作和交流，不断提高全体市民整体素质，为世界体育事业的发展做出贡献。成功举办 2008 年北京奥运会，奥运精神、奥运意识将成为中国人社会生活的主旋律。在奥运精神的鼓舞和五环旗的指引下，全体中华儿女的爱国主义精神和民族自豪感进一步增强，“更高、更快、更强”的口号将激励着中华民族自强不息、勇于进取；将极大地激发全国各族人民的爱国热情，促进我国改革开放和社会主义现代化建设事业快速发展。通过 2008 年的北京奥运会赋予奥林匹克运动更多的中国民族传统体育文化的内涵；向全世界介绍中国的体育文化思想。向西方国家展现我国民族体育的魅力与神韵，将中国民族文化的博大精深展现在全世界人的面前。

4. 高校开展奥林匹克文化教育的意义

（1）促进大学生爱国主义精神的形成

奥林匹克运动有意识地采用一些突出国家外部标志的仪式，如奏国歌、升国旗等，这有助于增强以国家为单位的民族认同感，引发人们的爱国主义意识，从而增强民族的凝聚力。奥林匹克运动以其独特的形式显示出一个国家和民族在世界上的地位和威望，大学生观看奥运会比赛与电视转播，使其不仅能够学习奥运健儿们高超、娴熟的技术，学习他们顽强拼搏的精神，而且能增强大学生的爱国主义情感。

（2）促进大学生人文素质的提高

受2008年北京奥林匹克运动会的影响，大学生比以往更加关注奥林匹克运动方面的知识。在“更快、更高、更强”的格言的鼓励下，运动员的参与下，奥运会发生的许多感人肺腑的故事、趣闻使高校学生的心灵品质得以升华〔7〕。奥林匹克运动关注人的存在与发展、自由与解放，认为竞技体育不是打造健壮的，而是培养身心和谐、完整健康的现代人格。可以说，只有人的个性真正得以丰富与发展，才能为真正意义上的生活方式的确立提供参照。在物质生活日益充裕的当下，权力和金钱的价值观严重地影响着大学生的生活方式，人文奥运可以说为大学生提供了反思的契机，也促其新的生活方式的养成。

（3）促进大学生树立正确的价值观

公平与公正，是奥林匹克运动向往光明、主张正义的体现，实质是人类对体育道德的追求，是对公平、正义等社会理想的向往。奥林匹克运动所崇尚的诚信公平的精神与我们当今社会的公平、社会法制的精神具有内在的一致性，奥林匹克运动所追求的“团结、友谊、和平、进步”的精神、“人的和谐发展”和“维护人的尊严”的精神也正是当今社会所提倡的，也是当今大学生所追求的。

（4）增强大学生身心健康

奥林匹克运动中不断超越的体育精神，除了给大学生们带来情感上的体验外，对于培养青少年的情感、理想都有较好的促进作用，奥林匹克运动给大学生带了新的心理感受，即丰富情感世界，扩展心灵空间，强化生命体验。大学生们进行体育运动时，大多数都力求超越自身的生理极限，从而达到产生良好情感体验的目的，促进大学生身心健康，增强大学生参与体育锻炼的欲望和要求，使之养成终身体育的健康观。

（5）培养大学生团结合作的交际习惯

现今作为“90后”的这代大学生大部分都是独生子女，意志薄弱、追求时尚、性格独特、承受能力差并且缺乏进取精神。人际交往能力的极度欠缺，已经成为他们的通病。通过奥林匹克精神的教育，让学生了解奥运之星的故事，让他们在学习和生活中学会与人合作，与人友善交往。随着年龄的增长，大学生们与父母相处的时间越来越少，而与同学朋友相处的时间愈来愈多，良好的人际交往影响着大学生的未来的发展，而奥林匹克精神中强调团结友谊的原则可以促进青少年良好人际关系的形成。奥林匹克运动会之所以能够得到全世界人民的关注，就是因为它选择了“体育”这个通用语言来推广，将“友谊、和平、进步”的思想通过其组织形式、参与方式在全世界范围内进行传播，用以实现其教育的根本目的。现代奥林匹克运动会每四年举行一届，届时，世界各国人民会为了这个世界人民共同的节日欢聚一堂，为表现对其的重视，倡导者和组织者会充分发挥人类的智慧和创造力，对奥林匹克运动会的组织形式和表现形式进行设计，凝聚世界人民的目光。奥林匹克吉祥标志、圣火传递、点燃仪式、比赛场馆、赛会礼仪等均展现了人们对竞技运动的尊重和热情。世界各国为能够举办一次奥林匹克运动会而骄傲，可见人们对奥林匹克的重视。高校开展奥林匹克文化教育，使得大学生能够继承奥林匹克的思想，了解奥林匹克运动中蕴含的精神，为奥林匹克的传播和可持续发展铺平道路。

5. 高校体育中开展奥林匹克文化教育的途径

（1）开设奥林匹克文化课为公共必修课，以学生为主体，教师为主导

高校体育课作为公共必修课，必然能带动奥林克教育的发展，体育公共课成为奥林匹克教育最有效、最基本的途径。在新课程改革的理念下，以学生为主体，教师注重教学运动技术的传授，同时高校教师应加强自身的奥林匹克文化知识的学习修养，这样才能在体育教学中运用自如，使学生了解奥林匹克博大精深的丰富内容，更好地感受奥林匹克的独特魅力，从而更好地体会奥林匹克的文化价值和教育意义。

（2）开展奥林匹克教育活动，丰富学生业余文化生活

在高校奥林匹克教育活动中，必须加强体育教师对相关知识的培训与奥林匹克相关专题研究，这样学生才能在教师的主导下，开展课余奥林匹克教育活动，例如在高校通过“模拟奥运会”“奥林匹克知识竞答”“奥林匹克文化交流沙龙”等多种形式的奥林匹克教育活动，以弘扬奥林匹克精神，传播奥林匹克文化，吸引大学生认真学习奥林匹克知识，激发大学生业余时间参与到体育运动中去，促进奥林匹克精神在大学校园中传播。

（3）营造奥林匹克气氛，推动校园文化建设

大学阶段的教育是大学生踏入社会前最重的阶段，所以这个阶段的时光在学生们心中是个具有代表意义的阶段，高校校园文化的开展，必然会影响大学生身心的发展，因此在校园中实施奥林匹克运动教育活动，对学生会有持久性的影响。如在校园中进行奥林匹克文化的开展，定期开设奥林匹克学生夏令营，从而让学生能够接受奥林匹克的知识，通过在校中奥林匹克气氛的充分营造，推动高校校园文化建设。

现代奥运创始人顾拜旦说过：奥林匹克运动的精髓是教育，教育是奥林匹克运动的出发点和归宿。北京奥运会全方位体现和展现了综合国力，促进了国际文化大交流，因此，2008 年北京奥运会，对于全体中国人特别是对于大学生们来说，是接受奥林匹克教育的好机会，奥林匹克文化会不同程度地渗透到学校这个文化教育领域，进而会对学校体育教育产生潜在的影响。奥林匹克教育在高校教育中是一个重点教学内容，通过奥林匹克教育重视大学生主体的发展、终生体育意识的培养，使大学生身体，心理和精神得到更大程度的提高。奥林匹克运动正以其特有的丰厚的文化底蕴推动中国学校体育发展，同时，也必将为 21 世纪世界文化的交流与传播做出新的贡献。

五、他山之石：美国大学体育现状及对我国的启示

大学体育的健康发展，不仅可以为国家培养优秀的运动员，还可以促进全民健身以及相关体育科研的研究。多年来，美国大学体育的发展一直注重发展竞技体育，使得美国的竞技体育一直处于世界领先地位，虽然我国在诸多方面难于美国相比，但是在如今全球化

的今天，我们可以充分借鉴美国大学体育教学的先进经验，取长补短，加快我国大学体育的发展。

1. 美国大学体育的现状

目前，我国对美国大学体育的研究缺乏完整性，缺乏系统性，没有对美国大学体育进行充分的研究。通过研究，我们发现美国的大学体育由娱乐体育和校际体育竞赛组成，其中娱乐体育以体育教学、校内体育竞赛、个人与集体的自由锻炼组成。另外，美国部分大学开设了必修体育课程，而另一部分未开设体育课程，却开设了娱乐体育课程。其体育课程教学以健身类内容为主，而我国的大学体育课程以竞技运动为主。

（1）大学体育的课程计划性强

美国大学的体育课程十分广泛，例如，排球、篮球、足球、橄榄球、棒球等。美国大学体育的另一个特点是计划性十分强。大学生协会为美国大学体育课程教学提供了严谨而详细的计划，并且印刷相关的手册。

（2）健全的组织领导机构

美国的校级体育竞赛已经开展了 100 多年，成为大学体育教育的重要组成部分。目前，全美大学体育竞赛是在体育协会的领导下进行的。美国大学开展体育竞赛除了让大学生接受高等教育，还是为了提高大学生的顽强拼搏的精神，从而使身心得到全面发展。为了促进大学体育竞赛的有效开展，美国大学专门聘请专职人员指导和监督大学体育竞赛的开展，根据相关协会规定对大学体育教学进行监控和督导。另外，美国大学的体育竞赛由学校组织，并由学校举办，并且明确指明比赛场地，十分注重细节问题。这不仅可以激发大学体育教学的积极性，还可以促进大学生对体育的热爱。

（3）体育教学内容和课程设置完善

美国大学一般实行 2 年必修体育课，2 年选修课，但大部分美国高校只采用 1 年体育必修课，而部分学校没有体育课，只有体育俱乐部，由学生自发去锻炼。各州大学拥有自己的体育教学目标和计划，体育课程种类繁多，学生可以根据自己喜好进行选修，但部分大学对公开课进行了相关规定，主要指游泳课和健康课。另外，美国大学体育教学十分重视对运动技能的教授，开展各种类型的体育理论课。在教学内容上，让学生进行自主选择，反复筛选决定。教学内容十分丰富，包含几十个运动项目，主要分为竞技和健身，两者旗鼓相当，平分秋色。

2. 美国大学体育现状对我国的启示

（1）将我国大学体育的组织管理权授权给体育部

美国大学的体育教学的管理权基本由体育部掌握，大学体育部对大学各项体育活动进行独立和统一的管理，进而保证了体育活动举办的流畅性。而我国的大学体育除了体育部的管理外，还有校体委、校团委进行管理和组织，这种大学体育的管理模式，不利于大学体育教学的开展，对大学体育教学造成了一定障碍。为此，我国大学体育的组织管理权应该授权给体育部，让体育部进行单独管理。

（2）在课程设置上缩小体育教学的范围

在美国，体育教学活动范围不大，部分高校体育课甚至没有必修选修之分，没有对体育课程进行强制要求，将教学任务融汇到了体育活动中，为学生提供自由选课的机会。我国体育教学将体育课程教学进行了普及化，要求所有高校必须将所有体育活动采纳到体育课程教学中，加之我国高校招生扩张，学生数量激增，由于体育教学的范围过大导致学生没有进行体育锻炼的积极性。为此在大学体育课程设置上可以缩小体育教学的范围，不必开设体育必修课，允许学生的自由选择，同时，让高校根据自己的实际情况，争取学生的意见，进行体育课程的安排，从而灵活的开展多种多样的体育教学活动。

（3）建立健全的大学体育管理和组织制度

美国大学拥有各类俱乐部、健身中心等平台，建立了庞大的体育活动组织和管理机制，有效地开展了体育活动。而我国大学体育教学由于长期以体育课程教学为主，造成了课外体育活动没有有效开展，在课外体育教学过程中没有形成有效地组织和管理。为此，我国要在未来大学体育教学过程中建立健全的大学体育管理和组织制度，来解决我国高校体育存在的问题，并且尝试建立俱乐部，健全健身中心等体育教学新方式。

如今的美国体育教学超出了大学体育的概念范畴，呈现了多元化和开放性的态势，美国大学体育打破了各类体育种类的界限，促进了大学体育的多形式发展。因此，我国体育教学可以充分借鉴美国大学体育教学的经验和方法，促进我国的体育教学。

第二节　高校校园体育文化的理论概括

高校校园体育文化是高校校园文化的重要组成部分，是高校师生接触最为广泛的一种文化。大学生根据个人的爱好，开展以竞技体育，传统保健体育，现代健身体育和娱乐体育为内容的体育文化活动，不仅丰富了课余文化生活，而且营造了高校特有的校园体育文化氛围。加强高校校园体育文化建设，营造浓厚的校园体育文化氛围，全面提高高校的育人质量，有着深远的意义和积极的借鉴作用。

一、高校校园文化的定义

高等院校是我国文化积淀、发展和传承的主要社会载体，是知识形成、传播的主要社会场所，高等院校的改革与发展对我国经济、政治、文化的进步与发展有着深远的影响。近些年来，河南省高等教育事业也同全国一样，与时俱进、深化改革、加速发展，取得了显著的成绩。河南高等教育的发展，为河南培养了各方面的人才，为河南社会经济的发展奠定了基础。高校校园体育文化以其特有的文化氛围于有形与无形中影响着广大师生：从发展的角度看，良好的校园体育文化氛围能健身，健心，培养人的社会适应能力；从教育学的角度看，良好的校园体育文化氛围能提高大学生的思想道德品质，培养良好的体育观念，提高审美情趣，完善心理特质；从教养角度看，良好的校园体育文化氛围能教给大学生体育知识技能，培养他们的体育参与态度、动机、兴趣和良好的身体锻炼习惯；从社会学角度看，良好的校园体育文化氛围能提高大学生的社会意识、改进他们的社会化、增强他们的交际能力和社会活动能力。

高校校园体育文化是在高校校园特定环境下产生的一种文化形态，是社会体育文化的一个分支。1974 年，由国际体育名词术语委员会主席尼古·阿莱克赛博士牵头，编写出版了用六种文字写成的《体育运动词汇》一书，此书对“体育文化”作了如下定义：“体育文化是广义文化的一个组成部分，它综合各种利用身体锻炼来提高人的生物学和精神潜力的运筹、规律、制度和物质设施。”

高校校园体育文化是校园文化与体育文化有机结合的产物，是高校师生在校园这一特定的环境中，为实现高校培养和造就合格人才的目标而实施、传播的与身心健康直接相关的以身体活动为主要载体的精神文化现象。高校校园体育文化作为高校校园文化的重要组成部分，对高校校园文化具有反作用；高校校园体育文化具有较高的品位和层次，是高校特有的富有校园文化气息和健康生活气息的大众文化，它是以师生的体育价值观为核心，以实施健康第一的高校体育目标为主要目的，是以大学生群体为主体的体育行为方式、思维形式和活动方式，主要有校园体育课程、体育课外活动、体育艺术活动、校园体育竞赛活动、体育欣赏活动等具体表现方式和活动形式。一般来说，高校校园体育文化的内涵由三个部分组成，即高校体育精神文化层、高校体育制度文化层、高校体育物质文化层。精神文化层面处于主导地位，反映出高校体育文化行为准则、价值观念和意识等主要内容，体育健康价值观是其核心，持续渗透时间长，对学生影响久远，是一所高校向心力与凝聚力的象征；制度文化层面是联系两者的纽带，为物质层面更好地利用开发，精神层面的更好挖掘提供制度保障；物质文化层面是基础，是客观物质保障，它体现出高校体育文化的底蕴，对大学生身心健康发展起到“润物细无声”的滋润作用。高校校园体育文化的三个层面相互联系，相互促进，共同发展，缺一不可。

二、高校体育文化的现状及意义

随着人类的进步和发展，培养具有竞争、开拓意识和全面发展的复合型人才已成为高等学校教育发展的方向。体育作为高等教育的重要组成部分，更是素质教育的重要内容和手段，推进素质教育，发展学生的综合素质必须优先发展体育文化素养。

1. 现代大学生体育文化素养的现状分析

（1）体育知识贫乏，体育技能缺乏，体育行为被动

衡量大学生体育文化素养高低与否，其外露的显性指标体现在三个方面：体育知识、体育技能和体育行为。但在非体育专业的大学生进行的访谈调查发现，当代大学生体育文化素养与其所处的文化阶层是极不相符的，集中表现在体育知识贫乏，体育技能缺乏和体育行为被动。在一些常识性的体育知识问答中，常常令人啼笑皆非。对一些常见的伤害事故，比如“脚踝扭伤了，怎么办？”大多数学生由于缺乏基本的急救知识而只能选择直接上医院治疗。

（2）体育意识不强，体育个性不强，体育意志薄弱

随着《全民健身计划纲要》的实施，国家对社会体育和学校体育的高度重视，人们的锻炼意识比从前已经有了长足的进步，校园体育文化活动也开展得风风火火，但总的来说，大学生的体育参与意识依然不高，终身体育意识尚未形成，体育个性不强，体育意志薄弱。造成这种状况有以下三种原因：

①传统的应试教育体制从小制约了学生体育意识的形成，学校长期追求升学率的直接结果导致了对学生体育意识的培养盲区。

②受大环境社会趋势的影响，用人单位对人才素质的要求迫使学生不得不专注于学习而无暇顾及其他。

③体育设施、场地的条件限制以及教师的导向意识不够也是制约学生体育意识和体育个性的一个重要因素。

2. 培养大学生体育文化素养的途径

（1）借助课堂教学平台，刺激隐性因素发挥作用

大学生没有良好的体育个性，在一定程度上阻隔了大学生对体育知识和技能的追求。因而刺激隐性因素发挥作用，培养大学生的体育兴趣是关键。俗话说，“兴趣是最好的老师”。大学生一旦有了体育锻炼的兴趣，体育意识就会养成，同样也不用担心学生体育个性的形成和体育道德品质的问题。因而教师在课堂教学中，应该打破长期以来存在的以传授运动技术为单一模式的教学体系，建立以适当的运动技能传授为手段，努力激发学生体育锻炼兴趣为动力，培养大学生终身体育锻炼意识为最终目的的教学新体系。

目前很多高校的体育课依然坚持大一为身体素质教育课和大二为自主选修课的课程安排，但这种单一固定的教学内容安排让很多原本有着浓厚运动兴趣的大一学生苦恼不已。好不容易进入大二自主选修阶段，部分学生的体育热情在漫长而枯燥的跑跳训练中已慢慢消退，长期下去，这非常不利于学生的终身体育意识的养成。在具体的实践教学中，我们也慢慢总结出一个规律：大学生身体素质并不是仅靠公共体育课上的身体素质训练而得以提高和发展，这种专门传授运动技能以提高身体素质的效果往往是非常不明显的，而恰恰是学生在平时的体育锻炼过程中不知不觉中增强了自身的体质。总而言之，刺激体育文化素养的隐形因素发挥作用是关键，教师应该责无旁贷承担着为学生的健康服务的神圣职责，充分利用好课堂教学这个平台，努力培养学生的体育兴趣，提高学生的体

育文化素养。

（2）营造良好的校园体育文化氛围，潜移默化地接受体育知识与技能

大学生接受体育知识和技能，一方面来源于体育教师的课堂教学，另一方面来源于自身对体育知识和技能的关注。因而学校应该开展丰富多彩的课外体育活动，营造良好的校园体育文化氛围，让学生在潜移默化中接受基本的体育知识和技能。比如开展课外体育俱乐部，体育运动协会，体育专题知识讲座等各种活动，让全体学生有机会选择自己喜欢的项目，体验运动带来的快乐，在良好的体育文化环境的氛围中不知不觉的受到感染，一方面学到了体育知识，另一方面培养了体育兴趣。体育文化素养是人的基本素质的重要组成部分，在当前大力提倡素质教育的社会转型时期，培养大学生的体育文化素养不仅仅是高校体育教学的目标之一，同时也是高校体育改革所面临的社会责任。学生体育兴趣的激发和培养在一定程度上满足了终身体育的行为需求，在此基础上，教师一定要转变教学观念，多渠道地丰富学生的体育文化知识，同时借助社会体育的力量，让学生意识到提高体育文化素养不仅是个人素质的重要方面，更是大学生步入社会必备的精神品质之一。只有如此，大学生体育文化素养的提高才有希望。

3. 高校践行体育文化的意义

高校校园体育文化是与高校师生密切相关的一种文化，是校园文化中一种特殊的文化现象，是高校校园文化的重要组成部分。意义主要体现在以下三个方面：

（1）丰富校园教师的体育文化生活

高校教师在教学中占有非常重要的地位，在教学中起着主导作用，教师的身心健康对于整个高校实际教学有着非常重要的影响。体育对促进身心健康有着其重要而特殊的作用，本研究通过针对高校教师的调查，总结出高校教师体育文化的现状，找出存在的问题，并有针对性地给予高校教师如何通过自身与校园体育文化合理的建议，这对于促进高校教师身心健康的发展具有重要的意义。

（2）高校体育文化对大学生心理健康的积极影响

高校体育文化对大学生心理健康的积极影响主要有两条途径：第一，通过身心健康的交互作用实现。身体锻炼是体育文化的重要内容，心理学家凯恩在 1983 年对 1 750 名心理医生的调查显示，有 80% 认为身体锻炼是治疗抑郁症的有效手段，60% 的人认为应将身体锻炼作为一个治疗手段来消除焦虑症。第二，高校体育文化通过精神层面上的熏陶和潜移默化实现对大学心理的积极影响。通过在体育锻炼和竞赛中领悟体育精神，从而增强自我心理调节能力，培养良好的心理品质，克服人格缺陷，不断完善自我。

①高校体育文化有助于缓解大学生的人际关系敏感

高校体育教学、课余体育活动、体育竞赛、体育协会组织、对外体育交流是高校体育文化的重要组织形式。大学生在参与这些体育活动和体育组织过程中既要充分发挥自身特点，又要融入集体中相互协作，共同完成既定的目标和任务。在这一过程中，他们不得不

学习如何处理与他人的关系，使各项活动顺利开展。在比赛当中，他们必须不断地交流沟通，局势有利或者同伴表现出色时，他们会用各种方式表示鼓励和认可；在出现失误、局势不利的关键时刻却能克制自己的不良情绪，做到相互理解和相互支持。这样，在参与运动过程中，大学生逐步形成了自信、自强、宽容、大度、尊重他人、不畏困难、敢于拼搏、遵守规则等心理品质和行为习惯。马塞（Massie）等人在1971年的调查中就已经发现：长期从事体育运动，特别是集体对抗性项目运动，能够使内向性格者趋于外向化，同时，运动过程中能够有效提升运动者对外交流和沟通的能力，从而发展他们处理复杂人际关系的能力。

②高校体育文化有助于大学生准确评价自我，增强自我接纳和自我认同感

心理健康的大学生能应该能对自己的能力、性格做出客观评价，了解自身长处和短处，明确自身存在的价值，能扬长避短、持续健康地发展自己的内在潜力。能促进学生个体主观上对自己的身体、思想和情感整体做出正确的评价。体育锻炼对于改善人的身体表象和身体自尊至关重要。身体表象障碍在大学生中是普遍存在。特别是女生，倾向于高估她们的身高和低估她们的体重，而且，身体肥胖的个体更可能有身体表象和身体自尊方面的障碍。身体自尊主要包括一个人对自己运动能力的评价，对自己身体外貌（吸引力）的评价以及对自己身体的抵抗力和健康状况的评价。身体表象和身体自尊与整体自我概念有关，无论男生还是女生，对身体表象的不满意会使个体自尊变低（自尊指自我概念的积极程度），并产生不安全感和抑郁症状。有研究表明，肌肉力量与身体自尊、情绪稳定性、外向性格和自信心呈正相关，并且加强力量训练会使个体的自我概念显著增强。心理学的研究显示，人格的形成及其发展与人的活动密不可分。在体育锻炼的过程中，大学生是活动的主体，有利于思维活动和机体活动的紧密结合，从而促进人格的完善和发展。同时，既可以施展自己的才华，又能达到实现自我的心理满足，进而改变人的整个心理状态。

③高校体育文化有助于大学生良好意志品质和个性心理的形成

意志品质是指一个人的自觉性、果断性、坚韧性和自制力以及勇敢顽强和独立主动的精神，是一个人行为特点的稳定因素的总和。体育锻炼不但要克服气候条件的变化、动作的难度或外部障碍等困难，还要克服如胆怯、疲劳及运动损伤等主观因素造成的困难，同时，还要遵守竞赛规则、制约和调控自己的个人行为，以有利于在竞赛中充分发挥自己的潜能。另外，通过体育文化活动的表达团结、友谊、和平、进步等人类先进的思想和愿望，在合理规范的竞争中锻炼自己的品行，并在成功与失败、荣誉与耻辱、竞争与退让、个人与集体之间做出选择，在选择中表达出自己的人生观、世界观和价值观。总之，体育文化崇尚“更高、更快、更强”的奥林匹克精神，以“公开、公平、公正”为基本原则，通过高校体育文化培养和塑造大学生良好的个性心理具有显著的效果。

④高校体育文化有助于缓解大学生抑郁、焦虑、敌对、胆怯、强迫等心理症状

情绪状态的调控能力是衡量高校体育文化对心理健康影响的最主要指标，心理健康的大学生能够适度地表达和控制自己的情绪。高校体育文化对大学生心理的积极影响主要是

以体育锻炼为表现形式和手段的，体育锻炼可以有效转移个体不愉快的意识、情绪和行为，从烦恼和痛苦中摆脱出来。体育锻炼之所以能够调节情绪，是因为参与者能体验到运动带来的愉快感觉。心理学家认为，适度负荷的体育锻炼能够促进人体释放一种多肽物质——内啡肽，它能提升大脑皮层的兴奋和抑制的协调作用，使神经系统的兴奋抑制的交替转换过程得到加强，从而产生良好的情绪状态。因此参加体育锻炼，尤其是参加那些自己喜爱和擅长的体育锻炼，可以使人从中得到乐趣，振奋精神。国内的研究资料表明，以有氧代谢为标准的中距离和长距离慢速跑、变速跑能够松弛紧张的情绪；集体项目，如球类活动，可以通过培养良好的协作精神和团队意识来抑郁焦虑；健美操、有氧韵律操等对焦虑有明显的作用。另外，麦克曼（Mclman）等人的研究表明，经常参加身体锻炼者的状态焦虑、抑郁、紧张和心理紊乱等消极的心理变量水平明显低于不参加身体锻炼者，而愉快等积极的心理变量水平则明显要高一些。

（3）促进高校校园文化的建设及发展

高校校园文化是以学生和教师为主体，以各种文化体育活动为主要内容，以校园为主要空间，以校园精神为主要特征的一种群体文化，它主要包括：以青年学生为代表的文化观念以及由此所规范的学生特有的思维特征、行为特征和方式；师生课余生活中一切以群体形式出现的文化体育活动，如诗社、棋牌俱乐部、文学社、武术、球类等社团活动，其中最能体现校园文化本质内容的是校园风气或校园精神。校园文化建设是学校育人工作的重要一环，它能促进整个学校的教育思想、教育管理、教育方法的变革，对于引导学生坚定正确的政治方向，提高思想道德素质，开发学生智力，增进学生身心健康，丰富文化生活，帮助他们树立和形成良好的审美观以及和谐的人际关系，促使学生产生积极的情感和创造意识，促进学生全面成才具有重大的意义。

目前国外高校体育文化建设普遍搞得较好，这与其发展时间较长有较大关系。日本在战后经过三次课程改革，特别是进入20世纪90年代，“快乐体育”“生涯体育”备受推崇，再加上高校体育俱乐部的蓬勃发展，其高校体育文化建设取得了长足进展，现在日本高校大学体育课程精神本着体验以一名运动员的训练和精神风范在平时的体育运动中加强身心和体质健康，以提高各项体育比赛技能为目标，并且在平时要求作为运动员的训练强度来进行体育锻炼。有以下几个原则:遵守体育比赛规则、竭尽全力进行训练、团队合作与配合、尊敬他人（礼仪等）。在日本大学有关体育制度方面分类如下：四种体育表彰制度：包括有国际体育运动奖（代表日本参加国际比赛的个人或团体）、体育运动优秀奖（参加全日本比赛并且取得优秀成绩的个人或团体）、体育运动奖励奖（参加至少是华北或华南地区以上级别的比赛中取得优秀成绩的个人或团体）、体育运动贡献奖（对地区、学校体育俱乐部做出特别贡献的个人或团体体育特长生免考入学制度，其中笔试免考，直接进入技能和面试）、体育奖学金制度（对取得一定成绩的学生给予相应的奖金，额度各大学自定）。

在德国，体育活动可是愉快，乐趣的同义词，公众参与体育活动非常普遍，每三个人中就有一个体育俱乐部成员，在这样浓厚的体育氛围的影响下，德国高校的体育文化建设搞得相当出色，几乎每个大学生都加入了体育俱乐部。高校体育与俱乐部关系密切成了德国高校体育的一大特色。德国大学生生活中不能缺少体育，娱乐中离不开体育，健美中需要体育，消费中也少不了体育，体育是竞争，是完善个性，是体现人的价值的重要途径，是增加健康、预防疾病、消除紧张和建立友情的重要手段。高校大可借鉴先进经验，取其精华去其糟粕，促进高校校园文化的建设及发展。

践行案例:“阳光体育”背景下的高校校园体育文化

阳光体育指的是让学生在体育运动中体验到参与、理解、掌握以及创新运动的乐趣，从而激发学生参加运动的自觉性和主动性。在立足尊重学生的体育运动中的主体地位的同时，重视激发学生对体育运动的乐趣，并认为体育教学过程本身就是快乐，有吸引力的。

1. 阳光体育运动开展的背景

长期以来，学校的教育受到学科中心论的影响，学校的教育基本上就是围绕着以学科为中心，以课本为中心，以教师为中心的旧思想的影响，严重的束缚了学生思想，阻碍了学生创造力的发挥，严重影响了学生的身心健康，违背了体育课程标准“健康第一”的教育理念。阳光体育运动推广以来，我校经过不断的尝试和改进，提高了学生对体育运动的兴趣和爱好以及独立锻炼身体的能力，学生在体育活动中获得愉快的享受，激发了长期参加体育锻炼的愿望，为孩子的未来发展提供舞台和空间，为终身坚持体育锻炼奠定基础。

2. 阳光体育运动的内涵

（1）阳光体育的实质是素质教育

阳光体育的实施必定促进素质教育的顺利开展，而素质教育的实施为阳光体育的开展提供了很大的平台，两者在一定程度上是相互促进的。素质教育在一定程度上要求学生摆脱课堂题海的束缚，使学生的身心得以充分的放松，要用多种形式的教学方式代替以往的题海战术，这其中就是要求学生摆脱课本，多参加体育锻炼，要求学生每天都必须有一小时以上的活动时间。当然素质教育不仅仅是使学生参加体育锻炼，他是全面发展教育就是要促进人的智力和体力的充分自由地、主动活泼地主动地发展，就是要促进人的各方面才能和兴趣、特长的和谐统一的发展。同时包括人的道德水平、审美情操的发展。素质教育同样把教育工作的重点放在促进人的全面发展和综合素质的提高上，素质教育是对全面发展教育的完善。

这其中阳光体育进学校，成为素质教育的突破口，阳光体育的实施，关注的是学生身心健康的全面发展，其开展形式是多样化的，让学生在运动中享受阳光、体验参与、快乐、这不仅仅局限于平时的课堂教学，而是不限形式的多种体育运动，其更加注重学生参与的广泛性，参与的时效性，而且它的开展和实施不受场地的制约，使学生的“要你参与”变成“我要参与”，形成一种人人参与的良好氛围，在锻炼中增加了凝聚力，同学之间的团结协作精神大大增加，使学生的身心得到充分的放松，从而是学习效率大大提高。由此可见阳光体育的实施，成为学校素质教育的一大突破口。两者的实施在一定程度上是相互促进的。

（2）阳光体育以学校体育为主阵地

阳光体育的实施的形式是多样化的，而现在的学校体育还是仅局限于《体育与健康课程标准》的教学内容，而且传统学校体育的教学容易形成“放羊式教学”的恶性循环，阳光体育从某种程度上来讲也是“放羊式教学”的缩影，但是它提倡的是人人都参与、都运动的“放羊式教学”，所以阳光体育的实施使学校体育改革有了更明确的目标，我们所谓的好的体育教学不再是大家都参与同一种活动、统一指挥的“大合唱”，而是不受场地、空间限制的人人都参与自己所喜欢的多种形式的体育活动，而且还有了充足的时间所保证，让学生真正的“玩个够”。阳光体育所关注的是学生的参与性，学生的参与性广泛了，很多平时不愿意活动、专业素质好的学生就会脱颖而出，这也会给学校体育的专业队选拔人才带来很多的机会学生在参与的过程中，锻炼了自己的思想品质，养成了吃苦耐劳的精神，培养了团结协作的精神，这正是学校体育所提倡的。阳光体育注重的是学生参与的广泛性，这不仅仅是学生的参与，也会带动老师的参与，师生在互动的活动中加强了交流，增进了感情，从而为创建良好的师生关系搭建了很好的平台！

（3）阳光体育为终身体育奠定基础

终身体育是90年代以来体育的改革和发展中提出的一个新概念。终身体育，是指一个人终身进行身体锻炼和接受体育教育。终身体育的含义包括两个方面的内容：一是指人从生命开始至生命结束中学习与参加身体锻炼，使终身有明确的目的性，使体育成为一生生活中始终不可缺少的重要内容；二是在终身体育思想的指导下，以体育的体系化、整体化为目标，为人在不同时期、不同生活领域中提供参加体育活动机会的实践过程。简言之，终身体育就是终身锻炼。阳光体育所提倡的是全员参与、有足够的时间作保证的体育活动，因此它的出现在很大程度上，使学生们的参加运动和掌握运动技能有了足够的时间保障。学生们在参与的过程中得到了快乐、释放了身心、锻炼了身体、养成了习惯。任何一种行为都需要兴趣的指引，在运动中得到快乐，在快乐中锻炼身体，在参与中学会了运动技能。锻炼习惯的养成为终身体育的发展奠定了良好的基础！

（4）阳光体育强健现代学生的体质

阳光体育的指导思想就是全员参与、师生互动。运动过程中不仅增进了友谊，学生还会在潜移默化的运动参与过程中增强自己的体质。随着现代生活水平的提高，餐饮的多样化和学生饮食的单一化形成了明显的对比，生活质量的提高，运动时间的减少，网络游戏成了运动的替代品，大大减少了学生的运动时间，慢慢地，肥胖学生的增多成了校园的一道“亮丽的景观”，因此学生的体质也在慢慢地减退。阳光体育的实施，使学生们有了足够的参与运动，而且随着时间的推移，学生们也会在运动中找到参与的快乐，习惯成自然，就会增加运动的时间，学生们的体质就会在运动中慢慢地得到改善。

3. 阳光体育运动有效开展的条件

（1）阳关体育课是阳光体育开展的基石

在阳光体育开展得轰轰烈烈的时候，体育课是一切学习与活动的原动力，也是基本的理论基础。只有在体育课上，对学生的基本运动技能，基本技术讲到了，让学生有了乐趣的体验，激发了学生进一步对健康的根本追求，让学生从心里喜欢上运动，热爱健康，热爱生命，才能使学生更自觉积极主动地投入到其他的活动之中。教师的教不能代替学生的学，学生是学习的主人，激发他们学习的求知欲望，教给学生学习的方法，开发学生的智力，促使学生能积极主动地开展学习，使课堂教学真正成为师生共同参与，共同研讨的教学过程，从而促使学生整体素质的提高，这是我们每个教学工作共同追求的目标。只有抓好最基本的体育课，让学生真正地热爱体育，真正地愿意参与到体育活动中来，才能使学生体会到体育活动的真正乐趣，让学生感受到健康的重要性。

（2）兴趣是阳光体育全面开展的导火线

浓厚的学习兴趣能调动学生的学习积极性，促使大脑处于高度兴奋，造成获取知识、探究未知的最佳心态，进一步激发学生的积极性，兴趣是促使学生主动参与运动的前提。兴趣的激发和培养可以使学生积极主动地参与到体育运动中来，这种快乐的情绪可以进行延续甚至是感染，使学生不管是在体育课堂上还是在课间或课外活动都能充分地发挥个人的主观能动性，积极地开展阳光体育活动。

（3）阳光教师是阳光体育运动的传播者

阳光的教育成就学生的全面发展。阳光教师是使阳光体育运动广泛开展的传播者。阳光教师能使自己积极、乐观的生活态度去感染学生，用爱心为学生构建阳光的班级氛围，让孩子们能健康快乐地成长。阳光教师会教育学生用美好的心灵看待世界，用顽强的意志面对挫折，用积极的态度面对生活，鼓励学生积极参与学校的各类体育活动活动，即使在学习很忙碌的时候仍要坚持体育运动，保持身体健康，这些活动为学生成为社会所需要的综合性的人才打下了基础。

（4）学校、家庭、社会的有效结合使阳光体育运动得到深化

对于一个学生的成长，简单的个体主动参与和学校的教育，只是其中的一部分，家庭社会的支持也起重要的作用。只有把他们三者有效地结合起来，才能使阳光体育运动更好地开展。针对我国特殊的国情，国家并不富足、学生多、器材少、场地小的特点，要想使体育运动得到开展，就必须首先得到家长的支持。由于受我国长时间的旧教育体制以及升学压力的影响，家长只知道让孩子学习好语数外，死学习，忽视了学生的健康以及全面发展。教师就有义务对家长进行教育指导，使其转变观念，关注学生的全面发展，积极配合学校开展阳光体育活动。学生得到了家校的共同支持，就有更多的自由支配时间来进行体育运动。社会的支持很重要。媒体的正面宣传和导向可以使学生，家长，社会对开展阳光体育运动有个正确认识，也在提高学生锻炼的因素中起到催化剂的作用。例如：我国

2008年承办奥运会，使全民对体育有了更多的了解，在这样的氛围中，学生对体育锻炼的兴趣自然就得到了提高。

4. 如何开展好学校的“阳光体育”

（1）对阳光体育运动的认识

把开展阳光体育活动作为教学常规，学校要组织各部门认真学习“教育部关于学习贯彻《中共中央国务院关于加强青少年体育增强青少年体质的意见》的通知”“教育部国家体育总局共青团中央关于开展全国亿万学生阳光体育运动的决定”文件，进一步提高认识，轩变观念，从根本上认识到提高学生体质健康水平的重要性，特别要注重对学生的健康教育，使学生在思想上正确认识到健康的重要性，培养他们自觉参加体育锻炼的意识。

（2）对阳光体育运动的大力宣传和推广

体育本身是一种文化，更是一种精神。因此加大学校体育工作的宣传力度，营造有利于学校实施素质教育，开展阳光体育活动的氛围。要制订详细的宣传计划，学校要充分利用校园广播室、宣传栏、报栏、电子阅览室等各种宣传途径，开设专栏，大力宣传阳光体育运动，广泛传播健康的思想理念，使“每天锻炼1小时，健康工作50年，幸福生活一辈子”的健康理念深入人心，唤起全校师生对健康的关注，对“阳光体育运动”的关注，引导广大学生自觉走向操场，走到阳光下，走到大自然中，感受“阳光体育运动的魅力”，要特别注意宣传参加“阳光体育运动”的先进个人和先进集体，以他们为榜样，带动更多的学生和班级参与到阳光体育活动中。

（3）“阳光体育运动”以体育课教学为基本平台，以课外活动为保证

学校在继续执行国家关于每周2—4节体育课的基础上，做好体育课的教学常规工作，开展好体育教学活动，更新教学理念，实施新课改方案。同时，还要进行丰富多彩的课外活动。譬如，25—30分钟的大课间活动、运动会，校园健身操、跳长绳、篮球联赛、乒乓球赛、拔河比赛等。利用这些大型的课外活动，培养学生运动健身理念，激发他们的户外活动和体育锻炼的兴趣，体育教研组、各班级制定出计划，争取做到“人人有项目，班班有安排，月月有比赛”，从而使更多的学生加入到阳光体育运动中来。

（4）合理安排好课外活动时间

①每天组织住校生早锻炼，内容以班级为单位跑操，建议走读生每天走或跑步上、放学。

②每天上午组织一次课间操，要求跑步进退场。

③每个年级每周2—4节体育课，组织好各年级每周2节课外活动。活动课时间要科学安排、调整，与当天体育课错开。

（5）开展阳光体育运动究竟要以什么为标准

这次会议明确表明，开展阳光体育运动要以全面实施《学生体质健康标准》为基础，建立和完善《学生体质健康标准》测试结果记录体系，测试成绩要记入小学生成长记录或学生素质报告书，初中以上学生要记入学生档案，并作为毕业、升学的重要依据。我想这

样的体育、这样的阳光，不管在表面上，还是在实质上，都是会让学生、让家长、让老师更加放心、更加肯定的吧。

（6）阳光体育运动必须做好安全教育工作

体育活动的目的就是促进健康、增强体质，如果在活动中发生了伤害事故，就违背了体育锻炼的宗旨，因此在组织学生活动过程中应十分注意安全。

①要经常检查场地、器材，发现不安全因素要及时采取措施。检查场地和跑道是否平整无坚硬杂物，单、双杠、组合器械是否牢固等。

②要教育学生遵守运动安全的要求，加强自我安全保护，锻炼时要穿运动鞋，禁止将别针、小刀等尖锐锋利物品放在衣服口袋里以免发生伤害事故。

③要做好准备活动和整理运动。准备活动可以提高人大脑皮层神经细胞的兴奋性、协调各器官系统的工作，为参加剧烈运动做好准备；活动结束时，应组织学生做好整理、放松运动，可使人恢复平静，消除疲劳，使紧张的人体机能放松。

总之，开展这项活动，是一个系统工程，要求学生、家长、教师、社会的协调配合，学校统一安排，力争为学生的健康成长和社会主义现代建设创造一个平台。

第三节 高校体育文化的结构与内容

近年来高校校园文化研究与建设热潮日益高涨，这源于高校进入自主发展、自我发展的新阶段后，在市场经济、全球化、信息化、环境化与可持续发展的背景下，从文化发展上对学校进行自主特色定位的体现。但是，由于文化概念的广泛性，对校园体育文化存在众多不同的理解，特别是不加区分地罗列校园体育文化的层次和校园体育文化现象，这既无助于认识深化，也给校园体育文化建设的具体实践带来操作上的困难。因为现实的校园体育文化是开放的、立体的、丰富多彩的，我们必须按照校园体育文化结构要素间的内在逻辑关系，从不同的视角加以考察，并立体地把握校园体育文化，才是认识校园体育文化层次结构的基本原则。

一、校园体育文化主体形态的层次结构

人是校园体育文化的主体，同时也是其主要载体，是活力最强的校园体育文化的构成要素。校园体育文化的构建应首先着眼于人，它的核心问题是人力资源的开发、管理和利用，它既包括校园成员的体育文化水平、体育道德、体育观念、体育态度、语言艺术、体育教师的业务能力、科学化训练水平、学生的运动水平、运动成绩、健身水平、服饰内容和体育运动中的人际关系等素质的教育与培训、体育作风的培养、主体体育精神的树立与

发挥，从整体上提高校园成员的素养与水平，也包括贯穿学校全部和制度中学校体育精神的宣传、灌输和渗透，更包括了充分发挥以名师名生为代表的群体在校园体育文化建设中的主体作用、榜样作用和示范作用，充分给予他们在教学、科研、训练、健身过程中展示个人魅力的机会。校园体育文化的形成、发展和特色的定型根本上是主体的结果，是高校全体师生员工共同的主观追求、设计与创新。但是由于学校内不同群体的身份、角色不同，因此从主体方面来考察，校园体育文化客观上存在干部体育文化、教师体育文化、学生体育文化有区别的三个层次。学生体育文化是校园体育文化的最表面、最活跃的层次，教师体育文化处在稳定的中间层，是校园体育文化的主导方面，干部体育文化以学校决策管理层为代表，是校园体育文化整体自觉发展、主动创新的重要动力。

1. 干部教育文化

干部体育文化的主体主要是学校的决策层、高校二级管理单位的领导集体以及系部的领导集体。他们的办学理念和教育思想，以及能否目光敏锐地站在时代潮流的前沿，通常是加速或延缓学校发展的决定因素，对校园体育文化的形成与传播发挥巨大的影响。正如有学者指出，一个好领导等于一所好学校。学校领导集体对校园体育文化有预见的倡导和长期培育是形成特色鲜明的校园体育文化的重要源泉，他们对各种社会文化思潮的态度，会极大地左右学校跨文化交流方式与内容，影响校园体育文化在继承民族传统体育、吸收世界体育文明及创新的进程。学校领导集体尤其担负着学校政治文化、道德文化与健康文化的建设的重要责任，在代表先进体育文化的发展方向、管理宽度上应做出更多的努力。

2. 教师体育文化

教师体育文化的主体是高校的教师、科研人员、职工以及离退休人员。他们是一所高校社会地位和声誉的决定因素，也是教学、科研、训练、健身和社会服务的主角，更是体育文化的主导力量。一方面教师的体育思想道德、体育文化修养、学术抱负及生活态度，一言一行无不对大学生产生着深远的影响；另一方面教师在教学、科研、训练、健身和社会服务中的活动，也影响着学校领导层的决策，校园体育文化活动应充分发挥教师的文化主体作用。目前教师在校园体育文化建设中的主导作用还没有被普遍自觉地重视，更未重视退休教职工和其他职工的体育文化潜力，而他们又是积极进行健身活动的主力军。

3. 学生体育文化

学生体育文化的主体是学校各办学层次的所有学生。学生在学校的主要任务是在教师、科研人员、管理人员和退休人员的指导和影响下，通过学习获取知识、运动技能与健身方法，提高身心素养。在教师的指导和影响下形成、发展和传播，是学生体育文化的一个重要特点。学生体育文化是最丰富多彩和形式多样的，它表现在教学、科研、社团、文艺、俱乐部、课外活动、娱乐活动、野外活动、健身活动、社会实践活动、体育文化节、体育周、体育比赛、运动队训练、讲座、竞赛、讨论、宣传、演讲、网络、多媒体等学校的一切方面。正因为学生体育文化的表现人多面广，因此很多人就把校园体育文化局限在学生体育文化层次上。由于大学生思想观念中固有的东西少，较少条条框框的束缚，容易接受新东西、新思维、新事物、新观念，同时他们也往往是各种文化传播的重点对象，所以学生体育文化经常是高校跨文化交流的最前沿和最活跃的部分，并成为校园体育文化中文化冲突乃至社会政治冲突的焦点。

二、高校校园体育文化质态层次结构

1. 校园体育精神文化

从生命哲学的视野看，只有精神活动才是人的生命活动的最高形式，因而也只有精神文化才真正表现出文化的生命特征。学校文化本质上是学生进行生命交流的过程，而不是孤立存在的运动过程。校园体育精神文化是在校园中由师生长期创造的、特定的一种精神财富和文化氛围。它主要以体育思想观念体系和价值体系表现出来。精神文化包括身体观、健康观、运动观、体育观、审美观、道德观、人际关系、体育意识、体育思想观念、价值取向、实践能力等，从深层影响着全体师生员工的思想、理想、信仰、意志、态度、情感及行为，具有深刻的哲理内涵和浓浓的人情味，要创设那种潜伏、弥漫、浸染于整个校园并体现学校深层目的的精神氛围，来养成全体师生员工具有持久效应的思维、态度、情感及行为方式。校园体育精神文化是赋予学校以生命、活力并反映学校体育历史传统、办学特色、体育精神风貌的一种学校体育精神形态，每一所学校都有自己的校园体育文化，但并不一定每一所学校都形成或凝聚起自己独具特色的学校体育精神。学校体育精神是校园体育文化的核心和灵魂，这强大的影响力、感染力渗透在学校体育的方方面面，就成为凝聚全体师生员工共同奋斗的精神动力。如清华体育，源远流长。体育传统的形成与保持源于校方及体育教师的重视提倡和悉心指导，其思想根源在于清华教育者“健全人格”的教育思想和忧国忧民的爱国之心。

2. 校园体育艺术文化

（1）体育艺术文化的内涵

体育艺术文化既不同于体育物质文化，也不同于体育精神文化，它处于二者中间。在历史文化发展的长河中，体育与艺术在各自的发展中相互间不断地靠近、接近与汇合，出现了一个体育与艺术相互渗透的广阔领域。苏联学者莫·卡冈说：“在最远古代时代体育运动对艺术文化的影响仅限于舞蹈的范围内，再晚些时候体育运动——艺术的混合性成了杂技艺术的基础。现在体育运动和艺术文化的影响愈益广泛和多样。这也是可以理解的——因为在我们今天，体育运动取得了这样的群众性，这样牢牢地进入了每个人的日常生活——作为早操、生产操、中学和高等学校里的体育课，群众体育团体的工作的形式，最后还以在露天或卫视转播节目中观看的表演形式进入每个人的日常生活。当然体育技术同物质生产技术一起要求当代艺术掌握它的资源，以使艺术语言尽可能与当代人的世界观相符。由此产生了这种新的——而且在短时间内成为如此普及的——艺术品种，如艺术体操、花样滑冰、冰上芭蕾，花样游泳，群众体育检阅节。”因此有学者曾预言，未来体育的发展将走向艺术体育。苏珊·朗格曾指出：当今艺术的边界已变得越来越模糊，连体育也有重返艺术的迹象。已退休的前奥运会主席萨马兰奇曾经说过：“我们把体育与艺术看作是一回事，艺术和体育就是我们奥林匹克的定义。”今天人们观赏不同形式的体育比赛，运动者的优美动作既可作为“流动的艺术品”供人视觉观赏，在他们的动作中表现出来的拼搏进取、公平竞争、即兴创新动作等又作为“物质中的思维”和爱国主义与个性的张扬联系起来。他们这种具有双重意义的表演难于用其他符号表达，故它应该隶属于体育艺术文化体系。

（2）体育艺术文化的主要内容

校园体育艺术文化主要包括以下内容：

①体育绘画；

②体育雕塑；

③体育建筑艺术；

④体育表演艺术；

⑤体育欣赏。

体育表演艺术——体育表演有两种含义，一是在校园体育活动中通过体育动作表现自己的美，提高对美的表现把握能力，它是美育的重要内容。二是观看别人表演，提高自己欣赏美的水平。体育欣赏——观赏体育比赛是陶冶学生情操，培养学生热爱体育活动，欣赏体育美选择的重要内容。这些比赛所表现出来的高超运动技巧和拼搏精神特别适合发泄观众的感情，这是任何表演所难于达到的。学生在从事体育活动时，有时会产生一种“尽善尽美”的追求，这和艺术的追求是很相似的，从体育中产生的“身心一致”“天人合一”“返璞归真”“融于自然”等体验具有精神体验和身体体验难以侵害的特点。

现代生活中体育与艺术或艺术与体育的广泛融合现象，是体育游离实用中心向着艺术逐渐推移，艺术游离审美中心向着生活实践领域（包括体育运动）逐渐推移，双向互动，动态生成的结果，是文化发展史内部方向相对、作用不同的两种历史性律动形式相反相成的结果。

（3）校园体育制度文化

校园体育制度文化主要指以文字形态表达的学校体育的规章制度及固定的体制所体现的文化，如学校制定的体育章程、条例、规定、办法、公约、实施细则等制度以及办学目标、校训、教风、学风等，它们保证学校秩序的正常运行，规范着学校成员的行为、态度和作风，倡导与校园体育精神文化的价值观、健康观、审美观一致的学校体育风气，是体育精神文化在学校各个方面管理上的体现。先进的校园体育文化精神如果不能通过一定的制度及相应的机制表达出来，就难以转化成客观的体育文化存在，形成不了新的体育文化风尚，就起不到推动校园体育文化进步的作用。当新的校园体育精神文化转化到了制度上时，既标志着先进的校园体育精神文化的有效传播，又标志着校园体育文化创新的落实。一所高校包括体育制度创新在内的体育教育创新，本质上是体育文化创新。当前，经济发展和社会进步已极大地改变了当代高校师生的价值观念、健康观念，相对来说高校现行的部分体育规章制度还落后于时代前进的脚步，成为阻碍高校体育发展、影响人才培养质量的最大阻碍。在当前的高校体育改革中，制度创新是推动高校体育发展、建设高校校园体育文化的途径。同时，体育制度创新是体育创新的重要内容，正如江泽民同志在北师大百年校庆的讲话中指出的："进行教育创新，关键是通过深化改革不断健全和完善社会主义建设要求相适应的教育体制。"没有不断的体育制度创新就不会有体育体制改革的真正深化。

（4）校园体育物质文化

校园体育物质文化以实物形态表现出来，主要指学校的体育建筑、生活设施、校园教学环境、自然生态环境等。人生活在一定的自然环境中，总是力图对自己周围的环境客体作全面认识和综合解释，这就是环境知觉。在环境知觉的指导下，人在空间中进行各种各样的身体活动，空间慢慢地与各种各样的身体活动发生联系，产生了意义。人出于对自然、社会和人自身的理解，对分化的空间做出自觉的安排和使用，就是空间设计。空间设计的直接结果，就是形成各种各样的体育物质文化。它们既是校园体育文化活动的物质保障，又在一定程度上制约校园体育文化的规模甚至质量。体育物质文化处于精神文化、制度文化的外层，一方面是因为在校园的整体布局、校园建筑结构风格、校园自然生态环境等物质建设上，积淀着师生的审美价值；另一方面是是否自觉接受先进的体育精神文化的指导，校园体育物质形态上所承载的体育文化含义是有很大不同的。在校园的体育物质设施建设上，通常凝聚了一定时代学校全体师生的体育文化思考，是最直观区别高校有无体育文化内涵的特征之一。优秀的校园体育物质文化是丰富和升华校园体育文化生活，表现一所学校的独特气质和风格以及良好社会形象不可缺少的内容，反之，不重视校园体育物质文化，不仅影响体育教学、科研、训练、健身活动的开展，而且不利于人素质的全面发展和终身体育的养成。因此著名学府都非常重视学校体育建筑风格、整体布局和校园生态环境的建设。

校园体育物质文化是一种特殊的物质文化形态，其独特之处就在于校园是专门的育人场所，育人的意向性要求是其本身包容丰富的教育意义与教育价值。校园体育物质文化积淀着历史、传统、体育文化和社会价值，蕴含着巨大的潜在体育教育意义。学生不仅通过体育物质文化掌握一定群体的环境知觉，而且同时从体育物质文化中领会特定体育文化的空间设计，态度、情感、健康观和价值观受到潜移默化的影响。

（5）校园体育行为文化

校园体育行为文化包括校园内人们的日常言行和开展的教学性、学术性、各种健身活动、各种娱乐性活动、体育消费、体育时间和空间利用等。校园体育行为文化主要通过师生的身体活动形态表现出来，是学校日常生活中人们最经常表达情感、态度，最直接感受的活的体育文化形态，它与上述 4 个层次的校园体育文化有很大不同。相对于体育行为文化来说，上述 4 个层次的校园体育文化便有了资源性或环境性的作用，从内部支撑着校园体育行为文化，并形成高校跨文化交流的活跃“界面”。由于校园体育行为文化处于校园体育文化的外层，因此它比内层文化更具开放性、更加多元化与生活化。校园体育行为文化一方面要受支撑它的内层文化的影响和支配，另一方面又接受体育艺术文化和社会大众文化的影响，对内层文化有反作用，它总是在承受现在的内层文化的基础上又对内层体育文化有所改变。校园体育文化正是内外层文化这种承受与改变的交互活动过程的产物，不断在各层次间内在的矛盾运动中获得发展动力。

三、校园体育文化中职能形态的层次结构

在校园体育文化中文化信息的传递通常由于学校不同部门的分工而有了职能的特征，从而使文化渗透影响的方式出现差异。按照职能特征，校园体育文化可分为体育决策管理文化和体育教学、学术、训练、健身文化及体育生活娱乐文化三个层次。

1. 体育决策管理文化

体育决策管理文化是指学校体育决策与管理的理念，以及相应的制度、方式、结构、原则与行为等。不同理念、结构、制度、方式、原则与行为下形成的决策与管理，反映出来的体育价值观念与体育文化意义是完全不同的，对校园体育文化的形成、发展的结果也是完全不一样的。透过学校的决策与管理，人们可以清晰感受到一所学校体育文化的品位。因此从职能上来说，决策管理文化不仅是一个独立的校园体育文化层次，而且居于校园体育文化的中心枢纽地位。

2. 体育教学、学术、训练、健身文化

体育教学、学术、训练、健身文化是在教学、科研、训练与健身行为、结果和制度上积淀起来的文化。体育教学、学术、训练与健身是校园体育文化的主要内容，也是高校体育文化区别于其他文化的重要特征。体育教学、学术、训练与健身是校园体育文化的关键层次和建设主题，良好的体育教学、学术、训练与健身文化对于高校提高办学层次、办学水平与保证办学质量都是必要的条件之一。当体育教师视自己的学术生命为第一要务时，学术抱负就转化为强大的体育精神动力，求真敬业的良好教风、训练作风与健康第一的形成自然水到渠成；当创新教育蔚然成风时，杰出人才的出现就只是一个时间问题。良好的学术文化同样是大学生学习创新，提高素质，建设良好学风、考风与健身风的强大精神动力。不同高校或同一学校的不同学院、课程，教学学术、训练与健身都有自己显著的特色，科技文化与人文文化各有侧重。但是体育教学、学术、训练与健身文化是共同具有的，体育文化与科技文化、人文文化构成校园文化整体。

3. 体育生活娱乐文化

体育日常生活娱乐文化是工作学习之外，在全体师生员工的生活方式与闲暇娱乐活动

中表现出来的体育文化现象。按赫勒的理解，所谓日常生活，是“指同时使社会再生产成为可能的个体再生产要素的集合”。日常生活从生命价值的确证和维护、以主体间的交往行动摒弃对人的工具性规定、参与并担保文化的延续、使个体不断融入这个世界并获得对世界的认同感等方面展示了其积极的意义。体育文化以其强大的渗透力，作用于人的生活价值观。体育是生活的符号，身体运动积淀着文化。1978年联合国教科文组织颁布的《体育运动国际宪章》中指出，体育是提高生活质量的手段。它处在学校主流文化的外层，与体育决策管理文化、体育教学、学术、训练与健身文化既有相关性，相互间的作用又是十分紧密的。这是学校中最广泛存在的一种体育文化形式，表现在各种有组织或自发的活动之中，有很大的随意性、松散性。校园体育生活娱乐文化、大众文化与艺术文化的相关内容有重合与交叉之处，但又有着自身的特点。

高校作为最高层次的教育单位，高级知识分子相对集中，传播媒介比较完备，文化层次普遍较高，已成为它的三大特征。由于处于社会文化潮流的前沿，学校成员对各种社会现象、体育现象、思潮、社会风云比较敏感，表现出明显的关照。对科学技术和社会进步，一般具有趋善求美的理性的自觉性。同时，高校担负人才培养与知识、技能、制度创新的社会职能，体育教学、科研、训练与健身是主要的工作方式，学校体育都要围绕教学、科研、训练与健身来运作，这种独特的工作方式会给师生员工的体育思想和行为方式留下深刻的烙印，从而使高校的校园体育文化显示自身的特殊性：即学术性。以学术性为特色的校园体育文化必定尊重自然科学、社会科学、人文科学、体育科学、生命科学与生态科学，崇尚科学精神与人文精神的结合，因此，科学性是校园体育文化不能脱离的本质特征。并且学术性活动要求尊重民主，强调“百花齐放，百家争鸣”，鼓励兼容并蓄，主张开放多元的学术环境，因此民主性是校园体育文化不能缺少的又一个本质特征。

四、高校体育文化特征与构成要素

高校校园体育文化是以一定的社会政治、经济、教育、文化、体育等条件为基础，以高校师生员工为主体，由高校的体育环境和学生的需求相融会形成的。高校校园体育文化是具有高校校园特色和健康生活气氛的一种大众文化，具有较高的层次和品位，它集健身、消遣、娱乐、传播文化等功能于一身，是大学生文化生活中的一项重要内容，具有如下七个主要特征。

1. 健身性

高校体育是通过人体运动的方式进行的，因此，健身性是高校校园体育文化的最本质特点之一。在高校体育活动中，无论是体育课还是课外活动，无论是传播运动技术还是讲授健身知识，都是为了增强体质，增进心理健康；因此，高校校园体育文化有很强的健身性。通过体育文化活动，可以使参与者获得身体机理的健康，更重要的是让参与者产生自主性、独立性、积极向上勇于挑战的精神和勇敢顽强的意志品质，以及公正的态度、集体协作的精神、开朗活泼的性格，进而使个性健康而全面发展，并具有更加积极的个人性格与心理素质，成为一个真正的全方位的自我和谐的人。

2. 竞争性

竞争性是体育的灵魂，没有竞争就没有超越，就没有创新和发展。体育的竞争是指在运动场上，两个以上的个人或集体在统一规则下，争夺统一目标的活动，先得者为胜，不得者为败。它不仅比身体、比技术、比经验，而且比思想、比意志、比作风和拼搏精神，是一种全面的抗衡和竞争，对参加者的各个方面都是种严峻的考验。从某种意义上说，竞技体育是人类竞争的典范。适者生存是在自然界和人类社会已被广泛证明的真理，要适应未来社会的需要，就必须学会竞争，并在竞争中取胜。高校体育文化活动让师生在竞赛中较量体力、智力、心理，在公正、准确、平等的基础上展开拼搏，体味到竞争的剧烈性和残酷性，增强竞争意识，在激烈的竞争中学会运用技术和技巧，充分发挥自己的聪明才智，战胜对手，战胜自我和超越自我。

3. 互动性

校园体育文化是典型的开放系统，它与外界的信息交流十分频繁，不仅具有青年文化的特点，同时又时刻反映着社会文化的变迁，并不断地吸收和表现社会时尚的体育文化特征，反映社会体育知识、体育科技、体育经济等方面的最新变化。高校校园体育文化环境是由学校与学校、系与系、学校与社会等一个个体育文化圈组成的，没有这些体育文化圈，就没有高校校园体育文化。作为高等院校的教师和学生，尽管他们有其一定的独立性，但是人与人之间需要沟通和交流，院系与专业之间也需要互相协调和合作。

4. 教育性

现代教育强调终身教育，终身体育作为一种新思想，是受终身教育思想的影响，随着社会经济的发展、体育功能的完善和人们生活观念、行为的变化而产生的。当代社会人们对体育的需求日益高涨；科学锻炼、终身受益，已形成一股社会体育的新潮流。因此，高校校园体育文化应以终身体育为主线，以大学生终身受益为出发点，立足现在，着眼未来，将大学生的个体行为纳入终身体育行为，拓宽高校体育培养目标的内涵，在培养学生个体行为的基础上发展体育特长，使学生掌握体育锻炼的知识技能，培养和提高学生的体育能力，养成经常参加体育锻炼的习惯，有利于促进全民健身活动的普及与提高。还有就是通过各类校园体育文化活动的示范和教育，能让参与者学会各种卫生保健知识，培养和提高了在运动时的自我保护的保健能力。

5. 娱乐性

现代奥林匹克运动会创始人顾拜旦在他的《体育颂》中这样写道："体育，你就是乐趣，想起你，内心充满欢喜，血液循环加剧，思路更加开阔，条理更加清晰，你使忧伤的人散心解闷，你可使快乐的人生活更加甜蜜。"这段名言道出了体育娱乐性的真谛。现代体育由于其技术的高难性，造型的艺术性，配合默契性和技术动作的直观性，很容易被广大人民群众接受，使它成为现代人闲暇生活的重要组成部分，能起到丰富社会文化生活，满足人们精神生活的作用。同时，现代体育运动使健、力、美高度统一起来，和谐的旋律、明快的节奏、默契的配合，表现出抒情诗般的艺术造型使人们在欣赏体育比赛时有福欣赏优美的舞蹈、线条明快的雕塑等其他艺术形式一样产生美的享受。另一方面，人们通过参加体育活动在完成各种复杂练习与对手斗志拼搏，征服自然和人类自身设置的障碍后，得到一种美妙的快感，使人产生自尊心、自信心和自豪感。

第三章　我国大学体育文化演变分析

我国学校体育文化经历100余年的发展历史。综合运用文献资料研究等方法，用社会学的研究视角，分析我国学校体育教学指导思想随着社会政治、经济、文化的变迁和社会环境的变化而演变的过程。构建符合时代发展需要和适应我国国情，以育人为最高目标，以知识技能为主导，培养能力为重点，健康第一，身心发展相协调，终身体育为方向并逐步完善的学校体育教学指导思想理论体系。

第一节　研究分析框架

体育作为一种社会现象，它的发展必然受到社会整体发展的影响，同时作为社会的“缩影”，它又浓缩和反映了社会的变迁、社会关系、社会心理和社会行为的种种现状，能动地为社会的变革起到促进作用。当今，无论竞技体育还是社会体育的规模都在不断地扩大，涉及的领域与人员在不断增多，体育与社会的关系不断密切，体育已被认为是一种社会现象，而体育社会学是把体育运动作为一种微观的社会制度，分析它的内部结构和运行规律，使体育运动得到一个来自社会的参数，以促进体育事业的健康协调发展，把体育运动作为整个社会的组成部分，研究它在社会发展中的地位和价值，最终确定体育在社会大体系中的功能和作用，以及自身发展的格局和态势。

一、研究时段划分与研究方法

1. 体育与社会关系及体育管理体制的研究

体育社会学作为社会学的一个分支学科，可以向人们提供关于社会特别是体育社会的基础知识，使人们了解体育存在和发展的社会意义；可以向人们提供与体育的性质、经营管理有关的基础知识；可以说明体育与政治、经济的相互作用；可以研究如何通过体育去促进人民生活质量的提高；可以揭露体育中的社会问题，提出解决方法；可以预测体育的发展趋势，为政府制定政策、法规，实施体育规划提供建议；可以探讨体育与奥林匹克、意识形态、科学技术、政治、经济、文化、传播媒介的、宗教、社会问题等的关系；可以通过体育与社会的研究，寻求体育发展的社会基础，同时又直接或间接地促进社会的发展。

我国从20世纪50年代建立起来的体育体制是适应计划经济和高度集权的政治体制。随着我国经济的发展和逐步走向市场经济；随着我国文化教育事业的发展；随着我国与国际体育交流规模的扩大，旧的体制已不适应体育事业的发展，暴露出越来越多的问题，体育改革已成为影响体育今后发展的一个重大课题。卢元镇、李卫东对中国20年来的体育改革进行了全面的社会学阐释，指出体育事业必须走社会化的道路，这是我国体育改革的一条根本出路，中国体育社会化的重要载体是体育社团，体育社团是适应市场经济的一种组织形态，未来的世纪中，体育社团将会充分发挥它的社会作用。在区域体育发展的格局上，要从各地区经济、文化、社会的实际出发，梯度推进，鼓励经济发达的地区率先进行体育现代化探索，同时要抓住西部大开发的有利时机，积极扶持中西部地区积极协调扶助，经济水平的提高，为体育运动的发展提供坚实的物质基础，同时体育又为当地的经济发展起到了很好的促进作用。

2. 体育大众传播媒介与竞技体育的研究

当代体育的发展是离不开大众传播媒体的支持的。大众传播媒介缩短了体育活动与社会成员之间的距离，加快了体育传播的速度，加大了体育运动的社会覆盖面，同时为社会提供体育娱乐、改变人们的生活方式。体育运动通过大众传播媒介吸引社会注意力，促进社会精神文明建设，大众传播媒介中的体育节目可以刺激体育消费，促进体育产业的发展。竞技体育更以大众传播媒介为生存的一个支撑点，因此我国体育社会学把体育与大众传媒的关系作为一个研究内容。竞技体育，是体育运动的重要组成部分，也是体育文化发展的最高层次。竞技体育与社会保持着最密切的联系。许多社会现象都可以在竞技体育中产生，因此，体育社会学家常称竞技体育是社会的一个缩影。同时竞技体育对社会产生着深刻的反作用，成为社会不可缺少的一部分。现代竞技体育反映了市场竞技社会的人际关系，竞技体育的法制化、组织化是对社会生活的一种模拟。因此，体育社会学必须将竞技体育作为一个重要研究对象。

3. 体育产业及体育社会问题的研究

体育产业是新兴的并具有极大发展前途的、主要满足人们的精神文化健身等需求的产业。在体育产业的开发上，要以体育为本，全面发展，仅仅发行体育彩票，努力发挥体育协会、体育博览会、体育基金会的作用，搞好体育市场，为扩大内需、拉动经济增长和对外开放注入新的动力。体育产业是随着经济的发展而不断提高，是在市场经济中不可缺少的基本组成部分。

从近年来国外体育社会学研究的成果来看，研究的主要热点包括体育与政治、经济、新闻媒体、生态环境的关系，体育全球化问题、体育组织的研究以及体育社会学发展趋势的研究。体育作为一种社会现象，它的发展必然要受到社会整体发展的影响。因此，整个社会和体育之间的相互作用是体育社会学中最时兴的研究中心。体育和政治之间的关系，始终使国际体育界关心的一个问题，有的人主张体育与政治无关，提出“当你把一只脚跨进奥林匹克大门的时候，就把政治留在了门外”，而不少国外体育社会学研究者认为，体育与政治的关系是十分密切的，体育经常也为一个国家的政治服务，体现国家的意志，得到政府和国家领导人的关系和支持。体育与经济发展的关系是相辅相成的。体育的发展需要有经济作为基础，体育总是在经济的发展中而繁荣起来的。同时，体育的发展为社会创造了无限的商机，对世界经济的发展起到推动作用。在现代社会中体育与经济的关系日益紧密，二者之间相互依存，相互促进。体育社会问题的存在是一种必然的社会现象，因为，体育运动是社会的一种缩影，大社会中的各种社会问题以不同的方式折射到体育这个小社会中来。体育社会问题除了具有社会问题的普遍性、变异性、复杂性、周期性和潜伏性外，还具有很高的公开性、多层面性和文化的局限性。我国的体育社会问题主要是体育队伍文化素质、青少年的健康状况、体育场地被侵占等问题。

目前，对体育组织的研究属于体育系统内部结构的研究，是国外体育社会学研究的一个重要领域。体育运动的开展离不开各种各样的体育组织，如体育队、运动队、体育俱乐部、体育协会、体育教育团体、体育联合会等，具有相同目标的体育群体，对群体的功能、成就目标、群体团结、道德、内聚力以及研究组织的形成与发展的社会学条件及其社会功能。随着体育全球化的发展，以及大众体育的兴起，世界各国的体育组织结构发生了根本的变化，体育商业化和全球化使得对体育组织特性的研究变得越来越重要。在现代社会，在信息化时代，当今的报纸、杂志、广播、电视及互联网等传媒十分发达。大众传播媒介缩短了体育活动与社会成员之间的距离，加快了体育运动的传播速度加大了体育运动的社会覆盖面为社会提供了体育娱乐，改变了人们的生活方式。体育新闻的激烈性、广泛的群众性、强烈的国际性和紧迫的时间性使体育新闻具有重要的社会价值。由于体育与新闻媒体的关系越来越密切，同样也引起全球体育社会学者的兴趣，二者的频繁联系必然产生许多社会问题，从而引起了体育社会学者的关注。全球体育运动的发展，促使各国建设大量的体育场馆设施。体育场馆设施的大量建成，对体育运动的发展无疑是十分有利的。然而，体育场馆设施的大量建成，也引起了一些人对生态环境的担忧。对体育与生态环境的评论也成为全球的一股浪潮。一些欧洲的研究者建议，体育场馆的建立要注重融合当地的文化特点，形成与当地文化和谐的人文景观，避免建造同一模式的、单调的体育场馆，破坏了文化生态的平衡，也引起了体育社会学者的关注。近期，奥委会主席提出奥运场馆瘦身计划，其目的就是避免大量体育场馆的建立，造成各国的经济负担，同时也为了保护各国的生态环境。

各国的社会制度，社会形态各不相同，体育的发展水平和管理体制也有差别，使得体育社会学问题有共同的、相似的一面，也有不尽相同的地方。例如球迷骚乱是主要发生在西欧国家的一种顽症。人们在创造竞技体育的同时，一种寄生与竞技体育，又腐朽着竞技体育的负面文化“兴奋剂”滋生着。滥用兴奋剂是对运动员誓言的背叛，对奥林匹克宪章的违逆，而且是对体育精神的公然践踏，以及对竞技体育的粗暴蹂躏。随着大批以商业牟利为目的的职业运动员、职业体育俱乐部的出现和发展，动摇着、改变着奥林匹克的业余原则。各种运动会上出现的大量的商业活动，给当今的各种运动会增加了许多商业气息。伴随着体育的商业化趋势，出现的就是运动员的高价转让、运动员出场费、体育赌博、运动员之间的明争暗斗等一系列问题。这些问题所造成的社会后果是体育社会工作者十分忧虑的问题。

在经济全球化的过程中，世界各国的体育文化交流也更加频繁。于是体育社会学的研究者们提出了体育全球化这一概念，并对这一问题进行了开创性的研究。近年来，一部分体育社会学家开始对体育全球化的必然性、体育全球化的概念、体育全球化的阶段划分、体育全球化的模式、形式与内容等问题进行研究，大多数研究是从增强世界性的交流的角度来探讨体育全球化的。当今社会随时都在发生变化，而且在不同时期有不同的变化内容和变化特征。因此，研究者将时刻把目光投向社会变化的前沿，及时捕捉社会变化的信息，探讨社会变化与体育运动发展的关系。

今天，世界的政治多极化，经济和文化的全球化，甚至互联网的普及，基因技术和纳米技术的应用，都会给上后带来意想不到的问题。随着体育全球化的发展，合作研究是当今体育社会研究的一种趋势，只要加强合作，甚至多学科的研究者之间的合作，才能达到研究的目的。在世界经济日益全球化的今天，各国之间的体育文化交流越来越频繁，体育文化交流过程中产生的种种问题，需要跨国合作研究。

因此，世界上越来越多的体育社会学研究者对跨国合作感兴趣。这种合作研究的方式是今后发展的一个趋势。

二、中外体育社会学学科进展分析比较

通过对不同国家、不同社会制度及体制的研究和比较，可以揭示各国体育社会学研究的各种特征，对不同的文化、经济、国情、社会形态和不同的体育制度的比较，找出适合发展我国体育社会学的发展方向。通过对体育社会学的比较研究，可以开阔眼界、增长见识，了解国外体育社会学的发展状况，从中汲取国外体育社会学研究的成功经验和失败的教训，清醒地认识到我国体育社会学的形状，从实际出发发展我国的体育事业。

其一，我国体育社会学的学科还存在着研究队伍匮乏、有标志性的研究成果少、应用性较差的现象。体育管理体制将逐步形成社会化的社会体育组织网络，学习和借鉴国外发达国家的管理经验发展体育社会团体，这是中国体育管理体制改革和发展的必然趋势；其二，对体育社会问题的研究，我国与西方国家不尽相同，中国的体育社会问题是体育队伍文化素质偏低，青少年体质健康状况较差，体育场馆利用率低，运动员后备力量缺乏等，而球迷骚乱问题是西方国家的顽症，是西方体育社会学关注的问题；其三，在现阶段我国体育社会学要根据本国的国情，建设具有中国特色的体育社会学理论体系，逐步完善和建立的体育社会学的理论体系要适合我国的国情、适合市场经济体制，也将符合国际体育社

会学发展的潮流其四，随着社会的发展、生产方式和生活方式的巨大变化，以及经济水平的提高和闲暇时间的增多，体育成为现代人调节生活节奏、改善健康状况、提高生活质量不可缺少的手段。我国推行全民健身计划，普遍增强国民体质。在国外发达国家更注重这方面的研究，把从社会学的角度探讨如何组织开展闲暇时间的体育活动作为体育社会学的一个热点问题；其五，随着世界经济和科技迅速的发展，国外的一些体育社会学学者已经对体育全球化的概念、过程、阶段划分、模式、内容等进行研究，试图发现体育运动全球化对人们的思维定式和传统文化的影响，显示出全球化体育运动的价值、情感和理念。同时，世界上越来越多的体育社会学研究者对跨国研究感兴趣，合作研究方式是今后发展的一个趋势。

从以上的分析比较可以看出，我国与国外发达国家的体育社会学研究相比，由于社会制度、文化背景、宗教信仰等方面的不同，对体育社会学的研究存在着一定的差异。在资本主义国家里，人们相信，参加运动能够导致竞争性格的发展；在社会主义国家里，人们相信，参加运动能够导致群体的合作和追求特殊目标的责任感。不管政治或经济制度的不同，大多数国家的人们都有一种倾向，相信体育运动对人们的生活方式有良好的作用。我们研究体育社会学，是因为体育社会学的研究会帮助我们更好地了解人类行为和人类行为在其中发挥的社会作用。体育是社会中的体育，运用社会学的理论和方法去探索体育领域中的问题，必将促进体育社会的学科建设、应用研究的进一步繁荣与发展。

第二节　各时期体育文化要素特征分析

一、体育价值取向特征分析

体育文化在 1984 年洛杉矶奥运会之后得到了飞速的发展，特别是奥运会的产业化的运营，使体育产业已突破传统意义上的体育内涵，形成一项生命力极强的新兴产业，被誉为新时代的“朝阳产业”，它正在成为全球经济新的增长点。体育产业在不断发展的同时，不同时期的历史解读和价值也有很大的差别，从建国初期毛主席提出的“发展体育运动，增强人民体质”，到现在的竞技体育强国之梦，再到“后奥运时代”群众体育的蓬勃开展，人们对体育价值的理解和需求已经不局限于“强身健体”，在参加体育运动的同时，人们的价值观念、运动需求以及人们对体育的价值取向也逐渐趋于统一。

1. 价值取向与体育产业

虽然有很多人研究体育产业，但无论是学术界还是经营管理界，都未能给出明确的、统一的概念界定。韩月一认为，“体育产业是指从事不同运动项目的训练和比赛活动，以及指专门为这些活动服务的企业的集合，不包括体育行业中的公益事业部分。”卢元镇认为，“体育产业指的是为社会提供体育产品的同一类经济部门的总和，这里指的体育产品包括体育用品与体育服务两个部分。”持类似观点的还有李建设，他认为“体育产业可以界定为利用体育自身功能及辐射作用创造价值的产业，是为社会提供体育产品（包括体育物质产品和体育服务产品）的同一类经济活动的集合和经济部门的总和网。”丛湖平则认为，“以生产和提供体育服务和劳务产品的企业集合来界定体育产业，符合产业经济学和逻辑学原理。”体育产品是否包含体育实物产品、体育产业组织是否包括体育事业部门等非营利性组织，成为体育产业概念界定中的争议焦点。

对价值概念的定义，有几种不同的解读。有一部分人认为价值是客体对主体生存与发展的意义、作用和影响。但是用意义、作用和影响来定义体育的价值，不仅要考虑客观衡量标准，还要制定科学的认识尺度，不能损害长远利益以获得眼前利益，不能把社会的衡量标准替换成个人的评价尺度。另一部分人认为价值是客体满足主体的需要。人类除了在物质上的富足要求以外，重要的还在于精神上的追求。从时间角度来看，价值取向是随着社会的发展而不断地变化着的，它与以往和现存的价值观存在着紧密的联系，因而在和谐社会背景下，价值取向的构建一方面需要从传统中寻求资源和灵感，另一方面还需要借鉴西方价值取向的合理因素，不断克服传统的观念。体育价值取向是在特定的社会历史时期，社会个体对体育的需求和期望的总和，它代表了体育发展的总体方向。体育价值取向确立以后，其就具有了相对的独立性，对体育发展具有重要的指向作用。现代的体育价值取向逐渐摆脱了政治为主导的影响，从体育价值的“工具论”取向中脱离出来，回归到体育运动的内在要求，注重人自身发展的需要。因而，在和谐社会背景下，体育价值取向必然坚持“以人为本”的核心理念。

2. 价值取向为体育文化的发展奠定了理论基础

我国的体育价值理念植根于我国传统文化土壤中，传统体育价值取向以养生为核心，它具有两个显著的特征：一是“天人合一”，这是我国传统文化的精髓所在。儒家的孔子强调“过犹不及”，朱熹主张“量度以取中，然后用之”。而道家思想家则主张“清静无为”，即追求回归自然。在儒道两大传统思想的影响下，我国传统体育强调运动的节制性，即“不当使极，觉劳即至”，它强调体育运动应该“纯任自然，毫不用力”，“头脑空白，意守丹田，听其自然”。二是神形兼备，养神为先。魏晋时期医学家嵇康说过“形恃神以立，神须形以存。”这种以精神为主导的思想体现出我国传统文化的价值取向——特别注重修炼内在生命力，这是我国古代道家哲学的一个基本特征。受传统哲学、生活习性和文化的影响，我国传统体育价值取向的发展演变主要有以下几点：

（1）注重体育的人格化价值取向

传统体育强调“身体”与“精神”的统一，看重通过有形的身体活动以达到精神的升华，实现理想人格的塑造。传统文化注重人的内在气质、精神修养，把人的身体视作是寓精神、气质之舍，是表现人的内在品格。

（2）注重体育的养生化价值取向

中国传统体育文化认为人与自然是一种和谐的关系，人是自然的一部分，通过与自然的交换，从而排除浊气，汲取自然中的真气，五脏通达，六腑协通。古人认为决定人的健康和寿命的根本原因在内不在外，这决定了传统体育以“养生”为主，尤其重养。所养之物，并不是人体，而是人之“气”“志”“心”“性”。

3. 体育文化的发展历程及各时期的价值取向

我国体育产业的发展大致经历了三个阶段：

（1）第一个阶段（1978 年—1992 年）

1979 年 2 月，国家体委在北京召开全国体育工作会议，提出体育战线的工作重点就是高速发展我国体育产业。这一时期是发展体育产业的初步探索时期，人们对体育产业的认识还处于比较初级的阶段，因此对体育产业价值的理解也很朦胧。体育的政治色彩比较浓重，尤其是中国的乒乓球外交政策，打开了中国体育的大门，同时也打开了新中国经济发展的大门。

（2）第二个阶段（1992 年—2000 年）

1992 年 11 月，全国体委主任座谈会在广东中山召开。会议认为，改革开放以来，我国体育取得了巨大的成功，在计划经济体制下形成的高度集中的体育管理体制已不适应社会主义市场经济的发展，社会主义市场经济为体育产业注入了新鲜的血液。这一时期人们对体育产业也有了一定的认识，各个项目的体育比赛也相继展开，人们已经开始从事一些简单的体育活动，购买一些体育产业的产品，例如运动服、运动鞋，但这一时期人们对体育的价值取向理解还没有形成系统，对体育产业的追求程度不是很高，只是停留在简单的比赛用品，没有达到休闲消费的水平。

（3）第三个阶段（2000 年至今）

全面建设小康社会与北京奥运会带动体育产业的巨大发展。体育产业通过市场的直接或间接的融资，进行资本化的运作，这样就促进了我国体育产业的大规模、普及性的发展，形成规模效益，体育产业可以通过市场调节进行发展，形成了以市场为导向的市场调节的运行机制。这一时期，体育产业已经得到人们的普遍认同，人们也在不断参与到体育项目中来，消费体育产业的产品、衍生品，人们的价值取向从其他产业逐渐转向体育产业中来，不断涌现的体育产业的新品牌也应运而生，这对体育产业的发展有很强的促进作用。当前中国正处于经济体制转轨，经济增长方式、类型转变的重要历史时期，产业结构的调整不但为体育产业的发展提供了良好的发展机遇，同时体育产业与经济增长点的问题也逐渐成为当前体育界和经济界关心的热门话题，越来越多的专家、学者从国际体育产业的发展形式，以及刺激消费、拉动内需的视角提出：“体育产业将成为我国国民经济发展新的增长点。”体育产业已成为第三产业中的“朝阳产业”，它在发展的过程中离不开日益增加的体育人口，而这些体育人口在不断经受就业压力、行业竞争的压力、社会发展的压力、经济危机的压力的同时，身体产生了对体育的强烈需求，内心深处在召唤体育来排解人们的压力，缓解人身体的疲劳、内心的疲惫，同时在享受体育的过程中，实现人对体育的需求。

4. 价值取向的转变是体育产业发展的原动力

（1）价值取向的回归

人和社会的本能需求是促进一切事物产生及发展的内在驱动力。任何一种社会现象、事物的存在和发展，它们最终所依据的都是人或社会的需求。从古代到现代，人们的休闲娱乐需求不断地提高，体育产业已成为研究者关注的一个热点，从形成之初就以娱乐形式出现的中国体育产业，其价值取向将出现前所未有的“回归机遇”——即回归到休闲娱乐的本质需求上来。国际大众体育协会主席帕尔姆先生曾预言：“如果说 20 世纪是奥林匹克运动世纪的话，那么，21 世纪必将是大众体育的世纪”。因此，未来体育的休闲娱乐价值取向必将获得全面的发展和弘扬。2008 年北京奥运会之后，中国已经成为世界竞技体育强国，在此影响下，大众娱乐体育也在不断升温，体育产业也随之迅猛发展。

（2）价值取向的弘扬将促进体育产业的高速发展

“以人为本”的思想最早是在 1976 年提出的，联合国教科文组织在当年的大会中提出“社会发展是以人为核心的发展”。我国是在 1994 年，政府发布的《中国 21 世纪议程》中提到“以人为核心的社会发展”。因此，可以说社会的进步归根结底是作为历史主体的人的进步，社会的发展归根结底是人的发展。随着我国国民经济的不断发展以及人们生活水平的不断提高，人们对社会产品和服务的需求也逐渐呈现多样性，这就要求体育产业领域能够为他们提供多形式和多层次的体育产业的产品和服务。也只有真正实现体育的产业化以后，才能真正地有效满足这些需求。

体育产业发展至今天，它的价值已经远远超出了体育本身的范畴，体育产业发展应采取以城市为核心，向地级市、县级市、农村逐渐扩散。通过扩散影响所产生的“扩散效应和示范效应”，提高人对体育的教育价值的认识，从而使人们对体育的价值理念产生改变，在理解现在体育价值的基础上，不断弘扬体育的教育价值和应用价值，不断拓宽体育的内涵和外延，最大限度地发挥体育的价值。

二、体育文化道德特征分析

作为一种现代文明背景下成长起来的文化形态，体育文化已成为我国文化事业的重要组成部分，它关系到人民大众健康水平的提高、思想道德建设和生活质量的改善，是现代社会文明、健康、科学的重要标志之一。随着我国经济社会的快速发展，对外开放和对外交流的日益增加，现代生产方式和人文环境等客观条件对体育文化的内容和结构产生了巨大的影响，需要我们对体育文化作出科学、明晰的评析，给予其应有的价值定位，并自觉地加以引导和规范。

1. 体育道德建设的时代性和紧迫性

（1）体育道德的概念

体育道德是指在体育活动中形成的调整人与人、个人与群体之间关系的行为规范的总和。它通过概念、规范、准则等抽象的逻辑思维形式来调整人与个体和群体、人与自身之间的关系。进行体育道德建设是发展先进文化和社会主义思想道德建设的必然要求。体育是人类文明发展的产物，是社会文化的重要内容，在社会主义文化建设中有着不可替代的独特作用。体育健儿在体育运动训练竞赛中所展示出来的“不畏艰险、不断进取、团结拼搏、敬业奉献、勇攀高峰”的优秀品质，已成为全社会宝贵的精神财富，极大地激发了我国人民的爱国热情，促进了我国社会主义公民的道德建设，推动了社会主义文化的建设与发展。面对当今世界各种思想文化的相互激荡和社会主义市场经济的影响，体育领域遇到了许多新情况、新问题。体育文化事业面临着难得的发展机遇和严峻的挑战。抓住机遇，迎接挑战，完成时代赋予体育工作的使命，必须大力加强体育道德建设，这是一项关系体育文化兴衰成败的基础性工程。

（2）体育道德的范畴

事实表明，体育运动不仅仅是一种身体活动、健身活动或群体游戏，运动的过程中也没有道德说教，但运动本身却更多地被赋予了多方面的文化内涵。这一文化内涵同哲学、经济、军事、教育、艺术等诸多学科的内涵在基本精神上是一致的。就以奥林匹克运动所倡导的“更高、更快、更强”的精神而论，它可以指导锻炼者抵御生活中不健康文化的影响，用积极向上的态度来看待人生。因此，运动场就是道德场所。道德问题渗透于社会生活的各个方面，一切反映人类现实生活需要的活动方式都与道德存在着不可分割的内在联系，特别是那些竞技性的体育活动更是无法回避善与恶、公正与偏私、诚实与虚伪、崇高与卑鄙等道德问题。

（3）体育道德的功能

不得不承认，体育文化的主要功能是促进大众的体质健康，是调剂生活的一种手段；但满足大众休闲、娱乐的体育文化不应该远离道德，放弃“教化”。事实上，任何一种艺术活动都具有一定的消闲和娱乐功能，人民大众在学习、工作之余需要放松、需要休闲。另外，人民大众的精神需求也是多层面的，欣赏水平也不一致。由于受经济和教育整体发展水平的影响，我国体育工作者的知识结构、社会体育指导机制、体育场馆配套建设，以及社会体育文化氛围仍无法满足大众快速增长的对文化的需求。在这种情况下，体育工作者应该积极工作，提高体育文化的影响力，拓展体育文化的发展渠道，满足人们消闲、娱乐的同时，引导他们向善、向上，培育健全的人格。这是体育文化建设和发展的道德原则。

2. 道德内涵是体育文化无法回避的问题

体育文化的快速崛起是对过去社会体育的一种提升和发展，它推进了体育文化向大众化转型的进程，然而，在这种转型的过程中，体育文化固有的游戏性、娱乐性和竞技性可能会产生一些负面效应，导致体育运动的道德要求水准下降。在越来越多的场合，我们要千方百计让体育文化与其他文化形式并驾齐驱。我们在强化和突出其体育文化的娱乐功能时，应有的道德性、审美价值、艺术深度、终极关怀等内涵被削弱。随着市场经济运作系统的基本形成，带动了具有商品属性的“文化产业”的形成，面对社会大众健身、娱乐、休闲的需求，体育文化以其娱乐性、流行性、竞技性和参与性成为人民群众的一个中心和普遍接受的文化活动形式。年龄特征、健身、娱乐和日后参与社会竞争的需要，为社会体育文化的迅速兴起提供了肥沃的土壤，各种现代化传媒手段的发展对体育文化的传播起到了推波助澜的作用。从文化形式上看，体育文化以其参与性、竞技性、集体性、青年化的特征成为满足社会各界人群业余文化生活和充实精神生活的必需。尤其值得注意的是，作为体育文化的倡导者、组织者和推动者的体育工作者，不可以忽略或轻视体育文化对健身者健康成长的影响。当然，也不能把体育文化演绎成道德教科书，其休闲性和娱乐性必须保持。调查显示，广大群众对体育文化有自己的认识，他们向往体育人文精神，渴望体育文化熏陶。“当你关注一个体育明星时，不要仅仅在意他的成功时刻，应该更多地去体会他奋斗不懈的精神。”提升大众审美情趣和道德理性是体育文化应有的价值取向。如果体育文化没有这一价值取向，就会对我们的和谐社会建设产生阻力，甚至是污染。

3. 道德信念应该是体育文化实践者的精神追求

（1）体育文化实践者无法回避道德追求

从消极的意义上来讲，无论是自我还是他人，作为体育活动的参与者，远离道德追求就不可能有合理、公平、正义的体育活动，它最终会使自我或者他人成为受害者，因此体育活动无法成为“纯粹”意义上的娱乐游戏。要使体育活动的所有参与者都成为受益者，各种形式的体育活动都应具备“道德智慧”，即体育的内在品质应该包含道德判断，使锻炼者在休闲、娱乐中吸收其道德营养，树立其健康的人生态度和人格理想。体育文化应该做到“寓教于乐”。一旦体育活动真正做到了有“教”且“乐”，那么体育文化自身就会成为最广泛、最具有接受性的教育方式。因此，体育文化要在和谐社会建设中肩负起相应的社会责任，承担起既启蒙大众心灵、培养大众道德良知，又增进身体健康的义务。体育活动的组织者要坚守体育的道德操守，坚持体育正义，在体育活动中强化道德理念建设，消除体育活动中不健康的东西，保持体育工作者的人格和品性，建构道德的体育文化。

（2）体育活动要满足大众的消费需求

一切为大众的健康服务，是体育文化的核心任务，每一位有社会责任感的体育工作者都应该坚定地承担起这一义务，让一切有益的体育活动都体现出对锻炼者的道德关怀。

总之，体育工作者要时刻保持头脑清醒，在纷杂的市场文化环境中保持独立的文化人格，积极地开拓和弘扬社会体育文化。

三、体育管理制度特征分析

体育管理体制是一定历史时期的政治体制、经济体制与体育发展内在规律相互作用的产物。一个国家或地区的体育管理体制往往受该国或地区的政治、经济、文化以及国家制度、历史传统等多方面因素的影响。我国开始于 20 世纪 80 年代的体育管理体制改革，转眼已过三十余载。举国体制的建立，市场化浪潮的冲击，后奥运时代“体育强国”目标的提出，每一个里程碑式的改变都清晰记载于历史的扉页上。

1. 我国体育管理制度的特征

体育管理体制是指国家在对体育管理的过程中所形成的相对稳定的组织结构形式、权力分配方式和在一定管理制度规范、约束下展开的运行机制的总称。这种管理体制是由强大的政府体育管理组织系统和我国计划经济影响下形成的“强政府、弱社会”的体育管理模式。这种管理体制在当时我国的社会、经济大环境下是可行的，而且是行之有效的管理模式。然而随着我国改革开放的深入和市场经济的逐步建立，举国体制的这一模式已越来越不适应市场经济发展的要求，政府管理型的体育管理体制的弊端在法治社会和市场经济的大环境下日渐显现。当然改革必然有个过程，不可能是一蹴而就的。我国的体育管理体制正在逐步由政府管理型向社会管理型转变，目前仍处于政府管理体制向政府与社会结合型管理体制改革的过渡阶段。由于每一种体制总目标的规定性是反映不同社会集团或全民的利益，因而这实质上是这些社会集团在这个领域中的权力和利益分配的结果，也是其权力和利益的组织保障。因此在一定意义上体育管理体制决定了国家、社会和个人在体育领域中的地位。所以在这一时期，我国的体育管理体制不可能完全转变为社会型的体育管理模式，这一事实决定了政府型管理的管理模式和社会型的管理模式在一定时期内将长期存在。因此，改革不协调的体育管理体制，建立与经济社会发展相适应的政府管理型和社会管理型的体育管理体制，是目前我国体育管理体制改革的关键所在。

2. 影响我国体育管理体制改革的因素

由于体育管理体制是一定历史时期的政治体制、经济体制与体育发展内在规律相互作用的产物，因此它的改革、发展都将受到政治、经济这一社会大环境的制约及其自身条件的限制。

（1）影响我国体育管理体制改革的经济因素

任何一种制度都是建立在一定经济基础之上的，体育管理体制也不例外。我国改革开放 20 多年来，虽然经济实力有了大幅度的提高，体育管理体制也有了明显的改善，特别是 2008 年北京奥运会的成功举办，使体育产业得到了不同程度的发展。但是由于我国经济基础比较薄弱，在短期内还难以改变我国经济相对于西方发达国家仍然比较落后的现状，因此在这一经济背景下，我国的体育管理体制的改革不可能完全转变为西方发达国家较为成熟的社会型管理模式。在这一经济背景下我们不可能彻底改变举国体制存在的基础，只能在现有的基础上进行一定程度的改善和变革。

（2）影响我国体育管理体制改革的政治因素

社会主义制度是我国体育管理体制最基本的政治背景。在目前体育与政治的关系日益密切，出现了体育运动进一步为政治目的服务和向政治靠拢的现象 [5]。当然我们不赞成体育成为政治的依附品。在我国构建社会主义和谐社会的背景下，更要协调好各个方面的关系，因此改革我国现有的不协调体育管理体制也提上议事日程。

（3）影响我国体育管理体制改革的自身因素

中国在第 28 届希腊奥运会上的辉煌和在第十届全运会上暴露出的一些问题，使得沉寂了一段时间的“举国体制”再一次成为体育界的焦点话题 [6]。这是学者们对举国体制下的体育管理体制的内在思考与反思，同时也是对其制度本身的思索。举国体制下的体育管理体制存在已久，产生这种体制的环境已经发生了巨大的变化，而我国的体育管理制度却依然是规定的模式，没有与时俱进，就没有发展，更谈不上进步。因此，改革也是制度本身的内在要求。

3. 我国体育管理体制改革的理论依据与趋势

（1）我国体育管理体制改革的理论依据

在党的十四大确定了我国建立社会主义市场经济体制的改革目标后，原国家体委审时度势地明确了我国体育体制的改革方向：改变原来在计划经济体制下，单纯依赖国家和主要依靠行政手段办体育的高度集中的体育体制，建立与社会主义市场经济体制相适应，符合现代体育运动规律、国家调控、依托社会、有自我发展活力的体育体制，形成国家办与社会办相结合、集中与分散相结合的格局，力争在 20 世纪末初步建立有中国特色的社会主义体育新体制 [7]。

（2）我国体育管理制度进行体制改革的趋势

政府与社会混合型管理模式是目前我国体育管理体制改革的基本取向。由于我国各地区的经济、文化发展不平衡，如果只靠市场经济作用，那么体育产业的发展将会出现不平衡现象，甚至在某些地区会倒退，因而政府与社团混合型管理模式的管理体制在相当长一段时期内将继续存在。在经济发达的地区，社会办体育将占主导地位；相对而言，较贫穷、落后的地区，国家行政机关将继续行使主要权力。随着人们体育观念的转变，越来越多的人希望更多地加入到体育活动中去，使得原来单纯依靠政府发展体育运动已不能满足人们日益增长的体育需求，脱胎于计划经济的“举国体制”在统管全国体育时已开始力不从心。加之我国城市化进程的明显加快，小区建设的日益繁荣，使得人们开始把更多的要求与期望转向社会。

在建立新的体育管理体制过程中，一个重要的方面就是要建立市场经济下的各项法律、法规、规章制度和调节与引导市场正常运行的经济政策。21世纪，体育的发展，其政策法规一定要与国际接轨。合理运用法律、经济、行政手段预防与惩处不良的行为。在这些方面不仅需要管理者提高自身的素质、管理水平和技术水平，更重要的是在市场化的体育管理活动中建立监督组织与监督机制，提高办事的透明度，发挥新闻媒体的作用，依法办事。

四、课外体育竞赛及活动特征分析

竞技体育是一种特殊的体育文化现象。以竞技体育文化为内核的奥林匹克运动超越了一般体育文化的范畴，成为社会发展的主流文化，更说明了竞技体育文化的特殊性。竞技体育文化的特征表现在活动主体、活动内容、活动方式形成过程中的多样性、互动性、规则性、渐进性、选择性和功利性等几个方面。

1. 竞技体育文化的多样性

（1）这是文化特质对作为亚文化体育的兼容

不同角色会形成不同的体育文化形态。在竞技体育中，运动员、教练员以及管理人员的活动目的是通过创造优异运动成绩获得社会认可，同时获得一定的物质与精神收益。而观众则是以运动员、教练员等的活动为媒介，将这种特殊的活动方式作为自身宣泄情感表达好恶的途径。对于体育比赛的组织者来说，体育活动成为社会发展中的一个工具。在体育商业化韵味日渐浓郁的今天，这种目的彰显无疑。还有一种形态就是竞技体育在商品社会发展下的附属品，那就是经理人对运动竞赛的操作，球员转会实际是运动员作为商品的买卖，大型体育活动至少具有浓郁的政治色彩，更多的则是商业利益。像举办巴西、意大利甲级足球队来华访问，其根本的意义在于从中获得一定的商业价值，其次才是对中国足球队的所谓在丰富国际比赛经验上的“帮助”。从这一点上说，竞技体育中的不同角色都直接地产生了经济效益和社会效益。

（2）不同的内容也具有特殊指向

运动员进行的活动是由国际奥委会及其相互组织所规定的活动内容，而普通民众则根据自身的实际进行不同的活动。在这一点上，后者活动内容的选择面要远远大于前者，但是同时也表现出一定的随意性，其中体育所谓“竞争性”也就褪色不少。所以说，活动内容的多样性也对活动方式的选择产生作用。活动方式的多样性是由于体育活动内容的多样性所决定的。因为活动目的与内容的不同，活动主体就会以不同的方式参与其中。运动员是以一种专门的过程即运动训练和竞赛来实现的，而普通民众则是一种自发基础上的组织来实现的。

（3）是学校体育和大众体育中的主体

因为在目的上和运动员大相径庭，于是就有另外一种形态的文化内涵。他们将体育作为一种简单的工具或方式来对自己的身心产生影响，从获得精神上的享受，同时也作为现代人所必备的标志，反映出他们的体育价值取向。体育文化的多样性反映了因为不同角色以，不同目的或价值取向以及参与方式而形成的文化形态。显然，活动内容的多样性是与体育文化的民族性分不开的。不同的民族、不同的地域环境下产生了多种多样的活动形态，经过体育文化的开放性的作用为不同民族、不同地域下民众所接受，于是就有了不同的活动内容。活动主体会根据自身的实际来选择不同的内容从而达到其目的。

2. 竞技体育文化的互动性

文化是一种集合。体育文化中，首先是人与自然发生关系，然后才是人与人之间产生关系。从这个意义上讲，体育文化是在人与自然，人与人关系过程中的行为意识、行为方式、行为准则的积淀。这种积淀只有在活动的主体，即人与人在特定条件下的互动中才可以实现。活动主体的互动主要表现在参与人员与参与人员之间的互动，如运动员与运动员之间的互动，运动员与观众之间的互动，观众与观众之间的互动。运动员协会、球迷协会就是这种互动的组织产物，球迷骚乱则是这种互动之中的角色冲突。金牌战略、举国体制、职业化等也是这种互动下的社会适应。如果说活动内容之间的互动是它们在形态上相似而使迁移有了可能，倒不如说是活动的主体在其互动过程中对活动内容认识后的结果。不同的运动形态有其项群特征，也有其发生学的规律。乒乓球与网球的关系，篮球与橄榄球的关系，排球和篮球、手球的关系，橄榄球和足球的关系，如此等等不胜枚举。

3. 竞技体育文化的规则性

活动主体的规则性是自我约束机制的产物，是体育不同于其他活动方式的准绳，也是体育文化内部多种形态的基础，否则，体育就会是如战争一样的社会形态了。啊怕是最能够体现中在和谐的活动内容都有人工加工的痕迹，如登山运动。而当今几乎所有的运动形态都已经被活动主体进行了刻意的加工，也就是赋予它们特定的存在方式，以便于人们一边高唱着“绿色奥运”中回归自然，来彰显“人文精神”，实则是通过“科技奥运”为保证人自身在合理的自然条件下进行各种活动。这种加工很大程度上是活动主体的一种自我保护，而这种保护是以活动内容的某些属性的丧失为代价的，如项目自然属性的消退，人文社会属性的增强，也有对环境的破坏。活动内容的规则性区别了体育活动与其他活动。主体的规则性表现了一方面自身制定规则，同时又接受规则的制约。不同的活动主体在参与到体育之前就必须接受一定的制约，否则就不能够把握这种特殊游戏的运动进程。这是物对人的制约，也是主体之间的相互制约。体育竞赛是把人们心底深处的战争因子通过游戏的形式表现出来，发泄出来，但是又必须受制于特定的规则限制之下而不至于产生战争后遗症那样，这不能不说是人的睿智。

4. 竞技体育文化的渐进性

不同历史时期，不同民族，不同地域的文化特征是不同的。作为体育文化，其内涵随着时代的变迁而发生变化，这是体育文化的渐进性。活动主体的渐进性表现在纵横两个方面。纵是活动主体实施体育后在身心发展方面的渐进，横是主体在实施体育后所形成的不同层次主体。不可否认两个方面在历史上，在今天都依然如故。从游戏到竞赛，从生活手段到运动手段，从一活动内容到另一活动内容都表现出体育文化的渐进性。战术的演进、技术的变革、方法的更替；学校学生体育教材的变化，一些简单的，不切合青少年学生实际的教材被删除代之以更新的教材；大众体育中因为人们物质生活水平的改善，活动内容也呈多样化。这些更新与多样化都是逐步实现的，不可能逾越从简单到复杂，从单一到多样这一模式。活动方式的渐进性是活动主体在长期体育实践中如何进行体育总结与归纳，其最终目的是更好地进行体育活动。运动器材的革新对主体活动方式就产生了深刻的影响，合金材料使用使器材更加轻便也能够创造出更加优异的成绩；激光电子产品的问世对运动成绩的评判更加客观准确；计算机技术的使用使主体对动作技术的合理性有了更加清醒地认识。大众体育、学校体育中个体活动向群体活动的转变也不断改变主体在其他领域的活动方式。

5. 竞技体育文化的选择性

活动主体的选择性实际上是人与体育活动双向选择的过程和结果。不同的社会角色从事体育活动有其选择，从另一个角度来说是活动内容对不同角色的选择。这种选择是基于活动内容与活动主体社会角色之间相关性所决定的。一般的人是不可能参加高尔夫球、一级方程式赛车活动的。老年人不会像少年儿童那样进行较多的娱乐竞技活动，而是专注于适合个人特点的秧歌舞、太极拳等等，反之亦然。就像活动主体的选择性一样，活动内容的选择性既取决于内容本身，也取决于主体角色。残疾人体育中的活动是特定条件下的特殊形态，这是由于活动主体角色的特殊性造成的。运动员选择的活动内容在形式上虽然和其他人群相似，但是他们更加体现了一种专门性。尽管有些运动员也具有全面的能力，如飞人乔丹既是篮球高手，在棒垒球上也不逊色。活动主体、内容确定后，与之相适应的也就是活动方式的选择性。不过有意义的是，尽管可能会出现不同社会角色进行同一活动内容，但是活动方式在质量和数量上仍然是有明显差异的。对于球类运动运动员的活动方式是全然不同于中学生的，纵然也有竞争性、竞技性的色彩，但是反映这些竞争、竞技性的方式与过程是不同的。

以奥运会为代表的西方体育文化是用“更高、更快、更强”为标准来检验不同国家，不同民族（种族）不同地域人们竞技体能的，而且仅仅局限在一定年龄范围的人群。而东方中国则是以气功、养生等形式来标的人的道德观和价值观。

6. 竞技体育文化的功利性

不同的活动方式也有其不同的功利性表现。活动主体选择不同的方式一方面是根据自身需要，也反映出个人的价值观。攀岩是登山的一种简化，它可以让更多的人有机会去体验征服自然的感情；同样是获胜，南美足球是以艺术化的细腻，欧洲足球是大刀阔斧的直白。当然，活动方式的功利性与活动手段的科学化紧密联系在一起的。功利性是不同社会角色探索自然界成果，同时也是进一步改造自然的驱动力。体育文化的功利性是促进体育活动主体向自然、自我挑战的源泉之一。是人类身心陶冶后的愉悦，征服自然后的快意。不同的社会角色也有不同的功利性。普通人群体育活动的功利性表现在与自身角色相适应的基础上。为革命工作五十年是他们的政治功利，也是他们生存的功利性。而运动员的功利首先是自身价值的社会认可，然后是生存手段，即谋生的工具。功利性是和活动主体的价值观紧密联系在一起的。运动员是将获得社会认可与自身生存紧密联系在一起的。或者名高于利，如中国女足；或者利高于名，如中国男足；或者名利双收，如 NBA 的大牌球员。中国女足异地比赛可以是经济舱或者硬座，住三星级宾馆，甚至是招待所；中国男足则不同，不仅可以在出行上阔绰，就是在私人生活中也远远攀高的。运动员的婚礼可以惊动各级领导，普通市民，可以空巷。从目前看还不见哪位女足姑娘婚礼有如此待遇。不同的体育活动内容也表现出不同的功利性。在当前世界体育文化中，不同的体育形态就表现出不同层次的功利性。足球是第一运动，田径是运动之母；职业化，商业化的运动不仅得到普通人群的认可，更是得到政府官员、资产者的青睐。普通人群从中领略到运动的无穷魅力，政府官员从中展示个人的才干，资产者则从中谋取金钱。

体育文化具有多种特征，有一般特征，也有本质特征。一般特征有民族性、普遍性、阶级性、继承性、经验性、世界性、地域性、社会性、群体性等。本质特征有主体与客体同一性、开放性、亲和性、身体表征性和传承性、社会操作的从属性等。从主体、内容、方式来考察竞技体育文化的特征更进一步贴近其本质，同时也不失体育文化的一般特征。多样性、互动性、渐进性、选择性和功利性作为竞技体育文化形态的特征，虽然不能够概全，却为解读体育文化的本质提供了一个新的视角。

他山之石：法国体育管理体制发展的启发

二战之后，法国体育经历了快速崛起和各种文化相互交融的多样化发展进程。除了传统体育项目重新获得继承和发展之外，法国体育运动还受益于德国体操、瑞典体操和英国户外运动带来的新鲜血液，并与传统大众体育运动相结合，为健身、竞技、休闲娱乐和学校体育教育的发展奠定了基础。

1. 法国现代体育文化发展的社会基础

19 世纪法国现代体育运动的兴起正处于政治风云激荡，社会思潮迭起的社会变革时期。整个社会因向现代化的全面转型而显现出的时代特质和社会氛围，给法国体育文化的发展注入了新鲜血液，从而孕育、烘托、浸泡出一个法国体育文化长足发展的历史时代。从 18 世纪末期开始，一场融合身体力量与人体生理知识的体育文化运动在法国渐露头角，并革命性地引入了对人类自身身体发展的兴趣。一些对人体科学的探讨和实证研究都取得了新的突破，生理学、心理学、临床医学、整形外科、体育教育等学科知识为人们更好地控制身体，锻炼体魄，发展意志，陶冶情操提供了科学依据，而工业化城镇社会的发展又削弱了传统社区之间的联系，随着非营利性体育联盟于 19 世纪后半叶的出现，英国的体育俱乐部，德国的体操和瑞典的体操在法国渐趋流行，从而逐渐形成了三种不同的体育文化形态；“一是以传统大众为代表的古代经典体育项目如击剑和马术，它象征着传统社会秩序的力量；二是以德国和瑞典体操为代表的体育教育和身体教育的项目，它象征着中央集权国家政治对体育的影响，三是以英国户外体育运动为代表的现代体育项目，它象征了统治阶级中部分自由派和现代派的文化倾向”。

法国传统体育项目地位的削弱是始于 20 世纪初，主要是受更为先进的德国体操，瑞典体操和英国户外体育运动的冲击而日显其落后和不适应时代发展的需要，相反，德国体操（Tureen）和瑞典体操（gymnastics）在人体生理学、心理学、康复医学和体育教育的科学原理支撑下，加上第一次世界大战和第二次世界大战德国文化对欧洲的影响，使得这种体育项目带着政治色彩和意图在法国传播和流行，其形成和发展呈现出一个复杂的进程，它是在近一个世纪中不同身体文化的形式和内容之间、观念和体系之间碰撞和交锋的结果以及由此而产生相关社会文化的缩影。根据美国历史学家 Eugene Weber（Weber，1983）的观点：“19 世纪中期到二战期间法国社会的主要变化就是乡村社区从社会背景中逐渐削弱进而最终消失”。随着法国工业化和城镇化的发展，社会关系也在发生巨变。直接的人与人之间关系逐渐成为人们交往的基石；而基于性别和年龄群体的传统联系和当地身份都已不再成为识别人们的标准了。而有着广泛社会基础和地域特色的传统大众体育运动项目都被逐渐融入诸如“守护神节”的文化活动中去了，从而加快了新型体育体系的构建和发展。各种身体活动与具体的社会价值观紧密地联系在一起。其中以组织化的方式出现的是“青年社团”，通过运动的规则化和仪式化向青年人进行社会一体化教育，传播和灌输新的体育价值观念和活动方式，并规定社区中的已婚男性或是具有平等地位的人都必须参加这种活动。

19 世纪下半叶“体操社团”的逐渐发展则属于另一种类似的社会文化传播组织。1870 年的普鲁士战争胜利逐渐引起了人们对体操的浓厚兴趣，不断有新的社团创立，德国的身体教育，尤其是通过体操的方法，被认为是军事成功的基础，所以这类非营利组织的创立是在国家支持、倡导和控制下建立的，而不是仅仅从社会内部自发组织或产生的。

当然，1873 年组成法国联盟的体操社团还是基于自愿会员制的社会准则，但这并不能忽视政治对其发展的推动作用。而与此相类似的英国体育俱乐部却在当时没有得到大力发展；19 世纪 80 年代初，第一批英国式的“体育俱乐部”在法国创立，有一群年轻人创办的这类俱乐部赢得了一些推崇英国教育体系的教师支持，在这些年轻人的促进下，这些俱乐部和各所中学紧密联系。皮埃尔·顾拜旦将运动作为一个体育教育的主要课程设置引入中学失败后，这一首创精神仅被限制在一些非营利组织中开展，由于体育俱乐部是基于自愿原则基础上的社会团体，所以当时的学校和地方机构都不支持这一项目，其发展一开始也只能被限制在大城市中。直到20世纪初期，体育俱乐部开始由资产阶级上层人士组成，俱乐部的社会资源开始扩大，体育文化的上层建筑特色由些突现，上层和中层阶级进入了主流体育运动组织的各个领域。到 20 世纪 60 年代，普通民众和中上层阶层在参与体育运动的目的上仍然有显著区别。人们认为：身体的习性同样也是社会经历的产物；身体运作的方式在工人和资产阶级成员之间是显然不同的，对前者而言力量和身体技巧是谋生的条件，而对后者而言，身体运动则是彰显一定社会地位的符号和手段。那种不带直接生产目的的“自由”身体活动，逐渐从大众文化中消失，并被视作浪费时间和精力。

然而，另一方面，当某种身体活动获得一定程度的合法化后，这种身体力量和能力展示的运动又会被大众接纳，如摔跤、拳击和举重。需要强调的是：法国大众体育的真正兴起还是政权归还平民这一思想的深入人心后才逐渐开始的，其中最重要的概念就是提出了法国社会的公民概念，这一概念要求国家和政府真正能够让每一个公民的基本权力得以实现，包括参加体育运动的基本权力。体操社团和体育俱乐部在这一过程中得到了发展和壮大，1901 年关于“联盟的自由”的法案引入了支持公众主管的非营利联盟。由于体育运动在两次大战之间，尤其是二战以后逐渐变得越来越获得人们的支持，国家开始全权负责其中的运作。其中最明显的就是法国在二战后最初几届奥运会上招募运动员时违背奥林匹克宪章的规则，像许多社会主义国家一样，采用行政力量来进行组织和发动，而不是由非营利组织如国家奥委会来承办这一特殊任务。

像许多西欧国家一样，二战之后，法国体育经历了快速崛起和各种文化相互交融的多样化发展进程。除了传统体育项目重新获得继承和发展之外，法国体育运动还受益于德国体操、瑞典体操和英国户外运动带来的新鲜血液，并与传统大众体育运动相结合，为健身、竞技、休闲娱乐和学校体育教育的发展奠定了基础。在过去 50 多年里，不同类型的体育活动参与者的数量就已经增长了 5 倍，并分别达到了全人口的 50%，也就是说每两个法国人中就有一个是运动参与者。随着体育运动的普及和深入，加之经济的发展和观念的转变，体育不仅是中产阶级和上层社会青年人的专有领地，妇女参与体育运动也得到更多的尊重，与此同时来自下层社会参与者的数量也有了实质性的提高。一开始被视为上层建筑的体育运动的性质开始在微微发生变化。一种超越自我、提升自我、展示自我和放松自我正成为人们参与体育的主要动机，并逐渐演变成为一种融入社会，放松，保持身心健康的一种生活方式。

2. 法国体育管理体制发展的基本现状

在法国，直接管理体育运动开展的组织主要有以下四种类型：

（1）由 CNOSF（法国国家奥林匹克运动委员会），CROS 以及 CDOS（区域级和部门级运动与奥林匹克委员会）来进行管理的体育俱乐部。

（2）青年体育部

这是国家负责管理体育的行政代理机构。在法国，行政区域分为大区、省和市镇。省下设专区和县，但不是行政区域。县是司法和选举单位。法国本土共划为 22 个大区、96 个省、4 个海外省、4 个海外领地、2 个具有特殊地位的地方行政区。全国共有 36 565 个市镇，其中人口不足 3 500 人的有 3.4 万个，人口超过 3 万人市有 231 个，人口超过 10 万的市有 37 个。全国有 9 千名国家公职的体育管理从业人员负责各大区的体育事务，并同时依靠地方或区域机构培植相关管理人员 15 000 名。

（3）学校体育教育

在全法国共有 35 000 名教师负责 1 200 万学童的体育教育。

（4）体育产业关联系统

它组成了所有和运动相关的商业活动。粗略估计大概有超过 4 万人受雇于这个亚群体。事实上这个亚群体还可以细分为：筹划常规运动（特定职业体育俱乐部）或更多特别赛事（环法自行车赛）的职业联盟；提供休闲活动和运动旅游业的机构（体操馆，私人网球或是高尔夫俱乐部等等）；以及其他运动服务的提供者。

和其他西欧国家不同的是，法国中央政府、地方政府和公共部门对体育的资助是法国体育运动开展的重要基石。通过对于受雇的人力资源评价，国家级雇员在数量上占主导地位，他们的数量（将近 50%）。这一信息告诉我们法国是以国家在处理国务中无所不在为特征的诸多西欧国家之一。许多俱乐部和联盟在发展体育运动中都或多或少地依赖于国家的资助，从我们的采访和文献资料收集中发现，这些联盟主要可以分为 3 类：一是完全依靠体育运动部门的联盟（其至少 2/3 的内部资源是由体育运动部门拨划）。这些运动联盟主要包括五项运动、摔跤、冰球、举重、泛舟、爱斯基摩划艇，剑术等。二是大部分依靠体育行政部门的联盟（其由体育部门拨划的资助占其内部资源的 1/3 到 2/3）。其中还包括奥林匹克联盟项目的有冰上运动、拳击、棒球、游泳、排球、自行车、体操、射箭、羽毛球、帆船运动、手球、乒乓、射击、滑雪、柔道和篮球。三是主要独立的体育联盟（其由体育部门划拨低于其内部资源 20%）。在这一分类中的奥林匹克联盟有马术、足球和网球。

我们可以看出，大部分奥运联盟的财政主要依靠体育运动行政部门。如果把国家资助的数目折合成联盟统一预算的百分比的话，那么奥林匹克联盟占 32%，单项非奥林匹克运动联盟占 16%，多项运动联盟占 20%。国家对于体育运动的帮助同样体现在使国家雇员被体育运动联盟接纳。由于大量的资助和间接的帮助（设备和人员的分配占了超过 60% 的预算），法国体育俱乐部对社区就普遍存在很强的依赖。

3. 法国体育管理体制发展的主要特点

（1）国家行政协调负责全国体育运动的开展

青年体育部是法国唯一官方主管体育的行政部门，直属总理领导，部长由总理任命。“该部门正式成立于 20 世纪 80 年代初期，总部位于巴黎，下设体育司、青年司、总行政司和培训司。在全国的 22 个大区和 96 个省分别设有地方的青年体育部门”。全国各大区、省的政府青体部门分别接受国家青体部的“条条”管理，同时接受大区、省地方政府的指导。青体部的职能是负责全国体育的领导和管理工作，积极组织推动体育活动的全面开展。青体部代表政府，根据《体育法》和有关体育政策，与各社会体育组织进行广泛的体育合作，对全国的体育工作行使领导管理职能；各类体育协会有权负责组织开展各项体育竞赛与活动，接受政府的体育补贴和监督指导，培训高水平选手代表国家参加国内外的体育竞赛。

（2）社会自我协调负责全国体育运动的具体落实

目前，法国的体育协会有120多个，这些协会大体上分三类：

①奥运项目协会27个；

②非奥项协会；

③综合性协会。

许多协会创建的历史较长，在政府青体部设立之前便具有一定的规模，组织开展体育活动。协会的基层单位是俱乐部组织。各类协会在有关体育法规、体育政策范围内，开展各类体育活动，推荐和选拔该项目的优秀选手，负责训练，保障就业等。

（3）教育部主管体育教育

20世纪80年代开始，国家作出了重大决定，原先由青年体育部负责的体育教育转为由教育部门直接负责和管理，尽管该决策的作用是削弱青年体育部的职能，但事实上，国家教育部并没有将体育教育作为重要内容来抓，其中更缺乏具体的发展目标、发展战略和实施步骤。而当地方公众管理机构（行政区域、部门、行政地域）的权利增强时，分权立法同样也削弱了教育部门的直接影响。

（4）商业部门的广泛介入

随着体育产品的日益丰富，体育市场的逐渐扩大，商业部门对体育运动开展的影响也越来越大，商家企业在职业和业余两个领域都进行了大量的投资，并形成了一个新的产业链，尽管这一新兴的体育市场尚缺乏非常系统和有组织的管理，但像高尔夫运动、网球运动和马术等已经逐渐成长为一些边缘的职业体育联盟，并伴随休闲理念的更新而呈现出蓬蓬勃勃的发展势头。

4. 法国体育管理体制对我们的启发

法国体育管理体制的历史发展有其自身的路径依赖和特点，与其他资本主义国家相比，有其独特之处，它是法国经济变革、阶级力量变化、政治文化传统和社会心理积淀相结合的结果。世界各国的体育体制在具体形态上千差万别，法国是属于在欧洲国家中少数几个有国家行政部门主管体育的国家，为什么会在西方资本主义国家中会出现以政府行政协调为主体的体育管理体制呢？它的形成背后究竟有哪些经济、社会和文化背景呢？我们认为法国的政治体制是其形成和发展的根本原因。

法国的政治体制兼具英美两种模式的特点，既非严格的总统制，又不是完全的议会内阁制，而是处于中间形态，即“半总统制”“国家元首在法国政治生活和国家机关中居主导地位，是国家权力的中心，不仅享有传统的总统权力，还享有单独采取的非常权力，主要是解散议会；把法案直接交给公民投票表决；在紧急状态下行使非常权力，同时，宪法规定总统由庞大的选举团间接选举产生（1962年改为总统由公民普遍直接选举产生），总统不对议会负责，他有权选择总理，任命总理和政府其他成员”。从传统的经济与政治基因来看；“1789 年大革命前身的法国是一个封建农业国，农民约占全国人口的 3/4”，农耕文明传统深厚的国家的政治特点表现为轻民主价值的立法协商而重秩序价值的行政集权；法国议会制的发展之所以一波三折，无能低效，最终为具有集权特点的半总统制所取代，其深层原因，即在于深受小农生产方式制约的法国社会的组织和整合机制脆弱，议会不能有效融会和表达民意，因而难服众望，国家意志不得不更多依赖传统集权政治的整合机制才能够顺达。也正是由此，法国体育管理体制与国家政治体制一脉相承，在体育管理中以不偏不倚的仲裁人的角色发挥作用，既体现国民公意，又表达理性主义思想，批判封建的社会制度和政治制度，夹击中世纪的神学教条，清扫封建社会的传统与愚昧，同时体现政府行政集权，贯彻宪法的主体精神。

第四章　高校体育文化的交流与传播

体育文化是在一切体育现象和体育生活中展现出来的一种特殊的文化现象，人们在体育生活和体育实践过程中，为谋求身心健康发展。通过竞技性、娱乐性、教育性等手段，以身体形态变化和动作技能所表现出来的具有运动属性的文化。高校体育文化传播能促进体育运动自身的发展，促进高校体育产业的发展，丰富大学校园生活，提升高校知名度。

第一节　高校体育文化传播途径

随着高等教育的产业化、办学模式的多元化，高校在建造自己的体育文化、学校形象的同时还要加大传播力度，通过多种传播媒介，展示自己，从而使高校的客观实在转化为社会公众心目中的认知形象。

一、审视高校体育文化传播

1. 高校校园体育文化传播内容

高校作为代表国家最先进科学文化水平的团体，它的形象早已深入人心，随时随地影响着人们的思维、情感和教育决策。而体育文化传播是提升学校形象的一条重要途径。

（1）校运会

运动会是学校体育文化传播的一个重要环节。在校运会中体育文化传播的主体是学生，校运会的目的不仅是通过竞技体育增强学生体质。培养学生顽强拼搏、积极进取的精神。更重要的是增强人际交流，传播体育文化。调查结果显示 11 所高校都很相似，运动会的主要内容是田赛和径赛，在体育文化知识宣传方面做得不够完善，仅有一些口号、宣传海报、横幅及播报，有条件的高校会利用大屏幕显示运动员的成绩，但这与体育文化知识的传播要求还相差甚远。

（2）体育文化节

现今的学校体育运动逐渐打破传统竞技模式，融集体项目、娱乐项目和主题项目为一体，有条件的高校还开展时尚体育项目的运动会，以人为本，传播了特色体育文化。体育文化节影响遍及高校，对高校产生了巨大影响，同时引起社会的广泛关注，展现了当代大学生的风采。以襄樊学院为例，体育文化节通常是学工处组织、院系承办的特色活动，如三人两足比赛，借助学校地处隆中风景区的优势组织定向越野比赛等。其余各高校举行体育文化节内容也很丰富，形式多样，如棋类比赛、体育知识竞赛、体育展览赛、电脑体育动画制作评比等。

（3）全国大学生品牌赛事及各级重要赛事

学生形象通常通过学生社团活动或学习、比赛展现出来。学生在各类比赛尤其高级别的、社会影响大的比赛中获得优异成绩，都能为学校赢得声誉。高校积极地承办重要体育赛事，既可达到高校体育文化传播、扩大学校知名度目的，又能取得良好的经济效益。遗憾的是在国内几大高校品牌赛事：CUBA、大超联赛、飞利浦中国大学生足球联赛、TBBA中国大学生三人篮球联赛中，11所高校并没有突出成绩，甚至都没有报名参加。而这些赛事的传播效果是惊人的，对大幅度提升高校形象作用显著。在湖北省属11所地方本科院校里，没有承办过国家级赛事的历史，省市级赛事也几乎都是空白。地方高校立足本地，参加本地体育运动，却没有承办本地赛事，在本地传播体育文化，进而提升学校形象，这不能不说是个遗憾。

（4）训练基地

专业队落户高校，在国内这种体育传播形式还比较鲜为人知。在这方面走在前头的首推清华大学。其跳水队已初具规模；另外，浙江的杭州师范学院也采取了与省女子散打队联姻的形式开创了武术专业队与高校联手，实现体教结合的先例。

例如：襄樊学院毗邻国家级风景名胜区——古隆中。此处环境幽雅，景色宜人，是一个非常好的体育训练基地，也是体育竞技很好的比赛地点。如果能吸引一两支省级队伍来封闭训练，比如篮球队、乒乓球队、足球队甚至是围棋队等，然后将比赛带入学校，这将极大地提升学校形象，带动学校发展。这些方法对别的院校也适用。比如三峡大学可以利用其优势吸引企业，吸引游泳队、划船队、跳水队训练等等。

2. 高校体育文化传播的重要性

对于体育的文化传播的概念，很多人会产生疑问：体育就是技术学习，与文化传播有什么关系？也可能另一部分人目前已感受到体育文化的发展势头，似乎觉得大背景下体育与文化应该相互结合，但技术教学与文化发展又似乎很难扯上太深刻的关系。总之，我们习惯从技术传播的角度看待体育，而非在文化背景下谈论体育发展。这就是束缚体育发展的症结所在。其实，体育既需要技术传播，又需要文化传播。西方体育文化底蕴深厚，所以一直致力于技术提高的相关科技研究，一再突破人体的生理极限，吸引人们创造身体的传奇。而中国体育文化基础薄弱，所以很难支撑技术手段的健身习惯养成。可以说，体育技术若没有文化传播、传承与创新的融入，就很难转化为锻炼工具。可以这样说：有锻炼意识，一块石头都可以成为锻炼工具；没有锻炼意识，豪华哑铃也不会提起锻炼兴趣。更何况，在中国历史上，技术传播缺乏足够的重视，而经过文化传播的项目却有着较强的生命力。例如，象棋、围棋等，其被推崇为高雅文化不可或缺的组成部分，这就是文化传播造就的。因此，即便棋类体育活动没有设为课程，不用强制练习，也能获得很好的普及效果。原因何在？文化力量向心驱动而已。

我们首先来说一下文化的理论有多大。中国旧社会妇女裹小脚，这是封建的社会文化所倡导的，所以女孩子小时候会自觉地迎合，有意识地裹脚。疼吗？肯定疼。如果没有文化的倡导，就不会产生自觉地迎合，也就没有了千年的“小脚”文化。就身心解放而言，裹脚行为本身并不对，而文化的向心驱力竟能让这种摧残身心的错误行为合理地存在上千年。基于此，我们不得不重新审视体育的文化传播。中国体育向来是智力和技术二分的，“劳心者治人，劳力者治于人”的政治文化使智力体育得到长足发展，而练技者的社会地位却始终居于底层。几千年绵延不断的文化传承在20世纪遭到重创，出现了断层。就体育而言，这个文化断层有着积极的一面，让我们主动审视接纳先进的体育文化，弥补自身的种种不足。但一刀砍断历史连接，甚至断言中国古代没有体育，显然有点矫枉过正。消融外来文化营养自身体系向来是中国文化的一大特色，认识这一点，从长远来看体育的发展，其必是以传统体育思想引导的多功能体育内涵的集聚，而非西式纯量化指标的健康指导模式。值得注意的是，量化指标的合格与否对生命力旺盛的青少年并不能产生显性差异，且没有试验表明体质监测不及格的学生，其身体素质比体质监测合格的学生差，其寿命比体质监测合格的学生短。

中国文化向来讲保家卫国，国是家的延伸，是大家的家。国将不国，何以家为？所以御辱自强，学习西方强体技术，绝非对一己之家的防卫，对一己之身的建设，而是民族危机层面的防范。且看一些近代的体育教育观念：“体育是具有时间和空间性的，随社会变迁而变迁”“体育对于一国最大之贡献，在能辅助一国之教育，增进一国之文化，不仅限于增进个人健康也”“不依据任何一种制度，但取各国所有之各种体育之善者，而形成一种新颖之体育制度”“学习的发生是由于需要或兴趣，因需要才发生兴趣，因兴趣才感到需要，为了需要才想活动，活动结果可以得到满足”“体育对于休闲活动，当然必须负起更重大的责任”，等等。这一切对于今天体育的发展依然有启示：即体育的时空特性，文化属性，兼收并蓄，以人为本，教育定位。但我们并没有顺着近代体育文化建构设想走出自己的独特之路，而是亦步亦趋于西方的体育。好在，现在已经开始重视传统体育文化的传播。纵观中国历史，有个充满趣味的现象：战乱文化大发展，和平体育大发展。例如，春秋战国、魏晋南北朝，文化大发展。又如，汉唐、宋代，体育大发展。到了当代，国富民强，体育发展更为繁荣，现实很好地印证了历史。不过，随着生存威胁的消失，民族心理传承的强大惯性便会再次崭露头角，即回归传统的文化心理，有碍体育大纲越来越先进，人们的身体素质越来越欠佳。曾经的《劳卫制》尽管有许多需要改进的理由，但那时的人们身体素质始终保持在较高的水平却是不争的事实，那是保家卫国、国家存亡匹夫有责的民族心理所驱使的，而这种民族心理背后的支撑便是浓浓的文化情愫。

当下，国学热开始让人们理性地从内心重新审视中国文化的建构，我国领导人也强调了教育的“文化传承与创新”作用，那么，新时期的体育文化应该如何重构？所以，当务之急就是树立以民族文化为主线，以西方体育思想为补充的体育发展意识。改革开放以来，中国的体育发展，取得了辉煌的成就。确实，竞技体育得到长足进步，但高校体育教学的结果却是：“健身意识薄淡，健身知识匮乏，健身技能缺乏，身体素质逐步下降”。这至少说明体育课的目标完成效率很低。这种现象背后的一个主要原因，即体育文化大背景建设的某种缺失。具体而言，这种缺失包括三方面：一是体育教师仅有技术传授的观念，而没有体育文化传播的意识；二是校园体育文化建设的不健全；三是学生“学而优则仕”的主体意识唯一。如此一来，便不可能培养出体质较好、运动素质较高的学生。因此，关注体育教育，关注体育文化建设就显得刻不容缓。另外，关注体育文化建设，还必须关注体育文化创造者的主体特性。纵观现在的改革，人性化、学生本位一直是体育改革强调的核心，但学生主体特点的分析却被忽略了。出生于20世纪80至90年代的学生创造了属于自己的独特文化，但对这种文化的研究并未列入体育改革所要考虑的范畴。很多时候我们只是就体育论改革，过于笼统，缺乏因地制宜、因材施教的针对性，难免收效甚微。

很多80后的人个性特点是这样：你想让我怎样，我就不怎样。对体育课的态度是：我不喜欢就是不喜欢，不学就是不学。你费尽唾沫也别想改变我。而90后的人相对而言，他们更为变通。对体育课的态度是：不顶撞老师。你说你的，我忙我的。你讲得好，我就听；你讲得不好，我就忙着干自己的事情。很显然，如果不透彻地了解他们的性格特点，就不可能富有针对性地提高体育改革的效果。事物之间是相互联系的，但这个观点却很少用于体育领域的问题思考。在很多情况下，学校体育改革前进的条理性、程式化和严谨性严重阻塞了其多面联系的通道，致使大规模的体育改革进行得天翻地覆，但是真正细致入微到课堂教学方法的革新，其效果就不尽如人意。

学校是精英人才聚集的场所，是知识、智慧的集散地。对于学生来讲，无论怎么学习，切入的角度都是文化的传承与创新。如果体育发展可以从文化传承与创新的角度注入活力，那么应该有助于提高其实效。在中国历史上，体育的传播与文化人有着密不可分的联系，文人为体育的传播担当着重要的角色，不仅亲自涉猎技术领域练习，还著书立传记载传播。例如，司马光改进投壶运动，张建封马球场纵横驰骋。若这一传统能够在学校——这个知识分子高度集聚的地方发扬光大，当今体育的发展自然充满希望。

二、高校体育社团对校园体育文化传播途径分析

新形势下，高校社团得以蓬勃发展，不仅种类不断增加，活动也是日益丰富，其中体育社团凭借其增强学生体质、拓展学生视野、锻炼学生能力、丰富校园生活等诸多优势深受广大学生喜爱，极大地促进了校园体育文化的传播。

1. 高校体育社团对校园体育文化传播的影响

（1）体育社团文化是校园体育文化的重要构成

校园体育文化与智育、德育、美育等文化共同构成了校园文化，其强调的是以人为本，代表的是校园精神，既有着丰富的内涵，也具备独特的外延。而高校体育社团凭借其灵活多样的社团活动为学生进行体育健身、人际交往、彰显个人特长、追求自由发展等提供了平台，且其活动内容极富感染力、教育性以及适应性，利于促进学生综合素质全面发展，符合校园体育文化的宗旨，所以是校园体育文化的具体形式和重要构成。

（2）体育社团是校园体育文化传播的重要载体

校园体育文化的传播仅靠宣传和教育显然难以奏效，而高校体育社团借助充满活力、易被接受、富有影响力的体育类活动，感染、吸引学生积极加入到社团活动中，使其在愉悦身心、锻炼体魄的同时，受到正确价值观念潜移默化的影响，进而逐渐形成吃苦耐劳、敢于进取、顽强拼搏、团结协作等精神风貌。加之校园社团数量众多，成员多为跨系、跨级甚至跨校，且一个成员可能同时涉及几个社团，利于信息传播速度、效果的提高，故其是校园体育文化的“传播者”。

（3）体育社团是校园体育文化建设的重要力量

相对而言，德育等校园文化建设易在教学活动中渗透，而体育文化建设强调实践活动与知识渗透的有效融合，故高校体育社团所开展的足球、篮球、乒乓球、武术、健美操等各种形式的体育竞赛活动，为校园体育文化建设设置了铺垫，配以体育专题讲座、知识竞赛、影片欣赏、趣味比赛等休闲、娱乐类活动则使校园体育文化更为丰富，很大程度上满足了学生多变性、多样化、多层次的需求，因此其是校园体育文化建设的重要力量。

2. 高校体育社团和校园体育文化和谐发展的策略探讨

（1）注重体育社团基础性建设

当下高校体育社团基础建设尚不完善，不利于顺利传播体育文化，故高校应基于对体育社团与校园体育文化的内在关系，立足自身实际，给予必要的政策支持和资金扶持，以此为体育社团提供合适的场地，必要的运动器材，适度的活动经费等，从而保证社团活动正常开展，切实发挥应有的功效。考虑到体育社团宣传力量有限，不利于校园体育文化的进一步传播和繁荣，建议高校有关部门为其创造一定的宣传机会，引导全校师生提高对体育文化的认知，树立科学的价值观念，养成健康文明的生活方式等。

（2）促进体育社团规范化管理

毕竟高校社团是由学生自发组织、自主管理和参与的，因此其不可避免地会出现管理无序、混乱等不良情况，既制约着自身的健康发展，也不利于校园体育文化的建设，这就要求高校团委加强与体育管理部门、学生处等的交流与合作，对体育社团实施统一、规范化管理，并制定相对完善的管理制度，如明晰社长、宣传部、组织部等职务权责，细化总结汇报制度，并对经费审批、活动原则、团费标准、成员出勤等作出规定，以此实现内部管理有章可循。此外，高校还应每年考核、评估体育社团绩效，并予以及时、合理的表彰或整改，甚至取消等。

（3）实现体育社团可持续发展

体育社团的可持续发展关乎校园体育文化的建设和繁荣，故可从下述几点着手：一应鼓励体育社团根据成员的不同需求，组织多样化且各具特色的体育社团，以此在扩大成员活动空间的同时，吸引更多的学生加入；二是进一步丰富活动形式和内容，如欣赏体育比赛、组织专题讲座、举办项目培训班、开展趣味活动、举办体育晚会等，用于满足成员身心需求，提高运动技能，养成健康品质；三是发展有专业体育教师参与的运动队，既可以引导学生健康锻炼和运动，也利于弘扬校园体育文化。如一高校在校内举办了CUBA联赛，并在开幕、比赛间隙中展示了特色的文体节目，明显地促进了校园体育文化建设。

总之，高校体育社团为学生身体素质、知识能力、价值观念、道德修养等的提升提供了助益，极大地促进了校园体育文化的传播和繁荣，因此，高校应充分发挥体育社团的效用，切实将体育文化渗透于校园的角角落落，以此实现两者的和谐发展，共同进步。

三、网络信息化技术对高校体育文化传播的研究分析

在传统体育文化传播中，高校主要是通过一些固定的体育文化活动来吸引学生对于体育的重视程度，并利用这些活动对学生的体育意识、体育态度和体育思想进行影响，使学生在体育学习中能够感受到体育的魅力和体育的价值，随着我国互联网技术的不断发展，高校数字化校园建设已经逐步成为高校基础建设当中不可缺少的一项内容，而这项工程也为学生更加便捷地接触到网络传媒，使学生在最短的时间内能够对网络信息文化内容进行筛选和过滤，当然，这其中体育信息的传播对学生的影响也越来越大，尤其是对于学生的素质教育影响更大，其更加凸显出了体育的素质教育功能，那么作为学校和学生管理人员，如何有效地利用好体育信息传播途径，为学生的体育思想培育和校园体育文化建设服务就需要我们每一个教育工作者去思考。

体育信息传播是大学体育价值理念和体育信息获取最重要的途径，各种网络媒体、电视、手机及报纸新闻已经为大学生构建了一个快速获取各种信息的平台，尤其是随着学生在大学学习生活的深入，大学生对于新闻媒体的接触和认可程度也在不断地提升，学生的生活当中也逐步离不开媒体介质。

调查显示，学生在体育价值观念的形成过程中，各个年级的学生受影响的因素是不一样的，之间的差异性较大，比如说对于一年级学生而言，社会及家人对于学生的体育价值观念的影响相对较大，而校园体育文化及体育信息传播对学生的影响相对较小，学校体育课程教学和课外体育活动居中；对于三四年级的学生而言，体育信息传播与网络媒体的体育导向对于学生的影响程度是最大的，且影响也是最直接的。

从学生对体育价值影响因素的选择中，可以发现对于三四年级的学生而言，学生选择

信息传播途径对于自己体育价值观念的影响比例大约占到百分之七十五左右，其次是同学和朋友，这个群体大约占到百分之三十五左右，家人和社会的影响大约占到百分之三十左右，体育课和课外活动大约占到百分之三十，在这次调查中我们发现，在高年级学生当中，男生和女生的体育价值观影响因素也存在差异性，尤其是网络每题和家庭的影响程度差异性相对比较明显，对于女生而言，家庭对于体育的影响程度较男生高，在网络媒体方面，男生受此影响程度较女生大。对于二年级学生而言，发现学生对于这几个影响因素的顺序也存在较大的差异性，其中男生受网络和朋友的影响较大，女生受家庭和社会的影响较大，这种差异性说明在学生四年大学体育生活中，学生的体育价值观念伴随着各种影响因素在发生着变化，其中信息传播对于学生的影响度在不断的加深。由此也说明学生对于媒体的接触程度越深，学生的体育思想越活跃，参加体育的积极性就越高。可见，在学生的体育价值观念影响中，高校有效利用各种宣传途径来引导学生对体育的再认识是非常重要的。反过来，校园体育文化的建设和发展又会促进体育信息传播的多元化和便捷化，因为学生的喜欢，学生对于体育的关注程度会提高，关注程度越高，学生对于体育的认识也就会发生更深层次的变化。这对于校园体育文化建设、学生体育思想培育和体育信息传播三者而言都是互相促进、共同发展的。所以作为高校体育教师，应该积极地利用各种媒体的介入，使他们在学生的培养中发挥积极的作用，激发学生参与体育的热情、使他们对体育有一个更理性和更科学的认识，并能从体育中享受到快乐。

学生参与体育活动的动机往往都来源于学生对体育中的某一个环节的兴趣，所以为了能够实现自己的目标而参与各种体育活动，比如说很多学生通过媒体得到的某一个体育项目明星的赛场风采就可能对某一个项目的关注度有所提升。比如很多学生可能以前对于跨栏都没有什么了解，但是因为奥运赛事每题对刘翔的介绍和宣传，使越来越多的人开始关注这个项目，再加上很多学生喜欢的篮球项目就是因为 NBA 的某一个或者某几个体育明星，回到校园中，很多学生对于某一个项目的喜欢可能就是因为运动会当中自己同学的优异表现。所以学生对于体育的信息的接触越频繁，学生对于项目的喜好程度越高，通过四个年级的调查我们发现，在学生的体育兴趣培养中，体育信息传播对于学生的影响程度和影响时间是直接相关的，所以很多学校都把校园体育文化建设和高水平运动队的发展与建设紧密联系在一起，因为对于学生而言，出于对自己学校的热爱，学校的体育参赛队伍自然会影响自己学校学生的关注，学生对于参赛队伍和参赛队员的关注会让他们对体育的兴趣发生很大的转变，这种培养思路的转变，本身就富含着信息传播时间对校园体育文化建设影响的影子。

对于在校学生而言，他们接触到的信息传播途径主要有网络媒体、数字化媒体和报业媒体等几种形式，网络媒体因为传播速度快，访问便捷和时效性较高，所以最受学生欢迎，再加上手机业务的不断扩展，为网络媒体的发展提供了更多的便利条件，报业媒体属于传统媒介，在学生群体中，受重视的程度相对较低，数字化媒体因为学校多媒体技术的引入和快速发展，学生接触也较多，但是对于体育信息传播而言，还是主要依靠网络媒体，调查发现学生对于信息获取有百分之九十左右是通过网络媒体获取的，通过数字化和报业媒体获取的仅仅占到百分之十左右。这就说明，在信息传播中，注重和利用好网络媒体是今后一个时期高校在校园体育文化发展和学生体育价值观念培养方面努力的方向之一。

研究发现，在高校体育文化的建设和传播中，体育信息传播的真实和可靠性对于学生的体育兴趣培养也起到了重要的作用，比如说，对于体育赛事的报道，尤其是对于比赛的输赢报道，信息传播中的导向对于学生对赛事的热情和认识都会重要的影响，正确的引导学生认识赛事、对体育文化有更深层次的认识势必会成为今后一个时期体育信息传播中受关注的问题，所以作为学校的管理人员，不单纯需要把目光和精力集中在信息传播方式上，在很多情况下，还需要关注信息传播的导向问题，这对于大学生体育取向的培养同样具有重要的作用。当然，对于本校校园体育文化的建设与发展，如果信息传播过程中更多的是涉及本校体育文化活动发展的，学生对于此类体育信息的关注程度相对较高，这说明在信息传播内容方面，我们更多的时候需要关注身边的信息，这也给我们的体育管理工作从事人员提供信息，那就是在校园体育文化的发展和培育过程中，持续不断的创造体育信息及信息的新颖性对于高校体育文化的发展是至关重要的。

四、高校新闻传播对校园体育文化传播途径分析

高校体育新闻传播依赖于传播学和体育的发展。同时对体育的发展将起到积极的推动作用。尤其在传播体育文化、弘扬体育精神方面有着独特的优势。它在休闲状态下潜移默化地影响着大学生的价值观念、行为方向和精神面貌等。因此。研究高校体育新闻传播的文化意蕴具有重要的价值。

高校体育新闻传播的主体是全校师生员工，其中起主导作用的是学校体育行政管理部门，即高校体育院系和体育部或者体育教研室等。体育新闻传播除了一般新闻传播的共同特点外，还有其自身独特的性质，其传播途径也是包含高校所有的媒体途径，并且体育行政部门还有自己专门的宣传途径。

1. 新闻传播的途径

（1）广播

高校校园广播是高校媒体中最早出现，也是最简单、直接的一种形式，是校园宣传工作的主体之一。校园广播具有信息传播及时、快捷、简短的优势。易被听众无意识地在课余饭后轻松地接收。尤其是遇到突发性事件或现场直播，广播的独特优势就发挥得更明显。

（2）宣传橱窗

高校的宣传橱窗是一种简单的宣传媒体，它们的针对性、目的性和时效性特别强，而且十分灵活机动，成本也十分低廉，形式简单并且比较美观，富有丰富的创意。可以说宣传橱窗是高校媒体中的活跃分子。它们除了传递内容以外，还会给人以美的享受。反映出高校浓郁的文化气息。是师生员工课余饭后、休闲散步的好地方，是校园中一道亮丽的风

景线。通过宣传橱窗，能够加强校园文化建设中的政治导向，营造积极向上的文化氛围。宣传橱窗作为一种机动灵活的媒体，也存在其篇幅小、张贴时间短，很难全面地、持续地对受众施加影响。而且很多橱窗的宣传内容为手工制作，显得比较杂乱，没有专门的管理者，经常还会出现刚贴上去一会儿就被其他的宣传内容覆盖了的情况。

（3）网络

校园网络是一种新兴的高校新闻媒体形式，它具有更新速度快、内容丰富、图文并茂等特点。现代信息技术尤其是网络技术的发展，为高校体育新闻传播提供了现代化的手段，拓展了高校体育文化的工作空间和宣传渠道。校园网络目前已经成为高校加强体育新闻传播的一种主体媒体形式。在充分利用学校校园网首页、聊天室、校园论坛等栏目进行体育新闻传播外，高校的体育行政机构还建立了自己的网页，有着丰富的宣传内容和广阔的宣传空间。随着通信技术的发展和学生消费能力的提高，很多大学生都在使用电脑，电脑在日常的校园体育新闻传播中，可以充分发挥快速传递信息的优势，建立体育新闻平台，向大学生提供一些及时体育新闻、健康信息、运动方法、注意事项等信息。既可以帮助同学们提高参与体育活动的意识。也显得温馨体贴，使同学们真正感到大学生活的快乐和幸福。

高校体育新闻传播是社会文化的一个分支，其主要目的是引导和规范大学生的体育行为。对于培养大学生适应社会、服从管理、遵守公共道德等素质大有裨益。因此，高校体育新闻传播日益显现出它深刻的文化意蕴和价值。高校体育新闻传播的导向功能。导向性是文化的主要特点之一，高校体育新闻传播的具体内容丰富多样，形式多姿多彩。这些丰富的体育新闻传播内容不仅使校园文化活动朝气蓬勃，富有生机，提高了大学生的文化素养，而且对学生掌握多种体育知识和方法起着积极的作用。高校体育新闻传播活动在传播体育信息、造就舆论环境的同时。营造了积极健康的校园文化。在抵制不良文化对大学生的侵蚀上也起到重要的作用。高校体育新闻传播倡导科学、健康、文明的生活方式，引导大学生追求健康、文明、高雅的生活目标。这就为大学生排遣精神压力、打发心中郁闷和发泄过剩精力创造了条件，对大学生建立健康、健全的人格起着不可忽视的引导作用。

2. 新闻传播的功能

（1）高校体育新闻传播的教育功能

高校体育新闻传播对大学生的体育观念、生活方式和审美情趣都将产生深刻的影响。因此，高校体育新闻传播必然会表现出明显的教育功能，比如通过生动的报道和宣传优秀人物来教育大学生树立正确的体育观念。弘扬爱国精神。培育体育社会公德等。另外，高校体育新闻传播可以让大学生快捷地获取各种各样的体育信息，以满足他们的好奇心和求知欲，并且可以提高他们的体育学习兴趣，增强他们对社会的认识。高校体育新闻传播拓宽了大学校园各种体育信息的来源。是现代大学生积极参与体育活动的重要动力源泉。

（2）高校体育新闻传播的激励功能

高校体育新闻传播的主要目的就是满足师生员工的高层次精神需求，在沟通参与者思想情感的同时。使师生员工感受到关心和尊重。在培养师生员工共同的体育行为规范的同时，促进共同的价值观念、理想信念等群体意识的形成，可以使师生员工产生归属感，从而增强学校成员的向心力和凝聚力。高校体育新闻传播弘扬积极进取的体育精神，深深影响着师生员工的思想和行为。激励教职员工积极进取、不畏艰难、开拓创新，鼓励在校大学生勤奋学习、努力成才、为学校争光，从而在整个校园形成一种朝气蓬勃、精神振奋、开拓进取的良好氛围。

（3）高校体育新闻传播的娱乐功能

在高校里，教师们有着繁忙的教学和科研工作，学生们也有着紧张的学习压力，通过体育新闻传播可以有效地消除师生们的焦虑与疲劳。一方面，高校体育新闻丰富的传播内容让师生们在课余饭后无意识地得到调节，从而消除紧张的情绪。另一方面，高校体育新闻传播通过体育知识的传播，引导体育行为，让师生们积极参加校园体育文化活动。校园体育文化带有浓厚的娱乐性。它要求师生们亲身参与运动，在愉悦身心的活动中承受一定的负荷。发展自己的体能。在校园这个相对“封闭”的生活环境里，体育活动以其娱乐性、趣味性和可选择性的特点，迎合了师生们的生理和心理需求，已经成为师生员工的主要娱乐方式。

第二节　高校体育文化传播存在的问题

目前中国已经承办了多项大型国际赛事，随着人们生活水平的提高，民众对体育的关注日益和自己的养生密切联系起来，人们已经不满足于停留在观看体育竞赛的层面，为了自己的身心健康，越来越多地在关注体育、关注运动、关注养生。体育日益成为人们生活中重要的组成部分。而当下体育和体育文化的传播却存在着很多不足，尤其是体育文化传播，存在着明显的发展瓶颈。

一、传播内容、路径单一

中国从 2002 年正式成立北京体育台，1978 年中央电视台正式成立，包括体育类的电子出版产品，中国的体育文化传播主要在全球体育赛事、各类竞技新闻，各地方台最近两年热衷于养生节目，但也是良莠不齐，精品很少。体育文化传播在体育盛会之后走向沉寂，社会关注低、体育文化信息量很少。作为体育本身，运动将体育文化与人们的体育生活紧密联系在一起，同时传统的体育项目也规范和影响着人们的生活方式。早期的体育，大多源自人类初期的游戏，不同的地域和不同的生活习惯，人们的游戏形式也有所不同。在人类文明发展的历史长河中，人类不断将游戏的规则规范化和大众化，同时融合劳动生活的技能把体育活动规范化，久而久之，就作为固定的体育项目流传了下来，就像足球和橄榄球，不论肤色国籍都可共同游戏。这样，体育活动作为一种社会文化现象代代相传。随着时间的推移，逐渐形成了极为丰富的体育文化。世界上多个民族都有自己的传统体育项目，这些体育规则也体现着公平，促进了交流，弘扬了民族文化，使人与社会更加和谐，由此可以看出，体育文化也是一个地区或民族的社会文明和物质文明的综合体。

奥运会申办成功，大大激发了中国民众的民族自豪感和自信心。人们对体育的关注也和自身的生活紧密结合起来，社区运动形式也在各级地方政府的关注下有着不同程度的提高。由于环境污染和生活节奏的加快，人们也在关注自身的健康，各种养生方式也在不断被重视，中央电视台和很多地方节目以及网络也有诸多关于养生的节目和相关专题，但由于过于追求效益而出现鱼龙混杂的局面，也有很多负面影响。中国作为一个历史悠久而且多民族融合的国家，精神文明硕果累累，各民族都有自己特有的民族体育，体育文化内容也极为丰富深厚。中国有 56 个民族，每个民族都在长期的生存和发展中形成了形式丰富、内容独特、富含民族风情和民族特色的体育文化，不仅在长期的历史演变中滋养着各民族的身心健康，而且作为传统代代相传。当下，我们的体育文化传播却只停留在各种大型体育盛会上，只专注于各种赛事转播，只限于各种体育新闻五个“W”一“H”的传播模式，中国多民族丰富的体育传统盛会和各具特色的体育活动还停留在自娱自乐的层面，相对封闭，不能在全国范围内弘扬，这不能不说我们的体育强国之梦还有很长的路要走。

二、体育文化传播分化较为严重

当前中国的体育文化传播过于集中，除了央视五套是专有的体育频道外，其他频道除了奥运会、亚运会等体育盛会期间基本不涉及体育内容。在中央电视台体育频道和各主要网站的体育频道也主要是体育赛事新闻和体育名人的花边娱乐新闻，鲜有体育文化的相关节目。

目前中国的体育文化传播，主要集中在中央电视台体育频道，我们打开电视能看到的，除了各种正在进行的国际各类比赛外，就是过往的精彩回放。主要以大家熟悉的体育活动比如乒乓球、排球、足球、篮球居多，多是一些纪录片、广告片。现在各地方频道，多了一些养生的节目，但富有地方特色的各种体育文化活动，我们很少能看到详细的信息，许多是新闻快报的内容。换言之，我们的体育文化传播，主要是要满足体育爱好者的需求。这种单一的竞技性新闻，是体育文化传播功利化的表现，同时也是体育的社会功能弱化的表现。体育文化传播的功利化，导致了体育文化传播被媒体化。在这种功利化的传播途径中，热门的体育项目比如乒乓球、跳水、排球等，因为比赛的胜利和荣誉，取得了更为深厚的群众基础，很受群众追捧，有更多的孩子挤上了热门体育运动的独木桥。较为冷门的比如铅球、冰壶和诸如民族传统运动项目就不断被边缘化。这种传播中的分化，是眼球经济所导致的功利化传播造成的，而且更进一步促进了体育活动发展的两极分化。体育文化学术研究相对各自为政，对实际应用的研究少。在体育学界的学术研究中，不乏民族传统体育的研究者，但是能够系统并且能与实际结合者相对较少。像廊坊的风筝文化能够被产业化、市场化，被地方政府所重视，是传统体育项目现代化转型的成功案例，在很多地方也被效仿，比如少数民族地区旅游中的项目，很多都是地域传统体育项目。学界研究者多各自为政，很少有综合性的研究，也有很多研究缺乏可操作性建议，难以成为决策参考。

三、研究对策分析

中国体育文化，在儒家文化的长期影响下形成了重在修身养性的民族文化内涵。当下在全国构建和谐社会之际，体育文化是和谐社会的重要内涵和基本路径，体育活动的大众化，需要体育文化走向大众。民间的体育形式丰富多彩，富有地方文化和民族传统。由于传播方式的局限，目前世界范围内的体育传播多是精英体育。只有克服体育文化传播的瓶颈，才能让大众体育精英化，让精英体育大众化。

1. 弘扬体育文化，构建人文体育

在我国的历史长河中，能够通过体育的平台，向世人展示中国的和谐，离不开体育文化传播的平台。它不仅能够弘扬中国 56 个民族丰富而富有特色的体育文化，而且对于构建人文体育，让体育深入百姓意义重大。体育文化作为一个特殊的文化范畴，有特有的个性和自身的发展变化规律，在人类文明的进程中，健康的生存延续是人类的共同需要，正基于此，大众体育文化在教育全球化的浪潮中的推动力最大，影响最为广泛，也最为深刻。这是因为大众体育文化给人类带来了健康快乐和归属感，同时也给社会带来了健康和活力。个人的健康有助于家庭的和谐，家庭的和谐有助于社会的和谐，无论中国还是西方，大众体育都是以全面发展和和谐发展为根本的。

大众体育的构建离不开学校体育和社区体育。学校和社区是社会构成的重要单元，也有着强大的民众基础。加强学校体育的体育文化元素，让不同年龄和不同层次的教学单位能够从多角度传授中国丰富的体育传统，让更多的群体认知和了解中国丰富的体育历史和体育文化，从而增强体育教育的人文性，不失为弘扬体育文化的重要路径。同样，加强社区的体育活动，加强体育文化宣传，也能够使和谐精神进驻社区，身心和谐、家庭和谐、邻里和谐才能国家和谐，才能真正实现体育强国的梦想。体者，人本也。奥林匹克的格言是“更高、更快、更强”，它激励青年人奋发向上、超越自我，向着更高的目标迈进。运动员们勇于克服各种艰难险阻，付出辛勤的汗水去争取胜利的意志和品质对所有人都是一种正面的积极的力量。人在运动中强健身体，愉悦身心，同时能够通过运动挖掘自身的体能、培养自己的意志潜能，这种积极的力量也是社会进步和创造的源泉。

2. 完善体育文化传播路径，全民体育、大众体育构建健康和谐社会

构建和谐社会，离不开人的和谐。人的和谐，离不开强健的体魄和健康的精神。体育与人类的生存、发展紧密相连，人类创造了体育，也创造了体育文化。体育文化不仅是竞

技运动文化，也在人类长期的社会活动中不断变化，最终体育会走向艺术体育的阶段，即体育所带给人类的不仅是健康，还有艺术的审美情趣，像花样滑冰的柔美、摔跤的豪放、长跑的顽强、短跑的速度、扣球的力量、投篮的精准与果敢等等。艺术体育摆脱了人类求生存的宗教体育文化和强身健体适应环境的科学化和功利性体育文化的特征之后，向着竞技与艺术相结合、形体美与心灵美相结合的形态发展。奥林匹克的最终目的是：为建立一个和平美好的世界作出贡献。让所有人了解体育，从而了解不同的民族文化，在了解欣赏的过程中认知世界、包容世界，让人人都能豁达于纷争，让世界能够多些平静，能够把公平公正延伸到人类生活的各个领域，也许，这才是体育的本质。

体育文化传播形式和内容的丰富，必然会促进体育活动的民间化。比如乒乓球运动，在 20 世纪 50 年代，在中国还不够成熟时，它曾一度作为中国的外交手段，后来随着国家的重视，在各种比赛中逐渐成熟，历经几十年的发展，终于有了今天的辉煌成就，同时也走向了全民化发展之路。再有武术，也是先在民间兴盛，中国民间的武术传统形式丰富、类型繁多。每个地区和每个民族都有自己的特色体育传统，在民间的繁盛程度和普及面都很广泛。后随着武打电影的传播而不断地规范化，不断在正规的比赛中发扬光大，也随着中外影视而走向世界。体育文化有很多传播路径，在现代传播媒介比较丰富的今天，体育可以凭借影视、动漫、游戏、原生态运动会等各种传播方式进行，体育的发展可以凭借现代传播媒介而走得更远。

总之，在现代社会文化传播日益繁荣的今天，文化的吸引力日益成为竞争的核心，无论哪种产业、哪种经济形式，都需要文化的内涵。体育在人类初始阶段就已存在，并且随着人类的进步而发展的独特的文化形态，有着丰富的内涵。体育文化的核心就是身心的和谐，个体生命的和谐必然能够创造更多的社会文明和社会财富。体育文化的传播应走大众审美的路线，体育是大众体育，而不仅仅是精英体育。突破传统传播模式，是弘扬体育文化、构建和谐社会的必由之路。

第三节　高校体育文化交流与传播的冲突

高校体育作为学校体育的最高阶段和社会体育的衔接点，在全民健身运动中占有非常重要的地位。但是，目前高校体育与全民健身运动尚存在着一些隐性冲突。通过对这些隐性冲突的分析并基于高校体育的优势，提出了促进全民健身运动发展的新模式——更新高校教学理念、人才及场地优势的互补、建立高校与社区间健身网络工程，将高校体育与全民健身运动进行对接，以实现高校体育与全民健身运动的有机结合，达到共同发展之目的。

1. 高校体育与全民健身运动的关系

全民健身运动是以全体国民为实施对象，以青少年和儿童为重点的全体国民参与的体育健身运动，其目标是到2010年参加体育活动的人数、国民体质与健康水平接近中等发达国家水平。而学校体育是国民体育的基础，是提高中华民族体质水平的一个重要途径。《学校体育学》指出，学校体育工作应面向全体学生，其主要任务是增强全体学生的体质，促进学生身心健康发展，养成经常锻炼身体的习惯。这就要求学校各项体育工作和措施，都应该围绕着增强学生的体质这一根本目标进行安排。学校体育与全民健身事业的发展有着密切的关系，应重视在校学生的健身教育，对增强我国全民族体质有着重要的意义。

（1）全民健身运动对高校体育的要求

《全民健身计划纲要》强调："学校体育是国民体育的基础，学校体育的首要任务是增强全体学生的体质；各级各类学校要对学生进行终身身体教育，培养学生锻炼身体的技能、习惯并成为群众体育骨干。"这就说明：高校体育既要扎扎实实地施行终身健身教育，增强学生的体质，又要广泛地开展大众健身知识的教育，使大学生成为国家建设的专业人才，和群众业余健身的骨干与指导力量。

（2）高校体育是全民健身运动的战略重点

高校体育是国民体育教育的重要组成部分，是群众体育和竞技体育的坚实基础，是全民健身的战略重点。新中国成立以来，党和国家一直非常重视高校体育的发展，曾先后颁布《学校体育工作条例》《大学生体育合格标准》《全国普通高等学校体育课程指导纲要》《大学生体质测试标准》等一系列指导性文件，使高校体育工作取得了较大的进展和成绩。有资料表明：中国知识分子的体质健康状况，在中国经济飞速发展的十几年中没有得到改善。在诸多因素中，一个重要的、不可忽视的问题，即我国知识分子对健康与体育意识的淡漠。高校是学生在校期间的最后一站，也是学校体育教育的最高层次，是学生从学校向社会的转折点，学与用的衔接点。这一阶段，也是大学生进一步完善体质、发展体能、形成"终身体育"意识及能力的关键时期。而高校体育教学正是这一过程的中间环节，起着承前启后的"桥梁"作用，是全民健身事业的前提与保障。

2. 高校体育与全民健身运动的隐性冲突

高校体育的优势，决定了它将成为推进全民健身运动的人才输送中心、健身活动中心和健身科研中心，两者的协同发展是历史的必然。但是，从实践上看，由于旧有体制、传统理论等多方面因素的扰动，高校体育要汇入全民健身大潮尚存在着众多隐性冲突。具体可概括为以下几个方面：

（1）具体目标冲突

高校体育的目标任务是："增进健康，增强体质；传授体育知识、技术、技能，培养体育锻炼的意识、习惯和能力；培养良好的道德意志品质；在普及的基础上提高运动技术水平"。现阶段全民健身的目标任务是：到2010年"努力实现体育与国民经济和社会事业的协调发展，全面提高中华民族的体质和健康水平，基本建成具有中国特色的全民健身体系”。

（2）实施途径冲突

高校体育的实施途径主要是体育教学、课外锻炼、运动训练和竞赛。全民健身的实施途径主要是身体锻炼。虽然全民健身运动中也要采用教学、训练与比赛等形式，但毕竟处于一种为“锻炼”服务的从属地位，尚不足以称之为“主要途径”。当前，全民健身在高校的实施主要通过课外体育锻炼进行，而课外锻炼在高校体育实施的途径中充其量仍只是一个“配角”，其安排与指导尚需增加力度。

（3）内容冲突

从总体来看高校体育的内容是以运动技术的传授、学习与运用为主，以全面性、规范性、教养性著称。全民健身运动也包括运动技术的练习，但主要是以健身性、实用性、趣味性作为其特点。另外，全民健身所包含的内容比高校体育要广泛得多，健身方法的选择因条件、兴趣的不同而异，并无严格的划定。当前高校体育不具备这种功能，学生选择身体锻炼内容的余地较小。内容上的单一、缺乏弹性，是影响学生健身的重要原因之一。

（4）组织形式冲突

高校体育教学、运动训练和竞赛，以及早操、课间操等，均是有组织的集体性活动，有严格的组织约束，有固定的教师指导、时间安排、场地保证等。而以个体形式为主的全民健身体育没有严格的组织形式，也无固定的锻炼模式，以随意性、个体性为其特点。这是高校体育与全民健身体育显著的区别之一。

（5）实施条件冲突

高校体育与全民健身运动的顺利发展有对场地器材、时间、师资和经费等客观条件的要求。高校体育较之社区体育、家庭体育等拥有较优越的客观条件和实施保障。但从学校范围看，这些有限的客观条件，尤其是经费开支与师资指导力量，一旦满足教学、训练、比赛需求之后，能用于学生健身活动的几乎所剩无几。可见，在高校中推行全民健身在实施条件等方面同样存在矛盾与冲突。

（6）效果评价冲突

衡量高校体育与全民健身运动的发展水平，最终标准仍然是实际效果。高校体育的教育性与多日标，决定了它的效果评价的多指标化。除了看学生体质增强程度这一主要指标之外，还要看它的教学、运动竞赛、群体活动及科研水平、体育地位等评估参数。而全民健身的效果评价指标归根到底只有体质与健康水平。由此可见，高校体育工作的多面性与复杂性，导致效果评估的模糊性急剧增强。而全民健身运动的效果评估却要简单、客观、精确，可进行颇为精确的定量评价。

3. 高校体育与全民健身运动的对接

（1）全民健身运动呼唤高校体育的协助与支持

随着人们生活水平的显著提高，使得消费结构也在不断变化。据有关专家预测，新世纪未来 15 年，将是休闲业发展的时代，通过体育休闲，健身的意识将随着生活水平的提高和全民健身宣传力度的加大，而不断深入人心，花钱买健康的思想也将日趋强烈，以社区为主体的全民健身热潮呼之欲出。但作为发展中的大国，我国体育设施场馆建设的不足与分布的不合理以及专业指导人员的匮乏，严重影响着全民健身计划的实现和群众参加体育活动的积极性。要改变这种状况，有效的途径之一是紧紧依靠社区范围内的大、中、小学校。学校体育，尤其是高校体育具备体育锻炼场地器材集中、人才集中及健身锻炼技术、方法科学化的优势，若参与到社区体育中，协助其发展，可以弥补我国现阶段社区体育存在的不足，同时对高校体育的发展也可起到促进作用，达到“双赢”的目的。

（2）高校体育与社区全民健身运动对接的有效途径

①高校体育教学理念的更新

原有的高校体育教学内容多为竞技体育项目，这与学校体育归属于社会体育的范畴相违背。高校体育的教学内容应进行改变或进行适当的调整，新开设一些群体项目，或将一些竞技类项目的强度、难度及规则进行适当调整，降低原有的标准，使其内容更接近群众体育。高校体育教学还可以采取“请进来、走出来”的教学方式，让学生多参加校外的社区体育活动实践，从中体会到社区体育的娱乐性、健身性、休闲性，从直观上了解社区体育。特别是体育专业的学生，通过这类活动可以将所学到的知识运用到实践中，全面提高自己的专业水平，并对社区的全民健身运动有比较清晰的认识。

②专业指导人员的交流

社会体育指导员的缺乏以及水平的偏低成为制约社区全民健身运动开展的主要因素。为此，国家体育总局颁布了《社会体育指导员技术等级制度》，开始在全国范围内培训社会体育指导员。目前，我国体育指导员的培训工作主要由体育院校承担。这种培训机制充分利用了体育院校的管理、教学、科研、场馆设施等优势。培训工作开展以来，为全国培训了数以万计的社会体育指导员。然而，对于我国人口众多及群众日益增长的健身需要，这些培训无疑是杯水车薪。那么，分布在全国各地的众多高校体育教师就成为了一支可以借助的、强大的群众健身活动的指导力量，他们可以通过面向社会开办各种培训班，如太极拳、武术、舞蹈、游泳、体操、球类、气功、健美操等。为社会培养科学健身指导的骨干人才，还可以走出校园开展社会实践，为广大社区居民直接提供健身服务。

③场地设施的互通

据有关资料显示，目前学校的体育场馆、设备及器材占全社会总量的 70%。在当前我国城乡社会体育设施跟不上整体发展的情况下，开发高校体育场馆设施及运动器材的优势资源，既是现阶段开拓高校体育资金来源的有效方法，又对促进全社会体育事业发展，缓解城乡、社区建设中体育场馆设施供需紧张的矛盾具有重大意义。在日本的社区体育组织中，利用本社区高校体育场地设施达 58.5%。因此，在不影响校内正常教学秩序的前提下，利用节假日将闲置的场馆设施向社区居民开放，在一定程度上满足了群众参加体育锻炼的需要，并可产生积极的社会效益和一定的经济效益，形成高校体育与社区全民健身运动协作、共同发展的良性关系。

随着 21 世纪新一轮中国教育改革序幕的拉开，改革的浪潮也势必席卷学校体育工作。为现代化社会培养更多的适应社会发展的高素质人才，社区体育和学校体育担负着同样的使命。因此，城市社区全民健身运动与高校体育的结合发展是一个“双赢”策略。对社区而言，解决了目前开展活动的组织人员、奖金、场所等难题，而对高校来说，是一个促进，既提高了学生的整体素质，也强化了学生们的体育意识，从而更好地促进了全民健身运动的蓬勃开展。

第五章　高校体育文化建设

高校体育文化作为校园文化的一部分，是一种有深刻内涵和丰富外延的社会文化现象，是大学生在进行校园体育实践中形成的物质和精神财富。校园体育文化是高校体育工作的重要组成部分，在素质教育中有着不可忽视的作用，应重视和加强校园体育文化建设。

第一节　高校体育文化精神建设

体育精神是一种内在的精神力量，体育精神存在于校园体育活动的方方面面。在信息社会，信息技术的应用使得信息传递速度加快，也为体育精神的传递增添了新的活力。

一、对高校体育精神的认识

体育精神是一种文化意识形态，是通过体育运动而形成并集中体现出人类的力量、智慧与进取心理等最积极意识的总和，是体育运动的最高级产物。它从文化角度反映了人类自身的崇高。体育精神的魅力能够产生较强的鼓舞力、感染力和征服力而成为体育本身所特有的最积极的教育因素，进而能够指导和影响人类的生活方式和体育实践。体育精神的展现，是运动技能、技巧和多种优秀心理品质作用于运动的身体之后的升华。

1. 高校体育精神的涵义

校园体育文化是指体育文化在校园这个特定时空环境中的存在形态和发展方式。高校体育精神则是指一定历史阶段，在校园体育文化建设中积淀、整合和提炼出来的，反映高校体育文化的行为准则、价值观念和意识的总和，是校园人的体育精神生活方式和意识形态的反映。一般说来，高校体育精神包括以下涵义：

（1）科学精神

高校体育的科学精神，体现在高校体育教学与训练，活动与比赛中按规律和制度办事，不能盲从。并要认真地分析和研究，对那些符和先进文化本质和发展规律的校园体育活动，要积极总结、归纳，集中推广，力求以此构筑校园体育文化的主旋律。

（2）求善求美精神

求善主要体现在世界观、人生观、体育道德观等方面的价值判断上。高校培育出的人才，应该具有一定的历史使命感、正义感和正直的品质；一种爱校建校之心；一种团结互助、为人民服务的思想意识。求美，主要体现在审美实践上。要求师生培养正确高雅的审美意识，引导人们按着美的规律来规范校园生活的全部（包括体育环境美、体育行为美、体育思想美等），使得整个校园洋溢着体育美的气息。

（3）团结拼搏的精神

争先创优精神主要体现高校师生在体育训练中不怕困难和挫折，具有坚强的毅力；在体育比赛中团结拼搏、勇于竞争、善于竞争，并力求争先创优。团结拼搏、争先创优精神的发扬既可以使校园充满生机和活力，又可以使师生员工形成一定的个性、形成一种催人向上的心理机制。

（4）创新精神

高校体育文化是总结、继承和传播人类优秀体育文化的成果，是在继承基础上的创新。作为高度的知识密集和智慧卓越的高校校园，师生们企望创造新的体育文化，以符合时代发展的需要。创新精神是校园体育文化的一种综合体现。

（5）健康第一的观念

“体者，载知识之车、寓道德之舍，无体便是无德智也”，这是毛泽东早在青年时期用自己的亲身体验写下的具有辩证法意义的警句。强健的体魄是服务社会，贡献国家，实现理想的基础条件，是实现人的全面发展的重要方面，学校的主要任务是要培养社会主义现代化事业的接班人，必须树立健康第一的观念。

2. 高校体育精神的特性

①鲜明的时代性高校体育精神是高校所处一定历史时期的时代精神和时代风貌的具体体现。因此，一所高校的体育精神，必将随着人类社会的重大变迁和高校的发展而发展变化，高校体育精神应该与时代精神相一致。

②稳定性高校体育精神一旦形成，便具有一定的相对稳定性。这种相对的稳定性使人们的体育思想、体育意识和体育行为得到一定程度的维系、巩固和规范。校园体育精神的相对稳定性，也标志着对民族传统体育文化和学校传统体育的继承和发扬，体现了优秀传统体育和时代精神的交融。

③个性特征高校体育精神所具有的个性特征，是一所高校的体育精神区别于另一所高校体育精神的根本所在。由于高校之间在历史传统、性质、具体工作的指导思想、学校所在地区的体育文化环境等方面因素的差异，就会带来生存于不同学校的人们在体育传统观念、体育行为方式等方面的不同，从而产生出一所学校特有的校园体育精神。

④渗透性所谓高校体育精神的渗透性，是指高校体育精神能够发生辐射，渗透到学校教学、科研、管理等各项工作之中，渗透到师生员工的一切活动之中，渗透到人们思想政

治、价值观念形成的过程中。从而影响和引导高校师生员工和高校体育文化的发展。它还可能渗透到校外的社会生活中，从而实现高校体育文化对社会和社会文化的辐射。

3. 高校体育精神的价值取向

（1）先进性

高校体育是高校校园文化的重要内容，从价值观上看主要反映在校园体育精神上，它是校园体育的灵魂，江泽民同志指出："先进文化是指面向现代化、面向世界、面向未来的，民族的科学的大众的社会主义文化"，与此相适应，校园体育精神价值取向先进性就是看它是否面向现代化、面向世界、面向未来，是否是民族的科学的大众的。相反，那些带有迷信、愚昧、低俗、颓废、庸俗等色彩的校园体育的行为准则、价值观念和意识形态，则是落后的、危害和影响校园体育开展和校风、学风建设的价值选择和评价。

（2）科学性

科学是相对一般概念而言的，高校体育精神价值取向的科学性是指它的选择和评价不偏颇、不唯上、不迷信权威、不盲从、不执迷。高校体育作为校园文化的重要内容，要彰显体育的魅力和凝聚力，但决不能为此疯狂或执迷，而要理性地、认真地分析和研究，那些符合先进文化本质和发展规律的校园体育活动，要积极总结、归纳，集中推广，力求以此构筑校园文化的主旋律。

（3）增进健康

增进健康是体育永恒的主题。在我国，由于人们对校园体育理解的差异，造成校园体育的功能和价值取向的异变。学校体育的唯技术、唯规范思想，削弱了体育增进健康的功能和作用，从而也扭曲了校园体育精神价值取向的选择和评价。然而，随着素质教育的实施和对校园体育功能的不断开发，校园体育所提供的多姿多彩的身体活动和娱乐方式，已使校园体育活动成为校园人增进健康至关重要的手段和方式。因此，以人为本、增进健康是新世纪校园体育精神的核心价值取向。

（4）促进个性完善

一般说来，个性结构包括个性的倾向性、能力系统和自我调节系统等基本要素，这个结构的完备与否，将直接关系到个体身心能否全面发展和社会适应能力。高校体育活动是群体性和独立性相互交织的文化活动，参加体育活动的人，无论在个人竞技还是在群体比赛中，体力的改善和技能的获得，同伴的赞许和肯定，都会使参与者产生积极的情绪和由衷的满足感；长处和弱点的暴露，也同样会使参加者自我意识增强，从而也激励自我不断地战胜困难，挑战极限，并在校园体育活动中进行调整，这个过程是促进个性完善和发展的过程，也是校园体育精神的宗旨所在。因而，校园体育精神价值取向就在于促进个性完善。只有满足了个性完善，使之得到全面发展，才谈得上健康，才谈得上适应和创造，才是素质教育的具体体现。

二、体育精神对体育文化的发展所起的作用

体育精神进入体育教学，将促进体育课程改革，一改以往单调而枯燥的传统体育教学模式，采用轻松活泼、形式多样的体育教学方式方法，增强学生的体育意识，促进广大青少年学生的健康、全面发展。因此，体育教学必须以人为本，树立体育精神的观念，让学生深刻认识参与体育运动的最高价值理念，使我国青少年能够真正科学、有效地投入到体育运动当中去，让体育为他们今后的学习、工作、生活带来终身受益。

1. 体育精神对体育教学的作用

（1）体育精神是爱国主义最具活力的载体和最鲜明的表现

体育作为一种文化，与爱国主义有着天然的联系。每个运动员都有自己的理想、信念和动力，都有自己为之奋斗的座右铭，但有一条是中国几代优秀运动员共同拥有的最宝贵的精神财富，那就是为国争光，为民族争气！ 20 世纪 30 年代刘长春“单刀赴会”；50 年代容国团、侯加昌、王文教等一大批有着强烈民族责任感的运动员、教练员从国外返回祖国，为振兴与发展新中国体育事业作贡献；60 年代中国运动员登上世界最高峰——珠穆朗玛峰；80 年代洛杉矶奥运会中国体育健儿实现金牌零的突破；90 年代中国提出申奥震惊了世界；容国团的“人生能有几回搏”；蔡振华放弃国外丰厚待遇和安逸的生活，毅然回国，在中国乒乓球运动最需要他的关键时刻挑起重振国球的重担，并连创辉煌，等等，无不是为国争光的爱国主义精神在中国体育战线上的生动写照。

（2）激发学生社会情感

由于体育运动具有竞赛性、对抗性的特征，竞赛结果又有不确定性，因此，它不仅能引起广泛的社会关注，而且能够使人们产生强烈的情感刺激和情感体验，调整失衡心态。因此，体育教师应运用体育课自身特有的教学特点，营造比赛氛围，让学生在不知不觉中意识到人与人之间团结合作、相互理解的重要性，同时激起学生积极向上的心理体验和社会责任感。体育教师通过体育课堂教学中设计的各项有计划、有目的的组织活动，不仅要向学生传授体育知识技能，更重要的是要在潜移默化中培养学生的集体责任感、奉献精神和团队精神，从而使学生懂得国家利益、社会利益和集体利益高于个人利益，只有具备良好的社会情感，才能成为对国家、社会、集体有益的优秀人才。

2. 提高学生的心理素质和社会适应力

（1）体育有助于培养合作精神

合作是建立在团体成员对团体目标的认识相同的基础上的。在合作的社会背景中个人所得有助于团体所得。现代社会需要合作精神，一个人的力量微不足道，一个人要想在社会中取得成就，就要与他人合作。合作能力既是体育活动参与者必备的素质，也是通过体育活动需要发展的一种能力，体育教学对学生合作精神的培养具有积极的意义。

(2)体育锻炼有助于形成竞争意识

竞争是体育运动的主要特征之一。在体育运动过程中，时时处处都充满着竞争，既有对自己运动能力的挑战，也有与他人的争胜；既有人与人之间的竞争，也有团体与团体之间的竞争。现代社会竞争日趋激烈，努力培养竞争意识和能力有助于学生走出校门、走向社会后能很好地适应社会。

(3)体育精神能够使广大中学生受益终生

高中学生正处于人生最具活力、生气的阶段，活泼好动，勇于尝试，通过对中学生进行体育精神教育，有助于中学生克服怕苦怕累，意志薄弱，任性等缺点。学校体育教学除了培养学生良好的体魄，强健的身体，更要借助学生的体育兴趣，培养良好集体主义精神、拼搏进取精神、竞争精神、艰苦奋斗精神和创新能力等体育精神，将使中学生终身受益。

3. 体育教学与体育精神

丰富多彩的体育运动尽管其技术手段、比赛方法、胜负的形式各不相同，但其基本的体育精神却是相同的。中学生投入到体育运动中就已经开始接受体育精神的影响和教育，受到体育精神的熏陶，改变和塑造着自己的人格精神。

①体育教师要培养学生树立体育精神的意识，认识到体育精神对学生人格形成所起的重要作用，把体育精神的教育贯穿在整个教育过程中，时时刻刻充分利用体育精神培养学生的人格。

②细读精研教材，挖掘、提炼教学内容之间的体育精神。

③教学过程中，用适当的教学方法和手段，培养学生的体育精神，注意教学细节对学生体育精神的教育，在深化教学改革的时代，体育精神的培养，是体育教学的一个高层次的战略目标，所有的体育教师都应在体育精神的挖掘、提炼上，在体育精神教育的内容、教育方法和手段上狠下一番功夫。

三、高校体育精神建设的途径分析

1. 营造良好的体育文化氛围，发挥体育精神内隐式教育作用

体育精神是社会文化的一种，体育精神对人的影响是一种潜在式的，能在无声无息中形成一种渗透力量，大学生所受体育精神的影响不仅发生在体育课程中，在大学生的日常生活中也会有影响。对于大学生而言，处于一种良好的体育文化氛围中，能够激发大学生主动锻炼的自觉性，培养他们对体育的热爱，让大学生在体育锻炼中获得情感和精神的升华，进而达到文化教育的目的。国内有不少高校在倡导“我运动、我健康、我快乐”的体育运动理念，在体育活动中，大学生体会到这种理念的精神实质，为体育精神的传递和培养提供了机会，体育精神也为形成正确的校园文化起到了促进作用，特别是在促进大学生形成好的体育锻炼习惯和健康的生活方式上，体育精神有着良好的促进作用。

2. 创新教育方式方法，将体育精神内化为自觉意识与行为

布卢姆将教育目标划分为认知、情感、动作逐步递进的3个层次。他认为教育目标的最高水准是把体育活动看成是人的自身价值的体现，他认为体育精神是通过体育活动将这种精神内化为人的情感，并对人的行动做出指导，成为人的精神支撑，因此，体育教育的方式方法也需要进一步完善，可以在体育教育活动中激发大学生的学习热情，让大学生能够主动地去感悟生活。从目前的情况来看，体育精神主要是在体育活动中才得到体现，高校举办的运动会、社团活动等，都可以为大学生提供健身的作用。但是体育活动并非展现体育精神的唯一途径。比如人们越来越依赖于即时通信工具，如QQ、微博，大学生在虚拟空间中所花费的时间很多，可以更好地利用这些工具。比如建立体育专用微博，在微博中植入健康生活的理念，这种易于被学生接受的方式，可以更好地让大学生感受体育精神，而且这种做法有助于体育精神的内化。

3. 将体育精神培养纳入校园文化建设体系，形成工作长效机制

在我国体育在整体教育体育中的地位是比较低的，很多家长受传统观念的影响，认为学生进行体育活动的目的就是锻炼身体，不是为了在体育方面取得什么成绩，更不会考虑体育对于学生精神层面的影响。但是在西方国家，中产阶级家庭对于孩子的培养中，包括体育锻炼，而且他们对于孩子的体育锻炼是有目的性的，希望通过体育锻炼促进孩子的竞争意识，使他们能够形成一种必胜的信心和勇气。与西方国家相比，我们在体育教育上比较缺乏精神层面的教育，过于重视体育的健康性能。大学是培养人才的地方，体育精神对于培养大学生拥有健康的心态，形成正确的校园文化都是有益的，但是体育精神是一个长效性的活动，不可能速成，需要学校在进行校园文化建设时将体育精神纳入到校园文化建设中，不受传统观念的影响，将体育精神融入校园文化，形成人人讲体育精神的校园文化氛围。

4. 构建体育活动价值体系，彰显体育精神价值

体育精神是在大量的体育活动中得到体现的，体育精神的表现形式比较抽象，所以大学生在把握体育精神时需要注意进行区分。虽然很多学校都组织各种体育活动，但是在热闹的体育活动中，有时大学生并没有领会到体育活动的深层价值，大家都知道体育精神是在体育活动中得到体现的，但是在进行体育活动时，很少有学生会考虑到体育精神，并进行深思，所以大学生的体育精神要想得到提升就很不容易。体育精神需要细化，然后将体育精神和体育活动结合起来，是一种比较可行的方式。我们常说的“重在参与”最早是由奥运会发起人顾拜旦提出的。这里的参与是指参与体育活动，有试试看，体验一下的意思，这种参与体现了对体育活动的主动探索性，在参与的过程中，发挥自我潜能。认为放弃参与，就是放弃发现自我的机会。体育精神注重的是参与，是体验，不是通过语言讲道理，而是体验后获得经验和道理。大学生本身是不同的个体，由于知识、经验的不同，对体育

精神的领悟能力也有差异，所以，可以对体育精神进行细化，在此基础上形成体育活动价值体系，是十分有益的。

此外，体育比赛中的企业与俱乐部的联盟本质上也对体育精神的培育有着促进作用，所以说，多元化的方式融入体育精神培育工作中，可以使体育精神更有活力。总之，大学生的日常生活和体育精神是密切联系的，体育精神是塑造大学生爱国爱家思想的重要力量，把高校的校园文化建设与体育精神的培育结合起来，是大学生发展的需要，也是“以人为本”思想的体现，而现在提倡大学生全面发展的理念，更是需要将大学生的体育精神培养放在重要位置。

第二节　高校体育文化物质建设

校园体育文化是校园文化和体育文化的交叉，是指在学校这一特定环境里，全校师生在体育教学、课外锻炼、群体竞赛、场馆设施建设等活动中共同创造的物质财富和精神财富的总和。校园体育物质文化是人们通过感官可以感受到的一切物质性对象的总和，是在高校体育发展过程中积累下来的外在物化形式的统称，它包含体育场馆、体育设施、体育器材、体育雕塑、体育宣传设施等。可以说校园体育物质文化建设是高等教育人才培养过程中的重要组成部分。

一、高校体育物质文化建设的现状

1. 体育经费的现状调查

体育经费可以说是高校体育文化最基本的物质保障。根据调查显示，目前多数高校的体育经费的划拨视具体需要而定，体育经费的使用主要是购买体育仪器和设备、维护和建设体育场地设施、添置体育服装器材和体育图书音像资料，春季运动会和冬季运动会的训练、比赛、奖励等。

2. 体育场地设施的现状调查

近年来，高等院校为了加快发展，纷纷加大各个学科的软件、硬件建设力度。体育场地设施作为高等院校校园环境建设的醒目亮点体现了学校办学的综合实力，各校领导越来越重视对体育场地设施的修建和改善。但是由于高校不断地扩大招生，使本来人均面积就少的体育场馆越来越不能满足体育教学和学生课外体育活动的需要。数据显示，“211”高校的体育场馆数量多、质量好，但是为了延长其使用寿命，许多高质量的体育场馆只能在校队训练或举办比赛时使用，不能作为日常教学用的场地。普通高校的体育场馆设施数量较多、质量较好，基本可以满足日常教学和学生课外活动的需要，独立学院和高职高专体育场馆现状较为类似，体育场馆数量较少，使用率却相对较高，这一方面显示出体育场馆数量难以满足其体育教学和课外活动的需要，另一方面说明持续地使用会加大体育场馆的耗损，学生和教工的满意度自然不会高。

3. 体育运动器材的现状调查

数据显示，多数“211”高校和普通高校的师生认为学校体育运动器材数量较多、质量较好且基本够用，独立学院体育器材的数量和质量稍好于高职高专，能够基本保证使用，但是质量较差，限制了教学和训练的质量。另据调查显示，各类高校的体育运动器材主要用来保证教学和训练的使用，并未向学生提供课外体育活动所需的器材，有的师生认为这样的管理并不合理。

4. 体育图书音像教材资料的现状调查

数据显示，“211”高校和普通高校的体育书刊资料基本能够保证教学和学生阅读的需要；独立学院的体育书刊资料质量一般，已不能满足大部分学生的需要；高职学校没有体育书刊资料室，体育书刊资料质量差，不能满足师生的需要。调查还显示，大部分高校的图书馆中体育专项书籍较少，且内容比较陈旧，阅读价值小，特别是独立学院和高职院校对体育图书资料的重视程度不高，资料不齐全、管理较落后，为师生查阅体育资料造成困难，给科研和教学带来极大的不便。

5. 体育宣传设施的现状调查

数据显示，四类高校基本都有宣传栏，可以发布包括体育消息在内的各类信息。例如，有“211”高校有象征体育精神的火炬雕像。这种代表体育的雕塑无声地传播着体育文化，使置身在校园中的个体时刻感受到体育精神的鼓舞。

二、高校体育物质文化存在的问题与不足

1. 体育物质文化发展不平衡

随着高等教育改革的不断深入，高校的各方面建设都需要大量的资金投入。但是，当前高校对校园体育物质文化的资金投入往往被推后或被忽略。而且，由于高校体育物质文化的发展水平还受到学校所在地的经济发展水平、城市的规模、学校的规模、层次等因素的制约，导致各级各类学校体育物质文化发展的不平衡。在部分经济较发达地区、一些高水平大学、一些新建或新迁校址大学，学校的体育物质文化发展较快，而部分经济落后地区、普通大学、独立学院和高职高专等学校中，体育物质文化发展则相对滞后，表现为：体育场馆设施陈旧、体育器材、设施数量不足，体育宣传设施和体育图书资料较少等，满足不了基本的教学及各项群体活动的开展的需要。相比而言，“211”高校和普通高校用于

体育工作的专项经费相对较多，体育硬件设施较好，教师和学生的满意度较高。而独立学院和高职高专在体育基础设施建设方面明显落后于“211”高校和普通高校，说明独立学院和高职高专没有充分重视体育物质文化建设在校园文化建设中的重要性。

2. 体育物质文化建设理念的偏失

我国一些高校虽然经济实力不及欧美发达国家高水平大学的程度，但是动辄花费几千万元甚至几亿元建造高标准的大型体育场馆，挤占了学校有限的办学资金。还有许多高校只考虑体育场馆的竞技运动功能，而没有将教学、健身、娱乐的理念运用在体育场馆的建设和改造中，结果由于场馆建造标准太高，维护费用过高，只能限制进馆时间和人数，或者采用收取高额费用的办法进行补偿，造成高标准体育场馆的闲置浪费。

3. 高校扩招对体育物质文化建设的影响

近年来，我国高等教育大力倡导多种教育形式并存的形式，特别是加强独立学院和高职高专的教育投入力度，这无疑为我国高等教育事业的发展带来了新的机遇和挑战。一些学校易地重建或加强校园基本建设，规划和设计新的体育场馆设施，这无疑实现了校园体育物质文化建设跨越式的发展。但是大多数高校只能挤占有限的体育活动场地来满足扩招后的教学和生活用地，使有限的体育活动场地满足不了日益壮大的学生团体的运动需求，给高校的体育课教学和其他体育活动的开展带来了诸多影响。新建体育场地设施由于涉及政策、征地、资金、工期等因素，短时难以弥补扩招带来的供需矛盾，这种现象在独立学院和高职高专院校中表现得尤为明显。

三、高校体育物质文化发展策略

1. 改变观念，加大高校体育物质文化建设力度

各类高校应根据自身的实际情况加大校园体育物质文化建设的力度。这不仅仅是要加强体育硬件设施建设，而且还要挖掘硬件设施中蕴涵的人文价值。体育场馆、塑像、宣传栏等物质载体本身就是一种文化现象，它凝聚着人类的智慧，体现着人类的价值观。这些外在物质实体所承载的文化内涵对学生的思想起到了良好的陶冶作用。而且，在进行校园体育文化建设时，应该坚持继承原则、不断创新和发展，吸纳中外体育物质文化的精华，体现出时代、民族的特点和教育的特色，使体育硬件设施建设不仅体现现代化、高科技的特点，更能成为弘扬民族和传统文化的载体。

2. 实现多元化发展，使社会效益与经济效益有机结合

学校应向广大师生员工提供大量充足的体育活动场地设施，以便使他们拥有健康的身体、旺盛的精力和良好的健身习惯，更好地投入到教学和学习中去。这样健康向上的学生毕业后，走向社会和工作岗位，不但会对社会作出更大的贡献，而且会提升高校的声誉，吸引更多的优秀人才到高校中来。在此基础上，在课余时间把闲置的体育场地通过有偿服

务的方式面向社会开放，吸纳一部分资金用于维护和管理场地可以有效地缓解体育经费不足的压力，实现社会效益与经济效益相结合的目的。

经典范例：苏南新农村体育物质文化的建设研究分析

自新中国成立以来，各届国家领导人都十分重视我国农村的建设和发展。党的十六届五中全会做出了建设社会主义新农村的重大战略决策。十七届五中全会提出了加快社会主义新农村建设，构建农民幸福生活的美好家园。2014 年中央农村工作会议首次提出“人的新农村”。2015 年 9 月 22 日，习近平同志在访问美国西雅图的讲话时，用自己 40 年前在农村的经历，来表述经济改革开放和大发展的伟大成就，去向世人告知，中国的崛起，是从农民开始的，都说明了农村建设在我国现代化建设过程中的重要性。江苏苏南作为我国现代化建设的排头兵，已经领先全国，苏南人民在物质生活已经有了极大提高的基础上，毫无疑问，对丰富精神文化生活的愿望和需求愈益迫切。近年来，国家相继出台的一系列文化建设的政策措施，为文化建设创造了有利的环境条件，也为苏南新农村体育文化建设也获得了良好的发展契机，

1. 案例背景

（1）苏南新农村行政村体育场地与设施情况

随着苏南新农村建设的不断推进，农民的生活方式已经发生了深刻的变化，城镇化的生活方式已经进入到农村，农民也有了很多的业余时间，这为他们追求更高的精神生活提供了条件，而体育锻炼无疑是第一选择。据调查，目前苏南村民对体育场地设施满意率达到 64.2%，不满意的仅有 14.3%，没法说的为 21.5%。就太仓而言，目前镇级文体活动中心建设率已达 100%，中小学体育场建有率达到 100%，高级中学体育馆建有率达到 100%，学校体育设施向社会开放率≥ 80%，各级政府结合城区公共广场、大型绿地改造建设，增设全民健身活动场地设施，开设篮球、排球、广场舞、健步走、羽毛球、乒乓球、健身锤、扇子舞、门球、太极拳等项目的场所。这些场地设施不断完善，为新农村体育活动的开展提供了硬件支持。

（2）苏南新农村行政村场地设施利用情况

随着苏南经济和城镇化建设的不断发展，苏南新农村体育设施在政府的重视下，都基本能够满足新农村村民的需要。各行政村均建成体育中心、健身房、健身公园等，对村民到健身公园锻炼的情况进行调查，了解健身公园使用情况，经常去的 42.2%，偶尔去的 28.3%，很少去的 20.8%，不去 5.1%，不清楚的 3.6%，从村民去体育公园的频率来看，新农村体育公园的使用率还是比较高，但调查还发现，有部分体育设施使用频率比较低，例如健身房，主要是一些年轻人去得比较多一些，而一些年长者基本不去，这与健身理念有一定的关系。

（3）苏南新农村行政村体育运动的场地设施维护情况

调查显示，苏南新农村行政村的体育场地设施维护情况很好占 28.9%，一般占 52.8%，基本无人维护占 11.6%，不清楚占 6.7%。从中可以看出，各行政村都安排专人对体育设施进行维护，对提高体育设施的寿命起到了积极作用，但维护的质量还不是很高。例如，我们对体育公园和健身步道的维护情况进行了专门调查，发现对于健身公园和健身步道维护的，不是专业体育维护部门，而是绿化维护单位，主要对公园和健身步道的绿化进行维护，没有专门对体育设施进行维护，有的体育设施损坏了以后，长年处于不能用的状态，主管部门也不管，造成了一定的坏影响，也增加了体育投入，这方面应该引起有关部门的重视。

（4）苏南新农村体育经费来源情况

苏南新农村体育活动的经费来源主要有四个方面：上级政府支持、村委会自筹、民间集资、企业赞助，上级政府支持的经费主要用于体育场馆的建设，这是经费投入相对比较多的部门，对于体育器材的添加和体育设施的维护保养，也列入政府支持部分，从目前苏南新农村来看，体育彩票的收入用于增加体育设施的做法已经遍及到新农村，这对新农村体育设施的增加起到积极作用。村委会自筹经费主要用于村民参加各类体育比赛，还有就是体育设施的维护经费，部分也是村委会自己投入的。企业赞助的经费一般来说都是对于某项比赛进行专门资助，一般数量都比较少，但也有大型企业对于体育设施进行赞助，这一般都是一次性的。民间集资情况相对较少，一般都是在迫不得已的情况下才出现，而且能主动参与集资的人员也是很少的。

2. 案例启示

苏南地区经济发达，新农村体育经费得到充分的保障，各级政府都能根据国家的要求，建起相应的体育设施，体育场地、场馆建设水平和覆盖率较高，体育设施的利用率较高，但体育设施的维护保养的情况没有得到充分的重视，损坏率较高，浪费了一定的体育经费，影响了新农村体育文化的进一步发展。

第三节　高校体育文化制度建设

一、高校体育文化制度建设的必要性

建设健康向上的高校体育文化，不仅是高校校园文化建设的需要，同时对提高大学生体育文化素质、增强体质，培养终身体育意识，对促进体育和校园精神文明建设都具有积极的作用，是值得高校工作者探讨和研究的课题。近几年来，随着高校体育地位的逐步提

高，高校校园体育文化建设也随着师生重视度的提高而有了长足的进步。高校开展了形式多样的体育文化活动，使学生的参与积极性有了很大提高，不仅促进了学生的身心健康，而且对培养学生的体育意识和运动能力起到了积极的作用。但是，在进步的同时也存在着一些问题和不足。由于独生子女在高校中的比例较高，具有爱享受、怕付出的不良观念，在体育运动中碰到困难就畏惧不前，不敢克服困难。还有很多同学集体主义观念不强，只想个人，不愿参加集体活动，出现失败相互埋怨，经常出现与队友不各或消极参加运动的情况。

1. 高校体育管理中间环节薄弱

我国高等教育在宏观管理上制定了体育管理方针，也有相应的目标和评价机制，要求高等学校要努力构建学校体育与终身体育紧密衔接的课程体系，提高学生的体育意识、健身能力和欣赏水平，促进学生全面发展。但缺少相对具体的管理方法，体育的管理和执行权下放到了各高校。我国普通高校体育管理组织结构存在的问题，主要在于学术管理和行政管理混淆不清、层级结构不够科学、基层组织形式单一、开放性较弱、与外界的交流渗透不足。

2. 高校体育对管理对象的要求缺少个性化

学校体育在国内已经步入正轨，但同时还存在这一些因素使得高校体育的发展受到不同程度的阻碍。当前大学体育教育存在学生体育兴趣不足的现象。许多高校体育运动只在少部分喜爱体育运动的学生中自觉进行，多数学生对体育课程的修学仅以修满体育学分为目标，或者将体育课看成繁重的文化课学习间放松休息的时间，体育运动没有成为高校学生的自觉行为。

3. 高校体育社园管理组织水平亟待提高

体育社团是大学校园中最活跃的学生社团，是高校学生社团的重要组成部分，为丰富学生的业余文化生活起到了很大作用。但是，高校体育社团在飞速增长和快速发展的同时，因其管理等相关知识缺乏，学校又没有进行必要的指导和培训，使其不可避免地存在着组织松散、管理水平低、发展目标不明确等各种各样的问题。

4. 高校内部体育管理效率低下，管理机制落后

高校内部体育管理体制机构缺乏灵活性，也缺乏与其他部门的协同性。我国大部分高校体育管理实行的是高校行政管理部门直接指挥为主，高校体育管理部门在一定范围内自我调节为辅的管理模式。这种模式较少考虑高校体育与社会体育的关系，也较少考虑高校体育管理与高校管理之间的联系和协同。对学校体育场馆、器材的管理也相对滞后。

5. 高校体育健康意识不足

随着我国国民体质健康检测工作的大规模开展，国民体质状况调查结果却不容乐观。

各级学校中学生的体质状况都远低于十年前，也低于国外同龄青少年。目前，在我国学校中，年级越高学生的体育健身意识越淡薄，这不能不说是我国学校体育的失误和悲哀。所有这些均提示，强化国民的体育健身意识和健康行为，强化学校体育的教育功能，开展全民健身活动是非常必要和可行的。

二、学校内部管理机制具体的建议

学校管理是一项复杂的系统工作，需要调动一切可以运用的资源，构建全方位的保障机制，保证体育管理的质量。

1. 树立“以健康第一”为主导的高校校园体育文化思想

学校体育工作者和管理者应该认识到建设校园体育文化是高校工作的重要组成部分，拓宽学生的体育文化视野，培养积极健康的体育精神。

2. 加强体育管理组织体系的建设

应从两个方面予以考虑。一是建立起学校体育管理与外部环境的联合机制，主要包括与校外单位和校内非体育部门组成具有协调配合职能的组织机构，对高校体育工作从宏观上进行有效协调。二是建立结构合理，层次清晰、高效有序的高校体育管理执行机构，细化高校体育管理各组成部分，实现科学有序的管理。

3. 充分发挥学生在校园体育文化中的主体作用

必须以学生为中心开展相应的体育文化活动。高校的体育活动应该保证体育活动项目多样化和体育活动生活化，根据学生的特点体育活动的形式可以小型化，并做到不同人群体育活动的差异化。

4. 积极开展高校体育竞赛活动

高校通过开设高水平的传统体育项目，形成有自己特色的体育传统，这样才能提高学校体育的影响力，适应 21 世纪高校的发展潮流。高校还要结合本校的实际状况，开展校内的体育竞赛活动，通过广大师生参与的体育竞赛活动，将极大地改善大学校园的体育文化环境。

5. 规范体育俱乐部的组织管理

高校应将体育俱乐部作为一项专项工作来组织。体育俱乐部的组建并不削弱体育课的基础地位，体育俱乐部应由学校管理人员、专业教师和学生共同管理和运行，体育俱乐部不能成为一个休闲娱乐组织，而是具有具体管理职责和任务的全校性官方的组织，参加体育运动的学生和教师要有备案制度，相应的档案资料要作为师生的考评资料。

6. 提高高校体育设施的利用效率

高校应建立体育场馆和设施良好的经营和管理体系，必须重新对传统的封闭的经营方式进行改进，引进先进的管理模式及经营方式，并对社会实行有偿开放。学校应掌控体育场馆的经营模式，减少微观上的政策干预，调节有关部门之间的经济关系，调动体育场馆的管理人员的积极性，以此推动高校体育场馆的利用率以及服务水平。

三、高校体育管理制度的原则和方法

1. 高校体育管理的原则

根据学校体育工作和学校体育工作的特点与规律，学校体育管理的基本原则有整体性原则、周期性原则、有序性原则、规范性原则、教育性原则和有效性原则。

（1）整体性原则

学校体育管理的整体性原则包括两层含义。

①学校教育管理是一个有机的整体系统，它由若干个子系统组成，按工作任务可以分为智力教育管理、道德教育管理、体育教育管理等子系统。学校体育管理作为学校教育管理的子系统，首先应服从并服务于学校教育管理这个整体，处理好局部和全局的关系，使之与学校教育管理相适应，为培养德、智、体全面发展的一代新人作出应有的贡献。其次，学校的领导者、有关部门、组织与人员，也应该处理好全局与局部的关系，在抓学校教育管理的时候，将体育管理列入其中，使学校体育管理在学校教育管理中有相应的位置，并给予应有的重视和关心。

②学校体育管理作为学校教育管理的子系统，它自身又有一个由若干个更小的子系统组成的整体系统。就学校体育管理的内容分，可以分为体育教学管理、课外体育活动管理、运动队训练管理、体育竞赛管理等子系统。这些子系统虽然各自管理对象的内容与特点不同，而所采用的管理手段和方法也存在着区别，但它们之间又是相互联系、相互促进、相互制约的，并形成了学校体育管理的整体，为完成学校体育的总目标服务。

（2）周期性原则

学校育人活动的周期性特点和规律，决定了学校体育管理的周期性。学生从进入小学开始到获得一定的学历毕业走上社会，这是一个通过多少年教育培养的全周期。而小学、初中、高中、大学，各学段又相对独立为一个大周期；每一学段又是以年级来划分，每一个学年又构成学年度周期；每一学期、每一周，均构成学期周期或周的周期；直至每一天、每一次课、每一次活动，形成最基本的教学和活动单元。这种周而复始、循环往复、不断提升的过程，决定了学校教育管理的周期性，也决定了学校体育管理的周期性。

学校体育管理的周期性，要求在设计、决策、各级各类学校体育发展战略、学校体育目标、体育教学大纲、体育锻炼标准和体育合格标准等事关学校体育全局的事项时，有一个科学的、通盘的思路和架构，使不同学段之间、不同年级和学期之间，既互相衔接，又不断提高要求，以期达到理想的效果。学校体育管理的周期性，还要求实施学校体育的计划管理。计划管理是学校体育管理的极为重要的表现形式。计划的制定和执行，是学校体育质量的重要保证。可以这样说，没有计划，就不成其为管理，也就谈不上学校体育工作的质量。而计划的制定，又是以学校体育教育的周期性特点为依据的，如：学校体育工作计划，就是以学年度和学期为时限的；体育教学计划，分为学年体育教学工作计划和学期体育教学工作计划；运动队训练计划，也是以学年度来划分训练周期的……。

学校体育的周期性，还表现在学校体育工作和活动的季节性。由于我国四季分明，南北气候相差悬殊，因而在活动内容的安排上，总是考虑季节因素，因季节而异，如春季的校田径运动会，秋季的各种球类比赛，夏季的游泳，冬季南方的长跑活动和北方的冰雪运动等等。

（3）有序性原则

管理是一种有序的活动，学校体育管理也不例外。

学校体育工作是一项复杂的工作。由于其对象的广泛性、工作内容的多样性和任务的繁重性等特点，决定了学校体育管理工作的复杂性。贯彻学校体育管理的有序性原则，就能保证各项工作忙而不乱，井然有序地进行。学校体育管理的有序性，首先表现在学校体育管理系统是一种多层次的有序结构，学校主管体育工作的校长、体育卫生领导小组（体育运动委员会）、教务处（体卫处）和总务处、体育教研组（室、部）、体育教师、班主任。这种管理系统，反映了管理的层次性特征，形成为决策层、管理层、执行层等三个层次。不同层次应明确职责和分工，上级管下级，一级管一级，领导做领导的事，各层做各层的事。这样分层次的有序活动，就能使管理产生最佳的综合整体效应。学校体育管理的有序性，还表现在管理过程的有序性。管理过程的三个基本环节，即计划、实施、检验，也反映了管理活动的有序性。不论是学校体育工作，还是体育课教学、课外体育活动、课余体育训练、体育竞赛，在实施管理时，都要按照这三个基本环节进行。如果违背了管理过程的有序性，就会造成工作杂乱无序，事倍功半，影响或削弱管理的效果。学校体育管理的有序性，还表现在处理学校体育的具体工作时，要分清主次、轻重、缓急。主要工作应始终抓住不放，以此带动全局；重点工作着力办，以保证重点任务的完成；急事急办或特办，以期短期内收到显著的成效。

（4）规范性原则

学校教育是一种有目的、有组织的活动。学校是在党的教育方针、国家有关教育的法律和法规的指导和约束下进行教育活动的。教育方针和法规，就是一种最具有约束力、最基本的规范和准则。作为学校教育组成部分的学校体育，同样也应受制于这种最基本的规范和准则之下。任何轻视、忽视、削弱、排斥学校体育的行为，都是对上述规范和准则的背离；同样，任何只顾体育成绩，不问、不抓德育与文化学习的行为，也是对上述规范和准则的背离。学校体育管理的规范性，要求学校体育建立必要的规章制度和工作规程。合理的规章制度和工作规程，既可保证学校体育管理者的正常的、稳定的工作秩序，又可使受管理者自觉地遵守，以维护和保证学校各类体育活动的正常的、合理地进行。学校体育管理的规范性，还要求学校有良好的校风和学风，良好的体育传统、风气和体育道德作风。

校风和学风不仅对道德教育、智力教育有约束力和影响力，而且对体育教育也同样有约束力和影响力。良好的体育传统、风气和体育道德作风不仅从一个侧面反映出一所学校体育的质量、水平和体育的精神风貌，而且还在一定意义上反映出一所学校的教育质量和精神面貌的水平。

（5）教育性原则

学校体育是学校教育的重要组成部分，其本身就属于一种教育活动。学校教育决定了学校体育管理必须遵循教育性原则。搞好学校体育管理，就能更有效地达到增进学生身心健康，增强学生体质；使学生掌握体育基本知识，培养学生体育运动的能力和习惯；培养学生道德品质等诸方面的效果，全面地完成学校体育工作的基本任务。

学校体育管理，其本身也是一种教育。合理的体育管理制度，有效的管理措施，严格的管理要求等，对学生的体育行为和道德行为起到很好的规范作用，因而能发挥积极的教育效果。加强体育课教学的管理，不仅能更好地完成体育教学的任务，也能教育学生树立为“四化”锻炼身体的思想；搞好课外体育活动的管理，能增强学生集体主义精神；做好体育竞赛的管理，能使参加者树立公平竞争的思想，养成遵守规则、尊重对方、尊重裁判的习惯。因此，“管理也是教育”“管理育人”的提法，是很有道理的。学校体育管理的教育学原则，还体现在学校体育管理者和体育教师的表率作用方面。学校体育管理者和体育教师在管理中严格要求，一丝不苟，以身作则，为人师表，其对学生的感召力和影响力是不可估量。

（6）有效性原则

管理的目的是在实施管理过程中，合理地使用人力、财力、物力、时间、空间和信息，使之获得最佳的效益。体育管理的有效性以管理效率（或经济性）和效果作为评价的主要标准。管理效率是指人、财、物、时间、空间、信息的耗量与单位效果之比。讲管理效率，就是要用最少的人、财、物、时间、空间和信息获得最佳的效果。因而管理效率，也可称作管理的经济性。贯彻有效性原则，还要求在实施学校体育管理时，对管理工作的效率和效果进行科学的评价。上述各项原则是相互联系的有机整体，它们组成了学校体育管理的原则体系。贯彻这些原则，要在实际工作中，根据学校的具体情况和工作实际，合理而有机地加以运用并使之具体化。

2. 学校体育管理的方法

学校体育管理的一般方法有：法律法、行政法、教育法、奖惩法等。

（1）法律法

学校体育管理的法律法是运用法律、法规对学校体育进行管理的方法。它又可称作法律法规法。由于法律与法规具有普遍性、规范性和强制性等特点，故在其适用范围内具有普遍的约束力。教育与体育的法律法规、学校体育的法规，是进行学校体育管理的法律、法规依据，它有利于维护学校体育管理秩序，调整各种管理关系，以促进学校体育事业的发展。

（2）行政法

学校体育管理的行政法，是运用行政组织的职能与手段，对学校体育实施管理的方法。由于行政法具有权威性、指令性、针对性和自上而下的纵向性等特点，能有效地发挥组织、指挥、控制、调节的作用，是一种常用的管理方法。

（3）教育法

学校体育管理的教育法是运用宣传教育的手段和形式，对学校体育进行管理的方法。教育法也可称作宣传教育法。由于教育法具有说理性、引导性、多样性、灵活性和表率性等特点，能使管理者和被管理者知其然，也知其所以然，启发自觉性和积极性，使管理制度和办法得以顺利地贯彻和推行，并使管理具有教育性意义。

（4）奖惩法

学校体育管理的奖惩法是表彰、奖励先进，批评或惩戒后进的激励办法。因而也可以称作激励法。是学校体育管理中常用的行之有效的方法，也符合体育是一种竞争性活动的特点。表彰、奖励是对集体和个人的体育工作和成绩进行肯定、褒扬的方法，能起到激励、示范和推动学校体育工作的积极效果。表彰和奖励，可分为精神奖和物质奖两类。物质奖的奖品或奖金应适当，并有教育意义。某些地方对优秀体育教师在工资待遇方面给予一定的晋升，也是可取的。批评和惩戒，是对学校体育工作后进的集体或个人进行批评教育、惩罚处理的方法，能起到教育、告诫、鞭策的作用。实施本方法时，要求批评应实事求是，以理服人，惩戒应依据罚则实事求是，适度掌握，惩前毖后。

第六章　体育运动的人文价值

第一节　田径运动——超越自我，昭示回归自然

在竞技体育中，田径是公认的大项，是竞技体育运动的基础，它对各个运动项目的发展起着不可忽视的作用，所谓“得田径者得天下”。因此，无论是发达国家，还是发展中国家，都把田径项目列为竞技体育的重点，田径运动的发展水平受到各国体育管理层和体育专家的高度重视。

一、人文视野下的田径运动

人文思想是西方哲学的重要思潮之一。“人文精神”广义是指欧洲始于古希腊的一种文化传统，通假人文主义、人本主义、人道主义之意；所谓人文精神，是人性——人类对于真善美的永恒追求以及表现在这种追求中的自由本质的展现……人文精神本质上是一种自由的精神、自觉的精神、超越的精神。

1. 中国传统文化的人文精神与田径运动

中国传统文化源远流长，博大精深。人文是中国传统文化的基本精神。中国文化中的“文”以人为本，“人”以“文”为本性或自性，它通过人与自然、社会、人际和人身心灵的诸关系合乎中庸和平的协调，以教化天下，并由此而诞生出礼乐文化、人伦文化、仁爱文化、人神文化、自然文化和生生文化等。所谓人文精神，是人性——人类对于真善美的永恒追求以及表现在这种追求中的自由本质的展现……人文精神本质上是一种自由的精神、自觉的精神、超越的精神。其基本内容是“天人合一”，其特点是“内在与超越的结合、自然与人文的结合、道德与宗教的结合”。但是，中华民族传统文化所讲的“重人”，并非尊重个人价值和个人的自由发展，而是将个体融入群体中，强调人对宗族和国家的义务。需要说明的是，这里所说的中国传统文化的人文精神与现在所谓的“人文主义”或“人本主义”等概念不完全相同。“人文”一词在中国传统文化中原是与“天文”一词对举为文的。“天文”指的是自然界的运行法则，“人文”则是指人类社会的运行法则。具体地说，“人文”

的主要内涵是指一种以礼乐为教化天下之本，以及由此建立起来的一个人伦有序的理想文明社会。

有学者曾考证中国古代就存在田径运动，这是不准确的。严格地讲，中国体育起源早，而成熟晚，在漫长历史长河中，中国体育主要以一种泛体育形态存在着，它之所以没有出现浸泡着“公平”和“竞争”这一核心思想的体育观，它之所以能够长期存在，并且历代延续，主要与封建的体制有关，在持续了长达 2 000 余年的封建社会中，那种等级森严、尊卑分明，绝不可能出现规则统一和公平竞争以及推崇个性，以民为尊的竞技体育运动。受传统儒、道、佛三家的中庸、和谐、刚柔、平心等哲学理念的影响下，根本不可能出现“更快、更高、更强”的体育精神，反而逐步形成了一种逆体育内涵的发展趋势。也就不可能形成多种技艺高度融合的体育形式。而田径运动以竞赛为其基本特征，它的突出特点就是具有鲜明的比赛性和对抗性。田径运动所展现出来的竞争、拼搏、顽强精神，田径运动所体现出来的平等、秩序、规则，田径运动所蕴含的更高、更快、更强的奥运理念，田径运动所体现出来的个人奋争、拼搏、不屈不挠的意志品质，田径运动所体现的个性张扬、自尊、朝气，这些无疑是中国传统体育文化所无法体现出来的。中国古代只有类似于田径运动的身体活动，根本不可能有真正意义上的田径运动。

2. 田径运动与中西人文精神的融合

中国传统文化的人文精神与西方人文精神并不存在实质上的背离。对于人的发展来说，中国人文精神和西方人文精神各有其侧重点。博大精深的中国传统文化孕育和熏陶了优秀的中华民族 5 000 年的历史。而西方人文精神则促进了西方社会发展。继承优秀的传统文化，融合外来文化的精华，使中国人文精神在现时条件下发扬光大，促进人的全面发展，促进社会的全面进步，构建和谐社会是历史的选择，是中国社会与经济发展的必然选择。对绝大多数中国人来说，追求个性解放，追求美与尊严，实现自我发展刚刚起步，沐浴传统文化，感受人文精神的熏陶，提高自身综合素质，促进社会文明进步是当前社会基本任务和本质特征。

当前田径教学内容和方式割裂了田径与自然的融合，隔断了田径与人的交互联系，抛弃了田径的文化属性。田径运动的发展和壮大与国家荣誉紧密相关。运动员从事田径运动为的是为地区和国家的荣誉。从组织者到教练员、运动员都把成绩放在第一位，田径运动本身所包含的公正、公平、秩序、规则等积极向上的因素被忽略；田径运动所体现的拼搏、竞争精神被忽略；田径运动所蕴含的更高、更快、更强的奥运理念被忽略，田径运动体现出来的个人奋争、拼搏、不屈不挠的意志品质的特点被忽略，田径运动所体现的个性张扬、自尊、朝气被忽略。在当前的教学改革下，田径运动仅仅成为一种简单的为健身服务、为学生学习其他运动项目打基础的运动工具。我们所理解的田径运动枯燥了、乏味了、无趣了，学生自然不喜欢了。导致这项文化底蕴丰厚、形式多样、贴近自然的优势项目在学校体育教学中被边缘化了。时至今日，学校体育已经避开了田径，避开了田径文化，避开了体育教学内容必须面对的体育文化问题。仍然纠缠于具体的教学内容置换、教学方法的改革。我们的学生已无法接触田径运动，更无法提及理解田径运动。当青年学生不认可田径运动，当体育学者不认可田径运动，田径——这项在国际上的主流运动在中国就已失去了发展的基础。

在中国体育现时的发展环境下，我们应全面理解田径运动文化，理解田径运动所蕴含的西方体育竞技思想和人文精神，认识田径运动的本质，弘扬田径运动的竞技精神，为古老的中华文明汲取积极因素，为中国文化的人文精神融合西方人文思想而探索和努力。

3. 田径运动的人文化发展

作为竞技项目的田径应在大力提倡国家荣誉前提下将人文精神的要旨灌输给组织者、教练员和运动员。田径运动最能体现奥林匹克"更快、更高、更强"的精神。这种精神正是体育运动之本。也是人文精神——自由、超越精神的本质特征。它对于一向以谨敛、内倾为文化与生存规范的国人来说，参与者个体体验到完全不同的情感释放与张扬的感受，这也正彰显了人类对于真善美的永恒追求以及表现在这种追求中的自由本质。田径运动的大多数项目是个人项目，表现了个人的尊严、价值，对全面发展的理想人格是一种肯定和塑造。它在促进中国文化从群体型向个体型、从传统型到现代的转型变迁中，亦将起到独特的不可替代的作用。田径运动的一个显著特征还在于竞争和超越，没有竞争，没有超越，便失去了体育精神的弘扬。竞争出成绩、出人才、出精神。田径运动所体现出来的自由精神、自觉的精神、超越的精神与人文精神不谋而合、相得益彰。

作为教学内容的田径应以田径文化为主线、以田径运动项目为表现形式、以田径运动竞赛项目为载体建立以增进健康、培养运动兴趣、获取运动知识为目的的多元体系。今后，在继续坚持教授田径运动项目的同时必须深入研究田径文化的人文内涵。在坚持田径教学科学化、规范化的同时应重点强调田径教学的人文化、自然化。田径教学活动不仅要让学生掌握运动项目的基本技术、知识和理论，同时，要通过田径文化传播让学生认识田径的多元价值，培养学生热爱田径运动的态度，学会欣赏田径运动美。并以此为着眼点，深刻感受和理解人文精神，以完善自我、塑造性格，促进公正、公平的竞争环境的社会氛围形成。为此，当前的首要任务是重新建构田径运动的教学内容体系，而不是将这项古老的、人文精神底蕴深厚的项目从学校体育中排除。这就需要广大体育工作者从历史、文化、社会、生物等多维角度出发重新审视田径的内涵和外延，进一步理顺田径的理论体系和思想方法。用现代的人文精神观理解和塑造田径的理论主线，重新整合田径资源，开发田径运动的人文特质，为古老的中国体育文化注入自由超越的元素，弘扬和光大田径运动的人文精神，为新世纪田径运动的发展而努力。

田径运动的健康发展需要我们的理性思维。认识田径运动的本质，把握田径运动的真谛，弘扬田径运动的竞技精神和人文精神是我们神圣的使命。

二、田径运动的体育文化价值

1. 田径运动的特点

（1）田径运动是“运动之母”

田径运动源于人类生存和生产劳动，是速度、力量、耐力、灵敏、协调和意志力等基本身体素质的综合体现。田径运动是各项体育运动的“源泉”。无论是球类运动的变化多端，还是体操、游泳、举重等个人实力的展现，都离不开速度、力量、柔韧这三个田径运动最基本的身体要素。

（2）田径运动更直接体现奥运精神

在当今的竞技运动比赛场上，田径运动是设立奖牌最多，影响最大，也是人们最为关注的热点项目之一。“更快，更高，更强”的奥运精神在田径运动中能够得到更直接，更充分的体现，被视为奥林匹克精神的化身。百米虽短，带给人们的却是毫秒之间定乾坤的惊险与刺激；漫漫长路，马拉松将士们的脚步，向我们展示的是其钢铁般的意志。作为一项竞技体育运动，它激励着人们不断地向新的极限进行挑战，在无尽的追求中不断地突破，完善自我。

（3）田径运动不受任何条件约束

田径运动是最易开展和普及的运动项目，受场地，器械，环境的制约较小，而且投资较少。田径运动简便实用。而且，从生物学角度讲，田径运动属于“绿色”体育运动项目。运动员在从事娱乐性较强的球类运动时，会因其运动本身的趣味性掩盖身体的过度疲劳感觉，而田径运动中相对枯燥乏味的一面则会让从事者随时感受身体内环境的机能状况。从这些意义上讲，田径运动的健身价值是其他运动项目所无法媲美的。

2. 田径运动的文化内涵

（1）田径运动所蕴含的人文精神

促进体育文化发展人文精神是指人类精神的外显，是人对自身命运、价值、尊严、理想需求、权益的关注、思考和追求，是人的自觉能动性的集中表现。田径运动展现的是最为原始的自然之美，在人类自身进化发展的漫漫历程中，人类不断地挑战大自然，突破自己极限。可以认为，自从有了人类自身，就有了田径运动的雏形。

①公平竞争精神

公平竞争精神一方面指不畏强者，敢于竞争，敢于胜利；另一方面倡导公开、公平、公正的行为规范。比赛成绩不完全由选手的实力决定，还要受裁判因素的影响。在各类体育比赛，田径运动堪称为公平竞争的典范。田径比赛是在严密的组织下，按严格的规则和要求进行的。田径规则对场地、器材、分组等方面都作了具体和详细的规定，经过长期的发展，已形成了一套客观的评判体系，能够准确，公正地评判出优劣，其评价指标是以量化为主，克服了人为因素的影响。

②顽强拼搏精神

顽强拼搏精神指运动员在比赛中敢打敢拼，为获得胜利勇敢顽强，拼搏进取的意志品质。田径运动竞赛是能力，技术和心理的较量，是非常紧张激烈的。田赛项目的成败取决于运动员瞬间的发挥，径赛运动员则是从起跑开始，就要进行全程的拼搏。

③共同协作精神

共同协作精神，是指既要展示个人特征，个人才能，又要互相配合，团结协作，为共同的目标一致努力。田径运动主要是以个人项目参加比赛，运动员需要以不同的方式和方法不断地完善自己，提高运动水平。但个人发挥的好坏可直接影响到团体的成绩。特别是在接力赛中，个人的水平固然非常重要，但如果缺乏队员们之间的合作，是很难取得比赛的胜利。“世界田坛，谁家问鼎”，需要的是一个国家田径运动整体实力的强大，我国虽然有光芒四射的刘翔，但我们的整体实力与世界领先水平还有很大差距。

④开放创新精神

从近百年的田径运动发展史我们不难看出，人类的创新精神渗透到了田径运动的各个方面。从田径运动技术方面来说，人们在实践中创造出许多新的技术，如跳高技术经历了跨越式、剪式、滚式、俯卧式和背越式的创新；从场地器械方面来说，人们设计了许多样式的田径场，地面由煤渣跑道发展成现代的塑胶跑道，并且在田径教学中已开始使用幻灯，投影仪，录像电视教材，电脑模拟教学机等现代教学手段。

（2）田径运动所创造的商业价值

国际田联推出了一系列有力的措施，对世界田径进行了深刻的变革，从而加快了田径运动商业化的进程。另外，国际田径运动基金会的成立，将比赛推销给世界一流的大公司，以及电视转播权的获得等，带给国际田联巨大的经济效益。田径运动的商业价值是它所创造的物质财富的重要部分，田径运动的商业性源于它自身的文化积淀，为田径运动全面融入社会，推向市场，走上繁荣与昌盛开辟了一条广阔的道路。产生社会效应田径运动作为一种社会文化现象，自它诞生之日起就没有摆脱过经济的制约。它与商业的关系虽时隐时现，时疏时密，但终未能分割开来，其发展趋势已不可逆转。

（3）田径运动在个体人格塑造方面有着显著功效

人格是指社会人的意志，个性等精神品质。体育运动在个体人格塑造方面的教育文化功效是最直接，最显著的。它一方面是以对抗和竞赛为内容，磨炼人顽强、坚韧、自信、勇敢、机智等品质；另一方面它又以友谊和进步为目的，培养人坦诚、宽容、互爱等品质。就拿最古老、最能显示人类欲望、意志和技能的田径运动来说，它能使人建立荣誉感，拒绝虚荣。同时，田径运动能引导崇高感，它是纯粹的人体自然素质的衡量，纯粹的人体运动功能的竞赛。田径运动是由最基本的跑、跳、投等基本技术组成，但奥运会田径场上那激烈的比赛场面是运动员们最大程度的搏击和发挥，是运动员不断地征服自然去冲击自身能力的极限，在这一过程中人可审视到自身的速度和力量的崇高，自身的灵巧和协调的优美，崇高感弥漫于其中。

（4）田径运动健身价值的开发，促进人的生理健康

诚然，大众体育的内容伴随健身手段、健身项目的急增和冲击，似乎逐渐远离了传统的健身手段，甚至在学校体育教育中，减少或取消了简单而又显乏味的田径内容。但运用田径手段锻炼身体的好处是其他手段所无法比拟的。对于健身者来讲，田径运动来源于人体基本运动方式，是自然本能的动作，大部分项目简单、易学，便于广泛开展和普及，只要他们掌握一定的健身知识，不经过特殊的学习也能进行锻炼。且作为健身项目时，它可以不受场地，器材和规则的严格限制。通过田径运动健身价值的开发，可增强人们身体对流行疾病的免疫能力，抵抗能力；通过身体承受一定强度的持续性练习，提高身体的耐受能力及人体内脏器官的功能，以适应长时间的学习、工作和生活的需要。

总之，田径运动文化内涵给予了我们启示：它是一项富含哲理的运动项目，蕴涵着很高的价值，因而具有很强的生命力．田径运动更是学校体育之本，在学生体质日趋下降的情况下，我们更要正确对待田径运动，从文化的视角审视田径运动，引导学生对田径运动深层的理解和认识，防止对田径运动的片面理解和误解，使田径运动沿着以前的道路健康、可持续地发展。

三、影响高校高水平田径运动可持续发展的因素及对策

田径运动是各项运动的基础，而田径运动的项目又比较多，锻炼的形式多样，对场地、设备、器材的要求不是很高，练习时不受性别、年龄、时间和季节等的限制，便于广泛地开展。但从实际情况来看，在高校学生中，很少看到高水平的田径运动员。是什么因素影响了高水平田径运动的可持续发展，应当采取什么样的对策解决呢？下面我就这两个问题进行了详细阐述。

1. 影响田径运动向高水平可持续发展的因素

其一，生源的因素。普通高校所招收的水平较高的运动员主要来源如下：中学学生、体育院校学生及专业田径队内的现役与退役的运动员。学生在进入学校时自身所具有的训练水平及专项成绩对其今后的发展来说是十分重要的。从目前情况来看，高校内对田径运动员进行招生都是以一二级运动员为主体的。通过对一些重点院校的调查可以发现，这些院校内所招收的田径运动员主要可以分为三个级别，即二级运动员、一级运动员及运动健将级运动员。从生源等级上可以看出，有些高校所招收的高水平运动员比例偏低，这对运动员整体水平会产生一定的影响。在生源结构上，二级运动员一般都是来自高中，而一级运动员和运动健将一般都是来自体校与专业队的。在进行招生的时候，由于文化课及教育部规定的关系，很多体校学生没有办法进入高校学习，而高中一些体育优秀的学生也由于文化课关系不能进入高校。如此进入高校的运动员体育素质并不是很理想，生源不好，导致高校中高水平田径运动员的发展受到很大影响。

其二，儿童少年运动员教学训练的影响。对于任何体育项目来说，正确选材和经过多

年的系统的教学训练，才能提高成绩。越来越多的人意识到，儿童少年应全面发展，提高综合身体素质，为以后的专项训练打下基础。而我们现在所面临的困境是除了专业学校的几支专业队之外，再找不到教学训练的影子，可选的基数小了，不能系统地进行训练，使一些可塑之才错过训练的敏感期，从而对高校高水平运动员的发展产生重要影响。

其三，训练理念的影响。将高校田径训练与专业田径队的训练相比较可以发现，这两者之间是有本质区别的。专业队的训练是系统的专项化训练，是将成绩作为核心任务来落实的，相对来说比较单一，有关的管理及服务等的进行都是围绕这一核心。而对于高校学生来说，他们的训练是业余的，他们将学习作为第一任务。他们的训练是在学业完成的前提之下进行的。此外，在管理方面，高校训练也是比较松散的，学习和上课都是由所在的学院进行管理的，在进行训练时才让专业人员进行训练。另外，专业队的训练时间是能够保证的，但是高校学生的训练时间是有限的，在有限的时间内、松散的管理下等，都导致其对高水平运动员的发展产生影响。

2. 解决对策

其一，高校体育管理体系要进行健全，使其适应高校的发展需要。在我国，这些年在竞技体育方面所使用的都是“金牌战略”，这种体制虽然能够保证我国体育的快速发展，但同时也导致一些问题的产生，可选的基数小了，不能系统地进行训练。在现代市场经济条件下，国家对人才的要求越来越高，要求具备较高的综合素质。所以对于高校田径教学训练来说，不但要提高其运动员的水平，还要提高学生的综合素质，这样才能使其满足现代社会的需求。所以，高校要在对运动员进行科学合理的教学训练的同时，还要提高全校学生的综合身体素质，为高校高水平体育的发展奠定坚实的基础。

其二，建立起完整训练体系。要使得高校体育高水平地发展，必须建立一套完整的训练体系。在我国，中小学的田径教学训练是占有很大优势的，因此，儿童少年的田径教学训练是不可缺少的一环，为了将其衔接起来，必须建立系统的训练体系，即培养儿童少年的田径教学训练实践基地。高校体育教育要发挥其龙头作用，调动中小学体育教育的积极性，使得体育教育向一个较好的发展方向发展。

其三，建立高校高水平运动员的学籍管理。要建立高校高水平运动员学制管理体系，必须适当改变学籍管理方式。对于高校学生运动员来说，建立起一套学习的模式，既要学习本专业知识，又要学习学院规定的课程，这样对于他们的学习时间与训练时间就有一个合理安排，减轻其学习压力，提高其训练积极性。

总之，高校田径运动员水平的提高对高校体育乃至国家体育的发展都有十分重要的作用，所以要对影响其水平发展的因素进行合理的分析，并采取相关措施进行改进，促使其更好地发展。

四、我国田径运动的可持续性发展

纵观历届奥运会的金牌榜，我们可以看到在国家和政府的正确领导下，在广大体育工作者的辛勤努力下，我国的体育事业正在快速、蓬勃、向上的发展。但是，细数金牌榜的情况，我们却不难看到，目前，我国获取的金牌依然集中在一些传统优势项目上，像跳水、体操、乒乓球、羽毛球等项目。而作为金牌数目最多的田径，我们却始终处在落后状态，在奥运会上取得金牌可谓是凤毛麟角，甚至在一些项目上能进入决赛，进入前八都可谓是鲜无仅有。在2008年北京奥运会上中国田径在金牌榜上颗粒无收，这让金牌榜总数高居榜首的中国体育代表团稍显尴尬。因此，要想提高我国田径运动的竞技水平，缩小我国田径运动水平与世界田径运动水平的差距，我国未来田径运动的发展必须实施可持续发展战略。

1. 实施“科技兴体”战略

科学技术是第一生产力，这一口号体现了科学技术在当今时代的重要性。21世纪更是一个科技高速发展、广泛应用的时代，我们不仅要把先进的科学技术应用于国家发展，我们也要把现代化的科学技术应用于体育事业的发展和田径运动的发展中来，把“科技兴体”战略着重落实到“科技兴田”上去。从国外情况来看，现代科学技术已经广泛地运用到了运动员训练过程的各个方面。他们利用现代化的科技手段记录下运动员在训练过程的方方面面，然后反复地观看、比较，根据人体生理结构、生物科学技术特征、心理等多方面因素去进行分析、研究、调整和改变训练方法和手段，使运动员的训练更加科学化、合理化。同时，通过医疗监督和保健，科学地对运动员进行监控，避免运动员受到损伤，延长运动员的运动寿命。目前，我们国家在田径运动训练方面虽然也投入了一部分的新型体育运动设备，加入了优秀的科研人员因素。但是，对于我们比较落后的田径运动，投入的力度还嫌不够。我们国家和政府等一些职能管理部门应该加大对田径运动方面的投入力度，投入更多的资金，购买更多的、新型的、有利于运动员训练的新型设备。

另外，在选材、训练、比赛、医疗保健等方面引进更多的科研人员，有效地利用科研工作者的优秀论文和学术著作，把科技进步和科技创新理论应用于实践，达到理论与实践的统一结合。自20世纪80年代以来，随着运动医学和运动生理学的创立和发展，训练方法和手段也得到了相应的改进。运动生理学研制和开发了新的训练理论和手段，例如提高心脏射血功能和肌肉乳酸系统功能能力的“间歇训练”；运动营养学的研究改变了运动员的饮食特点，开始注重饮食平衡，注意微量元素、维生素、甚至水和电解质的平衡，这无疑对运动成绩的提高起到了一定的促进作用。因此，我们相信，依靠科技的力量，科、训有机结合，我国的田径运动一定会有所突破，有所作为，我们一定能把我国的田径运动水平赶上来。

2. 找准突破口，发挥传统优势项目

从我们国家田径发展历程分析，我国在竞走、中长跑、马拉松、跳高、跨栏、铅球等

项目在世界上都曾经取得过令人瞩目的成绩。例如，女子竞走运动员陈跃玲在1992年巴塞罗那奥运会上取得了女子10公里竞走的金牌，还有朱建华三破世界跳高纪录，王军霞、曲云霞、黄志红、刘翔、邢慧娜等一批优秀运动员也屡次在奥运会及世界大赛上都取得过骄人的成绩。这说明我国在这些项目上还是有一定的优势的，还是有可挖掘的潜力的。但是，对于我国短距离等项目，短时间内要有所作为，这一目标很难达到，因此，这就要求我们国家在那些传统优势项目上加大科研、资金等方面的投资力度，采取一定的措施，找准突破口，尽快地把我们那些传统优势项目的优势找回来，力争在未来我国田径运动的发展中使我国的田径运动发展有突飞猛进的进步。

世界田径强国之所以能在世界田坛发展进程中确立自己的领先地位，关键原因之一是具有各自的优势项目。如美国在男子短跑、接力、跳跃、短投和全能项目上优势显著，苏联、德国在竞走和长投项目上具有较强的实力，英国在中跑、芬兰在长跑和标枪、肯尼亚和埃塞俄比亚等非洲国家在3 000m障碍和长距离跑上具有相当的竞争实力。正是由于在这些项目上常盛不衰，这些国家奠定和保持了他们在国际田坛的领先地位。非洲国家中长跑项目的崛起更是启示我们：发展中国家必须根据自身的人力资源、地理环境、经济实力，大力发展适合国情的田径运动优势项目。

3. 提高教练员的训练水平和综合能力

我们知道，运动员要想取得好的成绩，除了个人的努力以外，教练员的训练水平和综合能力起到了关键的作用。根据北京体育大学一位硕士研究生对我国10个优势项目81位优秀教练员成长过程的调查分析，优秀教练员成材一般需要22—24年，其中包括10年左右的运动员经历。从开始执教到成为优秀教练员，一般要经历适应准备期、适应发展期、创造提高期和稳定发展期等4个阶段，约12—14年。影响优秀教练员成材最主要的主观因素有5项：具有明确的奋斗目标；勤奋工作；勇于创新；训练与科研相结合；注意学习他人先进的方法。调查对我们有如下启示：要重视对教练员成材规律的研究并按规律来培养教练员；要加强对教练员用心、敬业精神以及职业道德的培养。目前，相对发达国家的教练员来看，我们国家教练员的水平还比较低，训练主要依靠经验，自身的科学文化素质和综合能力还有待提高，科学训练方面还存在着一定的不足。如何改变这种现象呢?

①我们国家应该加强教练员科学文化素质的学习和各种业务能力培训，提供一些进行专业学习和业务培训的机会，提高教练员的科学文化素质和综合能力，把科学和训练经验有机结合起来，提高运动训练实践的科学化水平，促进运动水平迅速提高。

②我们国家还应该加大教练员国际的交流，多和一些田径发达国家教练员进行国际往来。我们可以派出一些有潜力，有经验的教练员出国学习、深造，同时，我们也可以引进一些国外的著名教练员来我国进行指导、传教，使我们国家的教练员有机会获得新的信息、知识、经验和科学的训练方法，不断地提高我们国家的教练员水平。

③要求我们教练员在已有的好的训练经验上，利用学到的新的理论、知识，敢于突破、

创新、大胆地把科学理论运用到实践中去，有自己独到的训练理论、体系、方法和手段，使训练方法更加科学、得当，能够很好地挖掘运动员的潜力，使运动员的潜力发挥到极致，使训练效果更加明显。

4. 科学的选材

田径运动属于体能主导类运动项目，是速度、力量、耐力、灵敏、协调和意志力等基本身体素质的综合体现，被称为“体育运动之母”。现代世界田径运动水平已越来越接近人类运动的极限。如今我们想要接近或突破这种运动极限，科学的选材是至关重要的。

目前，由于选材工作充分利用了最新、最前沿的现代科学技术，使选材的成功率大大提高，为运动员的成才奠定了坚实的基础。因此，我们要利用最新、最先进的科学技术从运动员的生理、心理，智力和身体基本素质等多方面去分析、研究，科学地选取那些具有运动天赋和潜力的人才，进行科学的训练，才有可能提高他们的运动成绩，提高我们国家的田径运动水平，缩小甚至赶超世界田径运动水平。但是，这是一个长远的计划，在未来田径运动的发展中，我们国家要想在田径项目上取得好的成绩，赶世界体育强国，最重要的一点就是我们要从孩子抓起，利用科技的手段选取一些有潜力可挖的优秀苗子，为我国的田径运动发展奠定良好的基础。我国要想在短时间内使我国的田径运动有所突破，我们就要从实际出发、审时度势，从现有的优秀运动员中选取那些成绩比较好、比较稳定、心理承受能力比较好的、短时间内有潜力可挖的运动员作为重点发展对象，注重他们的训练恢复，加强运动员自我保护意识，科学地实施监控，减少不必要的运动损伤，这样，我们的运动员才有可能在相对比较短的时间内创造出好的成绩，使我国田径运动在较短的时间内有所突破。

总之，要想把我国的田径运动水平尽快搞上去，我们必须依靠科技的力量，把科技进步、科研创新等科研成果合理地运用到田径运动的选材、训练、比赛等各个方面中去，实现科、训一体化，科、训有机结合。同时，提高教练员的训练水平和综合能力，保持和发挥自己的优势，做到扬长避短，才能真正使我们的田径运动水平可持续地发展。

第二节　水上运动——跨越天堑，打破水上障碍

人类生活在这个生命起源于水的地球上，生产活动都与水息息相关，一切的活动都离不开水的存在。进而从原始社会的渔猎生产，原始人类为从海河湖泊中获取食物，逐渐掌握了一系列的技能，此后为了生活的需要再将这些技能加以有目的的学习。随着社会的发展这些技能也不断地被发展，新的技术新的方法不断地被采纳，从而促进水上运动这项运动的演变。

一、水上运动的理论认知

1. 古代水上运动

最古老的水上运动的起源地据资料记载应该是中国、古埃及、古印度。水上运动作为体育运动的一大类别，在我国已有上千年的历史。虽然其产生的具体年代并不明确，但可以肯定的是，它是我国各民族人民生产生活的产物，并随着社会生产力的不断提升，逐渐演变为一种健身、娱乐、竞赛项目，深受各族人民喜爱。它凝聚了华夏儿女无数勇猛与智慧的结晶，是我国体育事业发展历程中一道亮丽的风景。古代水上运动形式主要包括游泳、赛船、水秋千、潜水和水上杂戏等项目。

2. 现代水上运动

20 世纪初，国际性的体育运动会日渐增多，而奥运会的出现则使这一趋势达到顶峰。水上运动项目全部过程或主要过程都是在水下、水面或水上进行的各种形式的体育比赛和活动。它是为了区别于陆上和空中体育项目，根据所处的运动环境而命名的。水上运动可分为水上竞技项目、船类竞技项目、滑水运动、潜水运动。水上竞技项目包括游泳、跳水、水球和花样游泳 4 项。船类竞技项目包括划船运动、赛艇运动、皮划艇运动、帆板运动、摩托艇运动。滑水运动包括水橇、滑水板和冲浪。潜水运动是运动员借助于轻便的潜水装具（如呼吸管、呼吸器、脚蹼），在水下进行的竞赛和体育活动。潜水运动在游泳池中进行的有竞速潜泳、水下橄榄球、水下曲棍球等；在自然水域中进行的有长距离蹼泳、水下定向、水中狩猎、水下摄影等。为了追求新的带有刺激性和冒险性的运动，人们把许多陆上的运动项目移植到水中进行，创造出水下、水上形形色色的新项目。

3. 现代水上运动种类及新兴水上运动项目

随着社会的发展，各个运动项目的不断改进，而且根据这个运动环境的特点，寻找出对身体有好处的运动项目。国内外都有很多企业参与到水上运动，体育旅游等项目的建设规划中来，这一新兴产业带动了很多项目的发展。现在在水上进行运动的体育项目除了以上的五大种类外，还有一些新兴的，比如：水中自行车、水中有氧健身操、水上跑步等。现代水上运动包含五个项目：游泳、帆船、赛艇、皮划艇、水球。在这五个项目中又分多种比赛。

案例分析：我国水上运动项目现状以及对策

1. 我国水上运动项目现状

（1）教练员现状

竞技体育的运动实践证明，要取得优异运动成绩的关键是教练员。调查发现，河南省水上项目的教练员队伍虽然在年龄结构、执教年限等方面显现出了年轻化、合理化的特点，但学历结构、职称状况却不够合理。从学历结构看，具有本科学历的教练员占绝大多数，比例分别 80%。学历结构呈现出两头小、中间突出的橄榄型结构，从总体上基本符合当代社会人才结构，暂能满足目前河南省水上项目现状对教练员学历结构的需要。但从发展趋势来看，教练员队伍中，大多是函授毕业，没有真正经过全日制本科的系统学习，理论水平与全日制本科生相比还有很大差距，另一方面硕士学历比例偏低，博士研究生以上学历为零的现象也很令人担忧。从职称结构看，高级职称以上的教练员只占 20%，不足 1/3，尤其是国家级教练员为 13.3%。虽然教练员队伍当中高职称比例较低状况和教练员队伍的年龄结构较为年轻化的状况趋于一致也属正常现象，但初、中级职称比重过大、高职称比例偏小，可能导致长期缺乏执教运动项目的领军人物，严重制约运动技术水平的提高，这是阻碍我省水上项目向更高层次发展的重要问题。

（2）运动员情况

从第七届全运会到第十届全运会，河南省水上运动有很多项目处于全国优势水平，并且这些项目中每届都保持进入全国前 3 的水平，形成了项目的优势，保证了队伍的发展。而现在则处于“尖子队员少，后备力量薄弱”的双重尴尬局面。不仅无法在仅有的几个突出项目上形成人数上的规模，也影响了这些项目的人才梯队建设。一旦这些尖子选手退役或出现伤病，该项目的暂时优势也随之而去，例如女重四双，过去是外省不敢开展此项目，目前是河南省没有开展此项目。“成材率低而淘汰率快”也是造成一线队员难以形成规模的主要原因。

（3）训练场所情况

水上运动是一个对训练场地要求较高的项目，场地的数量和质量条件直接与间接地影响着训练质量的效果。而河南省目前有效的训练场地只有河南水上管理中心的信阳和舞钢两个基地适合训练，其他地方或水域不大或航道达不到训练的要求。业余训练更不用说了，招收到的队员有的根本就没有在水上很好的训练过，怎么会有较好的水感呢，技术就更不用说了。

2. 水上运动项目目前存在的主要问题

（1）水上运动管理体制不够健全

九运会失利之后，河南省体育局重点加强了业余训练工作，但水上项目目前业余训练情况还不容乐观：

①各业训单位没有合适的训练场地；

②业训单位的器材装备比较落后；

③业训单位在省级选拔比赛中弄虚作假情况比较严重，好的业训队员没有真正被选拔到省队参加集训；

④选拔到省队集训的队员很多根本没有下水训练过，到省队后基本是从零开始。虽然河南省体育局在九运会后实施了“改革、调整、提高”的战略方针，加快业余训练工作的发展步伐，为河南省竞技体育事业的发展奠定良好的基础，但由于训练场地和器材投资较

大，各个业训单位自身无法解决实际的训练需要，很多业训单位也就没有开展水上项目，取而代之的是其他花钱少，容易开展的项目发展迅速。

因此，水上中心的很多项目选拔的运动员都是从其他项目中选拔后再次进行选拔的。

（2）训练方面存在的问题

教练员和运动员是运动训练系统中的主体和核心，运动员竞技水平的高低主要取决于教练员的执教情况。“金牌运动员来自金牌教练员”。教练员确有真才实学，水平高，带的徒弟也才强。河南省水上项目的部分教练员是从运动员中选拔出来的，这部分教练员基础知识薄弱，专项理论不足。在调查中发现有 78.4% 的被调查者认为自己是按经验进行训练，只有 21.6% 的教练员认为运用科学训练理论与专门设备进行训练。在训练后备人才方面，多数教练员的训练手段也只是运用自己的经验来指导队员训练，无科学和创新之处。大多数教练没有重视专业知识的更新，没有积极吸取外界的新信息，在训练过程中全凭经验，跟着感觉走。部分教练员还不能与科研工作者协调配合，担心科研人员搞测试会干扰正常训练。

（3）科学攻关工作存在的问题

目前河南省水上项目科研攻关工作以河南省体育科学研究所为依托，聘请其他人员参与的双重科研体制，但是这种体制不能够使科研人员真正全面深入对我省现有项目认真负责进行科研攻关工作。究其原因有：

①指标分析有片面

运动员训练前后的生理、生化测试指标固然重要，但不要唯“指标论”，要看到生物指标的滞后性与间接性特点。一般情况下，训练指标是即时的，其次才是心理指标，再后是生物学指标。心理、生物学指标多是反映的间接关系，其特异敏感程度受到一定限制。

②分析科技服务有误区

科研人员对专项运动不熟悉。每个竞技运动项目都有其项目特征、比赛规则、训练要素等丰富内容，充分熟悉所研究的项目是做好科技服务的必要条件。否则，制定各项指标、选准测试方法、找到研究的切入点都将成为空谈。其次是滥用研究、测试方法。

③科研人员的科研环境和条件相对比较艰苦

现阶段，河南省体育局虽然为各个运动管理中心配备了很多仪器设备，但远远不够利用；另一方面测试成本的不断提高，许多单位仪器设备没有得到充分有效的利用。科研人员长期在外或郊区跟队服务，生活、学习和业余活动有一定困难，稳定性受到一定的影响。

④科研人员的待遇问题没有真正落实，严重影响了科研人员的积极性

每个运动周期体育局都会出台相应的鼓励竞争政策，但在全运会后的贯彻落实上往往打折扣，这一定程度上挫伤了科研人员的工作积极性。

3. 水上运动项目发展的主要对策与措施

（1）管理体制的对策与措施

一个运动项目水平的高低，取决于这个运动项目的普及程度，以及在此基础上是否建立了一支高素质的体育优秀队伍。这支优秀队伍的素质建设，对于运动员的健康成长和竞技体育可持续发展都是十分必要的。因此，必须进一步加强完善运动队管理制度，充分发挥制度的管理和约束作用，形成良性的管理体制。加大对后备人才的培养力度：加强对业余训练工作的管理和支持力度，加强对基层训练组织的建设，确保优秀苗子队员输送渠道的畅通。加强对运动队伍的管理，加强管理，保证水上项目运动队竞技运动目标的实现。

（2）训练方面的对策与措施

坚持以科技为先导，以创新为动力，不断完善我省水上运动项目科学训练体系，强化科技对训练的支撑和指导作用，提高训练团队对训练过程的控制能力和及时解决问题的能力。加强对教练员的培养工作，在理论学习、技术培训、业务指导等方面都要不遗余力地进行扶持，要利用一切可能的机会，给教练员提供帮助，组织教练员学习。

（3）科学研究的对策与措施

当今竞技体育发展中的科技含量不断加大，成为运动场外的竞争焦点，因此水上运动项目的科研攻关工作必须：一要，积极参与运动员的科学选材工作，提高选材的成功率；二要，改善对运动员进行的机能科学诊断，主要是对运动员训练、比赛前后机能检查测定，分析研究运动机能的变化规律和运动训练规律；三要，加强多学科综合性研究，解决实际问题。随着竞技体育的发展，水上项目的竞争越来越激烈，作为复杂的人体科学的研究对象，实践中的许多问题都需要多学科、多层次的综合研究才能有效解决；四要，建立更加开放的体育科研体系。要动员社会上的科研力量和科研成果，使体育科研上档次；五要，拓展新的科研领域，多方位提高训练水平和人体运动能力。我们不能单单对运动员做简单的机能评定，而是还要研究提高运动员力量、提高人体的运动能力、促进恢复、减缓疲劳的手段和方法，还要研究运动营养的合理应用、运动训练理论和心理训练的突破，新器材、设备的应用，程序化参赛等等。此外，我们还要加大与训练有直接关系的竞赛，裁判等方面的研究。

第三节　冰雪运动——千里冰封，挑战无限世界

随着社会的快速进步，如今中国北方很多高校的体育课都开设了滑冰项目，让更多的学生感受到了冰雪运动的乐趣。准备活动不仅是冰雪体育课程也是所有体育教学中不可缺少的一部分，准备活动完成的好坏，将直接影响基本部分任务的完成，它对增进健康，增

强体质，防止伤害事故，掌握体育知识、技术、技能和提高兴趣都有重要的意义。

一、大学生冰雪运动训练新理念的理论基础

1. 冰雪运动与当代大学生的心理特点相结合

当代青少年个性形成的关键时期是在大学校园，此时他们对于社会现象、自然规律等均有一定的了解与认识，自身性格基本定型，大多数都有自己的理想，并且对如何实现自我价值充满了期望，这个时期的学生表现为具有广泛的兴趣，自身的坚毅品质也在逐步增强，本身的性格都有各自的特点。而当今社会所涌现的那些“非主流”则表现为叛逆、夸张、强调自我的人，则具有善于创新、敢于尝试的特点。冰雪运动则继承了传统的体育活动的一些模式，但也抛弃了一些程序，发挥自身特殊的灵活多变的独特条件，所产生的提运活动。正是由于冰雪运动的独特之处，注定会令那些正在青春期，对于所有事物都有所批判但仍渴望新事物的当代学生有强大的吸引力和具有良好的渗透性，更加符合当代大学生的性格特点，也使得他们能够引领冰雪运动。用他们的热情与活力推广冰雪活动，促进冰雪活动在社会上的广泛流行。

2. 冰雪运动能够令校园生活更加丰富

当代大学校园的文化建设的主要形式为引领人文素质教育以及对文化进行启蒙，而大学校园的文化能够直接对人的思想品德、价值观与认知力进行影响。优秀的校园文化环境能够潜移默化地影响学生。而冰雪运动本身恰恰具有丰富的文化内涵，它能够在大学的校园中进行普及，能够对培养当代大学生的校园精神、文明建设精神，以及人文环境产生影响。所以，当代北方高校应当善于利用自身条件即冰雪文化资源，来达到提高大学生素质教育的落实。

3. 冰雪运动能够对大学生的身心健康有一定的促进作用

当代大学生由于有了更多的闲暇时间，并且学习生活又有些简单枯燥，如果自身调节的能力又较弱，则会令神经出于高度绷紧的状态，在这种状况中学生的身体机能也会逐步下降，致使自身的免疫能力薄弱，各类疾病则会纷至沓来，所以在高校学习生活期间对于如何才能使自身健康发展，提出了一定要求，而这也给冰雪运动在校园推广带来可能，并且对于健康生活的形成创设一定的可能。在冷冽的冬季，对于能够促进人体血液循环，增加肌肤温度的冰雪运动，也使得当代大学生在进行户外活动时能够更好地适应外界的温度变化，进而增加了人体适应环境的能力，并能提升自我对于抵抗寒冷的生理功能，增强了自身的体质，同时也提升了自我的运动能力，也能够对于心肺功能的调节、改善器官功能方面具有较强益处。此外，冰雪运动可以随着人体在运动的过程中有效地缓解诸如焦虑、紧张等等的负面心理状态，进而降低心理紧张度，使得激烈的情绪恢复平静，进而达到消除淤积于心的失意和压抑情绪。

4. 当今高校体育课程关注热点是冰雪运动

作为学校教育组成的重要部分，体育课程的目标是紧紧围绕教育目标，通过体育目标的达成来推动全体教育目标的达成。在我国高校的体育课程目的与我国时政、经济、文化等的发展具有一致要求，也与教育行业息息相关，因此能够培养出具有竞争、合作、创新等全方位发展的人才，提高学生的品德、智力、体育素养等诸多方面，促使学生养成优秀的行为习惯，达到身心健康，并能很好地适应社会。冰雪运动作为一个对于锻炼自身、保持自我健康发展、并能够很好地促进身心愉悦三者有机统一的运动，其注重创造性以及具有独特的文化内涵，兼具娱乐、新颖的特性，能够很大的弥补当今高校体育课程中出现的问题，具有较高的现实意义。

冰雪运动是当今大学校园体育文化中的一个重要组成部分，它能够培养出当代学生对于冰雪运动的兴趣，做到了促进当代学生的个性发展，并能培养当代学生对于创新的意识，增进了当代学生自我健康，提高了当代学生的文化品位和对社会的良好适应力。一方面，冬季体育课程以冰雪运动为内容为主，有其特殊的教学方式，能够增加培养大学生冰雪运动方面的兴趣，并使大学生掌握冰雪运动的技能，从而培养当代学生的体育意识和养成良好的锻炼习惯；另一方面，将以休闲与健身为一体的冰雪运动作为大学生业余生活中最佳的闲暇体育实践方式，既能够使当代学生的身心得到健康发展，对其生活方式产生积极的影响，又能够符合当代学生一种善变求新的心理特点，满足现代人对于高质量工作和生活方式的追求。故而高校的管理者需要结合自身学校的实际状况，对当代学生的冰雪运动课程和校园文化的活动增加管理，给大学生积极参与活动创造有利条件，及时满足当代学生对于运动与文化的需求，从而令高校的校园体育文化取得更加朝气蓬勃的发展，也能够令高校生活更加活泼丰富。

二、冰雪选修课开展模式的制约及对策

1. 冰雪运动开展的制约因素

冰雪运动是一项非常有意义的体育运动锻炼科目，但是在我国广大的普通高校其发展受到了诸多限制。

（1）自然条件因素

我国北方地区四季分明有着相当长时间的冬季，冰雪运动在高校普及成本较低，效果较好，但是相对而言北方高校较我国南方比数量较少，这样就导致了在全国范围内较多数的普通高校几乎没有冰雪运动科目。北方各个高校在冬季结冰期均在操场设立冰场，并且由于天气寒冷，户外体育课程多转为对冰雪运动科目的训练甚至早已在地方政策上将冰雪运动向中小学普及，在南方地区很难做到这点。但就北方高校而言由于近年来高校扩招及冰期变短导致北方高校的冰山体育运动开展也受到了限制。如黑龙江大学的刘欣在《北方高校冰上课贯彻新课标教学改革的对策》中有，随着高校扩招人数急速增加，冬季冰期变

短等因素的限制，一些高校的冬季体育课程开始选用长跑、跳绳、雪地足球等项目，高校学生的冬季上冰率较20世纪80年代明显减少。冰雪运动项目的课时逐渐减少就更谈不上普及与发展。

（2）社会因素

①对冰雪运动项目的开展重视程度不够

相对于南方地区来说北方地区更加容易接触冰雪运动，但是各个高校并未对冰雪运动重视起来，尤其今年来冰雪运动开展难度较大问题较多，这就导致了在管理层面上对冰雪运动的重视严重不足。近年少未见有对冰雪运动有利的针对性政策提出与实施体现了管理层面上对冰雪运动项目的开展重视程度不足。北方高校尚且如此南方的高校对冰雪运动项目的重视程度可想而知，这是相当严重的。

②资金问题

冰雪运动项目的普及与发展相对于如长跑、跳绳、足球、篮球等运动科目来讲，其受到自然条件的影响较大，如进行普及与发展有着较大的资金需求，而普通高校做的更多的并非专业训练而是进行普及教育这就势必导致针对冰雪运动项目的资金拨款较少，很难将冰雪体育运动普及与发展起来。

③功利心理因素

就冰雪运动项目而言，其培训期较长、培训成本高、出成绩较慢，这是由冰雪运动项目本身的特点造成的。而恰恰因为这样的特点培训期长、培训成本高就导致了在普及与发展冰雪体育运动时资金问题比较突出，而起出成绩较慢就不能通过现有成绩申请更多的资金来促进冰雪运动项目的开展。出成绩较慢也就导致了领导层面对冰雪运动项目重视程度的降低，并且冰雪运动项目初期学习难度较大这就导致了在学生中对其兴趣的降低。而对任何体育运动项目说，人都是关键如果从高校管理层面到学生层面的人对冰雪体育运动项目的重视程度与兴趣都在逐渐降低那么冰雪运动项目是很难在普通高校普及与发展的。

2. 高校普及冰雪运动项目的对策与建议

（1）室内冰场的建设与开发

由于南方城市冰雪资源短缺，冰雪运动项目较难开展，室内冰场的建设是一个比较有效的办法。但是想在如杭州这样的一线城市建立室内冰场，其中的场地器械等费用就高达300—500万元人民币，这还不包括维护费用及人工费用。这其中的资金缺口是非常大的，这就需要通过多种途径来解决。

①是在需要建立新的室内冰场的情况下可以多家高校联合建设

通过本城市多家高校联合进行室内冰场建设一个室内冰场，这几家高校共同出资、共同使用，不仅仅节约了初始资金其维护与人工费用也将均摊，降低了室内冰场的长期成本。

②合理利用现有的室内冰场资源

据调查在我国南方发达城市均有室内冰场的存在，并且环境较好可以进行普通高校冰上运动项目课程的开展。高校可以与这些室内冰场及相关部门接洽，通过合作或者其他方式有效利用已有的室内冰场资源来进行本学校的冰雪体育项目的课程。

在冰场建立后可以对室内冰场进行合理开发已达到补充资金的收回成本的目的，在运行良好的情况下甚至可以为普通高校冰雪体育运动项目的进一步开展与普及提供资金。室内冰场可以像现在各个高校所拥有的游泳场馆一样可以进行适当的对外开放吸引冰雪运动爱好者来此进行冰上体育锻炼并收取一定的费用，同时在课余时间对学生开放也可以收取一定的费用来作为室内冰场的维护资金。还可以为当地的冰雪运动队伍提供训练场馆和承接各种比赛，通过这样的手段来获取资金。并且在室内冰场内可以通过租赁运动器材及其他相关服务获取到可观的收入。相信通过良好的运营手段，相信室内冰场会达到很好的开展与普及普通高校冰雪体育运动的效果。

（2）科学的课程设置

各个普通高等学校应根据自身所拥有的自然环境与人文环境情况合理设置冰雪体育运动项目的课程，如在北方可以利用冬季时间多安排课程，可以增加一些在南方较难开展的如雪地足球、滑雪这样的课程来增加学生多冰雪运动课程的兴趣与积极性，不仅提高了体育课的质量还对冰雪体育运动在高校的开展有巨大的促进作用。并且可以通过实地考察等方式吸收体育专科类院校或者其他冰雪体育课程开展较好的学校的成功经验，加强本学校的冰雪体育课程。

（3）充分发挥主观能动性

充分发挥主观能动性不仅仅说的是对学生兴趣认识的培养，还有对学校管理层面及地方领导的主观能动性。有调查表明，大多普通高等学校对冰雪体育运动课程的开展与改革、冰雪体育运动器材的购置、冰雪体育运动师资培养不够重视。在某种意义上来说只有学校管理层乃至地方政府对普通高校冰雪体育运动的开展与普及重视起来才能提高教师的责任感与积极性，教师责任感与积极性的提高才会充分对学生的认识兴趣进行培养，调动学生的主观能动性来更好地进行冰雪体育运动项目在普通高等院校的普及与开展。所以地方政府与高校管理层的重视才是重中之重。

（4）做好安全保障工作

众所周知冰雪体育运动项目是比较容易出现安全问题的体育运动项目之一，尤其是在学生的初学阶段，更容易造成安全性题。这就要求各个普通高校在开展与普及冰雪体育运动项目的同时做好安全教育工作，提高学生的安全认识保证学生的身体健康。并且在保证学生安全的同时加强思想教育工作，客服对冰雪体育运动的胆怯心理，投入到冰雪体育运动项目中来。同时做好应急预案，如一旦发生安全性事故及时处理保障学生的安全。

典型案例：新疆地区学校开展冰雪运动研究

1. 新疆地区学校广泛开展冰雪运动的有利条件

新疆属高寒温带大陆性气候，发展冰雪体育有得天独厚的冰雪资源，新疆冬季气温合适平均在 -4 度至 -20 度之间，比较适合户外运动。北疆地区从 11 月至翌年 3 月都以降雪为主，每年大约有 90—110 天的时间适合开展冰雪游运动，个别地区的时间还稍长，如位于新疆最北端的阿勒泰地区。从 2009 年起，新疆维吾尔自治区体育局在自治区北疆范围内选择 100 所中小学校，建立冰上运动示范校，每年进行三站“自治区冰上示范校速度滑冰比赛”，资金投入每年 400 万元。为自治区提供冰上运动员人才。

2. 新疆地区学校广泛开展冰雪运动存在的主要问题

首先，由于受高考体制的影响，许多学校为了片面追求升学率，提高学生考试成绩，常常占用体育之类的所谓“副课”课时上语数外等“主科”课。同时，由于目前在校学生多为独生子女，从小养尊处优，体育意识淡漠，意志品质较差，加上有些家长对孩子过于溺爱，对冬季参与体育活动的支持率相对较低，无形中正好契合了一些学校领导的错误想法和做法，导致对冬季体育课的放弃或轻视。其次，新疆地区由于经济条件的制约，许多学校自身筹措资金的能力又有限，随着物价的不断上涨，能够用于体育教学设施改善的经费总体看来还是严重不足，冰雪运动设施相对滞后的现象还是比较明显。不少学校由于新建或扩建教学楼，使操场的面积越来越小，可用来做冰场的地方更是有限。同时，由于水电费不断上涨，致使有些学校不愿意浇冰场，或冰场长期不更换冰面，从而降低了冰上体育课的教学质量，也直接影响了学生上冰的积极性。目前，从事冰雪运动教学的教师主要来自于体育院校或师范院校体育专业的毕业生，由于他们中的一部分人在大学期间没有接受过系统的冰雪运动项目的训练，所以只能教“教材”，现学现教，直接影响了学生对动作技能的掌握和学习兴趣的提高。有调查显示：高达 50% 的教练员理论水平偏低，大部分教练员没有专门进修过，参加短期培训的情况也不容乐观。最后是，由于新疆地区冬季气候寒冷，体育课和课外体育活动存在教学内容单一、教学方法落后和教学结构不合理等问题，忽视对学生冰雪体育运动行为和习惯的正确引导和规范，无法调动学生学习的积极性、主动性和参与的热情，严重阻碍了学生参加冰雪运动的主体作用的发挥和理解、接受、践行等自主建构能力的培养。

3. 新疆地区学校广泛开展冰雪运动的有效途径

其一，制定政策，加大投资力度。政府及相关部门要高度重视在各级各类学校广泛开展冰雪运动，及时制定各种政策和措施，大力宣传和营造全社会关心、重视和支持冰雪运动的良好氛围，明确学校冬季体育场地、器材设施的基本标准和要求，加大投入和监管力度，通过政府投资或融资等多元化投资方式，不断改善教学及训练环境，为冰雪运动的广泛开展提供坚实的物质基础和智力支持。

其二，密切与社区的联系。由于区域经济发展水平的不同，新疆地区冰雪场地设施的开发在各地发展的状况也是不均衡的。如何解决此类问题，除了充分挖掘现有的冰雪场馆设施的潜力，充分提高场馆的利用率，合理安排学生的上课时间和课外锻炼的时间，可以充分利用社区现有的丰富体育资源，实现资源共享；一是共用运动场馆和设施；二是聘请有专长的冰雪运动人才担任学校的课外辅导员或教练员；三是共同开展冰雪运动，包括冰雪竞技运动、冰雪娱乐活动和冰雪运动竞赛等项目，促进学校体育和社区体育的共同发展。

其三，提高体育教师队伍的整体素质。体育教师应深入钻研理论知识，不断完善专业知识结构、教育教学能力结构和职业道德修养。学校要重视对教师的入职教育和职后培训，经常给教师创造和提供培训与进修的机会，进一步拓展教师的知识视野和提高教师的执教能力。要鼓励教师进行教育科学研究与实验，使他们能在研究探讨中获取最前沿的信息，提高自身的创新意识和能力。要通过多维视角来端正教师的工作态度，引导和培养教师的敬业精神和责任感，提高广大教师的工作热情，调动教师教书育人的积极性，挖掘其内在潜能，提高师资队伍的整体水平。

其四，加强冰雪体育课程资源的系统整合。加强冰雪体育课程资源的系统整合，把其作为一门主干课程纳入学校统一的课表，编写相应的课程计划、课程标准和制定考核与评价标准。在设置教学内容方面要特别强调体育人文意识和精神的塑造，以此来规范和保证冰雪体育课程能够健康有序地发展。同时，各校应建立冰雪运动网站，以弥补冬季体育教学的不足，拓展冬季体育教学的空间和时间，让学生利用课余时间，利用现代技术手段，不断丰富冰雪运动知识和掌握冬季体育运动的技能技巧，并通过网上互动促进师生积极交流，共同提高冰雪体育课程的质量。

案例启示：“阳光体育运动”的提出，无疑是我国体育界的一件大事，对体育运动的广泛开展、青少年及全民健身意识和其身体素质的提高提供了一个难得的机遇。东北地区学校一定要发挥自身得天独厚的冰雪资源优势，把握时机，争取主动，密切联系社会和家庭，调动一切积极因素，提高广大学生参与冰雪运动的积极性和主动性，培养学生参加体育锻炼的良好习惯，树立其终身体育的思想和观念。

第四节　户外运动——适应环境，重新学会生存

随着我国经济水平的快速增长，人们的生活水平在不断提高的同时，对健康的需求也逐渐加强。人们为了满足自身身体健康、提高人际交往、追求刺激和冒险等多方面的需要，开始在陆地、在水上、在空中等各种特定的自然环境下进行户外体验活动。高校学生是时代的新生力量，年轻所拥有的冲劲和寻求刺激的心理使他们渴望能够更多地参与到一些户

外运动中，但是，政府和学校为了学生的安全考虑未能使这项运动全面地落实开展。

一、大学生户外运动训练新理念的理论基础

户外运动课程以运动训练学、教育学、心理学、管理学和组织行为学为理论依据，突破了传统体育课程模式，在教学空间上把学校、社会、自然相融合、课堂教学与户外实践相结合的一门课程，充分体现了源自实践、依托实践、服务实践的教育内涵。

1. 户外运动定义

户外运动定义多种多样，文献搜索发现国家登山运动管理中心对其的定义是：户外运动是一组以自然环境为场地（非专用场地）开展的带有探险性质或体验探险的体育项目群。主要包括陆地、水上、空中三大类。另外，其他学者在此研究基础上做了诸多阐述，由于研究视角和逻辑起点的不同，就目前我国开展的主要户外运动形式、参与要求和目的以及受大众化发展趋势影响等因素，普遍定义为："人们在闲暇时间，为了满足自身身体健康、放松和休息、人际交往以及刺激和冒险等多方面的需求，采用体育运动的方式（步行、划船、登山、骑自行车等）在山地、水域、荒漠、高原等各种特定自然环境下进行的各种户外体验活动。"从定义中可以看到户外运动的一些关键词：自然环境，探险性质，体验探险，户外体育活动等。

2. 户外运动课程是对高校课程纲要的贯彻实施

2002 年 9 月教育部颁布了《全国普通高等学校课程指导纲要》，指出：高校体育工作应该充分利用空气、阳光、水、江、河、湖、海、沙滩、田野、森林、山地、草原、雪原、荒原等条件，开展野外生存、生活方面的教学与训练，开发自然资源。意思是要将大学体育课从学校的运动场搬到大自然来进行，让学生在回归自然运动中强健体魄的同时获得野外生存、独立生活等一系列的能力。户外运动是以自然环境为场地的带有探险性质或体验探险的体育项目群，是充分利用自然资源，借助天然的场地，以自然为背景的体育运动，它包括山地户外、荒漠户外、海岛户外和高原户外。这项运动涵盖体育学、地质学、气象学、动植物学、环境学、管理学、心理学等多学科知识，所以这项运动的开展，在强健体魄的同时还能让我们具备野外生存和保护自己生命安全的能力，让我们认识自然，了解保护环境的重要性。因此从运动场地来说，山脉、河流、荒地丛林等自然环境符合《全国普通高等学校课程指导纲要》关于高校体育工作应该利用空气、阳光、水、江、河、湖、海、沙滩、田野、森林、山地、草原、雪原、荒原等条件的要求，从运动的内容来说符合野外生存、生活方面的教学与训练、开发自然资源的要求，所以户外运动课程是贯彻实施《全国普通高等学校课程指导纲要》目标的重要途径之一。

3. 户外运动课程有利于推进和深化高校体育课程的改革

高校体育课程的改革这几年如火如荼地进行着，取得了相当好的效果。然而，在取得

成绩的同时我们不得不面对一个非常现实的问题：一方面高校连年扩招，学生的人数快速增长，另一方面学校的运动场馆建设和器材的购置相对滞后，导致现有的运动场地和器材已不能满足日常的体育课教学和课余体育锻炼需求。虽然有些学校实施了选项课教学，开设了一些当下热门的体育项目，但是这些项目却因为场地和器材的原因而限定人数，将大部分人拒之门外，所以大部分学生只能回归到从小学到大学一直重复的传统体育项目中，学生对这些重复了多次的传统体育项目失去兴趣，导致他们参与体育锻炼的积极性不高，在体育课上懒懒散散，参与课余体育锻炼不积极。这是这几年大学生体质下滑的原因之一。

户外运动是一种充分利用自然资源，借助天然的场地，以自然为背景的体育运动，场地要求低，很少需要人工修建的场地，对运动的器材的要求也低。因此，户外运动课程的开展能够缓解当前大部分学校由于体育运动场馆和器材不足与学生对体育运动需求的矛盾，让大部分学生走出校门，到大自然中享受运动的快乐的同时提高身体素质。现代大学生在走入大学之前由于升学的压力，与自然接触的机会较少，易于封闭自我。户外运动能够锻炼大学生独立面对挫折和困难的能力，帮助他们树立达到目标的自信心和健康乐观的心态，并通过成功的户外实践体验肯定自我，相信自我，从多方面提高大学生的心理素质。这是体育不仅仅是为了强健运动者的体魄，更是在强健体魄的过程中让参与者心理获得健康的目的。因此，户外运动课程的开展不仅能够提高大学生的身体素质，还能够健全大学生的心理，让他们在参与户外运动的过程中体验成功，学会团结合作，互相帮助，使大学生的身心得到健康的发展，这是深化高校体育课程改革的初衷。

4. 户外运动课程有利于促进素质教育的实施

国家教育部在《关于当前积极推进中小学实施素质教育的若干意见》中将素质教育定义为是以提高民族素质为宗旨的教育，其是依据《教育法》规定的国家教育方针，着眼于受教育者和社会长远发展的要求，以面向全体学生、全面提高学生的基本素质为根本宗旨，以注重培养受教育者的态度、能力、促进他们在德智体等方面生动、活泼、主动地发展为基本特征的教育，包括内在素质和外在素质。内在素质主要是人对世界、环境、人生的看法和意义；外在素质是一个人具有的能力、行为、所取得的成就。

高校素质教育不仅要专业素质较高的人才，还要培养具备优良的思想素质、人文素质、审美素质，创造素质、身心素质和人际交往素质的社会主义事业的建设者和接班人。大学体育课程中的其他运动项目对大学生的性格、品质、身心等都有较好的促进，但由于场地、器材等因素受到一定的限制。而户外运动不受场地和器材的限制，还具有多学科能力的综合性，不仅要求参与者应具备相应项目的一定的体能和特殊户外运动技能，而且要求参与者要具备一定的体育学、地质学、气象学、动植物学、环境学、管理学、心理学等多学科知识的综合能力。并且在参与过程中有机会体验集体生活，同学之间互相交流沟通，了解自己、了解他人、了解社会、了解自然，还强健他们的体魄，更激发他们的创造灵感，培养他们的创造素质，健全他们的心理品质和人格，塑造完美的个性，从而使学生的身心素质得以全面发展。因此，户外运动是高校落实素质教育，提高学生各方面素质的重要途径。

5. 户外运动课程是体育与环境教育的有效结合

（1）环境教育的意义

随着社会和经济的发展，人们片面地追求经济效益，忽视对环境的保护，因此人类生产和生活活动对环境的破坏日益加剧，但是随着科技的发展、收入的提高，人们的生活水平大大改善，为了追求更高的生活质量，开始向往回归大自然，期待拥有美丽健康的自然环境。因此，许多发达国家越来越重视环境的保护，将减少对环境的破坏作为一个重要任务，希望现代社会经济发展建立在生态系统良性循环的基础之上，实现由单纯追求经济目标向追求经济与生态双重目标转变，以保证人类社会的可持续发展。

（2）户外运动课程融入环境教育的分析

大学生作为未来社会建设的决策者和生力军，在社会发展过程中起决定性的作用，在具备相应的工作能力的同时还要树立良好的可持续发展观。社会和经济的发展与环境是矛盾又统一的，经济的发展、社会的进步势必对环境产生破坏，但是有了良好的环境条件，社会和经济才会健康有序地持续发展，人们才能够真正享受经济和社会发展的成果。德国等一些体育发达国家从20世纪80年代开始“与体育相关的环境教育”，并产生了相关理论，德国中小学体育课在20世纪90年代中期就增加了环境教育内容。

在我国，体育中开展环境教育是一个全新的课题，从理论到学校体育课中的实践都还是空白，这与我国社会经济的快速发展及对环境保护的重视极不相称。通过户外运动课程的开展，我们能够了解自然的一些规律，掌握一些在大自然中生存的技能，让人真正融入自然，了解人类在社会和经济的发展中对自然的破坏，以及良好的自然环境对人类社会和经济发展的促进。所以，我们在高校体育课中开设户外运动课程就是让大学生通过与自然的接触，了解环境遭到破坏的后果及通过在户外运动中垃圾的处理及回收养成保护环境的习惯，让社会、经济与环境和谐发展。

6. 户外运动课程是对学生开展生命安全教育的重要手段

（1）生命安全教育的意义

生命安全教育既是教育的本体功能的体现，又是当今社会学校教育课程体系的重要组部分。对学生来说，他们学习了安全教育，提高了自身的安全意识和维护安全的基本技能，懂得并运用其保障和促进自身的身心健康和发展。当前的高校教育体系中专门针对学生的生命安全教育几乎没有，同时作为生命安全教育仅掌握理论知识而缺乏模拟的实践只是纸上谈兵，到了关键时候我们无法保障我们仅有一次的生命。大学生是祖国未来的建设者和决策者，他们将奔波于全国各地的各行各业，需要面对的突发事件不可预见，因此，这些未来的建设者和决策者们有必要掌握一定的处理突发事件的技能。

（2）户外运动课程融入生命安全教育的分析

户外运动中有野外生存训练、野外急救、火场逃生、地震逃生、损伤急救等一系列的内容，我们将在户外运动课程中运用情境体验、运动和身体练习等基本手段，采用相应的教学内容、科学的教学手段和教学方法，首先普及理论，然后分析具体的案例，再现场模拟实践等手段，提高学生面对各种危险情况的基本的生活自理和自卫能力、对环境的适应能力、抗挫折能力等，并通过到大自然中进行户外运动实践，强化学生野外训练的能力及安全防范能力、自救能力等，使学生了解各种危险情况的产生、状况、后果及预防措施等。所以，通过在大学体育中开设的户外运动课程中的生命安全教育，使受教育对象增强自我保护能力，在他们走向社会后在突发事件面前临危不乱、处变不惊，同时也有效保障国家及社会政治、经济、文化、生活等各个方面的安全。

总之，户外运动作为一项新兴的体育运动项目，是人们亲近自然、走进自然、了解自然的一种运动方式，虽然在运动中具有一定的探险的性质，但是其魅力将吸引更多的大学生参加。这门课程在教学空间上把学校、社会、自然相融合，将课堂教学与户外实践相结合，是高校体育课程改革的趋势。这门课程能够完善学生的知识结构，提高学生的身体素质和心理素质，对高校素质教育起到促进作用。这门课程的开展将环境教育和生命安全教育融入体育课教学中，填补高校对于学生环境教育和生命安全教育的空白。

二、高校学生户外运动安全问题的探索与研究

学生在参与户外运动过程中的安全问题，同样也是屡见不鲜。安全问题的出现，不但对学生的身心健康产生了危害，严重的甚至会危及学生的生命安全。学生应该如何应对这些问题呢？

1. 高校学生在参与户外运动的过程中安全问题出现的原因分析

（1）学生自身的原因

因学生自身的原因导致的户外运动安全事故的情况，主要有如下几种：

①学生的安全意识淡薄，对户外运动安全问题的重视不足

安全意识淡薄，对安全问题的重视不足这一情况在参与户外运动的高校学生群体中十分普遍，而这也是造成学生户外运动中安全事故的最为主要的一个原因。很多高校学生将户外运动作为一种时尚的、趣味性的运动，却没有意识到其中的风险因素，以至于在面对危险情况时，由于安全意识的缺乏无法意识到危险情况的存在，常常危险于不顾，继续行动，从而导致安全事故的出现。

②学生的身体素质水平较差，对自身的能力估计错误

由于户外运动直接面对的是大自然，并不能人为地对其中障碍和困难的等级进行设定，而且还极有可能出现突发情况，所以，户外运动对参与者的身体素质水平有着较高的要求。但是，高校学生由于平时缺乏锻炼，又极少参与体力劳动，普遍体能水平较低。但是部分学生在参加户外运动的过程中，却忽略了这一问题，对自身实际的能力和水平估计错误，而又要追求挑战和刺激，以至于为参与户外运动的过程埋下了安全隐患。

③学生的户外运动经验不足，过于盲目造成安全隐患

户外运动的经验丰富与否在很大程度上决定着户外运动参与者的野外生存能力和面对危急情况时的应变处理能力。但是对于高校学生来说，由于受时间、精力以及经济等多方面因素的制约，要高频率的参与户外运动是不可能的也是不现实的，所以，多数高校学生的户外经验均是较少的，很多学生的自救知识、逃生知识均有所欠缺。如果高校学生在参与户外运动的过程中，不顾这一实际情况，不做任何准备就盲目地参与到户外运动中去，就很容易造成安全问题。

（2）环境方面的原因

可能引发高校学生在参与户外运动过程中安全问题的环境方面的原因，可从自然环境方面的原因和社会环境方面的原因两个方面来进行探讨和分析。

①自然环境方面的原因

毫无疑问，学生开展户外运动、参与户外运动的场所是大自然，因此，学生在户外运动中的方方面面和一举一动都会或直接或间接地受到自然环境的影响。自然环境实际上就是围绕在人们周围的所有的自然因素的总和。例如：空气、动物、植物、山川等等都是自然环境的一部分。通过一系列的资料研究和调查分析发现，学生在参与户外运动过程中所出现的安全问题，很多都是因自然环境方面的因素引发的。例如：洪水、泥石流、暴雨以及滑坡等自然灾害的出现均有可能引发学生户外运动中的安全问题，而这些均应归属到由自然环境而引发的安全事故之中。

②社会环境方面的原因

虽然说高校学生的户外运动是其与大自然零距离接触的一个过程，但仍然是在社会大环境中进行的，因社会环境方面的因素而导致的高校学生户外安全问题也是不容忽视的一个方面。例如：某些不法分子就经常利用大学生思想单纯、社会经验少的特点，来行骗或是行窃，有的甚至会因行骗或是行窃不成，而危及学生的人身安全。

（3）组织管理方面的原因

组织管理方面的原因也是引发高校学生户外运动的过程中安全问题的常见因素之一。因组织管理引发的安全问题，主要涉及如下内容：

①户外运动组织者的专业水平有限。由于户外运动在我国兴起的时间较晚，所以，目前我国高校户外运动专业技术人员缺乏的现象十分少见，这一点贵州省高校同样也不例外。而高校户外运动专业技术人员的缺乏，导致的最为直接的一个后果，就是很多户外运动的组织者都是业余的、非专业的，往往靠几次不多的户外运动经验，就开始着手户外运动的组织工作，专业水平十分有限，以至于其所组织的户外运动的安全系数也就更低，发生户外运动安全事故的概率也就更高。

②所组织策划的户外运动不够科学。在组织策划户外运动时，很多人不顾参与者的实际情况和活动场所的安全系数盲目制定活动计划，脱离了高校学生所能达到的能力范围。例如：对于初次参加户外运动的学生或户外运动经验较少的学生，所制定的活动路线就应

尽可能地简单，所选择的活动场所应尽量具备较高的安全系数，而不能为了追求挑战和刺激，就盲目地制定复杂的路线、选择难度系数高而安全系数却较低的活动场所。

（4）制度方面的原因

学生在参与户外运动的过程中，导致安全问题出现的制度方面的原因，主要有两点：

①缺乏健全的公众援救体系

虽然说，高校学生在参与户外运动的过程中，应针对安全问题提前做好周密的准备和安排，但是仅仅靠当事人自己的准备仍然是不够的。因为，户外运动存在着一定的不可预料因素，某些时候在当事人准备充分的情况下安全事故仍然会出现，此时为了避免安全事故的发生，就应有健全的公众救援体系来做保障。然而通过对高校学生户外安全问题所进行的研究发现，目前，我国目前的公众救援体系明显不够健全，贵州省目前的公众救援机制也十分有限，以至于一旦发生突发安全问题，很多救援安排都是临时性的，耽误了救援的最佳时机。

②高校方面的户外安全机制的缺乏

多数高校目前尚未意识到户外安全意识的重要性，高校户外安全教育尚未得到广泛的推广，高校户外安全保障体系也没有得以完善的构建，这一点，同样也是影响高校学生户外安全的因素之一。

2. 有关高校学生户外运动安全问题的几点对策与建议

（1）高校应重视户外安全教育的开展

户外运动的危险性是毋庸置疑的，要最大限度地降低高校学生户外运动中的安全隐患，其中最为关键，也是最为首要的一点，就是要重视学生的安全教育。也就是说，要通过安全教育的开展，来提高学生的安全意识和安全观念，通过学生自身的观念和行为的改变来降低学生在户外运动中的安全隐患。

高校在开展户外安全教育的过程中应注意如下两个问题：

①注意普及学生“安全第一”的观念，通过安全教育的开展，让学生在参与户外运动时，始终将安全问题放在第一位。

②具体的户外安全教育的开展过程中，一定要确保所开设的教育课程的科学性和安全性。为了确保所开设的教育课程的科学性和安全性学校可以通过聘请专业的户外运动技术人员来实现，也可以通过定期的、有针对性的培训现有任课教师提高其专业知识和执教能力的方式实现。例如：可以对现有的任课教师通过网络学习、外出学习的方式来提高其专业理论知识（如：可以利用教师发展在线进行相关知识的学习），同时也可以通过假期实地培训的方式来提高任课教师的实践知识和技能。

（2）高校可根据本校的实际情况设置户外急救课程

目前，我国的户外安全保障系统和公共救援体系均不够完善，在户外运动中出现危险情况时，如果仅仅依靠等待外部救援来脱险的话，很容易失去脱险的最佳时机，造成不可挽回的后果。针对这一情况，高校可以根据本校的实际情况，通过开设户外急救课程的方式，来提高学生在危险情况下的自救和互救能力。以尽可能地通过及时有效的自救和互救措施来将伤亡情况降到最低。高校在开展户外急救教学课程的过程中，可以采用理论与实践相结合的教学模式，而且应当适当地提高实践教学的比例。之所以这样是因为，安全问题多数都是在户外紧急的情况下出现的，只有丰富的理论知识，却不具备实践动手能力，是与开展户外急救教学的初中相违背的。因此，任课教师在开展高校户外急救教学课程的过程中，应适当地提高实践教学的比例，通过情景模拟、案例分析等多种方式来培养学生面对突发情况时的危机处理能力。除此之外，在针对学生进行考核和评价时，同样也应采用理论和实践相结合的方式，且实践考核的比例可适当加重，以确保学生能够通过课程学习真正掌握户外急救的知识和技术。

（3）高校应逐步构建科学完善户外安全保障体系

①完善高校户外运动的双层管理体制

高校户外运动的双层管理体制，主要是针对高校学生中的户外运动参与者和组织者而言的。其中，对参与户外运动的高校学生而言。学校要确保对所有参加户外运动的学生，都要进行相关的运动知识和技能培训，并有针对性地聘请专业人士来进行指导，以提高学生对相关知识和技能的掌握程度。而针对组织户外运动的活动组织者而言。学校应对其进行登记并对其进行统一的管理。例如：应针对高校的户外运动组织者定期进行培训和考核，并要制定相应的标准来对户外运动组织者的资格进行把关，以促进其专业水平的不断提升。

②要注意健全高校的户外运动安全保障措施

因为户外运动存在着很多突发状况和不安全因素，因此，要构建科学完善的户外安全保障体系，就要注意关注户外运动安全保障措施的建立和健全问题。以期能够通过周密的准备工作，将户外运动中安全事故出现的概率降到最低。具体来说，要健全高校的户外运动安全保障措施，要注意关注以下几点问题：一是，建立参与学生档案，对参与户外运动学生进行备案统计，以便科学管理；二是，要注意所制定的活动方案的科学性。也就是说，要针对参与学生的实际情况制定科学合理、难度适宜的活动计划和活动安排，并在活动前做好明确的分工，以确保活动的井然有序进行；三是，应提前制定安全防范措施。在活动开始前，就要对活动路线进行了解和勘察，并向所有的参与者讲解活动的计划、安排、内容等事项，让每个参与者都清楚地了解活动的相关情况，并针对活动中有可能出现的问题和突发状况进行讨论，以尽可能的提前发现问题，并有针对性地提出解决方法，做好相应的安全防范措施，以确保户外运动的顺利、安全进行。

三、他山之石：美国俄亥俄州立大学体育教育专业的特色

俄亥俄州立大学（The Ohio State University at Columbus）。目前是美国最大的大学，它由位于哥伦布市的主校园和位于利马、曼斯菲尔德、马里恩、纽瓦克和渥斯特的分校组

成。俄亥俄州立大学始创于1870年，目前是美国规模最大的大学，今为十大联盟成员，是美国一所顶尖的公立大学，被誉为“公立常春藤”大学之一。在美国所有研究型大学里，综合排名15。该大学设立了休闲体育委员会，只有加入委员会的会员才能够参与到户外活动中，要求参与者必须至少18周岁。户外运动的意图是向学生提供强大的团队建设经验，帮助学员结交新的朋友，学会荒野技能，拓展领导力，提高人际交往能力，学会欣赏和关心环境，同时他们会训练学生和专业人员领导整个冒险活动。户外活动许多是在校外举行，主要有：野营、背包、定向运动、远足、浮潜、划船、滑雪、攀岩、使用绳索下山及结绳等。该运动的重点是发展参与活动所具有的基本技术，帮助学生学习在压力下解决问题的技能。

对于每一项户外运动的参与，参与者必须要在上班期间到户外探险中心进行注册登记，同时需要交纳一定的费用。每次外出活动前，参与者被要求参加一个强制性的差旅前会议。具体的一系列日程安排等参与者们可以在学校的网页上看到。该学校还设立有户外探险资源中心，参与者们可以自行在户外运动信息中心学习新技能。对于其他各种各样的运动材料，比如攀岩，滑雪，徒步旅行、骑自行车、钓鱼等户外探险中心都会提供最新的材料和杂志。当然，对于一个开展户外运动较好的大学，俄亥俄州立大学对于学校的医疗指导设立安排也很细心到位。学校设有专业的项目医疗指导机构，机构内有各种项目的培训，比如攀爬、徒步旅行、顶级绳系栓牢等。培训的时间、地点和培训的内容都十分的详细，学生们可以在学校的官网上找到。在每个项目的培训结束后，机构都要求参与培训的人员能够取得机构颁发的户外探险资格证，未能取得资格证便不能参与到户外活动中。该学校在户外活动设备上，采用购买和租赁的方式对学生开放。购买的户外活动用品都是一些比较便宜的，比如粉笔袋、胶带等。租赁的设备又分为各种活动用途，比如划船使用的独木舟、救生衣、潜水服等；比如露营使用的睡袋、炉子、帐篷等。设备的租赁减少了学生的开支，从而提高了学生的参与度。

第五节　球类运动——竞技文化，尽显人生风采

现代教育特点及球类运动发展趋势要求在技术训练、人文操作、教育水平和文化素质方面对大学生进行培养，并注意强调其重要性，达到四个方面相结合、相协调、相促进的效果，使其紧密地融合在一起，为大学生球类运动的发展与提高起到积极的促进作用。

一、大学生球类运动训练新理念的理论基础

1. 技术训练新理念的理论基础

任何事物的发展都有其客观规律，球类运动的技术训练也是如此，球类运动的技术训

练的客观规律就是球类运动要与运动项目的本质特征及规律相符合。在球类运动训练过程中，要以球类运动的本质特点和规律为主要依据，对球类运动训练进行科学的指导，力争做到实用、全面、朴实和结合实际，并且与事物的客观规律相符合。在球类运动训练中，一切都要以实战需求为前提，从实际出发和结合实战是运动的技战术训练最有效的方法。大学生在比赛中轻松、熟练的表现，不断的练习、训练是关键，因此，这也要求训练要与比赛的情况尽可能地一致，才能发挥训练的效果。

2. 人文操作新理念的理论基础

人文操作新理念的理论基础具体体现在实际操作中的方方面面，全面、深入地了解人文操作新理念，需要认真对待以下三个方面。

其一，人的行为的实施在一定程度上受人的感知意识、信念体系的指导和支配。因此，所谓的人文操作的方法，就是教练员或领导者必须按照他们的信念体系和他们要领导的大学生信念体系来认识领导工作；其二，球类运动训练水平的提高要与自然规律和价值规律相符。理想训练效果的达成，在进行球类运动训练时，不仅要符合科学规律，还要在目标追求与实现的过程中符合自然规律和人的价值规律，体现人文特征，还要将科学性与人文特征相结合、相统一，从而达到真与善统一的目的；其三，人文的重点是突出人的主体性。人文不仅彰显了技术的灵动，而且也摆脱了“技术”对“人”的控制，从而达到公平竞争，培养人性，挖掘潜能的目的。这就明确了主体性以及人与技术的关系。除此之外，情感、责任感、态度、信念等，都在很大程度上决定着大学生的体能、技能、成绩等物化的成分，具有非常重要的现实意义。

3. 教育水平

大学生进行球类运动训练主要是通过教练员、大学生、管理人员和科技人员等共同参与、密切配合而实现的。而由于在球类运动训练过程中缺乏大学生主体性的发挥，以及对大学生专项教育的培养，导致以往球类运动训练等人才培养出现了一系列的不科学的现象，具体表现在以下两点：首先，依靠单一的训练过程，过多强调的是身体素质、技战术修养、心理素质；其次，对大学生的文化和人文素质的培养不够深入和全面，使得大部分运动员在激烈竞争的训练和比赛中显得力不从心。

4. 文化素质

当代的球类运动的较量是体能、技能、心智等各方面综合能力的较量。在一定的条件下，心智能力要较体能、技能更加重要。通常来说，具有较高球类运动心智的大学生之所以能够大幅度提高其整体的竞技能力，主要是由于其不仅能够较为深刻地把握运动的特点和规律，而且还能够更准确地认识运动训练理论和方法。

二、运动员在球类运动中的身体素质训练

作为一名优秀的球类运动员必须具备顽强的斗志和良好的身体素质以及全面精湛的基本技术和丰富的战术意识，而运动员要掌握全面熟练和准确的基本技术，达到高水平，取得好成绩，就必须重视和注重身体素质训练。

1. 身体素质训练的重要性和必要性

身体素质是掌握排球技战术的基础，有了良好的身体素质，才能使战术达到高水平，而有计划、科学系统地进行全面的身体素质训练，可以不断提高运动员的身体素质水平，为提高三大球运动水平打好基础。从国际球类运动水平的发展与提高来看，世界篮排球各强队十分重视身体训练，具有较高的身体素质水平，如美国男篮、巴西女排称霸篮坛和排坛、实力超群，其战斗武器就是通过身体训练而获得惊人的弹跳力和爆发力，腰臂力特别好，反应灵敏，速度快。当然，这与其运动员先天所具备的身体形态优势、身体机能优势有关系，但是球类专项身体训练是下了功夫的。这给了我们一个启示，有计划地全面地坚持身体训练，并使身体训练与技战术训练紧密结合起来，是提高球类运动水平的重要环节。由于身体素质是掌握技术和战术的基础，是提高和创新的前提，身体素质的发展程度决定着运动水平的高低，因此，在培养球类运动员的最初阶段必须把身体素质训练作为主要内容。球类运动员素有“三年成型，五年成才，八年从器”之说，从一些优秀运动员的成长过程中看，12—18 岁的基础训练是决定一个运动员能否向高水平进展的关键时期。万丈高楼平地起，基础越牢素质越全面。

2. 身体训练要注重青少年的生理特点

青少年时期是各种素质相继发展的重要时期，青少年的可塑性很大，因此这个阶段训练的好坏对他们的成长尤为关键。在青少年时期抓紧各项素质的训练，可以得到最快速度的提高。对青少年进行训练时，应根据青少年发育阶段的特点。青少年骨骼、肌肉、关节均处在生长发育阶段，这个时期应注意培养他们对球类运动的兴趣和爱好。青少年大脑皮质兴奋过程占优势，兴奋优于抑制，易于扩散，训练中注意力容易分散和疲劳，因此在教学训练中，特别是进行身体训练时，要采用多种多样的手段和方法，多安排一些发展反应能力、协调性、灵活性的练习，适当增加竞赛性练习和游戏，以提高他们训练的积极性。这一时期由于他们心血管系统发育还不够完善，运动量不宜过大。根据青少年骨骼的特点，身高增长过快，骨骼迅速生长，骨的成分比成年人胶质多钙质少，骨骼还未完全骨化，在这时期身体素质训练应以跳跃和各种活动为主。如进行原地三级跳、多级跳、收腹跳、蛙跳等练习，这对骨骼的增长有很大的帮助。在进行跳跃性身体训练中，不宜在硬地上过多地进行，以免引起膝关节的半月板损伤；安排负重练习时也一定要循序渐进，以免影响了骨骼的正常生长。根据青少年肌肉特点，由于肌肉不发达，容易产生疲劳，这时期肌肉水较多，蛋白质较少，肌肉收缩力量比成人小，因此，不宜过多地采用大重量的练习，身体

训练中最好是安排发展速度和反应能力的练习。如根据排球的特点，多用视觉信号进行短距离的快速跑、原地高抬腿跑、连续快速挥臂击球等练习。

对青少年和女子队员要特别重视速度训练。一般情况下，男子在 20 岁以前提高速度较快，20 岁以后逐渐地稳定和减慢；女子在 16—17 岁时提高速度最快，女子的速度只有男子的 85%。因此，对于青少年和女子速度及反应能力的训练应该加强。

3. 身体训练经常采用的方法

（1）循环训练法

把许多单个动作按一定的顺序编排起来进行反复的训练，作用是全面而有效地增强肌肉力量、肌肉耐力、速度等。内容要求：一轮采用 4—6 个训练手段或动作项目。连续反复进行三个以上的循环，中间不休息。例如：持哑铃向上推举（5kg)20 次→俯卧撑推起击掌 15 次→负重蹲起（50kg)10 次→跳绳双摇 60 次。最好安排隔日做一次，记录时间，完成时间力争一次比一次短，完成一组后测量心率是否达到 30 次 /10 秒左右。

（2）间歇训练法

重复做某个动作若干次为一组，按一定的要求，一定的时间重复若干组的综合方法，作用是发展耐力和速度耐力。例如 25m 往返移动 5 次或连续助跑扣球 20 次，休息 1—2 分钟，再重复一次再休息 1—2 分钟，如此重复 3 次以上。注意脉搏的次数和变化，一般说负荷强度脉搏最高达 170—180 次 / 分，休息后 120—130 次 / 分为宜。如果休息后高于 140 次 / 分以上，则应调整练习内容。

（3）重复训练法

在条件相对固定的情况下，按要求反复练习同一动作的方法，作用是主要发展速度、灵巧和耐久力。例如:三人一组，甲在四号位连续上步扣抛起的球 10 次，乙和丙在旁休息，依次轮流 5 组。注意选择负荷量的标准是以动作速度不降低为标，次数要符合对象的实际能力，过多会造成其速度减慢，灵活性也会随之降低，这样反而达不到发展速度和灵活性的目的。

（4）竞赛训练法

就是在上述方法的基础上加入竞赛因素，在比赛或近似比赛条件下进行练习的方法，注意在一次训练课中不应单一地采用某一种训练法，应使用各种训练法交替进行。

总之，进行身体训练提高身体素质，既要全面发展又要抓住重点，要区别对待，因人、因时、因水平以及项目而异，并具体落实，训练当中有质量指标和规格要求，要在多年或全年训练中系统地安排好身体训练。

三、高校软式排球运动的开展及教学对策

软式排球自 20 世纪 80 年代在日本产生之后，便得到了广泛推崇，我国自 1996 年起便提倡大力开展软式排球运动。软式排球以其简单、安全的特点，并且兼具娱乐、健身的

功能，在高校得到了广泛推广。但从目前软式排球的教学现状来看，仍存在一些制约其普及发展的因素。

1. 软式排球的特点与作用

（1）软式排球的特点

软式排球顾名思义，较之硬式排球具有轻、软、不易伤手的特点，其制作的主要原料为海绵和橡胶。由于重量较轻，软式排球的飞行速度不快，身体素质不高的人群也可以参与这一体育项目。与此同时，软式排球的技术性不高，易于学生掌握操作要领，加之软式排球在发出后，回弹力不大，对学生力道和弹跳性都没有较高的要求。

（2）软式排球的作用

①软式排球的健身作用

根据上述对软式排球特点的分析，由于其适合绝大多数人进行娱乐、锻炼，且技术性不强，学生经过课堂学习能够快速掌握软式排球的操作方法。软式排球在非专业场地也可以进行练习，排球场、篮球场、田径场等平整、宽阔的场地都可以进行这一项目 [2]。当学生对软式排球的技术达到娴熟的程度时，可以几个学生组成小组进行比赛、较量，以缓解学习的压力，释放学生的青春活力，使学生体会软式排球的乐趣所在。通过软式排球这一运动，学生不但得到了锻炼，提高了身体素质，心情上得到愉悦，通过小组单的小比赛，还能磨炼学生的意志、培养学生的团队意识。

②促进排球教学的发展

随着软式排球教学在高校的日渐普及，学生在经历对软式排球由陌生、新奇到操作自如，从中体会到乐趣之后，会想对软式排球从起源到发展的全过程进行深入了解 [3]。此外，软式排球能够避免硬式排球存在的一些弊端，在提高运动安全性的同时，消除学生对排球的恐惧，激发学生的运动热情，在师生乐教、乐学的状态下完成教学计划，并得到良好的教学效果。在高校对软式排球运动进行广泛推广，有助于使学生对体育教学进行改观，激发学生的兴趣，使学生能够主动参与其中，同时，还有助于快乐体育、终身体育意识的培养，为全民健身时代的到来打下坚实的基础。

2. 软式排球在高校推广的制约因素

（1）软式排球专业教师缺乏

据有关资料显示，我国体育院校并未全面开设软式排球专业，因此，具有软式排球专业素质的教师为数尚少。当前，高校软式排球课程的教学多由硬式排球教师代理，或是由经过短期软式排球培训的教师来承担，他们为软式排球运动的推广贡献了自己的力量，起到了十分积极的推动作用，但由于这些非专业教师未经过对软式排球的理论和操作进行系统学习，在教学时，往往具有硬式排球教学的痕迹与倾向，致使教学质量和教学效果难以保证，严重阻碍了软式排球教学的发展。

（2）缺少软式排球专用的场地设施

由于软式排球外壳材质较软，防水和耐磨的性能都不好，球身极易磨损，因此，软式排球适合在干净、平整的场地进行，以木质地板或是塑胶场地最为适宜。就目前来看，各大高校通常都建设一定数量的体育场馆，但这些场地多为硬地球场，地板场地数量较少，且仅供比赛使用。软式排球缺少专用的场地设施，也对其发展造成一定影响。

（3）硬式排球的强势地位

硬式排球在我国来源已久，具有较高的群众认知度，并且对技术水平的要求较高。尤其是我国女子排球项目在国际上声名斐然，成绩突出，硬式排球在国人心中的位置难以撼动。再加上，软式排球由于产生时间较短，其竞技性与硬式排球不可同日而语，因此，硬式排球一直处于比较强势的地位。

3. 推动高校软式排球教学的对策

（1）加强软式排球师资队伍的培养

软式排球对于高校师生来说尚属于新鲜事物，因此，教师应对这一运动的技术特点、教学方法、比赛规则等进行深入研究。具体来说，可加强对教师的培训力度，来提高教师的自身素质，定期开展培训活动为教师充电，可以使教师的知识得到更新、教学方法和教学手段得到改进，知识面得到扩展，从而构建一支教学相长、业务精干的教师队伍，为软式排球的推广打下基础。

（2）增加软式排球专用的场地设施

随着软式排球运动的日渐普及，高校应投入一定的经费，增加软式排球专用的场地设施。具体可根据高校的实际情况，采取以下几种方式：如场地允许，且经费比较充足时，可以建设一个全新的供软式排球教学、练习场地；如场地与经费均受限，则可对原有的体育场地进行适当改造，或是对室内的体育场馆进行定期开放，供学生练习软式排球之用等等，采取立足实际，因地制宜的原则为软式排球教学的开展创设条件。

（3）加强对软式排球的宣传

由于软式排球引入我国的时间并不长，多数人对于软式排球了解甚少，因此，高校应通过教学、比赛、广播等方式深化学生对于软式排球的了解，使学生对软式排球产生一定的兴趣，营造一个爱运动、爱排球的体育氛围，借助于软式排球推广这一契机，树立学生终身体育的意识，培养学生的体育精神，将软式排球进行延伸，进而发展为一种文化，渗透到学生的学习和生活中，使学生在掌握运动技能的同时，了解软式排球的相关知识，透析其软式排球文化的内涵。

（4）开展形式多样的软式排球业余比赛

高校应对体育资源进行合理配置，设立软式排球运动的基地。通过对软式排球日常教学中学生的表现情况，选拔表现活跃、技术掌握比较熟练的学生，成立软式排球社团，定期组织学生进行软式排球的比赛活动，加深学生对软式排球的了解，使学生彻底爱上这一运动项目。借此机会，还可以使学生在软式排球方面的潜能得到有效开发，使学生在排球活动中娱乐自我、展示自我、超越自我。这样不但可以提高学生的身体素质，而且还有助于校园体育文化的构建。

综上所述，软式排球作为新生事物，由于其操作简单、安全性好的特点，得到了高校师生的广泛喜爱，在高校推广颇具意义。软式排球不但拓展了使高校体育教学的种类和范围，使学生在得到锻炼的同时，体会到它的价值和乐趣，还能够有效促进现代体育教学体系的构建，让快乐体育和终身体育深入人心。

四、棒球促进大学生体质健康的锻炼方法

近年来，棒球运动在我国高校蓬勃发展，作为世界流行的一项运动，正在被中国的大学生们所喜爱与追捧，它将为中国棒球运动的发展起到很好的传播与推广作用。

1. 趣味训练法

大学时期是人的一生中最活跃的阶段，精力充足、兴趣广泛、好学与实践，在棒球教学中，将游戏和棒球训练融为一体的“趣味训练法”效果最佳。用这种方法可以培养学生的兴趣，使他们热爱棒球运动，只有热爱这项运动，才能投身于棒球运动的各项工作中去，成为一个真正意义上的棒球人。

第一，“趣味训练法”是针对教学课课时少、课次少的特点面生成的训练方法，能使学生们的训练在快乐和兴奋中完成，避免刻板枯燥从而提高训练效果的目的。第二，所有的初级训练都在竞争性的游戏中进行，可培养其竞争能力，培养争强好胜的“个性”和集体主义观念。第三，在趣味训练的过程中，最易发现他们的运动天赋，因为在游戏中他们的天性、智力、才能最易显露，对那些兴奋度不高、反应迟钝者，应加大重复性训练来获得技术动作的认知。第四，大学生的身体条件不一，但属于出力长力阶段，课上可安排一定强度与密度的身体素质训练，因而把一般的素质训练和技术训练融进游戏中完成是有一定的科学道理。科学的教学训练是我们每个教练必须遵循的原则。例如，棒球游戏，首先定出简单的规则，将初学队员分成两组，使用橡皮球或网球，采用手抛或拳击球的方法进行比赛。再以后随水平提高可用抛击方式进行，逐步加大难度。

2. 规则超前训练法

棒球运动可以说是规则的竞赛，学生队的棒球比赛尤其是这样。规则越熟、战术越精、比赛中运动员可以自主地抓住战机。单靠教练员在场外喊叫指挥不能解决规则不熟的问题，且会失去很多战机，吃一堑长一智，通过失败与成功的战例来培养学生们对规则棒球意识的了解与提高。初学棒球的球员，在学基本技术的同时应重视棒球规则的学习，教练员应利用形象直观的场地做教具或划图（可自制磁性示教板，用棋子的不同颜色表明球、

击球员、跑垒员、防守队员等）进行规则讲解、战术演变的由来等，将学生们领入棒球王国。首先要求教练员熟练地掌握和运用规则，而且把规则归纳分类，由易到难、由浅入深，便于学生理解、记忆和掌握。重要的是讲明为什么这样制定规则，印象会更深，每次规则课以前，用十几分钟时间，采用口头提问的形式检验学习效果，不断强化规则，而且都要评分和给予恰当的评语，以激起队员学习规则的积极性。其次是在实践中熟悉规则，可把教学比赛变成单项规则的竞赛，如跑垒比赛、触击球战术比赛，来强化某一特定规则。

3. 综合训练法

集基本技术、战术配合，身体训练为一体的训练方法，以克服训练中教练少时间短的难题，提高训练效果。

我认为棒球的“灵魂”是“平衡能力”，接球、传球、击球、跑垒滑垒充分体现“平衡”的重要性，在复杂激烈的比赛中更是如此，而心理的“平衡”起着决定性作用。所以在整个训练过程中都要围绕“平衡”来进行。要达到这样地步，首先要让学生们树立“时间、空间、速度”三个概念，只要这样，才能使他们真正具备“平衡”能力，熟练地运用技战术，到达“自由王国”。

4. 全方位训练法

初级训练的学生，不宜过早地选定位置，而应在全面掌握基本技术的基础上进行全方位（每个位置都学）训练，目的一是提高兴趣，二是观察每个学生的特点，培养他们的“个性”再结合实际需要逐步选定适合他们的位置，这样每个队员可以掌握两个位置以上的技术，10 个人就可当成 20 个以上的队员来使用，就是说大大地增强了实力，教练员使用队员就可得心应手，选择的余地会更大。在这里要强调的是大学生“个性”的培养。这在当今社会是十分重要的，一个没有“个性”的运动员前途不会光明，培养的价值不大。“个性”鲜明的球员，对事物会有独到的见解，敢于创新，技术上有风格，意志顽强，能“青出于蓝而胜于蓝”。如果一个教练员培养的队员都是自己的反版，只会听指挥行事的乖孩子，那么这个团队的战斗力是不强的。通常在组队选材时：除了看身体素质、心理素质外，还要注重他们的天分、气质、性格，在确定位置时还要征求选手自己的意见供教练参考，这样选材、育材的成功率才会大大提高。

5. 具体训练方法

首先，让每个队员在每个位置上都训练过，使其了解每个位置的不同技术、战术变化的区别和规律，这样每个队员都能熟练地运用规则和战术，比赛中就可发挥出巨大的威力。其次，通过全方位训练，使队员掌握“球性”和棒球运动“规律”树立清晰的“时间、速度、空间”概念和灵敏的感觉，就会迅速地提高棒球技术与意识，如果你所训练的学生有一半以上的队员达到这一标准，你就会拥有一个强大的阵容。

6. 棒球知识技能竞赛法

除日常的教学训练学习外，利用六、日、假期等时机，进行棒球专项知识竞赛（内容包括基本技术、战术、规则、发展史、现状、发展趋势等等）或进行棒球专项技能比赛（内容包括投远、投准、全垒跑计时、轻打一弹球比赛、抛击打远比赛、防守位置比赛、教学比赛等等）优胜者奖以有意义的纪念品。

7. 以老带新教学法

棒球训练中队员多、教练人手少是一大困难，用高年级球员辅导新手训练的三个作用：其一，选品学兼优的球员来带新手，按照教练的训练意图完成训练任务，可大大减轻教练工作负担、提高训练效果与教学质量。其二，以老带新训练模式、培养了高年级球员认真积极负责的教学态度。新手融入集体努力认真的学习过程。形成良好的学风、教学效果明显。其三，促进高年级球员本身的棒球技术理论的提高与在学习能力的进一步增强。

棒球作为集体项目，团队整体水平高低，主要是看教练员。教练员应在教学实践中，不断地充实提高自身业务水平，要博采重长，凡是别人好的东西，都要学过来，消化吸收变成适合我们自己的技战术风格，通过学习来不断提高球队训练水平。

五、羽毛球促进大学生体质健康的锻炼方法

随着高校体育教学改革的进一步深入，许多高校都开设了羽毛球选项课，或是以俱乐部教学模式开设了羽毛球课。近年来，大学生的价值观和健康观逐渐发生了改变，他们对运动的需求更多地倾向于集娱乐、健身、时尚及社会交往于一体的运动项目，如羽毛球、网球等，因此，选择羽毛球课的学生越来越多。但是，许多学生在中学没有接触过羽毛球，即使有过接触，也是自己随便玩玩，基本上没有什么技术功底。而羽毛球运动对人的锻炼价值需要在一定的基础之上进行锻炼才可以体现或达到。所以，如何使大学生尽快地从不会打羽毛球到能够掌握一些基本的技术方法参与锻炼就显得尤为重要和迫切了。

1. 场地、器材等客观影响因素

虽然羽毛球对于场地、器材的要求较低，但就目前的情况来看大多数高校的羽毛球场地还是不能满足学生的需求，尤其是高校的扩招给学校的场地带来了不小的压力。首先，是场地的影响。大多数的高校都有体育馆，由于体育馆的数量较少，一般体育馆都只作课余开放或学校代表队训练使用，基本上都不能满足体育教学。所以，室外场地就成了高校羽毛球教学的必然场地。室外场地地势大都比较开阔，易受天气的影响，尤其是下雨和刮风的影响特别大。羽毛球球体轻，只要有一点微风就足使其改变方向，所以室外教学时学生有时要想打到羽毛球都是个问题，特别对于没有技术基础的学生更是如此。在教学过程中可以看到学生选项时积极性都很高，可是一到场上练习时很多学生就没有了激情，这在很大程度上与室外这种影响有关。可是现在的情况是就连室外的这种场地很多学校也满足

不了学生的需求，学生打球有时只能在没有球网的空地或场边进行，这种情况更加影响了学生练习的积极性。练习缺乏激情、练习不积极、没有球网等对于学生掌握技术无疑有很大的影响；其次，是羽毛球拍和球的影响。有些学校对选项羽毛球的学生提供球拍和球在课堂中使用，有些则是要求学生自己购买。无论是哪一种情况都存在着问题，那就是学生使用的羽毛球拍和球的质量一般情况下都比较差，只有极个别的球拍比较好，其材质是碳素一体的，这种球拍比较轻，手感好；一些球拍相对较好一点，是铝合金制造的，这种球拍相对较轻，手感略差；而相当一部分球拍的材质很差，其价格一般在 20 元左右，这种球拍比较重，手感极差，而且也不牢固，更有甚者有些球拍的拍柄都是歪的。因此，使用劣质球拍的学生在学习中所遇到的困难就会比使用较好球拍的学生要大得多，这对于没有基础的学生的技术的快速掌握必然是一个很大的障碍。

羽毛球是消耗品，其价格也不菲。对于初学者而言，羽毛球的消耗非常快，因为其技术还没有掌握，所以有时几拍子就将球打烂了，因此许多学生购买羽毛球时往往是挑便宜的买。这种球一般质量都不好，其球体较轻，球托偏软，羽毛也比较薄，因此一方面不耐用，另一方面由于其质量太轻，所以击球时其阻力大，学生往往会出现打不动球的现象，而且更易受风的影响，有时一点微风就可以将球的方向改变，并且移动很远的距离，时常有击不中球的情况出现。而对于初学者，球的落点比较固定对技术动作的学习是非常有利的，这样学生才容易形成正确的动作。

2. 学生本身的因素

学生是学习的主体，技术的掌握与学生本身有相当大的关系。

（1）学生的认识问题

部分学生没有能够认识到羽毛球基础技术的重要性，在学习时不够认真，对教师的示范没有仔细观察，对教师的讲解没有专心地听，在分组练习时，不注重基础动作的练习，也不按照教师的要求去做，往往是随着自己的喜好，想怎么打就怎么打，不讲技术和章法。

（2）缺乏学习的钻研精神和耐性

有部分学生刚上场练习的时候还比较积极主动，激情也比较高，但是由于在室外练习，自然免不了要受天气的影响，尤其是风的影响，一旦受到风的影响击球受阻，他们往往就选择停止练习而不是继续克服困难。没有一定的练习时间的保障，要想快速掌握技术，几乎不可能，因此这也是阻碍学生快速入门的原因之一。另外，技术的掌握还需一定的钻研精神。某一项技术，要达到初步掌握或是基本掌握，一般需对其原来在技术上的认识和技术动作进行改进或纠正，因为绝大部分学生在入学前都没有正规的学习过羽毛球，其技术动作往往不够正确。这部分学生在学习技术动作遇到与其以前的动作不一致时，刚开始可能会按照技术要求去模仿和练习，但由于缺乏耐性，在经过几番努力还是不能达到要求时，就会选择放弃纠正动作，继续按以前的错误动作打球。如，正手握拍这个最基本的技术，只做握拍动作大部分学生都是正确的，可是到场上开始击球练习时，很多学生由于按正确方法击球尝试几次后感到不容易击到球或是击球时拍面倾斜导致击球无力，一些同学的握拍方法就又换成以前的“苍蝇拍”式握拍了。

3. 师资因素

在教学中，学生是教学的主体，而教师是教学的指导者和服务者。教师专业技术水平的高低可以直接影响学生技术掌握的快慢和技术掌握质量的好坏。从现状来看，高校羽毛球教师比较缺乏，尤其是缺乏羽毛球专项的教师，在上羽毛球课的这些教师中，大部分以前学习的是其他的专项，为了适应羽毛球选项学生人数多的情况，不得不从其他的项目转移到羽毛球上来。他们在羽毛球教学方面的经验相对较少，大部分未进行专业系统的羽毛球项目的训练，主要是通过自学或是参加短期培训班而后从事教学，对此方面的科研少，教学与科研相长方面也有待提高。

4. 技术因素

正手握拍方法、正手发后场高远球技术、正手击后场高远球技术是影响大学生羽毛球快速入门的技术因素。羽毛球运动是以运动员手握球拍还击球的方式进行的，所以握拍法是学生首先要掌握的基本技术。正确的握拍法是掌握合理、准确、全面的基本技术的前提。正确的握拍法有助于击球者合理使用技术，对球有很好的控制。相反，如果握拍的方法不当，往往会影响练习者对球的控制能力，限制一些战术和球路；握拍法不当，还会影响技术动作的完成和发挥，降低击球的效果和准确性，减弱击球的威力。羽毛球技术中的握拍法基本的有两种，即正手握拍法和反手握拍法。发球是羽毛球最基本的技术之一，在比赛中它是进攻的开始，在教学的练习中它又是一场练习的开始。正手发后场高远球技术是发球技术中的最基本的技术，掌握了它，正手发球的其他各项技术就会变得容易和轻松，而且在教学中，分组对练时都是从发球开始的。没有一方的发球，另一方就不能回击球，练习也就无法进行。正手击后场高远球是所有正手击球中最基本的技术，其他的正手击球均以其作为基础。因为正确的击球动作最主要的是它的发力方法，它为其他的击球打下基础。

在教学中，学生大多未正确地认识到以上这些基础技术的作用，所以在练习中有意或无意地忽略了。握拍不正确必然导致其正手击球时的挥臂动作受限，发不出力量，不易控制出球的角度等；发球方法不正确，击不出后场球，那么在练习时对方将很少有机会回击到这样的球，必致其有效练习次数的减少，所以练习的效果就可想而知。这必将是学生羽毛球的快速入门的又一障碍。

针对以上一些问题，建议学校加大对羽毛球场地、器材等的投入，改善教学的环境。学生自己购买球拍时，要选择较好的铝合金球拍。羽毛球最好能用尼龙球，这种球虽然价格贵，但经久耐用，其飞行的速度和稳定性与质量好的羽毛球相差无几，而且它受风的影响要略小一些。另外，还有提高对基本技术重要性的认识。在练习中重视基本技术的练习，尤其是正手握拍法、正手发后场高远球技术、正手击后场高远球技术，不要盲目地进行比赛。在练习时对技术还要有一定的钻研精神和耐心，增加练习的次数。加大教师的培训力度或引进羽毛球专项的教师。最后，进行教学方法的创新，改革组织方法，加强对学生的练习指导。

六、乒乓球促进大学生体质健康的锻炼方法

1. 乒乓球对大学生身体健康和心理素质的研究

在我国，乒乓球作为“国球”多年来长盛不衰。它凭借娱乐性强、设备简单、便于开展深受社会各界人士的广泛喜爱。同时乒乓球运动也越来越多地被作为增强智力、提高工作效率以及保健、医疗和康复的极佳手段。在我国高校体育教学中乒乓球项目也是不可或缺的。乒乓球运动能够促进青少年的生长发育，同时在健智、健心方面有着积极的促进作用。学生通过长时间的乒乓球练习能逐渐呈现较高的智力水平、良好的心理素质、优于普通学生的操作能力、更为集中的注意力。当今社会，工作紧张、压力巨大，在这种环境中生活的人们身心都没有得到好的休息，长时间的紧张工作环境对人们身体会有一定的负面影响，乒乓球可以缓解压力，放松心情，不论学生还是成年人，参加乒乓球运动都会有利于身心健康的发展，更好地促进工作和学习。正像一位名人阐述的：“乒乓球将成为21世纪的第一运动。”

（1）乒乓球对大学生身体健康的影响

美国的一位科学家说道：“打乒乓球是提高手、眼配合的最好途径。该运动可使你获益匪浅，它需要敏捷、复杂的行动与当机立断的反应；它还有许多微妙之处，技术、整体配合、节奏感、计谋，对头脑及体能均有很高的要求。在期待和压力并存时，竞赛将充分反映出你非凡的自我完善及自律精神，打乒乓球是开动脑筋的好办法。”

①参加乒乓球运动能使眼球不断运动，促进眼球内部的血液循环，增强眼神经机能，从而能消除眼睛疲劳或减轻眼部疲劳，使得我们的眼睛得到充分休息。眼睛时刻跟着白色的乒乓球不断运动，能缓解眼部肌肉的僵硬不适感受。颈椎、腰椎也随着球拍的舞动得到锻炼，因此乒乓球运动对青少年的健康成长起着促进作用。

②乒乓球是脑力与体力结合的运动，乒乓球小，运动速度快，攻防转换迅速，有很多的技战术打法，既要考虑技术的发挥，又要考虑战术的运用。乒乓球运动中要求大脑快速紧张地思考，这样可以促进大脑的血液循环，供给大脑充分的能量。要想在乒乓球比赛中取得主动，不仅要基本技术好，打球还要不断地观察分析——观察对方的站位，分析对手的球路特长和漏洞，所以说乒乓球运动是聪明人的运动一点都不假，大多数人的体会是乒乓球可能是脑、体结合最好的运动了，具有很好的健脑功能。

③这项运动可以提高协调性。乒乓球运动中既要有一定的爆发力，又要有动作的高度精确，要做到眼到、手到和步伐到。提高了身体的协调和平衡能力。极有效地发展了反应、灵敏、协调和操作思维能力。其次由于该项运动极为明显的竞技性特点和娱乐功能，又使其成为一项培养勇敢顽强、机智果断等等品质和保持青春活力，调节神经的有效运动。

（2）乒乓球运动对心理分析

①乒乓球运动锻炼大学生的心理素质。对于一位乒乓球选手来说，良好的心理素质是成功的关键所在。打乒乓球，在比赛中比分起伏变化，双方运用的战术更是多种多样。而乒乓球比赛区分于其他球类项目比赛的特点之一，是个人独立作战，这就更能锻炼一个人的思想、作风、意志品质和聪明智慧。随着乒乓球技术的飞速发展、比赛对抗性的日趋增强，一场比赛的胜负往往仅取决于一、两分球的得失，成功与失败只是一步之遥。在比赛最关键的时刻，决定胜负的因素不是你所掌握的技术，而是你的心理素质和意志品质，整场比赛的失利也许只是一念之差。所以运动员就必须具备良好的心理素质。在紧张激烈的比赛中能始终保持清醒的头脑积极主动思考分析场上的变化，具体实施时要果断大胆、勇猛顽强、敢打敢拼。在比分或者在某一回中占优势时能够乘胜追击；持时不手软，落后时不气馁，奋起直追，自始至终大胆贯彻自己的战术意图，力争达到预期的目的。另外，乒乓球运动有利于改善人的心境。随着学生学习压力加大，每天处在学习疲劳与烦躁中。参加乒乓球运动是调节心理的一个很好的途径。人们每天从事一两个小时的乒乓球运动，在活动中忘掉学习中的烦恼、焦躁等不良情绪，这种愉快心境的输入和建设与不良情绪的宣泄和流失，是人的心理健康形成的重要手段。因此，一个人如果能经常的通过乒乓球运动来放松自己，他将会保持一份良好的心境，从而达到真正意义上的心理健康。

②乒乓球运动促进大学生注意力全面集中。注意力是指人的心理活动对外界一定事物的指向和集中，具有注意力的能力称为注意力。注意力分散是学生的一个普遍问题，一般来说，学生的注意力是不太稳定的，往往对什么事都感兴趣，注意力容易随兴趣转移，同时，学生的注意力范围较小，注意力受情绪影响较大，注意力分配能力较差。针对学生的这些特点，需要帮助学生克服这些困难。经过研究证明，打乒乓球可以使视线长期跟随一个物体转移，是提高持续性注意力的最好办法。很多学生在小的时候没有养成持续注意的习惯，学习时总容易分心，经过一段乒乓球的训练，可以有效地改善注意力集中的问题。

2. 大学生如何更快更好地打好乒乓球

众所周知，专业乒乓球运动员都是从小学一年级，甚至更早就开始练起了。他们付出了大量的时间，并且有专业指导，因此动作规范、标准。而许多专业运动员从小练起大多是先模仿再练习，最后上升到理解。真正的乒乓球高手有自己的特点，就如书法家一样都有自己的风格。才能在重大比赛中获得骄人的战绩。对于大学生来说，在校学习四年（高职高专只有三年），而体育课只有两年，甚至某些高职院校的体育课只有一年，且一周只有一次体育课（2 学时），加上教学实践环节，体育课一学年下来有时还达不到 40 学时，而且即使上乒乓球课，也是人多、案子少，教师也不可能做到一一辅导，所以学生掌握乒乓球的技术乃至提高都是比较困难的。

目前，很多大学对乒乓球教学中还沿用老师教、学生在下面模仿，经常是累得满头大汗却没效果。以致最后学生都不清楚自己的动作到底是对还是错。主要的原因是忽略了大学生理解能力强的特点，却偏偏从大学生的弱项模仿能力方面出发去教学。针对大学生理解能力强的特点，同时在模仿能力方面又不如小孩的特点，可以采用理解乒乓球原理与乒乓球练习结合的方式进行。著名的乒乓球教练吴敬平在《乒乓世界》中谈到“乒乓球基本上是一项圆周运动，正手和反手拉球都是以运动员的身体重心为轴心、以身体到身体重心的连线为半径进行圆周运动。”这里谈到的是拉球，这番话是物理学原理在乒乓球技术中的具体体现，同时体现出重心移动在乒乓球技术中的重要地位。

谈到重心，无论在书法，太极拳，乒乓球等许多项目中都起到很重要的作用，大学生打乒乓球时，大多数人的动作不到位，越是打不到的球越是想用手去打球，从而动作变形很快。写散文的原则是“形散神不散”，其实大学生采用类似的思想或许会收到较好的效果。世界上的一流高手很多，但每个人的动作都有不同，他们有的是共同的乒乓球基本发力技术。大学生的理解能力很强，这应该是学习乒乓球运动很好的优势。为什么我们不从这个角度出发呢？以吴教练的这句话为例，只有以重心为轴，身体转动的运动才会稳定。很多大学生打球忽视了重心的作用，只是模仿老师的动作，单纯的模仿是掌握不到其中的真谛的，要从原理出发。重心就像鞭子一样，重心一动就会把能量以波的形式传到胳膊上，最后再传到乒乓球拍上，从而打出乒乓球。这一过程用鞭子来形容就是“鞭打”动作，但乒乓球的鞭打动作更为定型，体现圆周运动思想。定型才能控制好乒乓球的线路。

重心除了帮助发力之外，更重要的是帮助还原。很多的大学生只有一板球，作圆周运动时没有帮助还原是一个很重要的原因。大部分大学生打乒乓球时，脚步跟不上或者不会移动，具体的体现就是一个不到位的球靠胳膊去够球。这里的圆周运动，是一个往复的运动，写书法遇右先左，遇下先上的原则，打太极拳是借力打力，四两拨千斤，也是利用重心的移动，想往前打拳要先往后引，在射箭运动中要想往前射箭先要往后拉弓。打乒乓球也是一样的道理，也要采用这样的思想，那如何才能先后再向前呢？要靠重心引球。再靠重心去发力，懂得运用重心去打乒乓球，步法才可能练出来。

在目前的乒乓球教学中很多老师采用先模仿的方式教学，叫学生模仿推球和攻球几百次，甚至上千次，目的是要固定动作。殊不知，在实际的打球中球不是固定的，练习中经常打不到球或够着打球，以至于动作彻底变形。在不懂得乒乓球核心原理的基础上一味地去模仿，只会让大学生引入误区，不知道自己的错误在何处，更重要的是没有体会到乒乓球技术的奥秘。理解原理并不是不去实践，理解原理结合实践的方式要比单纯地模仿教师动作要好得多。能起到事倍功半的效果。吴敬平教练在总结正手拉球时谈道：“一定要用腰控制大臂，是腰上发力，而不是用手臂发力，注意拉球时腿、腰、大臂、前臂、手腕发力的协调”，这也体现出乒乓球是一项圆周运动的思想。这里提到的发力实际上从物理角度来说是能量的传递过程，最后传到手腕上直到拍上，从而准确地回击乒乓球。

总之，对于任何一项运动，只有明白它的原理才能对它有更深的感悟与理解。乒乓球也是这样，针对大学生的理解能力强的特点，掌握住乒乓球的核心思想不仅可以迅速提高乒乓球技术，而且有错误动作时可以从原理出发去纠正错误，最终使国球成为大学生喜爱的体育运动，达到更好地为学习服务的目的。

3. 乒乓球运动应注意的事项

第一，乒乓球运动简单易学，但要达到一定水平很有难度，要有一定的毅力和耐力。练习乒乓球时要由易到难、简单到复杂、循序渐进、步步为营、不能急于求成；第二，乒乓球拍子很重要，胶皮有正胶、反胶；握法有直拍握法、横排握法；充分了解这些知识，将有利于你对乒乓球提高和掌握；第三，舒适的运动鞋，合身的运动衣都是参与乒乓球运动所必需的；第四,一旦有了一定水平，一定会非常喜欢乒乓球这一项运动，从而将终身受益。

七、网球促进大学生健康体质的科学锻炼

1. 网球运动概述

（1）网球运动对大学生身心健康发展的影响

现代社会的迅速发展和社会竞争的不断增强，使社会对大学生的要求越来越高，社会的发展要求大学生不仅具备扎实的专业知识，同时还要求具备良好的身体素质和良好的心理素质。通过对参加网球运动的部分大学生进行走访与分析，论证了大学生参加网球运动的适宜性和可行性，以及网球运动的健身价值、健心价值和社会价值。通过对高校网球教育的发展、高校学生的个性特征的分析，探讨了网球教育对高校学生身心健康发展的影响以及网球运动促进个体社会化和提高人际交往能力。

（2）网球运动的特点及魅力

网球运动符合学生健与美的需求，能够促进学生的身心健康，有助于提升学生的全面素质和生活质量。网球运动是一项无论性别差异，无论年龄大小，都能在同一场地上按同样的规则来进行的运动项目。网球运动相对动于其他的球类运动，有独特的魅力，由于隔网，它没有像篮球、足球运动中身体的直接接触，碰撞而造成犯规或损伤的可能性，也不同于排球运动直接身体击球，网球运动允许运动员在自己本方场区，做各种姿势挥拍击球（妨碍对方除外），可以截击空中飞球。网球的击球动作舒展、优美、大方、给人以美的享受。网球运动具有其深厚的文化内涵且历史久远，有“贵族运动”之雅称。在不同的历史时期蕴涵着不同的时代特征，它是融合了诚信、文明礼节、谦虚自信、尊重、团结协作和美感为一体，有着丰厚的网球文化沉积，能对人的成长起到积极的作用。集和谐性、趣味性、技巧性于一体，是适合不同年龄男女学习的有氧运动。

（3）网球运动的礼仪和发展状况

由于网球运动有悠久的历史和“高贵”的“出身”，所以在其发展过程中逐渐形成了

一系列的观看比赛和打球中约定俗成的礼仪。网球运动中的很多礼仪，使观众和运动员更能愉快地享受网球运动的乐趣，使网球运动显得文明高雅，陶冶情操，提高修养。近年来，我国网球事业有了长足的发展，场地数量、参与人数、竞技水平都有了很大程度的提高，同时举办比赛及档次都在逐年提升。但是从网球运动的普及程度、网球运动的整体水平来看，我国与其他国家仍有着很大的差距。而大学生是影响社会潮流的主力军，通过在高校大力开展网球运动，提高学生的网球兴趣和技术水平，一定可以提升社会对网球运动的关注程度，从而提高我国网球运动的普及程度和整体水平，促使我国网球运动事业快速发展。

（4）网球运动与身体，心理健康

网球运动能根据参加者的身体条件、技术水平、年龄大小等不同因素来选择运动量的大小，这项运动对大学生是适宜可行的。参加网球运动后，食欲、睡眠有明显的变化，精神饱满，体重减轻，心血系统各功能表现出良好的状态；体质较同龄人有明显的优势，对疾病的抵御能力增强等等。以上这些，说明了网球运动是大学生锻炼身体，强健体魄的理想体育项目。随着我国经济水平的整体发展，人们的物质生活水平迅速提高，人们在追求身体健康的同时，也关注着心理健康，作为天之骄子的大学生也不例外。现今的大学生具有开阔的视野，活跃的思维，追求个性化的生活方式，充满着色彩浪漫的情感，但同时也面临着新的心理问题和冲突，网球运动能增强自信，克服自卑心理。

（5）网球运动与个体社会化，人际交往能力

体育运动的特点除了竞争之外，重要的还在于团体内部的合作和友谊，网球运动已超越了运动本身，而衍生为一种人与人之间加强交流，增进感情的重要手段。随着现代社会的发展，人们居住环境和生活方式的改变，人与人之间在工作以外时间的交流越来越少。人们在业余生活中越来越渴望寻求一种能与陌生人进行交流的方式，尽管计算机网络的发展为人们提供了广阔的空间，但这只是一个虚拟的环境，然而网球运动却为人们提供了一种健康、真实的交流方式。

总之，大学生适宜网球运动锻炼，网球运动是进行体育锻炼的一种良好的手段和方法。无论练习还是比赛对大学生都是适宜的、可行的、有益的，并有能持续多年的特点。网球运动符合学生健与美的需求，能够促进学生的身心健康，有助于提升学生的全面素质和生活质量。开展网球运动符合教学改革的潮流，是大势所趋，有利于培养学生的综合素质和能力。大学生永远走在时代的前沿，是新事物的先知者，在大学开展和普及网球运动不仅仅能促进他们的身体和心理健康的发展，更能促进我国网球事业的发展。建议大学生业余时间积极参加网球运动，多关注国际级网球比赛，经典的网球比赛既赏心悦目又能提高我们的技战术水平，可以通过比赛来学习优秀选手的握拍、击球、步法、技战术的运用以及比赛时的心理反应。观看比赛时同学之间也可以通过讨论来发表自己的见解以达到交流的目的。

2. 影响大学生参与网球运动的因素与对策

（1）大学生参与网球运动的影响因素

①师资水平。优秀的师资队伍是培养网球运动员及网球运动爱好者的首要保证。教师是带领教学训练的主导者，教师综合素质的高低直接影响到学生的培养，因此，抓好教师队伍建设关系到高校网球运动整体水平及网球运动普及程度提高。这种情况造成了教师队伍发展的不均衡状态，同时表明了网球运动普及程度不高的特点。从对现有高校网球教师的专业业务情况调查看，反映出高校网球专职教师的专业业务能力和层次还有待进一步提高和深化。出现上述情况的原因是由于许多高校对网球运动开展得认识和重视不够，教师进修和提高的途径较少。

②经济因素和消费观念因素。网球运动是一项高消费的运动项目，其球拍、球、运动服、鞋的造价都非常高，很普通的一套网球装备也需上千元左右，另外租用网球场地的费用也是比较高的，一般室外网球场地每小时 20—40 元，因此能够从事此项运动的人群大多集中在具备一定经济基础的高收入人群中。高校学生没有收入，如果按照以上成本预算，没有学生能够参与网球运动，但是由于学生对于网球运动的热爱，多数学生在调查中表示会参与网球运动，但是在器材、用品方面会选择一些价格比较低廉、质量中等的商品。

③学校网球设施。由于网球教学设施的缺乏，各高校因为没有足够的网球场地进行教学，所以只能把开课人数和班次进行压缩。造成有限的场地应对教学，课余时间找不到地方去练习，学习的技术得不到巩固，直接成为制约各高校网球发展的瓶颈。同时网球场地质量的好坏也直接影响着学对网球运动的参与，良好的场地环境会吸引众多的学生，而恶劣的场地环境会起到阻碍的作用。

④学校普及程度。尽管网球是高校学生喜爱的项目，但是受到场地器材的制约，高校网球的整体水平还有待提高。很多学生在升入大学前从未见过正规的网球场地。根据调查显示有很大一部分学生选择网球课是因为对于网球的好奇，初衷只是想尝试一下这个新兴的体育项目。虽然他们选修了网球，但由于技术的复杂性，再加上不知道平时如何练习，更对能否取得满意的成绩心中没底，也给网球教学带来很大的难度。虽然有些高校也开设了不同层次的初级班、提高班，但实际操作中同一层次的班级内部差距仍然很大，教学难于开展。

⑤考核评价方法。网球选修课的考核评价一般均从出勤率、学习态度、基本技术和网球基础理论知识等方面综合评定的，虽然考核指标的权重不一，可以值得商榷，但对于网球基本技术要求不够具体，有的虽有以技术为主要内容的击球能力的考核，但往往也只根据连续击球的数量来衡量，至于在比赛中是否能合理的应用所学技术、掌握比赛的基本规则等方面很少涉及，不能充分反映学生应用技术的能力。

（2）高校大学生参与网球运动的对策研究

①加大对网球运动的宣传推广力度。学校应加大网球运动基本知识的宣传范围和力度，加强大学生对于网球运动的认识。使更多的学生了解网球运动。广泛宣传网球运动，

传授网球运动的基本知识和价值功能，学校有关部门可以采用广播、网球相关领域网球专家讲座、高校内部和高校之间进行的网球运动竞赛、多举行网球相关活动和趣味网球课外活动等形式进行全面影响，既可以让学生更多地亲身接触和了解网球运动，激励学生从事网球运动的动机，同时也可以影响更多的学生去亲自尝试网球运动，从而体会到网球运动的独特魅力，提高大学生对网球运动的进一步认识，使广大学生真正意识到，参与网球运动不仅能锻炼身体、增强体质、拓宽兴趣爱好、了解并掌握最新的体育运动、建立更多的人际关系、培养良好的行为道德规范，而且对以后接触社会也能起到极大的帮助作用。

②加强领导的重视程度、营造校园网球文化。网球运动独有的特点、和高雅的属性正好与高校校园学术文化气息相迎合，不仅可以丰富大学生的课余生活还可以提升大学生的生活质量。主管部门应加强宏观调控，应利用新校区建设和旧校区改造的机会，有计划、有步骤地对高校网球场地设施进行规划。校园网球文化是高校体育文化重要的组成部分，一个学校体育活动的开展得如何，不仅反映一个学校的整体精神面貌和校园文化的氛围，更重要的是显示着一个学校的办学竞争能力。

③加强各种层次的竞赛交流。高校之间可以定期举行网球交流联谊活动或者网球竞技竞赛，在互相交流学习的同时扩大网球竞技竞赛在高校的影响。如果仅靠单一的校园宣传并不会起到非常明显的效果，应加大竞技竞赛成绩的重视程度，如：校内比赛取得较好名次的学生给予一定奖励，高校之间竞技竞赛取得好名次的学生给予奖励，给予奖励的同时也可以给予其他的优惠政策等。奖励内容的多样化不仅可以带动参赛学生的积极性使比赛更加紧张、激烈、刺激，同时赛事本身也可以吸引更多人群的关注，从而增加赛事在学校内的影响，吸引更多的学生来关注和参与。同时赛事影响的扩大，势必会引起各个部门以及各个企业的关注，也会影响更多赞助商和赞助企业的参加和支持，无形当中促进了高校网球运动的健康发展，提高了高校网球运动整体竞技竞赛水平的提高。

④加强高校网球运动的设施建设。高校应加强对场地的定期维护、实施科学的管理、提高场地的使用率，在保证网球基本教学、训练工作顺利进行的前提下，应该充分利用课外活动时间、节假日时间对学生进行开放，可以灵活多样的选择开放的方式，也可以通过适当收费的服务方式向广大师生开放，通过收取的费用来维护场馆的设施，有条件的高校还可以利用企业赞助或合作等形式，多渠道、多形式筹集资金，改善网球教学相关场地设施和周边训练环境，结合本地气候特点，增建更多室内网球场地，力争在室外场地加盖风雨顶棚，最大限度地避免因地方气候原因等其他因素对网球运动开展产生的影响，使学生可以最大程度的进行网球运动。有些学校条件还不够完善、资金也比较短缺，可先考虑建立网球练习墙，网球练习墙可以建在网球场边等校内有平坦空地的场地旁，以不影响原先场地的体育项目活动为前提。

2. 大学生网球运动的练习方法

据统计，没有任何网球技术基础的学生在练习对打网球时，捡球的时间比打球的时间长，久而久之，就会失去对网球运动的兴趣。而通过对墙练习，可以提高网球技术，培养学生自学自练的能力，进而达到良好的网球教学效果，提高教学质量。欣赏教育是通过体育美学形象触动人的感情，使人在心灵深处受到感染和变化，感情得以升华。在网球教学中实施欣赏教育策略，可以培养学生健康的审美观，唤醒学生的审美意识。因此，网球教学中，教师有意识地用情感感化学生，用美的言谈举止关心、了解、爱护学生，可以激发学生的学习热情，调动学生学习的积极性和主动性。同时还要美化教学方法和手段，在教学中大胆创新，开展丰富多彩的富有情趣的课堂教学形式。如与学生共同挖掘练习球感的技巧方法，编排一些有趣味性的球和拍的活动游戏等，使学生在锻炼身体的同时陶冶情操，发展节奏感、协调性，在快乐轻松的气氛中接受美的教育，提高审美水平，提高对网球运动的兴趣。

第一，正反手击球。把墙划分为几个随着技术动作不断提高而减少或变换的区域。假设不同方位的队友，在控制运动强度和练习难度的教学过程中，它既满足了发展学生的速度、灵敏、协调、判断能力的要求，又使学生熟悉了球性，这样，学生就可掌握正反手击球的技术动作。

第二，截击球技术。这项技术的特点是距离短、球速快、反应时间短，要求学生由易到难逐步提高。握拍时可先采用短握拍形式进行，初练时击墙的高度略高，距离放远，同时与反弹球结合进行，让练习者有足够的时间完成动作。同时结合正反手练习，也可与同伴一起进行练习，增强击球的兴趣。

第三，发球。发球是网球技术中的一项重要技术。网球发球中的抛球和击球前的球拍在背后的下垂动作是直接影响发球质量的重要因素。墙作为参照物可以让学生抛出稳定的球，在墙上标上一定高度的记号，让学生自我观察上抛球的高度及位置，作必要的纠正。另外，有些学生为了急于打到球而忽视挥拍击球拍子的背后下垂和肘关节高抬的动作，造成勉强击球使得发球无力。墙可以帮助学生纠正这些动作，让学生持拍一侧的手臂靠墙，使肘关节高抬，上臂内侧贴墙，球拍自然就会下垂在背后，限制错误动作的发生，帮助学生正确掌握动作的稳定性，提高发球质量。

通过以上几个部分的对墙练习，学生不仅从中体验到击球、发球的乐趣，而且进一步掌握网球运动技术，培养对这项运动的兴趣，增强对打时的控制力和自信心。

网球运动一项复杂工程。要充分激发和提高学生的兴趣，教师必须先了解影响学习兴趣的具体因素，然后根据具体因素，采取具有针对性、灵活多样的方法，对学生进行调节，进而培养学生对这项运动的兴趣，提高网球教学水平。

第六节　极限运动——挑战自我，感悟生命活力

21 世纪在后现代思潮冲击下，工业化社会给人类发展带来弊端，却直接推动了休闲体育的迅速发展。休闲需求导致体育的娱乐化、生活化，不同个性的多样性选择促进了休闲体育活动形式的多元化。极限运动作为一种时尚的元素符号，逐渐融入了人们的生活。现代社会由于生活节奏、生活方式、生活空间等变化，人们更加渴望放松自我、追求刺激、彰显个性，从惊险刺激的运动中，获得所需要的感觉和唤醒。极限运动的兴起，正好满足了人们的这一需要。人们在自然的怀抱中创造了文明，文明却正在使人们远离自然。当人们在都市文明所带来的困惑中身心疲惫时，便渴望冲破都市文明的封锁，回归自然，去和自然对话，表现人类最本质的能力。参加极限运动也成为都市青少年最流行、最时尚的体育运动。极限运动兴起，使人们逐渐远离开传统的体育场，使人们贴近自然，纵情于山水间，回归自然的本真，寻找人类生存的意义和价值。极限运动如今已经在校园中逐渐的流行起来，成为学校体育的一部分。

一、对极限运动的认知

1. 极限运动的定义及特征

根据极限运动的定义我们可以看出极限运动具有这些特征：个性化运动的特征、亲近自然的特征、挑战和惊险性的特征、大众运动的特征。从这些特征可以看出校园极限运动不仅有利于学生的身心健康的发展，还有利于学生竞技能力的提高，更突破了传统体育的局限性，对学校体育教学的改革提供了一定的参考作用，是对校园体育的补充。因为极限运动是发展的并不是很成熟，所以目前国内对极限运动的定义尚未有统一的说法。不过这些概念都是大同小异。例如朱红香认为极限运动是指人类在于自然融合的过程中，借助于现代高科技手段，最大限度地发挥身心潜能，向自身挑战的娱乐体育项目；李丁认为极限运动是指人体在运动过程中，充分、完全地发挥自身体能与技能，并借助于现代高科技手段最大限度发掘自我身心潜能，向自身挑战的娱乐性项目。除了追求竞技外，它更强调参与和勇敢精神、在跨越心理障碍时所获得的愉悦感、成就感。同时它还体现了人类返璞归真、回归自然，而又强调绿色环保、生态平衡的美好愿望，因此被誉为“未来体育运动”。

2. 校园极限运动的兴起与传播

极限运动（Extreme sports）是指人类在与自然融合的过程中，借助于现代高科技手段、最大限度地发挥自我身心潜能，向自身挑战的娱乐体育项目。极限运动起源于 20 世纪 60

年代的欧美，最早兴起于美国的一些社区，虽然当时只是那些迷茫而骚动的年轻反叛者的玩物和标志，但是它的出现是以反叛姿态向传统体育发出的强有力的挑战。在这种运动潮流的影响下，青年们用他们独特的思维和张扬个性的运动形式，创造了一批新的极限运动项目，例如街舞、独轮车、自行车越野等。极限运动 20 世纪 90 年代传入我国，在近十年来在我国发展迅猛，现在已经成为一种风靡全国的新型体育运动。极限运动更是奥林匹克精神的最好诠释，它强调参与的过程和参与的体验，追求在跨越心理障碍时所获得的愉悦感和成就感，同时，它还体现了人类返璞归真、回归自然、挑战自然、保护环境的美好愿望。由于极限运动的惊险性和刺激性，深受青少年的喜爱，传入我国不久，便在校园里开始蔓延，在许多大、中小学，一些极限运动已经成了学生体育课的教学内容，例如滑板、独轮车、攀岩等项目。另外，各种形式的培训班、俱乐部等也相继出现在各类校园里。从 2003 年开始，每年将举办一次中国大学生攀岩锦标赛。现在山地自行车、单轮车、滑板等极限运动在校园非常盛行，极限运动在校园引领了时尚，也形成了独特的校园文化。

3. 极限运动的内容

（1）跳伞

它被称为是“勇敢者的运动”。跳伞的升空方式很多，最早是从热气球上跳伞，继而出现了飞机跳伞、伞塔跳伞、牵引升空跳伞，如今又发明了从悬崖和摩天大厦跳伞。跳伞项目除了传统的特技、定点、空中造型、空中踩伞等项目外，新增了空中自由跳伞和空中滑板跳伞。如今，它与普通人的距离已经越来越近。飞机跳伞运动中，跳伞运动员身背主伞和备份伞两副伞，而极限跳伞只有一副伞，没有备用的选择余地，开伞时只能一次成功。由于距离地面高度低，运动员没有用修正棒调整方向的时间，因此在开伞的一瞬间就要端正地朝向瞄准的固定物。如何在迅疾的降落过程中安全脱离、避开周围建筑物，在高低参差的环境中安稳降落是极限跳伞的难点，当然也是最吸引人的看点了。这项运动无疑有很大难度，只有具备足够勇气的人才能完成它，不过，从另一个角度看地面的风景，会比人们惯常看到的景色更美，这也是冒险家们为之倾倒的魅力所在吧。

（2）蹦极

几十米高的地方，两边青山翠柏，脚下河水湍急，想象一下，将从这里跳下去，多么惊心动魄！心在剧烈地跳动，两腿不住地颤抖，但当你安然无恙地跳下去时，那种享受自由落体的满足感将不可言喻，你的确可以称得上是战胜自我、挑战极限的“英雄”。“蹦极”是跳跃者站在约 40 米（相当于 10 层楼高）的桥梁、塔顶、高楼、吊车甚至热气球上，把一端固定的一根长长的橡皮条绑在踝关节处然后两臂伸开，双腿并拢，头朝下跳下去。绑在跳跃者踝部的橡皮条很长，足以使跳跃者在空中享受几秒钟的“自由落体”。当人体落到离地面一定距离时，橡皮绳被拉开、绷紧，阻止人体继续下落，当到达最低点时，橡皮绳再次弹起，人被拉起，随后又落下，这样反复多次，直到橡皮绳的弹性消失为止。闭上眼睛，深呼吸，想象自己从几十米的高台上纵身跳下，一切都陷入静谧之中，只有自己的心脏，一阵阵激烈地收缩！

（3）攀岩

背上一条主绳和几把铁锹，带上帐篷和睡袋，踏上崎岖的山路，去寻找一块陡峭的岩壁。找到合适的岩壁，就可以打上“保护”。玩起攀岩，能体验用自己的四肢与地球引力抗争的刺激。登上去滑下来，又重新寻找支点，一次又一次地重复，不断克服放弃攀登的念头。成功站在峰顶时，你会发现，原来自己是如此伟大。从平地开始，直至顶端，任惊险的山峰在脚下变为坦途。攀岩，在运动中，搜寻已被遗忘的人类最原始的生存技能。

（4）冲浪

冲浪运动始于澳大利亚。由于澳洲四面环海，气候温暖，多日照而少阴雨，有利于水上运动的发展，因此澳大利亚人特别喜爱冲浪运动。早在欧洲人迁来之前，这里的土著人乘独木舟浮海时，就凭一叶扁舟忽而冲上浪峰，忽而滑向浪谷，享受这种妙不可言的极限体验。如果要评比夏日里哪种极限运动又凉爽又刺激，候选答案有一个——只有一个：冲浪。脚踩一块冲浪板，在海浪上驰骋，对于爱冒险的人来说，这可是个极具挑战性和诱惑力的极限运动项目。由于从海巅浪尖上向下冲时速度较快，冲到浪谷中时仍能保持一定的速度，利用惯性紧接着就能再冲上第二个浪尖。冲浪者要有极好的体力和平衡能力，力求在浪巅上多呆一些时间，才能保持一定的速度，以便能在浪谷中翻飞，一浪紧冲一浪。虽然妙不可言，但它却是一项相当惊险的运动。脚踏冲浪板，出没在惊涛骇浪之中，即使熟悉水性、有高超技巧的人，也难免发生危险。因此，它需要运动员大胆、沉着、镇静、稳健。并不是世界上每一个海域都适合人们体验这种与浪共舞的运动，不过有十个海域是人们享受浪尖拉丁舞的理想场所：夏威夷海滩、秘鲁的冲浪海滩、奥普纳基海滩（新西兰）、菲利普岛（澳大利亚）、玛努湾（新西兰）、斯卡波罗夫海滩（澳大利亚）、黄金海岸（Gold Coast）沙滩（澳大利亚）、羽伏浦海岸（日本）、中央海岸（澳大利亚）、以及海南境内的香水湾、石梅湾和日月湾。

（5）溯溪

所谓溯溪，是由峡谷溪流的下游向上游，克服地形上的各处障碍，穷水之源而登山之巅的一项探险活动。它是一项结合登山、攀岩、露营、游泳、绳索操作、野外求生、定位运动等综合性技术的户外活动。在溯溪过程中，溯行者需要借助一定的装备，具备一定的技术，去克服诸如急流险滩、深潭飞瀑等许多艰难险阻，充满了挑战性。也正是由于地形复杂，不同地方须以不同的装备和方式行进，因而使得这项活动富于变化而魅力无穷。溯溪活动需要同伴之间的密切配合，利用团队精神，去完成艰难的攀登，这对于溯行者是一种考验，同时又能得到一种信任和满足，一种克服困难后的自信与成就感。一处壮美的瀑布在溯溪人的眼里便是悬崖，而在潮湿又长满青苔的瀑布里，攀岩是一种新的挑战。当然，仅看字面上的意思看，会吓退不少好奇者。其实，只要装备得当，有必备的常识，即使不常运动也会爱上这项疯狂的游戏。因为溯溪，你可以钻进曾经梦想的深山老林；因为溯溪，你要用上并不纯熟的混合攀岩技巧；因为溯溪，你必须努力提高泳技甚至打一场艰难的水仗……在12度的水温和愤怒的水花中，身体体会到一种难以言表的快乐；爬回岸边很长一段时间，各个关节仍然充斥在一种空旷麻痹的感觉中……这样的感觉还不能激起你尝试溯溪的冲动吗？

二、极限运动在高校校园的人文价值

体育是人类针对自身所创造出的一种身体运动文化，任何体育运动如果不考虑人们的体质健康和身心健康，难免陷入误区。极限运动开始从军营逐渐扩散到社会体育活动中，并深受广大青少年的喜爱，由此也诞生了校园极限运动。校园极限运动已经成了校园文化生活的一个重要组成部分，对丰富校园文化，满足学生的身心需要、业余生活需要，实现自身价值、彰显个性，起到了非常重要的作用。

其一，校园极限运动对身体心肺功能的锻炼价值。极限运动对身体的挑战是全方位的。极限运动对参与者的心肺功能、力量、耐力、柔韧、灵敏性和协调性以及平衡力等是一个极大的考验。在影响健康的诸多因素中，心肺功能对于人的生命活动能力至关重要。经常参加校园极限运动不仅能够提高人体的循环、呼吸和运动系统的功能，增大心脏的每搏输出量，还能增大肺通气量，提高供氧能力，改善心肺功能。如攀岩运动，它集健身、娱乐和竞技为一体，既要求运动员具有顽强、坚忍不拔的拼搏进取精神，还需要运动员有较好的体力。攀岩者为了适应这种长时间、高强度的供能需要，心肌代谢加快，收缩压升高，耗氧量增加，从而刺激心肌血流量增加，使心肌张力增强，收缩有力。因此，极限运动对人体的心肺功能具有很强的挑战性，需要青少年不断增强自身的心肺功能，以便实现或完成高难度的技巧动作。

其二，校园极限运动是“健心”的重要手段。极限运动作为一种改善人心理健康的有效方法，开始被越来越多的人所接受。极限运动通常都是在自然美景中挑战自身极限，注重将自我与自然环境统一起来，体现了人类返璞归真、回归自然、保护环境的美好愿望。这些对于参与者来说，无疑是放松自己、增强信心的一种运动方式。极限运动锻炼人不服输的精神，很多极限动作需要上百次、上千次摔打才能成型。现在的80后、90后的孩子大多没有吃过苦，缺乏挫折教育，而极限运动可以很好地提供这种挫折教育。想学会一个动作，就必须有摔倒了爬起来重来的精神。虽然人们已意识到要提倡吃苦精神，吃苦并不单纯指吃不好穿不新，而是在遇到困难时敢于面对、敢于坚持。从事极限运动，恰好能培养这种吃苦能力。而极限运动中的创新精神也是目前普遍缺乏的，任何极限动作都需要不停地创新，这种创新能力对人今后的发展也有重要作用。

其三，校园极限运动是精神减压的有效手段。目前我国正处于城市化加速发展的时期，城市化是社会发展的必然趋势，但它也给我们带来了严峻的挑战。城市化的生活增加了个人与家庭的距离，加重了人际关系的淡漠。参加极限运动，人们可以用独特的方式减压并获得快乐的感觉，增强了他们面对困难的勇气和自信心，使他们敢于挑战自我、超越自我，同时在运动之后，他们往往会获得技能提高的喜悦感、战胜困难的超越感、自我选择和自我实现目标的成就感以及在良好氛围中体验的舒适感。另外极限运动需要大家一起参与，互相评点动作，互相学习鼓励，让人学会团队合作和帮助他人以及接受他人的帮助。经过极限运动的考验，相信他们将会保持一种良好的心态，用全新的方式去迎接生活的挑战。

其四，校园极限运动是培养自信心和乐观生活态度的有效手段。开展校园极限运动需要学校、社会和家庭给予一定的支持和鼓励，也需要青少年自己克服许多意想不到的困难和心理障碍。开展校园极限运动一方面不仅能让青少年体验到极限运动带来的惊险、刺激和技巧，也能使他们进一步感受到成功的喜悦、进步的自豪、胜利的欢呼，同时还能培养他们不畏困难、顽强拼搏、积极进取、团结合作、遵守规则等良好的品质以及同伴之间互帮互助的集体主义情感，自尊、自信、自强精神，关心他人的情感和品质。另一方面，青少年在极限运动中所表现出来的青春活力、旺盛生命力、顽强不息的拼搏精神、争取胜利的责任感等，又能极大地感染和激励其他旁观者。

从极限运动的本质来说，青少年参加极限运动不仅是技巧、意志和体能的展示，更是练习者自身超越身体极限、超越自我、向生命潜能挑战的一种精神展现。通过举办极限运动竞赛或表演不仅可以激发青少年积极参加极限运动、培养体育锻炼的兴趣和习惯，达到增强体质、改善和增强身体的机能、克服自身的弱点、完善人格的目的，而且可以促进青少年通过参加或观看极限运动竞赛或表演，积极参与学校和社会活动，增添生活情趣，陶冶情操，促进身心健康，扩大生活范围和领域。同时，举办校园极限运动竞赛或表演还可以通过意志、心理、技巧和体能的较量，向生命的潜能挑战，展示青少年丰富多彩的创造力和想象力以及飞扬自射的青春活力。尤其是一些极限运动高手表现出来的高难度动作，使人们领略到了人类具有协调性、灵敏性、惊险性和勇敢性是令人崇敬的，尤其是他们对极限运动的理解和热爱，以及对人生内涵与精神的诠释，展示出了一幅美丽的动感画面和绚丽的精神世界。

三、极限运动在中国的发展现状分析

1. 中国极限运动发展的现状

（1）地域性

中国社会经济的发展为极限运动的发展提供了条件，但是我国的经济发展呈现地域性特点，这也使得我国的极限运动相同的特点。中国的极限运动发展较好的地区多为经济较为发达地区，这些地区经济实力较好，家庭的经济条件相对较好，这就为极限运动的发展创造了有利的物质条件。所以，极限运动在我国呈现地域性特点。

（2）年龄差异

中国的极限运动发展的主流力量是青年，而在国外，参与极限运动的年龄广度较我国广。极限运动在我国大多受到青年的青睐，因为他们拥有较多的空闲时间，其次他们对新鲜事充满好奇，促使他们愿意挑战自我，愿意选择刺激性较强的运动，这也使得他们成为极限运动发展的中坚力量。

2. 导致我国极限运动发展现状的原因分析

（1）中国传统思想的束缚

中国作为一个以儒家思想传统思想的国家，其从思想上就遵从“谦卑”“以和为贵”，这使中国在许多挑战性较强，刺激性较强，对抗性较强的运动中都略显逊色。中国的儒家思想是几千年的传统思想，它深深注入了炎黄子孙的血液，而这种不温不火，不善于探险的性格也称成为中国人的象征。正是由于这种传统思想的束缚，使中国的许多以“慢”为特色的休闲体育项目成为大众的宠儿，例如太极拳、散步等。但在美国等许多思想相对开放的国家，极限运动不再只是一种观赏性的运动，而是许多人青睐的一种实现自我，超越自我的运动。由此可见，东西方的文化差异也导致了极限运动发展的差异性。

（2）中国经济发展的区域性特点

中国作为发展中国家，经济发展水平呈现区域性特点。沿海城市开放较早，拥有较好的经济基础，所以经济水平较其他地区发达，这也使这些地区成为极限运动发展的沃土。而对于经济实力相对较差的地区，家庭经济实力较差，极限运动对于他们来讲是一种奢侈品，所以极限运动在这些地区发展相对落后。综合中国的经济发展状况，极限运动也呈现地域性特点。

（3）教育水平的差异

中国极限运动发展的中坚力量是青年，而在国外参加极限运动的年龄广度较我国广。自新中国成立以来以来，我国教育水平不断提高，青年人作为国家发展的主要推动者，受到了先进思想的洗礼，思想意识相对先进，这使得极限运动迅速被青年人所接受，而对于年龄较大的人群，其思想相对保守，不愿意接受新鲜事物，这也使得极限运动主要集中于青年人群中。

（4）危险性较大

极限运动作为当今世界最具活力、最有激情、最具观赏性、最能体现人类自然和谐关系的体育活动之一，虽具有很大的挑战性，但也隐藏着巨大的危险性，这也成为许多人不愿参加极限运动的重要因素。极限运动多与探险、刺激相关联，在过去的极限运动参与者中，也出现过意外事故，这也成为极限运动发展的重要限制因素，公众不愿选择该项运动的原因也大多集中在此。

3. 促进我国极限运动发展的对策

（1）加强舆论宣传

极限运动在中国除参与者以外，更多的是观赏者。极限运动的挑战性和刺激性虽不能被所有人接受，但极限运动的观赏价值是许多人不能否认的。鉴于极限运动极高的观赏价值，我国应加大极限运动的宣传力度，让更多的人了解极限运动，有参加极限运动的欲望，从而从思想上提高公众参加极限运动的参与率。

（2）以高校为市场，开展极限运动。

全国各大高校作为休闲运动开展的重要载体，在休闲体育的发展中起着至关重要的作用。极限运动是一项挑战性极强，刺激性极强的运动，而这些特点正符合了青年成长发展的需要，所以，高校作为最有潜力的极限运动市场，应充分挖掘，让其充分发挥作用，促进我国极限运动的发展。

经典案例：郑州高校极限运动开展经验与借鉴

近年来，许多高校利用假期组织了大量的各种主题的自行车越野考察活动。这类成本低廉、组织简便、花样繁多、丰富多彩的活动成为高校极限运动的又一亮丽风景。高校校园里随处可见的山地自行车、滑板、轮滑、漂移板更是一种时尚，一种校园文化的象征。在大学生群体中十分普及。由此可见，极限运动已经成为郑州高校校园文化生活的重要组成部分，对丰富校园体育运动层次，维护大学生身心健康，满足大学生业余生活需求，起到了不可替代的、具有时代特征的促进作用。可以预见，随着社会经济发展和人民生活水平不断提高，将会有更多的极限运动项目在高校出现。

1. 郑州高校极限运动普及迅速的原因分析

（1）高校学生对新概念、新项目接受较快。

（2）符合青少年心理需求。

（3）生活水平达到极限运动项目门槛的人口增多。

（4）节假日增加要求娱乐内容增多。

（5）新闻焦点媒体介入。

（6）商业运作投入增加。

2. 郑州高校开展极限运动项目的局限性

（1）高风险性

极限运动是一种极度危险又极具挑战性的体育运动，因此，不仅不是每一位高校运动员都愿意尝试，而且愿意承担极限运动的生命风险、为高校运动员买单的机构和个人也是屈指可数，这些风险只能由参与者自己承担，缺少福利保障，严重限制了参与者的积极性。

（2）特殊的场地环境要求

极限运动项目的多样性和丰富性，要求有不同的自然或人工场地设施来适应这些运动项目，例如滑板运动和漂移板所需的“U”型池，滑雪项目要根据季节考察相应的地形，摩托车赛要创造特殊的地形来适应该项运动，实际上，场地设施越是多样，运动所投入的成本与费用则越多，经济的限制就越大。

（3）高度依赖技术、高科技

极限运动的开展在很大程度上依赖于技术和高科技，参与者所要掌握的技术和所需的装备和仪器，如滑板的各种技术和滑翔伞与跳伞所需的材料与设备，都是技术和科技的结晶，而缺乏先进的运动指导者，优秀的教练员和高科技产品又需要较高的生产成本与费用，因此并非人人都能有足够的财力、物力来参与极限运动。

3. 郑州高校极限运动的发展方向

极限运动的发展是极富想象力和创造性，但运动项目自身的发生发展会受到一定的条件限制。因此从郑州市实际情况出发可以对其发展方向做初步探讨。极限运动在高校的发展必然受到以下一些因素制约。第一，思想观念因素。极限运动要完全得到整个社会的接受还需要一段时间过程。如极限生存和危险系数比较高的各种运动项目尚需要一个得到社会接受的过程才能开展。但高校学生思想活跃，对新生事物反应敏感，接受快，随着改革开放和国外极限运动的引入和发展，郑州高校极限运动将会领先于社会其他群体首先发展起来。第二，经济因素。经济条件的约束使一些投入过高的项目难以在现有条件下开展。如空中项目：滑翔、跳伞、热气球；水上项目、U 行道的建设等。但随着社会经济进一步发展，这类项目也将逐渐在经济发展迅速的地区开展起来。目前部分高校的室内攀岩就是在经济条件允许的环境中发展起来。第三，自然条件。不同地区高校发展方向具有地区特征。某些具有优越的自然条件地区将首先得到开展。部分的水上、海上项目具备类似条件，相信在不久的将来将会开展起来。第四，技术条件。部分极限运动需要较高的技术条件，如蹦极、热气球、特定地区活动的 GPS 定位技术等。这类活动一方面需要经济条件支持，另一方面需要掌握一定的知识、技术、技能，一些理工科和开设体育专业的高校学生具备较好的开展条件，因此这类项目的开展具有不同高校的专业特征。

4. 案例启示

郑州高校极限运动将领先社会其他群体首先开展起来，经济环境较好的重点大学呈现相对领先的局面，距离自然条件优厚地区的高校会出现山地、水上等不同运动项目的优势发展，另外，还会表现出不同高校的专业优势（如体育院校或普通院校的体育专业）的发展特征。随着郑州高校的文化发展，极限运动必将在郑州高校充分发展。在市场化休闲化的今天，怎样顺应和引导这种发展趋势是我们值得注意的问题。

第七章 高校体育教学中的传统体育项目

第一节 健身走与健身跑

一、健身运动——旨在健康，愿伴随你终身

在21世纪这个新时代中，全民健康意识和体育锻炼意识普遍增强。高校作为培养社会合格劳动者的摇篮，在实施全民健身计划的前沿阵地上，充分发挥了桥梁的作用；通过体育教学，使学生不仅是全民健身运动的参与者，同时又是将来社会推动全民健身运动的骨干力量。所以高校体育教学对全民健身运动开展的好与坏，对大学生将来的生活、工作会产生直接的影响。

1. 学校体育教育中的健身运动

学校体育作为人的全面发展教育的一个重要组成部分，在理论与实践上越来越受到人们的重视和关注。最近，国家提出了全民健身计划，应该说学校体育处在一个非常特殊的地位。学习体育既是学校教育的一部分，又是发展终身体育的一个环节。因此学校体育在全民健身计划中具有十分重要的作用。

（1）新时期学校体育的特征

学校体育一直伴随着体育运动发展而发展的。进入新时期，人们对体育的认识发生了深刻变化。它越来越贴近人们的生活，不仅仅是一种竞技运动，而且更是人们休闲、健身、娱乐的工具。那么，学校体育也不例外。教育部在教改实施素质教育同时将原有的体育课改为体育与教康教育课，这就给我们学校体育工作者提出了一个新课题《大纲》要求40%，60%为选修，对达标考核又进一步降低标准，目的，在于让更多的学生参与到健身行列中来，让学生成为真正的主体，体育教师不单纯是一名教师，同时也是一名体育健身指导员。

（2）健身运动的基本特点

其一，群众性。全民健身，顾名思义，就是全体人民的健身活动。社会飞速发展的今天，体育将更贴近人们的生活。人们参加体育活动的时间、体育消费额逐步加大，体育健身活动的环境和条件都有了较大改善，身体素质明显增强；其二，科学性。要提高全民身体素质和健康水平，体育科研单位和体育院校要以群众体育和全民健身的科学研究为重点，建立健身理论体系和组织管理体系，挖掘整理我国传统体育医疗、保健、康复等方面的宝贵遗产，为群众提供大量的健身方法；其三，标准性。制定体质检测标准并进行体质测试，人们可以根据这些标准制定锻炼的原则、方法和过程。提醒人们对自身健康的关注、提高人们对体育锻炼的重视程度；其四，法规性。全民健身计划是政府颁发的具有法规性质的文件，任何单位和个人都不能与之违背。定期公布全民体质情况，严禁侵占公共场地设施或挪作他用；各种国有体育场所都要面向社会开放，实行社会体育指导员技术的等级制度等。

（3）学校体育与全民健身运动的关系

①学校体育是全民健身运动发展的基础。

学校体育面对的是广大青少年，是全民健身运动的主体。主要任务是通过传授体育运动知识、技术、技能来增强学生体质，提高学生身心健康水平，培养学生参与体育运动的基本能力。全民健身锻炼中，因为他们在学校当中已经接触到各种各样的健身锻炼，同时对健身锻炼的理念有了正确认识。在我上体育健康知识理论课的时候，有的同学就问我健美运动员肌肉太发达了，会不会感到很僵硬，活动不方便。我举了一个例子。短跑运动世界冠军格林身高只有176cm，却能打破世界纪录，而他的体重达到近160斤，如果我又说，穿上衣服的格林，谁也猜不出他会有那么重，学生们一直认为体重大就会很胖。通过理论的教学，使他们改变了观念。积极地投入到健身健美活动中来，知道用科学的方法掌握新的运动技能，并在社会中找到适合自身的健身项目，因健身而广大学生经过学校体育的培育，学习了体育知识，技能和方法以及身体训练和健身意识的强化，这些都为今后参与健身活动打下了良好基础。因此，可以这样说，学校体育即是全民健身运动的一个重要组成部分，更是全民健身运动发展的基础，全民健身运动要想持续发展，就必须引导学生自觉健身，养成自我锻炼的好习惯。

②全民健身运动是学校体育的深化。

我们的学生完成学业后步入社会，参加到从学校体育转入社会体育的行列，忽然发现所喜爱的项目大多来自学生时代的积累，深厚的学校功底使我们精力旺盛地投入到全民健身行列中去。

（4）学校体育在全民健身运动中的作用

通过上述分析，我们又不难发现学校体育在全民健身运动中的重要作用，学校体育是全民健身的重要组成部分，又是全民健身运动持续发展的必要条件。全民健身运动怎样才能做到健康有序地发展，在新时期学校体育的作用不容忽视。具体地说，学校体育在全民健身运动中的作用主要体现在以下几方面：第一，培养兴趣和爱好。健康是一个热门话题，而在素质教育指导下的体育与健康教育是我们新时期学校体育研究的重要课题。我们的教师要不断地提高自身修养，帮助学生培养兴趣和爱好；其二，教、学互动，传授知识与培养优良品质相合。在全国等级健身指导员培训班上，古桥秘书长提到对健身指导的要求，索之以技，求之以理，更要合之以身，放开视野探求健身规律。通过学校教育不仅仅传授体育知识，同时也传授思想，培养全面发展的人。无论是哪个人，良好的身体基础都是青少年时期打下的。因此我们要让更多的学生热爱健身运动，自觉进行身体锻炼。使健身运动成为他们生活中不可缺少的一部分。好的习惯是逐步养成的，好的健康的身体也是长期锻炼的结果。

在实际工作中如何充分发挥其作用，如何正确认识其作用广大校级领导还没有完全意识到，包括我这次参加全国等级健身指志员培训班，学校就不支持，这对全民健身运动的持续发展，将是一个不利因素。因此学校体育要在形式、内容和方法上创新，我们不能忽视的一点就是习惯的养成是很重要的，这就要求教学模式推陈出新，多样化、生动化。不要为学习而学习，久而久之会使兴趣索然，又怎能养成健身习惯。结合素质教育，进一步提高学校体育的地位，这就要求学校体育教育应大力开展各类体育活动，让学生在活动中去思想，去体验，使身心健康，只有会健身、会休息、会娱乐，才能感受体育在生活中的重要性。虽然，当今从中央到地方各级教育部门都在大力推进素质教育，然而由于我国现阶段教育现状使得素质教育在学校的推进遇到较大的阻力，应试教育不仅仅在我校，在油田乃至很多中小城市还存有较大市场，这些都严重阻碍学校体育的发展。因此，要想保证学校体育任务能顺利完成，就必须降低大学的门槛，同时还有建立合理的规章制度，才能确保学校体育任务的落实。

全民健身计划的推行，涉及各行各业，尤其是学校这块园地，如何正确解决好处在生长发育阶段的青少年儿童的健体问题，为他们奠定好能从事终生健身锻炼的基础，已成为摆在学校体育界的一个新的课题。要研究好这个问题，首先要正确认识学校体育和运动竞技的内涵和外延，重新认定体育育体和竞技娱心的界定及其关系，才能从观念中的误区走出来，才能真正找到学校体育自身的坐标，才能切实走出一条学校体育的改革路子。

2. 高校健身运动制约以及对策

（1）高校体育健身教学的现状分析

我国开展高校体育教学已有多年，随着教学改革的不断变化，高校体育教学也在不断的创新中逐步完善，取得了很多可喜的进步，但由于种种原因，仍然有一些不尽人意的地方，表现在教学内容的选择上针对性不强，原有的部分传统内容从小学到大学相差无几，教学方法单一，学生学习的兴趣不高；体育教学在使学生形成终身体育思想，养成终身锻炼习惯，提高终身体育能力等方面，均缺乏很好的措施与方法。另外，有效的体育理论知识教学比例小，不能很好地转变学生们的思想，形成正确的体育观，尤其缺乏健康教育，学生良好的生活卫生习惯没有养成；利用体育教学过程对学生进行德育教育也是一个薄弱环节。这些问题都已阻碍了全民健身运动的深入开展与实施。

（2）深入开展全民健身运动的若干对策

①深化高校体育教学内容的改革

为了使大学生毕业后能直接投入到全民健身的行列中，一直保持锻炼的连续性，高校体育教学必须拓展现有的内容范围，向社会上普及的健身内容延伸、扩展，实现高校体育与社会体育之间的自然衔接。

其一，重视体育理论知识的传授。高校体育教学在体育理论教材选择方面应更加讲究科学性，突出实效性和时代性，彻底纠正“重实践，轻理论”的倾向，通过加强理论知识的传授，突出健康及其相关知识，如营养与健康、环境与健康、生活方式与健康、精神卫生与健康等知识的教学。使学生了解健身的生理学和心理学基础，健身运动处方的原理和方法，健康体质的测试与评价方法，以及部分运动项目的技术分析、观赏与裁判规则知识等，使学生全面系统地掌握体育理论知识，为积极参与全民健身运动打下良好的理论基础；其二，更新充实体育教材的内容。高校体育教材虽然做过多次修改，但是其教学内容而言，仍然存在脱离主体需要实际的缺陷。因此，首先要更新体育教学思想，教材内容应紧紧围绕着终身体育而选定，教材首先必须具有科学性，教材的科学性是教学的基础。其次是具备先进性，教材内容并不是一成不变，要让学生掌握新的体育科学知识，教材内容就应及时更新，要去旧补新，把最新研究成果补充到教材中去，并以学生可以接受的形式反映出来。再次是具有系统性，要根据教学法的要求，把知识的叙述和逻辑的顺序进行合理安排。大学生的特点是理解能力强，愿意接受新的知识，因此要根据全民健身计划的要求，选用实用价值较高的教材，使学生所学的知识能够伴随一生。大学生的兴趣广泛，教材内容的选定应体现趣味性，应选择非竞技运动项目、个人运动项目，毕业后易于坚持锻炼的运动项目（即不受年龄，运动负荷限制的运动项目），特别是适合职业需要的体能项目，内容突出健身性、娱乐性、终身性，让“体育是一种习惯，不是仪式，体育在体育课中，更在生活中”；其三，体育教学的形式、方法应多样化。体育教学形式应向“俱乐部”教学或小团体指导等方面发展，以更能适应每个学生的兴趣和特长，充分张扬其个性，并在个性发展中获得全面发展。同时要特别加强小球类（乒乓球、羽毛球、网球）、休闲类（国际交际舞、形体舞蹈、健身操、瑜伽）体育项目的一般技能学习，使学生增强运动兴趣，掌握一到二项能终身从事锻炼的项目及其方法，保证高校体育教学与全民健身运动能有机的结合。组织形式应丰富多样，如必修制、选修制、俱乐部制（即学分制前提下的课内、课外选项制）。教学形式的多样性更能满足学生对体育锻炼的需求，从而更好地体验与认识体育。

②转变高校体育教学观念，构建终身体育思想

终身体育是指人们在一生中所受到的各种体育教育与培养的总和。即是从一个人生命开始到生命结束，要从适应环境与个人的需要，进行身体锻炼，以取得生存、生活、学习

与工作的物质基础或条件。终身体育观点的建立与体育兴趣有着直接的关系，而终身体育的实现则要以体育能力为基础。个人兴趣能产生参与体育锻炼的欲望与追求，是形成习惯的心理基础。

其一，树立体育教学新观点。学生在从事体育活动中始终是以本人需求为驱动力，以达到自我完善的目的。每人需求的范围和满足的内涵非但各异，甚至需求的方式、方法也随着时代的发展而改变，而我们现在的体育教学比较呆板，没有个性，已经很难适应大学生和社会的需求。因此，高校体育教学应贯彻“以学生发展为本”的现代教育理念：一是以学生的个性为本，二是以全面发展为本，认真落实“健康第一”的思想。以终身体育为主线，从学生终身受益为出发点，使学生养成自觉、科学地锻炼身体的习惯。其二，加强终身体育意识的培养。学校是进行终身体育教育的最有利场所。学生走向社会，能否继续经常地从事体育锻炼，最根本取决于自身的终身体育意识，而一个人的体育意识的程度取决于学校体育教学的效果。高校作为学校体育和社会体育的衔接点，它对培养学生终身体育意识具有特别的意义；其三，加强终身体育思想的教育。使学生树立牢固的体育意识，体育宣传工作是培养学生自觉地参加各种课内外体育活动，实现学校体育教育与社会参与的重要手段。充分利用黑板报、橱窗、广播站、多媒体等宣传阵地，扩大学生的体育知识面，增强学生体育锻炼的自觉性，激发学生锻炼的热情和兴趣。定期举办体育知识讲座，组织各种竞赛活动，充分发挥媒体的作用，不断增长学生的体育知识并开阔眼界，营造良好的体育文化氛围。

二、健身走

随着社会现代化程度越高，人们在学习和工作中的智力活动越多，难免长时间伏案忙碌，用电脑、看文件、研究……尤其是大学生学习压力很大。很容易患上肥胖、心脑血管病、糖尿病、骨质疏松等疾病。世界卫生组织根据全球调查资料发现，发展中国家有77%的人死于非传染病。根据数据显示，我国前10位的病死原因也是非传染病。近年来，传染病的发病率在大幅度地下降，而恶性肿瘤、心脏病、心脑血管疾病等非传染病的死亡率大幅度上升。我国现在有1亿多高血压患者，2 000万以上的糖尿病和骨质疏松症患者。这种趋势与现代人类缺乏体育运动的生活方式有着密切的关系，而且这种趋势正加速转向低龄化，身处生长发育后期的大学生的健康面临严重威胁。如何改变这种状况，参与健身锻炼运动是最好的生活方式之一。其中健身走又是人人都能参与的一种有效的锻炼方式。

1. 健步走对大学生身心健康的影响分析

著名心血管专家洪昭光说：最好的健身方法是步行；心脏病学之父美国人怀特认为：健康成年人应把每日步行作为一种有规律性终生运动方式。由此可以得出结论：最平凡的作为，常常有最不平凡的效果。

（1）预防心血管疾病

美国医学学会提出，每天走30分钟，可维持心肺功能的健康状况；大学生的步行锻炼可以提高和调整大脑皮层下枢功能，从而使外周血管紧张度降低，改善情绪，减轻官能性症状，达到减少荷尔蒙的分泌，进而降低血压；目前，许多学生不健康的饮食习惯使血液的胆固醇与中性脂肪异常增高，胆固醇渗入血管壁，动脉变硬变脆变狭窄，血液流通不畅，容易诱发心肌梗塞、脑梗塞等。胆固醇中的HDL（高密度脂蛋白）会把多余的胆固醇送往肝脏，预防动脉硬化。持续20分钟以上的健走，有助于分解燃烧体内中性脂肪，增加HDL的量。一周健走3小时以上，可降低35%至40%患心脏病的风险。

（2）避免脂肪肝

运动时，肾上腺素、去甲肾上腺素分泌增加，提高脂蛋白酶的活性，促进脂肪分解，减少脂肪在心血管和肝脏中的沉积，从而使脂肪肝得到显著改善。经常进行健走锻炼可以促进血液循环，血可以流到聚积在肝脏众多微血管的末端，提高肝的代谢功能。

（3）预防其他疾病

对于女学生来说，预防乳腺癌最理想的运动是健走。研究资料表明：持续参加身体运动可明显减少绝经前妇女发生乳腺癌的危险，并强调早年开始并保持健步走运动的重要性。一周3次、每次45分钟以上的健走运动，有助于维持很好的认知功能，促进脑细胞功能活化，一边健走一边配合呼吸，可以获得全身血液活络与脑循环顺畅的双重效果，有助于提高学生的学习效率，养成健步锻炼习惯还有助于预防老年痴呆。糖尿病多半是饮食过量、运动不足等原因造成的，而限制饮食量、减少体内的糖分，再用运动把存在肌肉内当作能源使用的葡萄糖大量消耗掉，就可以降低血糖值。一天轻快健走1小时，对Ⅱ型糖尿病有50%的预防效果。

（4）改善骨质和腰、肩、头部疼痛

大学生进行健步走锻炼可以减缓骨质流失，预防运动时出现的骨折或腰痛。头部重量约占体重的1/10，由颈椎与覆盖颈部到背脊的肌肉所支撑，如果驼背或姿势不良，肩胛肌的负担过重，肩膀就容易僵硬酸痛。最有效的治疗方式就是健走，因此建议青年学生在健走时，抬头挺胸，上臂大幅度摆动、大跨步前进，自然拉直了背肌与肩胛肌。

（5）助眠、舒解忧郁，储蓄健康

多用双脚，能改善体内自律神经的操控状态，让交感神经与副交感神经的切换更灵活，有助于消除压力，更容易入眠。健走还能增进自尊、自信与乐观。简单又方便的健步走，其实是亘古弥新的养生运动。规律且持续地健走，就好像存入生命银行的“健康生活储金”，你付出时间，生命银行给你的利息是更长的寿命。青年学生经常进行健步走锻炼可以有更多的精力投入到学习中，有利于他们缓解紧张的学习压力。

2. 健步走的科学锻炼方法及注意事项

据估计，北美洲每天就有 8 000 万人参加步行运动。在美国市民体育协会中，共有 350 个徒步俱乐部，瑞士则有 120 个徒步俱乐部。英国宪法更是明确规定，人人享有徒步行走的权利，倡导留出专用路线用于日常徒步运动的开展。

（1）健步走的科学锻炼方法

①快步走

快步走的动作要领：没有时间运动的同学，可以在上下学的路上（“走学族”）、课间去走路健身。一般健身走每次在 30—60 分钟为宜，实在没有大段的时间去锻炼的，也可以每次走 10 分钟，每天加起来至少 30 分钟的走路运动。美国和日本等国建议，为了保持健康每天最好走 1 万步；我国卫生部建议，要保持健康，每天至少走六千步。有健身作用的走路，不是那种“饭后百步走”的慢慢溜达。这里说的快走健身指：一小时走 5 到 6 公里（大约每分钟步行 100 至 120 步）、一周坚持 5 到 6 次的健步走。走的时候要感到气喘，但是还能说话，这种强度就比较合适。

②摆臂大步走

动作要领：走路的时候尽量把双臂前后摆动起来，前手摆臂伸掌尽量高过头顶，后手摆臂要随势后摆伸直。行走的时候，尽量迈大步。行走的快慢因人而异，最好走到气微喘，心跳在 100 次左右。走路时双臂大幅度地前后摆动，心跳容易加快，可以对心脏产生良好的锻炼效果。而且，走的时候上肢大幅度摆臂、腿在大步快速迈进，这样上下相随，全身肌肉骨骼都运动起来，因而可以达到舒筋活血的目的。

③原地踏步走

在家里写完作业，可以适当地活动一下，来一个原地踏步走，也是不错的哦！动作要领：在室内或者室外任何地方，原地抬腿踏步走。可以把大腿抬高些踏步走，两臂注意摆动。

④越野杖行走

这是一项在欧洲非常盛行的运动，又称为越野走。行走的时候借助两支手杖，使人在行走过程中实现四肢同时参与运动。越野走比散步有效，比慢跑安全，是健步走的升级版。

⑤倒步走

小腿带动大腿，小步往后退；腰背、脖颈要挺直。倒走时要全神贯注，眼睛左顾右盼，掌握身后道路的基本情况。这项活动很适合那些不宜做剧烈运动的人。如果在从事其他运动锻炼后采用倒步走，还有助于调节心情和促使身体疲劳的自然恢复。倒步走时，腰身挺直或略后仰，脊椎和腰背肌肉将承受比平时更大的力，可改善腰部血液循环，使向前行走时得不到充分活动的脊椎和背肌受到锻炼，可以起到预防驼背、治疗腰痛之功效。因此，倒步走无论是对于青少年、整日伏案工作或学习的人还是中老年人慢性腰痛者都有好处。

⑥水中行走

水中行走，可能会令很多同学吃惊！水中行走也是一种健身方式。水中行走适用范围广，不论男女老幼，也不管会不会游泳，基本都可尝试。水中行走，走的姿势可多种多样：正走、反走、侧身走；大步、碎步、原地踏步、蹬跳……在水中行走时，两臂可以在水中或浮在水面作划水、摆臂、抡臂等动作，这样可使这些肌群都得到有效的锻炼。与陆地行走相比，水中行走要克服更大的阻力，所以对肌肉力量和内脏器官功能的锻炼更为有效。一般人在深度到腰间的水中，以每秒 1 步的频率走 3—5 分钟，心率即可达到最大心率的 70%—85%，呼吸频率超过安静时一倍以上，总体反应不亚于陆地慢跑。在水中行走阻力很大，消耗的能量比陆地行走时也大的多，不但有利于健体，而且可以消耗多余脂肪，有较好的减肥效果。

（2）健身走运动注意的事项

①长走前的准备工作要细致：第一，选一双合脚的软底运动鞋。如是专门的跑鞋更好，这样可缓冲脚底的压力，以防止不太运动的关节受到伤害；第二，穿一套舒适的运动装。这样能让自己的心情和身体放松，从繁忙的工作生活中走出来；第三，准备一壶清茶水。可适当加些糖、盐，因为清茶能生津止渴，糖、盐可防止流汗过多而引起体内电解质平衡失调；第四，选择一条合适的运动路线。可以是公园小径、学校操场、住所附近，甚至上下班的途经小路。在运动中人体耗氧量会增加，如空气不好，甚至有废气等污染物，反而会使运动效果适得其反。所以，长走路线应该是人流量少、通风、空气好，离汽车越远越好；第五，长走时间要恰当。长走锻炼的时间最好选择在每天太阳升起以后，下午 3 点也是最佳的锻炼时间。长走运动不能等同于平常的走路、散步或逛街，每周锻炼至少 3 次，并且每次不能少于 30 分钟。

②走路太随意达不到健身目的

长走前一定要做一些准备活动，如轻轻压一压肌肉和韧带，做一些下蹲运动等，让自己的心脏和肌肉进入到运动状态。健步走时步幅应略大，挺胸、收腹，目视前方，上半身略向前倾，双臂自然在身体两侧摆动，注意力集中，呼吸自然均匀。长走开始后不能随意停下，直到锻炼结束。长走健身运动要循序渐进，运动强度应由小到大，运动时间由短到长。运动后别忘做一些放松运动。同样是走路，如果要“走”出健康来，在锻炼时要保证一定的频率、强度和持续时间。如果不了解自己的运动能力，开始时应尽量选择较低强度，若在训练后次日没有感到心慌、心悸、头痛、无力、心率加快等不适，可逐渐加大强度，否则，要减低强度。

三、健身跑

健身跑是体育运动中最常见的锻炼方式，它不仅能锻炼人的身体，还可以调节大脑中枢，增强心肺功能，磨砺人的意志，放松人的心情，长期进行锻炼可以延长人的寿命，是终身体育锻炼中最易操作和实现的项目。

1. 健身跑对大学生身心健康的影响分析

健身跑是一项运动量中小强度，不受年龄、场地、器材限制、简便易行的健身方法。健身跑不仅可以有效地增强人体的心肺以及其他器官的功能，还可以调节人的情绪，培养良好的意志品质，促进人们心理素质的发展。

（1）健身跑对大学生心肺功能的影响

健身跑的出发点是以健身为目的、长期进行的一种有氧运动，是最有利于提高心肺功能和身体素质的有氧代谢运动。通过调查，有一年以上的健身跑经历的学生，他们的心血管及呼吸系统明显优于没有经常健身跑的学生。通过健身跑，腿部肌肉力量得到了锻炼，心脏和血管的弹性增强，提高了心脏收缩力和血管的舒张力，心容量增大，搏出量提高，促使呼吸肌有力的收缩，提高了呼吸系统的功能。

①心脏

心脏的工作好比一个泵的作用。它是血液流向全身各处的主要动力装置。心脏主要由心肌细胞所构成。研究证明，长期坚持健身跑的人可促使人体心血管系统的形态、机能和调节能力产生良好的适应性，从而提高人体有氧工作能力。有氧健身跑对心血管系统主要表现为：一是脉搏输出量增加。二是心率降低。三是心泵贮备能力增加。四是运动性心脏增大。五是血浆容量扩张。

a. 脉搏输出量增加。脉搏输出量大小主要取决于从左心室每次收缩所射出的血量，而脉搏输出量的多少主要取决于：第一，心舒末期静脉血流的回心血量；第二，心肌收缩力。长期坚持有氧健身跑的人不仅可以提高心肌收缩能力，而且可以增加脉搏输出量。

b. 心率降低。长期有氧健身跑的人可以安静的基础心率降低，是源于副交感神经的加强。健康人的平均心率为 75 次 /min，而长期进行有氧运动可以使心率降低到 60 次 /min 以下。

c. 经常坚持有氧健身跑的人每分输出量并没有明显变化，而经常参加健身跑的人安静时的心率比没有经常参加体育运动的人要低，要想达到每分输出量平衡，主要是靠安静时的脉搏输出量来增加。从这结果我们可以看出有氧健身跑可以促进提高心肌的收缩能力。

d. 心泵的功能的贮备。心泵的功能的贮备是最大输出量与静息的输出量之差。经常坚持有氧健身跑的人安静时心率比不从事体育运动的心率要低。假如大家的最大输出量是一样的话，那么从这个公式可以得出经常从事有氧健身跑的人的心泵的功能的贮备要比不从事体育运动的人心泵的功能贮备要大。

e. 运动性心脏增大。运动训练可以使心脏增大，而有氧运动对心脏增大表现为以心室容积增大的为主。

②血管

人类的血管可以分成为动脉、毛细血管、静脉三类，动脉的血管壁厚，内含有丰富的弹力纤维，动脉是心脏射血所经过的第一级血管，动脉血管依次流向到毛细血管，毛细血管主要是血液与组织细胞进行气体和物质交换的部位，血液流向最后一级是静脉，而静脉血液是心脏回心血液的主要部分。长期有氧健身跑有助于降低血压，提高血管壁的弹性、细血管组织间的气体交换，提高静脉回心的血量。

a. 降低血压。其原因可能在于健身运动能够使血管扩张和血管内的血液阻力下降。从研究对象访谈中共同得出一个结论：有氧健身跑不但降低血压，并且在一个固定数值徘徊。

b. 血管壁弹性。有氧健身跑能促进血管里脂肪代谢，血管会变粗，血液自然而然畅通得到提高。

c. 毛细血管的气体和物质交换。有氧运动有助于血液携带的氧气、二氧化碳和营养物质通过毛细血管与组织进行气体和物质交换，有助于机体的新陈代谢，不断维持内环境的平衡，助静脉回流量。在运动过程中，骨骼肌的挤压和不参与运动的内脏器官及表皮的毛细血管有助于静脉回流到左心房，静脉回流量有助于心脏做功，可以保证每次搏出量的大小，静脉回流多少也决定机体对氧摄取，决定了机体有氧的工作能力。

③血液

血液在心血管系统内周而复始的流动，起着沟通内外环境联系机体各部分的作用，是人类一切的生命活动所必需的载体。因此，我们主要去研究有氧运动与血液中成分密切相关的联系，研究对象主要是红细胞、血脂、血液的碱贮备、白细胞、白小板。

a. 红细胞。长期有氧健身跑有利于血容量中的红细胞增多，红细胞增多主要成分是血红蛋白（HB）的增多，血红蛋白是氧气、二氧化碳的运输的载体，参与机体的新陈代谢和气体交换的作用。红细胞还具备免疫的功能，其数目众多，自成系统，并与其他免疫活性细胞如T、B以及吞噬细胞有着密切联系。红细胞的变形能力增加，改善了血液的流变性，促进细胞内成分充分扩散，大大增加氧气效率。从研究对象访谈中可以得出一个结论：红细胞不仅可以运输氧气和二氧化碳的作用，而且还具有免疫力的作用。

b. 血脂。长期有氧健身跑对血脂的影响十分活跃。结果显示：运动训练可使胆固醇（TC）下降6.3%、胆固醇（LDL-C）下降10.1%、胆固醇（HDL-C）升高5%、TC/HDL-C下降13.4%。从这些指标我们可以看出运动对有用的因子提高，而对没有用的因子降低，从而可以预防动脉硬化，增加血管壁的弹性。从研究对象到医院进行血液化验得出：长期有氧健身跑使高密度脂蛋白提高、低密度脂蛋白降低。从而我们可以证实有氧运动对血脂起了一定促进作用。

c. 血液的碱贮备。碱贮备是反映身体在运动时的缓冲能力，长期有氧健身跑可使碱贮备含量增加。体内有充足的碱贮备，则可提高运动时抗酸能力，推迟运动性疲劳的产生，提高了机体对酸的忍耐性，从而维持机体内环境的平衡。

d. 白细胞。白细胞增多主要是淋巴细胞，有氧健身跑运动可导致机体交感神经的活性降低，并使机体应激敏感下降，从而导致安静时儿茶酚胺和皮质醇等激素分泌减少，表现机体免疫功能增强。在另一方面，长期适度有氧运动使淋巴细胞表面激素的敏感性下降，从而使免疫能力得到提高。

e. 血小板。血小板的作用对于血管微细损伤的修复和通透性的调节起着重要作用。有氧健身跑运动可促使红细胞释放 ADP，这些因素在短时间可引起血小板的活化，使血小板黏附率与聚集率增加。

研究表明：有氧健身跑可以促进心血管系统功能完善，长期坚持有氧健身跑的人不仅可以降低血压，提高血管的弹性，而且还可以使高血压和动脉硬化的患者得到缓解，预防高血压、冠心病等疾病。所以，大学生应该经常参加有氧健身跑运，从而缓解生活、学习中的压力，提高我们的身体机能，增加免疫力，提高在生活中的自信心。当然，在有氧健身跑运动中，不同年龄段、不同身体条件的人要根据自身有氧运动的需要来选择运动量的大小。

（2）大学生身体素质发展状况的自我评价

对大学生进行健身跑锻炼后身体的协调性，灵巧性、耐力、身体控制力，腿部力量、腰部力量、上肢力量等身体素质状况的自我评价的调查结果。通过健身跑锻炼，大学生对身体素质发展的自我感觉是良好的。在协调、柔韧、身体控制、腿部力量、耐力等素质方面，感觉提高和保持原有水平的同学几乎是 100%。在灵巧性和上肢力量两项分别有 1.2% 和 2.9% 的学生感觉下降。说明女大学生通过健身跑练习，在身体健康水平的保持和提高上自我感觉良好，对于保持良好的身体状态有一定的促进作用。

另外，通过对大学生的睡眠质量、食欲、学习效率、控制情绪能力、抗疾病能力等几项心理素质自觉状况进行调查。可以获悉，心理素质自我感觉保持或提高的大学生 85% 以上。特别是在睡眠质量、食欲、情绪控制力、动作的记忆力以及人际关系协调能力的提高及保持率在 95% 以上。说明健身跑锻炼对于大学生提高或保持良好的心理状态能够起到良好的作用，也说明了健身跑对大学生心理素质发展的作用也毋庸置疑。

2. 健身跑的方法及注意事项

健身跑是一种大众化的健身手段，技术要求简单，对服装、器械和场地无特殊要求，正因为如此，健身跑受到越来越多人的青睐，已成为风靡全球的第一健身运动，要想达到良好的锻炼效果，非常有必要了解健身跑的一些基本知识。

（1）健身跑的方法

健身跑时，两臂摆动维持身体平衡，帮助两脚蹬地和摆动，使跑速加快。摆臂稍高躯干，自然放松前后摆动，并尽量做到前摆不露肘，后摆不露手。两脚后蹬时应积极用力，踝、膝、髋三个关节充分伸直，腿的前摆可加大跑的步伐。前摆时，大腿向前上方抬升，并带动髋部尽量前送，小腿放松顺惯性向前自然折叠。

正确掌握一些跑步时的呼吸方法，能在跑步的过程中拥有轻松的感觉。最好的呼吸应是口鼻同时呼吸。跑步初始，速度较慢，身体对氧气的需求量不大，可用鼻子呼吸。随着跑步距离越来越长，身体对氧气的需求量就会增加，此时，光用鼻子呼吸已经不能满足氧气供给的需要，容易引起呼吸肌疲劳，需要嘴与鼻子协同配合来增加氧气的供应，缓解呼吸肌的紧张感。冬季，因外界气温较低，与口腔内温度形成较大差异，用嘴呼吸时要有一定的技巧：让嘴微张，舌尖顶住上颚，让冷空气从舌尖两旁绕路吸入口腔，对冷空气有个加温过程，避免直接吸入气管，引发咳嗽、不适。呼气时，舌尖从上腭松开，让热空气顺利从口腔中吐出。

加速跑时从调整呼吸开始，一般采用两步一呼，两步一吸，加速时，要进行深呼吸，将步频加快，呼吸调整为三步一吸，三步一呼，通过改变频率来提高速度。疲劳时通过呼吸来缓解。跑一段时间后，就会出现呼吸困难、胸闷气短、腿脚无力、跑速下降，产生难以继续跑下去的感觉，这就是通常所说的“极点”现象。出现“极点”时，减慢速度，加深呼吸，帮助氧气与二氧化碳在肺泡充分经行交换，增大交换面积，减轻不适感。通过主动调整呼吸可以帮助人迅速渡过“极点”，继续维持运动。经过一段时间，这种现象就会减轻，身体机能就会得到好转，出现“第二次呼吸”，这时需要调整运动强度和呼吸频率。

（2）健身跑的注意事项

①做好充分的准备活动，掌握合理的技术和呼吸节奏

跑步前的准备活动必不可少，特别是清晨和冬季气温低，人体的血液循环较为缓慢，肌肉关节都处于休眠状态，出发时的猛然运动不但会加重心脏负荷，而且极易造成运动损伤。正确的做法是，先快走或慢跑至微微出汗，然后拉伸肌肉和韧带，活动全身关节，再进入正式的长跑练习。跑动中，脚的着地点应离身体重心投影点较近，以脚的外侧先着地，再过渡到全脚掌，着地动作柔和而有弹性，膝部适当的弯曲缓冲，两臂自然摆动，幅度不大。呼吸的节奏要和跑速相协调，一般采用两步一吸、两步一呼或三步一吸、三步一呼，呼吸要有适宜的深度。

②循序渐进，量力而行

健身跑属于耐力性项目，持续时间一般在 30—40 分钟左右，它对人的呼吸系统和循环系统要求较高。因此，练习者在锻炼时必须由慢到快，由短到长，循序渐进。一般来讲，开始时最好是跑 1 分钟，走 1 分钟，持续 15 分钟；到第二、第三周时可以逐渐增加为跑走 20 分钟，到第四周时增加到 30 分钟。可根据自己的身体状况调整运动时间，跑动的速度可以通过心率来调整，一般情况，练习者的心率应控制在自己最大心率（220 次 / 年龄）的 60%—70% 即可。

③选择良好的环境进行练习，做好防护和放松工作

在污染环境下进行健身跑，人体就会吸入灰尘和废气，易引发呼吸系统疾病，将会对身体造成巨大的危害。遇到大风和大雪天气，应选择室内练习，以免发生危险。另外，练习者应选择适宜的衣服和鞋袜，夏季戴太阳帽和墨镜，以避免太阳的直射；冬季要戴帽子、手套，以防冻伤。跑步之前不宜大量进食，进食会引起胃部不适。运动后不宜洗冷水浴，容易使身体抵抗力降低，引起疾病。不宜吃冷饮，极易引起胃肠痉挛、腹泻、呕吐、易诱发胃肠道疾病。练习后要擦干身上的汗水，换好衣服，注意保暖，以免受凉感冒。运动后不要立即停止运动或蹲坐休息，会阻碍下肢血液回流，影响血液循环，加深机体疲劳。在

每次运动结束后，要继续慢跑一段时间，使身体逐渐安静下来，做适宜的放松、整理活动，有助于消除疲劳，快速恢复体力。

健身跑是一项很有乐趣的运动，它不仅能锻炼人的身体，而且能磨炼人的意志，缓解精神压力，陶冶人的情操，正确的掌握它的方法及注意事项对今后的锻炼有着极其重要的意义。

第二节　健美操与体育文化

健美操是一项融体操、舞蹈、技巧，音乐为一体，以有氧练习为基础，以健力美为特征的体育运用项目，练习者明快的音乐节奏中进行全身各关节、部位有节律的运动，在欢快的音乐旋律中使身心健美。健美操能给人们带来热情、奔放的情感体验，符合现代人追求健美，自娱自乐的需要，而且它的运动负荷和难度可以自由选择，对场地、器材条件要求不高，练习起来简便安全，深受广大专业学校生的喜爱。因此在专业学校体育教学中，我们要重视加强健美操的教学。

一、学校体育教育与健美操

1. 健美操的分类

根据我国健美操运动的发展状况和未来的发展趋势，按照不同的任务，健美操运动可分为健身健美操、表演健美操和竞技健美操。中等专业学校中采用的为健身健美操。其中包括以提高心肺功能，改善身体有氧代谢能力的有氧操，练习肌肉控制，改善不良姿态，培养良好气质风度的形体操，以保持肌肉外形，防止肌肉退化为主的力量操，以及踏板操、水中操等。

2. 健美操在运动项目中的价值

健美操是根据人体解剖学、运动生理学、体育美学等多科理论，为使人体健康、健美的发展而编排的。它是在音乐伴奏下进行的身体练习，其动作内容丰富、形式多样，美观大方，有一定的旋律和节奏，可以恰当地表现出音乐的特色、动作的力度等。健美操运动不仅能有效地发展专业学校学生的身体形态，身体素质和身体机能，还可以陶冶情操，培养正确的审美观和良好品质。对于磨炼专业学校的学生的意志，增强信心，提高心理水平，具有非常重要的作用。要求学生不能机械地完成动作，而应有节奏、有旋律、有感情、有表现力，并创造性完成动作。

3. 通过健美操教学可以调动、培养学生对体育课的兴趣

要培养学生对体育课的兴趣，首先要让学生对体育课有一个正确的认识，选用学生感兴趣的体育教学老师，长期以来受传统习惯和应试教育的影响部分学生和家长对体育课有些偏见和误解。他们以为上体育课就是玩，上与不上体育课无所谓，加上体育教学内容重复，难度过大，以及少数教师经验少，教学方法呆板单调，导致学生喜欢体育，却害怕上体育课的现象怪现象，为此，因像学生明确指出只有“体格健壮，肌肉丰满，体形匀称，充满青春活力，才是真正的健美”。一个健康的人应该是道德高尚，心理健康、体质良好、体能全面的人。为达到健康的目的，可以通过体育锻炼来获得。

美的事物对学生具有强烈的吸引力、诱发力和感染力，当体育教师展示健美的形体和规范优美的动作时，就会引起学生自觉或不自觉地赞赏和模仿，同时对体育课也会产生兴趣，这无声的魅力会产生潜移默化的作用时，就会引起学生自觉或不自觉的赞赏和模仿，同时对体育课也会产生兴趣，这无声的魅力会产生潜移默化的作用，使体育课收到事半功倍的效果。音乐是健美操的重要组成部分，好的音乐能强烈震撼人的感情，将听众引如美妙的艺术境界，借用好的音乐，会产生意想不到的特殊效果。

健美操音乐多取材于迪斯科、爵士、摇滚等现代音乐和具有上述民族乐曲，具有鲜明的现代韵律感，节奏鲜明强烈风格热烈奔放，符合处于青春发育期的专业学校生身心发展特点，在专业学校体育教学中，我把健美操作为重要的体育教学内容，通过健美操优美的旋律，舒展发放的动作，刚劲有力的节奏，优美的造型，形成有强烈感染力的音乐氛围，激发学生的练习情绪，提高学生练习的积极性，增强学生参加体育活动的兴趣。

4. 强化音乐的素养教学，全面提高学生的素质

在健美操的教学初期，就得让学生接受音乐教学，从准备部分开始，教师就得有意识地用音乐启发学生，例如音乐启动，教师随音乐节奏踏步，在此基础上逐步变化一些简易动作，学生跟连，这样，日积月累，学生就形成用耳听音乐，用眼看示范的一种全身心运动的教学方式。在教学中，教师要不失时机地运动口令、提示及体位语言，纠正错误动作，鼓励学生积极投入，教学中我们不只是机械地教会学生几个动作，更重要的是通过音乐的旋律来调节学生的身心及情感体验，将动作融汇于音乐之中，从而不断提高学生的音乐素质，进一步增进学生的身心健康。在音乐的选择上要结合所授课内容有目的地选用，同时给学生讲解有关音乐背景及欣赏提示，以便激发学生对动作的编创热情。

5. 正确选择与确定健美操教学内容

健美操教学能否实现预期目标，在很大程度上取决于教学内容的选择，应选择符合专业学校生身心发展特点的教学内容。在健美操教学内容的确定上绝不可照搬文艺界或体育健美专业训练那一套，而应遵循系统性、教育性、科学性、可行性、实用性与趣味性相结合的原则，立足与促进学生身心健康协调发展，按照一定的顺序，有步骤地进行教材的层

次分类，不同年龄有各自的教学内容，在动作的难度安排上，采用由易到难，由简到繁，由静到动、动静集合的阶梯式排列，按姿态操、舞蹈操，节奏操的顺序进行教学，从基础开始，使学生通过有序的学习，更快地掌握技术，发展能力，教学中要求学生不仅要学会跳健美操，而且还要根据所学的编排知识，结合掌握的一些动作素材，进行健美操的创编。

6. 健美操教学中应重视学生的自主能力的培养

健美操的动作设计不拘一格，编排方法灵活多样，教学中主要教给学生健美操的运动思想和锻炼方法，实践中及时提醒和积极引导学生在身体的参与中用心灵体验，在流畅自然、刚劲有力、形神兼备的动作练习和优美明快的音乐伴奏中感受轻松愉快和动感的韵律，逐步培养学生在练习中具有良好的精神风貌和洒脱大方的动作风度，同时积极支持，热心鼓励学生在体现健美操健、力、美精神实质的基础上大胆设想，推陈出新创编动作，从而突出学生的主体地位，逐步培养和激发学生的主观能动意识和创造性思维。

二、健美操课对大学生身心健康的影响

心理学家发现，大学生的心理危机绝非少见。美国心理健康研究所所长戈德温博士指出："那些条理性强，学习效率高，对未来充满美好期待的大学生易产生忧郁心理"。实际上，他们处于一种竞争激烈的环境之中。当他们一旦遇到某种挫折，就意味着对自己那种"高标准、严要求"目标的否定，心理发展还不够成熟，社会经验不够丰富又使他们往往难以找到可以倾诉和求援的知心朋友，使负面情绪难以排解，因而更容易发生心理危机。大学生的心理危机很容易在学习上、生活上造成严重影响。所以对于大学生来讲，要警惕自己可能发生的心理危机，不断进行自我调整显得尤为迫切。加强健美操运动是比较好的释放心理压力的良好方式之一。

1. 大学阶段学生的特点

（1）大学生体形特点

低年级大学生已经经历了人生最后一个生长发育的高峰期，身高、体重、胸围、肩宽、头围、骨盆等外部形态已逐渐转入缓慢发展阶段。骨骼已基本骨化并坚固。在此年龄阶段，由于性激素的作用，肌纤维变粗，向横径发展。肌肉中的水分逐渐减少，蛋白质、脂肪、糖和无机物含量逐渐增多。肌肉的横断面，肌肉重量和肌肉力量都明显增加，接近成人水平。男女学生在外部形态上出现了明显的差异，男生变得喉结突出，声带加宽，发音低沉，肩部增宽，胸部呈现前后扁平，须毛丛生，显得壮实。女生乳房突出，声带变长，嗓音尖细，臀部增大，肢体柔而丰满。这些第二性征的出现，表明生理发育已逐渐成熟，能承受较大的负荷，为担负繁重的脑力和体力劳动，适应各种困难的环境变化，为心理素质的健康发展，奠定了物质基础。

（2）大学生身体机能特点

大学生的心脏，在形态结构和功能作用上均已达到成人水平。心脏重量约为300—

400g，心脏容积达到240—250ml，心跳频率每分钟65—75次，血液量占体重的7%—8%，每搏输出血液量约为60ml。对绝大多数男女生来说，心脏系统是可以承受各项激烈的体育锻炼活动的。个别人出现高血压现象，那是由于青年期之前，心脏发育速度加快，血管发育处于相对落后的状态，加之内分泌的影响，有的收缩压接近20千帕，而且有起伏状况，舒张压则保持在正常范围，这种现象称为青春期高血压。出现青春期高血压的人，如果过去一向有体育锻炼的习惯，且运动后无不良反应，可以依然正常进行体育锻炼和健美操。注意运动量和医务监督即可。随着年龄的增长和身体内环境的协调平衡，这种现象会自然消失。大学生的呼吸系统已接近和达到成人水平。青年初期心肺的结构和机能迅速生长发育，呼吸频率逐渐减慢，呼吸深度相应增加。

（3）大学生心理复杂多变

当代大学生大部分从小娇生惯养，由于分家长忙于事业对孩子的教育引导较少，所以使之心理较为孤僻。养成了自私、好强、无团队意识、盲目等心理特点。大学生心理健康成了社会关注的问题，“马加爵”事件发生以来，老师和家长尤为重视。严重主要表现为强迫、偏执、恐怖和精神性疾病等。大学生的心理问题复杂、多变，具有独特性。其引发原因多种多样。在具体处理过程中应全面细致地分析其诱因，以便对症下药，迅速有效地解决问题。一是环境、角度的变化引发心理冲突；二是学习压力造成的焦虑心理；三是人际关系不良导致情绪及人格障碍；四是爱情引起的情绪困扰；五是就业压力造成的心理压力。解决这些压力和问题，运动是很好的方式，其中健美操运动更加适合艺术院校的大学生。

2. 健美操运动对大学生身体健康的促进作用

（1）塑造形体美

“形体”分为姿态和体型。姿态即从我们平时的一举一动表现出来的行为习惯，受后天因素的影响较大。而体型则是我们身体的外形，虽然体育锻炼可适当改善体形外貌，但相对来说遗传因素起决定性作用。良好的身体姿态是形成一个人气质风度的重要因素。健美操练习的动作要求和身体姿态要求与我们日常生活中的状态要求基本一致，因此，通过长期的健美操练习可改善不良的身体状态，形成优美的体态，从而在日常生活中表现出一种良好的气质与修养，给人以朝气蓬勃、健康向上的精神。

（2）提高生理机能

增强脏腑功能，健美操不管动作难易，基本上有有氧操、垫上运动、放松整理等几个部分。经常做健美操可使心肌收缩增强，心肺输出量增加，提高供血能力，提高大脑的思维能力和全身新陈代谢，提高呼吸系统的机能水平。使学生在学习过程中思维敏捷、快速。通过髋部运动，可增加肠胃蠕动，提高消化系统的功能；还能有效地减少臀部和腰部脂肪的堆积，全面提高人体的健康水平。有氧运动协会研究表明，健美操对学生有许多特殊益处，如健美操可使学生激素的分泌规律化，对生长发育期产生显著的影响。调查显示，经常做健美操运动的年轻人，在智力方面、反应速度等方面都有很好的促进。健美操提高身体素质体现在动作频率快，跳跃运动较多，运动负荷较大，因而消耗身体能量多，有利于消除体内多余的脂肪；可有效地训练身体的正确姿态。由于健美操运动是在节奏鲜明的音乐伴奏下进行的，会使人朝气蓬勃、忘却疲劳，在不知不觉中提高了身体素质和学习效率。

另外，健美操是具有艺术性的运动项目，长期练习，可以增强韵律感和节奏感，提高音乐素养，从而提高认识美、鉴赏美、表现美和创造美的能力。尤其是艺术院校的学生本身就有很好的音乐和舞蹈基础，还可以提高他们对体育课的兴趣。

进行健美操练习时，应该注意下列几点：一锻炼要持之以恒，也是对自身优良品质的培养；二循序渐进地增加运动量，开始练习可选择一些简易动作，以后逐步使动作由易到难。同时运动量大小要适中，逐步加大运动量。要按照适应——提高——再适应——再提高的规律上升，才能不断提高人体机能水平。三注意动作规范和姿态动作规范是指做动作时应达到的技术要领，姿态是身体的外表要求，两者有不同之处，但又密切相关，练习者应从开始就要求头正。颈部、上下肢要开、要直，幅度要大，屈转分明等等，否则，久之就会形成不良的姿态及错误的动作定型。

3. 健美操运动对大学生心理健康的促进作用

目前我国的全民健身已成为热门研究领域，健美操运动与心理健康的关系也日益受到广泛关注，但我国在这方面研究才刚刚起步。由于缺乏对国外理论实践的了解、认识和评价，研究普遍带有盲目性和重复性。积极参加体育活动，不仅能强身健体，同时还可以调节和促进心理健康的观念已成为现代体育观的一个重要标准。体育活动的“双重功效”，正被越来越多的现代体育科学研究所证实。事实证明，大部分积极参加健美操活动的学生其心理健康水平明显地高于普通大学生的水平，这即说明健美操活动对心理健康的促进作用十分显著。

（1）大学生心理健康的评价标准

多年来，人们对体育教育存在一种偏见，认为搞体育的人四肢发达，头脑简单，体育课只与躯体健康有关，健美操运动也只是减肥运动。事实上，高校体育教学界结合大学生的实际情况，对大学生的心理健康标准形成如下共识：一是智力正常，二是情绪稳定，三是了解自己，四是良好的人际关系，五是心理行为符合年龄阶段。以上五个方面当然不能将大学生心理健康标准全部概括，但它们无疑是心理健康问题中应有之意。

（2）健美操运动对大学生心理素质的影响

①健美操运动可以锻炼大学生的意志品质

第一，健美操运动促进完善的自信心的形成。自信心是自我价值的表达，是自己成功胜任能力的确信，同时，也是对自己能力的评价标准。在健美操锻炼中人体形态美是体现学生表现力的基本条件，“形体”分为姿态和体形。良好的身体姿态是形成一个人气质风度的重要原因，通过长期健美操锻炼，学生的身体形态得到了改善，也相应掌握了一些训练知识、技能和生理解剖知识，当取得这些成绩后，个体就会以自我反馈的方式传递其成就信息于大脑，从而产生自我欣赏的认识和情感体验，增强自信心。第二，健美操运动能锻炼顽强的意志。人的意志的两个特征分别是“具有自觉目的”和“克服困难相联系”，健美操运动有一定的强度，学生在心理和生理上都承受很大负荷，这就需要他们既要克服内部各种障碍，又要克服各种外部障碍，逐渐增强坚忍不拔、持之以恒的意志品质。第三，健美操运动能提高心理适应能力和心理稳定能力。在健美操锻炼中，学生在大众人群中进行练习。其形式多种多样，通过分组、个别练习、比赛和测验，让学生在特殊的氛围中感受一定的心理压力。有研究表明，不同的运动项目对人心理品质的培养也不完全相同，像体操、健美操等个人表演、比赛的项目，可以培养人的顽强性、勇敢、自我控制能力、提高对环境的适应能力。

②健美操运动能提高大学生的能力。第一，健美操运动培养学生的创造力。美国一项研究表明，在需要有创新能力才能完成的任务时，受过良好培养与训练的学生成功率大于没有受过良好培养与训练的学生。健美操融音乐、舞蹈、体育健身为一体，系统训练对开发人的创造性思维会有帮助。第二，健美操运动提高人的注意力。健美操节奏明快，动作灵活多变，小关节动作多，不对称的动作多、节奏多、变化多。多变化的练习可以培养人的注意转换。经过健美操训练的学生，上课时注意力容易从课外事物转移到课堂，也较集中、稳定。第三，健美操运动增加人际交往和合作的能力。在紧张的学习生活之余，换一下轻松的环境，对消除疲劳和恢复体力是十分有益的。每个人都离不开他人，因而有交际的需求，健美操的练习形式是许多人一起练习，必须存在着人与人交流的问题。

健身活动是与心理健康有着密切关系的，他们之间互相影响、相互制约。所以，在健身活动中，应抓住心理健康与健身操相互作用的规律，利用健康的心理来保证健康活动的效果，从而利用健身活动来调节人的心理状态，促进心理健康，使人们都认识到健身活动与心理健康的关系，这有利于人们自觉参加全民健身活动并以此来调节心情，促进心身健康，从而积极投入到全民健身计划的实施纲要中去。

三、如何更好地发挥健美操课程的作用

1. 合理安排健美操运动提高身体素质

有氧搏击操，其具体形式是将拳击、空手道、跆拳道、功夫，甚至一些舞蹈动作混合在一起，并配合强劲的音乐，成为一种风格独特的有氧健身操。一节完整的搏击操会消耗大量的热量，由于搏击操动作多变，且在做每个动作时要求迅猛，有爆发力，所以在锻炼全身每一块肌肉的同时，身体的弹性、柔韧性及反应速度也将得到前所未有的提高。健美操运动使学生的保持健康的体形和体态，以及良好的身体素质，更有利于其他课程的学习。拉丁健身操来源于国标中的拉丁舞，但不强调基本步伐，对动作的细节要求不高，注重运动量和对髋、腰、胸、肩部关节的活动。拉丁操自由随意，热情奔放，节奏明显。它的锻炼侧重于腰和髋部，同时使大腿内侧得到充分锻炼。根据学生身体形态的特点，合理地安

排健美操运动对于改善和提高其身体机能有重要的实际意义。健美操运动是“减脂”的良方之一，在大量消耗热量的同时，又能使体质得到增强。

2. 加强耐力、力量锻炼，改善和提高生理机能

健美操是根据人体基本生理机能，将人体的基本身体素质，如柔韧性、协调性、力量和耐力等与舞蹈在强劲有力的音乐伴奏下完成动作的运动。健美操具有一种向上、充满青春活力的动感和美感，并且运动形式符合健康和美学原则。它能够在较短的时间内获得健美标准的体格。由于健美操多是在跳跃下完成动作的，所以运动强度较大，它是一种有氧训练。健身操是以促进身体健康为主的一种运动。它是将身体的基本动作：如“走跑跳”以及身体各部分的简单摆动，组合成“操化”的一种练习。

3. 进行心理调节，改善心理健康状况

在健美操课堂中，音乐的伴奏下进行身体锻炼，使练习者感受到愉快的情趣，从而调动人的精神力量和体力，培养和帮助人们进入一种最佳的心理状态，并产生向往和追求美的心理趋势。大学生体育课中练习更加方便，从而为生活开辟了另一个天地，共同学习、相互帮助、共同提高，培养学生团结协作及集体主义精神。

通过对健美操有利于大学生健康分析，让大多数大学生能够很清楚地了解和认识自己身体和心理需要。健康机体对每个人来说尤为重要，因此大学生应有针对性地选择适合自己特点的练习内容与方法。通过这篇文章还让大学生认识到健美操能增进健康和形体美功能，缓解精神压力，娱乐身心功能，医疗保健功能等。

4. 提高健美操课程在高校体育课程中的地位

健美操是一项对场地、器材没有严格要求的运动项目，并且适合各类人群。目前，我国很多高校都在体育课程中开设了健美操课，但是也存在对健美操课的重要性认识不够的问题。有的学校的期末考试有健美操课，有的学校则没有。健美操这种新颖多变的体育运动形式，对于激发学生锻炼的积极性，促进学生的健康成长有着非常重要的作用。因此应当提高健美操课在高校体育课程中的作用，增加健美操课的比重，提高体育教师的健美操水平，营造一个良好的学习健美操，重视身体锻炼的氛围。健美操运动不同于其他运动项目，没有严格的场地器材要求，适合各类健身人群。

5. 多举办跟健美操相关的活动

为了促进健美操运动的发展，国务院和体育总局在 1992 年至 1999 间陆续颁布了一系列条例，如《全国健美操活动管理办法》《健美操运动员技术等级标准》《大众健美操锻炼标准》和《健美操等级指导员制度》。1992 年，中国大学生体协健美操艺术体操分会也在京成立，这是我国高校健美操运动发展的新阶段，同时也说明了多举办相关的活动是有利于推动这一体育运动的发展的。因此，如果要更好地发挥健美操课程在高校体育课程中的地位，各高校就应当在了解学生需求的基础上，尽量多举办一些跟健美操相关的活动，如

健美操设计、健美操比赛等。体育协会要支持健美操的发展，也应当支持高校的健美操活动，帮忙举办一些以健美操为载体的高校联谊会等等。

四、大学生如何科学地进行健美操锻炼

1. 健美操锻炼前的准备活动

健美操锻炼之前，首先，要进行热身运动，其目的是使健身者从生理和心理上做好充分的准备，使机体从平静的抑制状态逐渐过渡到兴奋状态，为即将进行的较为剧烈的身体活动做好各种准备，从而提高机体的工作效率，预防运动创伤。热身时间的长短、活动量的大小应根据天气情况而定。通常情况下，热身运动的时间一般为 10 ~ 15 分钟。

2. 健美操锻炼中的负荷问题

大学生进行健美操锻炼的最终目的是为了取得最佳的锻炼效果。从生理学角度看，只有适宜的负荷刺激才能达到增强体质的目的。因此，科学地确定适合于自己身体情况的锻炼负荷，是获得健美操锻炼效果的前提。下面介绍几种确定运动负荷的常用方法：

（1）脉搏测量法

脉搏测量法可以分为两种：一是，利用锻炼结束后的心率评定运动负荷。每次健美操锻炼结束后 5 ~ 10 分钟内，立即测量脉搏，并将测得心率与安静心率进行比较。若测得心率高出安静心率 6 次 / 分钟以上，说明身体反应不佳，如果没有疾病或其他原因，则说明运动量过大，应及时进行调整；如果高出 2 ~ 5 次 / 分钟，说明运动量适度；如果基本恢复到安静心率状态，则说明运动量偏小，应适量增加运动量，否则就达不到提高身体素质的目的；另外一种是利用最大心率确定运动负荷。研究和实践表明，对于一个健康水平一般的大学生来说，当运动强度达到你最大心率的 65% ~ 85% 时，锻炼效果则最佳。

如何用锻炼时的心率确定运动负荷的方法：

第一步，计算出你的最大心率，其方式有两种：第一，如果你是一个没有训练基础的人：220 次 / 分 – 年龄 = 最大心率；第二，如果你是一个有训练基础的人：205 次 / 分 – 年龄的一半 = 最大心率。

第二步：计算出你健身的心率范围。美国健身研究协会推荐的健身指示区是：最大心率 ×（65% ~ 80%）；美国人心脏学会推荐的健身指示区是：最大心率 ×（60% ~ 75%）；美国运动医学院推荐的健身指示区是：最大心率 ×（65% ~ 90%）。心率在上述指标范围内均属有氧运动，故称健身指标区。百分比的指数越高，对身体的影响就越大，锻炼的效果就越明显。如果百分比指数超过上述范围，则属无氧训练，对一般健身无益。但过低，对健身又无任何作用，只能是一般的活动而已。因此，只有确定适合于自己的负荷，才能收到最佳的锻炼效果。

（2）利用锻炼时的感觉确定运动负荷

在锻炼过程中经常自测心率是不十分方便的。瑞典生理学家冈奈尔 • 鲍格（Borg）在

1973年研制了主观体力感觉等级表，这种方法是用主观心理用力感觉等级表（简称RPE）作为运动时心理负荷的标志。该表自我感觉分为6级～20级，并以RPE值乘以10为接近当时负荷者的心率水平。

3. 健美操锻炼中的保健问题

通常，学生在参加健身健美操运动前，应进行身体的全面检查，并要重点检查心血管系统的机能。不允许发烧或患有感冒的人参加运动，以免加重病情。而对于有患有心脏病、糖尿病等疾病的人，在锻炼时要慎重，最好征求医生和老师的意见，酌情确定自己锻炼的起点。

（1）健美操锻炼的着装问题

学生应根据季节的变化和练习环境的温度，穿合适的服装。最好穿着专门的健美操服，如果选择其他服装，应该尽量选择纯棉质地、弹性好、柔软且具有透气性和吸湿性的面料。鞋子最好选用弹性好、柔软性强、大小合适和透气性的运动旅游鞋。切记不可穿着高跟鞋、厚底鞋或体操鞋进行健美操锻炼。袜子应穿纯棉质运动袜，不要穿尼龙丝袜。运动服装和鞋袜应该经常洗涤、晾晒，保持清洁、干爽。

（2）健美操锻炼中的饮食与饮水问题

第一，健美操锻炼与饮食。参加健美操锻炼，必须注意运动前后的饮食卫生。一般地，进食后需间隔1.5小时～2.5小时才可进行健美操锻炼。原则上，运动前的一餐食量不宜过多，并且应吃一些易于消化的食物。同样道理，锻炼结束后也不宜立刻进食；第二，健美操锻炼与饮水。健美操运动的饮水应注意以下几个问题：第一是饮水的质量问题。应尽量不喝各种饮料，要喝白开水或1%的淡盐水等，及时补充体内由于大量出汗而丢失的钠。第二就是忌服过冷的水。如果饮用过冷的水，会强烈刺激胃肠道，造成胃肠功能紊乱，导致消化不良。第三是饮水的量。运动中出汗多，需饮用的水量自然大，但不能一次喝足，要分次饮用。一次饮水量一般不应超过200毫升，两次饮水至少间隔15分钟。

（3）健美操锻炼中的损伤与预防

健美操是一项在快节奏的音乐下，大幅度、高强度地完成各种单个或复合动作的运动。预防健美操损伤的途径有以下几点：第一，加强自我监督和对运动创伤知识的了解；第二，加强身体素质训练，特别是易伤部位的训练，合理安排运动负荷，遵循循序渐进的原则；第三，及时改正不正确运动技术；第四，做好热身运动，使关节肌肉充分活动开；第五，身体功能状态不佳时，应适当降低或调整运动量和练习强度。

（4）女大学生进行健美操锻炼的卫生问题

第一，发型和装饰。女大学生进行健美操锻炼时应把头发梳理好，最好扎成马尾辫，尽量不要把头发散开，以免遮挡视线妨碍运动。另外，锻炼时尽量不要化妆，保持面部的清洁及通透性，便于排汗。最后，还应注意进行健美操锻炼时不要佩戴手表、手镯、项链和戒指等硬物，以免损伤皮肤或丢失；第二，经期锻炼的卫生问题。一般来说，身体健康、月经正常的女生，经期不必完全停止锻炼，而应继续进行适当的活动。由于月经期间身体相应的能力都有可能下降，因此，月经期的运动负荷安排要相应地减少，运动时间也不宜太长，通常不宜参加比赛。在项目选择上，要避免一些过分激烈的运动。对于月经不正常的女生，经期则应暂停参加锻炼。

4. 健美操锻炼后的放松活动

放松运动是健美操的内容之一，绝不是可有可无的。运动后的整理和放松能使人从运动到停止运动之间有一个缓冲、整理的过程。人体在激烈运动时，能量消耗是很大的，需要摄取大量的氧，如果突然停止运动而不做整理活动，这不仅会影响氧的补充，而且会影响静脉血的回流和心脏输送量，造成一时性的脑贫血、血压降低等不良现象。所以运动后的整理和放松是十分必要的。

大学生处于身心全面发展的最后阶段，只有全面地掌握健美操的基本常识和特殊要求才能更快、更好地掌握健美操运动技术，达到真正的锻炼目的。

实例分析：郑州市高校非体育专业健美操课程设置问题简析

案例中以郑州市各高校非体育专业健美操课程开展情况为调查对象，分析现阶段健美操课程内容形式单一，学生的学与教师的教无法统一，社会需求与学生掌握知识之间无法相适应等问题进行研究，探寻产生这些问题的原因，以期为优化健美操课程设置，提高教学质量提供借鉴。从 1984 年北京体育学院、上海体育学院先后成立健美操教研室起，健美操就以其独特的魅力走进了各大高校体育课程当中，并成了一项深受师生欢迎的教学内容和锻炼项目。随着近几十年的发展健美操课程设置逐渐跟不上学生和社会的需求，案例旨在讨论分析出现这种现象的原因，以及优化这一现象的手段与方法。

1. 现阶段健美操课程设置及出现的问题

（1）课程设置概述

课程设置是教育计划的核心，它具体勾画出实现培养目标的“蓝图”，是把教育目标与教学实践结合起来的桥梁。课程设置主要由：课时安排、课程开设顺序、课程时间分配、考试考查制度和实施要求几部分组成。

（2）现阶段健美操课程设置出现的问题

①本科阶段与研究生阶段课程内容雷同

健美操的课程内容设置从大学本科到研究生“大众健身套路一跳到底”，全国推广的健美操大众等级套路成了学生们健美操课堂上唯一的学习内容，简单一贯，整体划一的教学内容，导致健美操应有价值的丧失，如休闲、健身、娱乐价值等。这样的情况导致学生们对健美操课程的兴趣丧失。

②课程设置结构存在的问题

课程设置结构与培养目标不符。目前高等院校的健美操课程设置与其教育目标之间的矛盾比较突出。健美操教育总的培养目标是：掌握基本健美操步伐套路，基本的乐理知识，具备一定的健美操创编能力和欣赏能力。但从实际来看，课时分配少，课堂内容更多地注重基本套路模仿，基本不涉及编排的内容，是学生丧失创编的能力和机会。

③课程结构时代性不强

各高校的健美操课程设置都趋于一致，缺少针对本校特点的独有课程，而且课程设置更新速度慢，未能够站在学科发展角度对教学课程进行及时优化和改进，很多课程的教学内容陈旧。

2. 现阶段健美操课程设置出现问题的原因

（1）体育思想意识淡薄

大多数学生对体育运动的态度表现为冷漠，缺乏对体育的认识，对于老师课堂教授的知识只是简单地接受，没有深层次地进行加工和再认知，学习体育知识和体育技能的能力非常薄弱。

（2）学生兴趣项目的选择

从调查结果中分析看到，大学是充满活力、生机盎然的象牙塔，自我肯定是当代大学生的心理特点，他们希望从体格、体质、性格等方面发展自我、表现自我、健全自我，提高自我，而体育运动恰恰是实现此种目标的有效手段。但因为当代大学生缺乏基础的体育知识与技能，没有掌握科学、有效地锻炼方法，在他们心里因此会产生各种各样的担心与焦虑，如担心自己盲目锻炼会导致形体的丑化，担心参加体育运动会使自己身体肥胖，因而在心理上会对体育锻炼产生误区，学生们需要走出误区，正确的认识体育锻炼的价值与意义，在体育课堂中学到对他们的身心发展有积极作用的知识与技能，对学生们身体素质的提高与个性特点的发展能够起到积极的作用，奠定学生的终身体育意识。

（3）师资力量的薄弱

可以看到郑州市高校健美操师资队伍的职称比例、学历比例、基本上未达到国家规定的大体要求，高校师资队伍的年龄结构倾向于年轻化，此方面符合健美操项目的年龄结构需求，使郑州市高校师资队伍的专业化发展具备了一定的可塑性。也可以看到其中师资队伍的性别结构、学缘结构等存有不合理现象，如其中女性教师数量比例较大，学历结构趋于单一，大部分教师长期被封闭于一种封闭的教学环境中，外出学习的机会非常少，高校健美操教学内容的发展与改革受到了严重的束缚与羁绊。

3. 优化健美操课程设置方案

（1）加强对学生的体育思想教育

第一，加强学生终身体育能力的提高。努力使学生们在获得体育知识与技能的同时，又能练就一两项突出的，学生自身钟爱的体育项目作为自己的终身体育项目，培养学生正确的体育观和审美观，养成独立锻炼、正确自我评价的习惯与能力，增强学生运用体育环境和条件的能力等，使学生能在自我参与过程中，获得自身的发展；第二，人们能够坚持终身体育的第一动因往往有赖于运动兴趣的培养与锻炼习惯的养成。高校体育教师在指导和组织学生进行健美操课程学习活动时，应充分地引导与激发学生对健美操运动的兴趣，使学生在内心深处真正的喜欢健美操，接受健美操运动。教师无论是在讲解、示范，还是组织教学等各个教学环节中，都要注意激发学生的学习兴趣，调动学生参与的积极性，向学生提供能够充分展示自我运动才能的舞台，使学生真正感受到健美操运动对自身身体素质与技能提高的实效。

（2）教学面向全体学生，因材施教

面对全体学生时，每个学生个体之间的天赋与性格存有着巨大的差异，因而学生个体表现出来的能力与特点也不尽相同。教师在面向全体学生进行教学时因充分分析考虑每个学生的个体差异性，因人而异，因材施教。开设多种类型的操化课程，例如：搏击健身操、瑜伽健身操、哑铃健身操等，让学生自由选择喜欢的项目进行学习与训练，使学生各自发挥自身优势，激发出学生的学习兴趣，健美操课程的教学才能够达到事半功倍的效果。

（3）提升高校健美操师资队伍业务水平

提升师资队伍业务水平，一方面应重点培训培养年轻教师，使年轻的体育教师成长为健美操教学的中流砥柱；另一方面聘请专业的高水平的健美操教师定期为年轻的高校健美操教师进行指导与培训，分层次分级别的举办健美操师资培训学习班，还可以经常开展在岗教师经验交流会、报告会等学术技术交流活动，改善现有师资队伍的知识、能力结构，达到提升其业务水平的目的。还应注意加强健美操教师的业余培训，如定期组织各个高校的健美操教师进行业务学术交流，定期组织开展各级各类的健美操比赛，激发教师、学生对健美操的教学、学习动力，还应同时注意培养与提高健美操教师的体育科研能力，使健美操教师养成用理论指导实践，用理论提升教学效果的能力与习惯。

4. 案例启示

①各级学校体育教育管理部门应充分考虑学生现有水平的实际情况和个体差异性，大胆改革健美操课程教学内容，开展设置若干组具有特色的健美操课程，在能够满足学生兴趣需要的同时，又能促进学生身体素质与心理素质的整体发展。

②各个高校应加强体育师资队伍的建设，提升相关专业教师的业务水平，教师自身也应加强其专综合素质的提高，来提升健美操课程的整体品位，激发学生的学习兴趣，满足学生的高标准课程质量的需求。

③以社会需求为导向。高等教育的发展，大学生就业模式也有原来的包分转化为双向选择的方式，双向选择已经成为学生就业的主导渠道。高等院校的学生以社会需求为导向，加强自身素质的提高，强化全面发展思想，紧紧跟上社会上对专业技能需求的变化，促进就业。

第三节　瑜伽与体育文化

瑜伽运动是一项老少皆宜的健身运动并以其自身的魄力被越来越多的大学生所喜欢。随着校园文化建设的不断完善和深入，瑜伽作为深受大学生喜爱和欢迎的一种新型体育运动项目，以健身、健心、减压为目的，成为大学校园体育文化的重要组成部分，在促进大学生全面发展，形成终身体育意识方面具有重要作用。

一、大学生体育教学中的瑜伽运动

瑜伽，起源于印度，流行于世界，一项古老而神奇的运动。它产生于公元前，有着渊源的历史。它主要是通过对人的情感、生理、心理及精神上能力的提高，达到一种肉与灵的结合，也就是身体与精神上的和谐统一。瑜伽从国外传到中国以来，就被许多中国人特别是女性朋友所青睐，近年来许多高校还专门开设了瑜伽教学课程。随着瑜伽课程在我国高校的普及与盛行，我们要充分认识到瑜伽运动对高校体育教学的重要意义，并采取措施不断完善瑜伽教学体系。这对促进学校体育的改革与发展，实施素质教育，培养学生良好的体育意识具有重要意义。

1. 瑜伽运动对高校体育教学的意义

第一，瑜伽可以减轻大学生的心理压力。据研究发现，瑜伽最为明显的作用就是可以减低学习者内心的焦虑情绪和压力，并且通过修炼可以提高心理上的抗挫折能力。瑜伽具有稳定自主神经、减低压力与消除精神紧张，达到心理安定、情绪增进的功效。瑜伽通过缓慢均匀的深呼吸，促使练习者安定心情。而且，瑜伽类似于渐进式肌肉放松训练，而这种训练的目的是放松个体的神经、肌肉，为一种降低压力的处理方式，它的操作过程如同自我暗示训练的方法，通过放松身体来达到心理状态的放松。如果引导学生进行瑜伽运动，通过冥想训练引导学生学会舒缓情绪、协调心理状态，使其逐渐走向成熟。

第二，瑜伽有助于大学生的形体塑造。瑜伽的每一动作都强调腹式呼吸，可使横膈肌得到锻炼，其力量的增强使得吸入肺内的氧气增多，加大肺通气量，从而提高练习者的心肺功能。瑜伽练习还可以增强人体免疫力，对感冒病症的免疫及御寒能力的强化也有显著的效果。对于高校的学生而言，这是一种非常有效且低成本的健身方法，并且由于该群体中对于优美形体存在着非常执着的向往，以至于有相当多数的学生采用不健康的手段实现体型的苗条。瑜伽可以说是一种拨乱反正的运动形式，在保证练习者身体健康的基础上实现了对完美体型的追求。

第三，瑜伽运动可以丰富高校体育教学内容。高校是人才培养和聚集的地方，大学生思想活跃，对新事物的鉴别、接受能力很强。瑜伽是一项时尚的运动方式，讲究“身心合一”，不受限于年龄、性别与体质的健康状态。瑜伽作为高校体育内容与大学生的特点有很强的适应性。它伴随着优美的音乐进行，非常容易调动学生的参与运动的积极性。避免了高校教学内容单一和长期男女分班制的弊端，为高校体育教育增加了新的教学内容，为体育教学注入了新的活力，是高校体育适应当代大学生需求和加快体育教学改革的需要。

第四，有助于终身体育观念的培养。为了使体育教育与终身体育有机地结合，高校体育强调在发展各种能力的基础上注重兴趣培养和养成自学锻炼的习惯，让学生在高校学习期间掌握一种或几种科学锻炼身体的方法为其终身体育服务。瑜伽由于不受年龄、性别、健康状况和原运动基础的限制，每人都可以参与，运动强度自我调节，达到不同锻炼的需要。而且不受场地设备的局限，兴趣持久容易做到终身不辍、终身受益。瑜伽运动的动作融入了体操和舞蹈艺术，简单易学，再配以舒缓高雅的音乐，人们在平稳心灵中获得了身体也得到了充分锻炼。高校学生练习瑜伽，有利于培养学生终身参与体育运动项目的良好习惯。

2. 如何完善加强瑜伽教学体系

第一，优化师资力量，改善教学环境。教学前，瑜伽教学老师应当主动参加专业的瑜伽课程培训，通过较正规的学习掌握完整的瑜伽技术，提升自己的能力，培养良好的职业道德和职业素养。重视与学生之间的沟通交流，了解其想法及学习过程中遇到的问题。在自身知识水平提高之后，要注意选择正确的瑜伽教学方法。比如语言教学法、授解结合法、直观教学法、纠错法等等，以此来提高整个教学活动的质量。瑜伽教学对于学习环境要求相对宽松，但瑜伽教师仍需要通过教学机制改善教学环境，提高教学效果。例如，教师应当多搜集一些悠扬、舒缓，与瑜伽练习十分契合的音乐资料，并经常更换，防止学生因为“厌听”而“厌学”；另外，炎热夏日，教师还可以带领学生来到校园一角或是大自然中，使其与自然亲和的状态下进行瑜伽练习。教师通过这些方法，改善了瑜伽教学环境，促使学生更加积极地投入到瑜伽学习中来。

第二，调动学生的积极性，端正学习态度。学生是教学活动的主体，关系着整个教学活动的顺利开展。瑜伽运动项目对于学生的身心发展都有积极的益处，教师应当从这一点切入，使学生真正“看到”“感受到”练习瑜伽的好处，提高他们对于瑜伽学习的热情。教师可以根据学生要求，引导他们在一定时间内认真参加瑜伽训练，并以实际的效果使他们更加热爱瑜伽这项运动。同时，学生要调整自己的心态，端正自己的态度，积极配合教师进行教学活动，认真学习，以锻炼身心为最终目的。要学会享受学习的过程，不能急功近利。要多了解瑜伽的相关知识，课上认真学习，课后多加复习、练习，将修身与修心相结合，方能达到锻炼的效果，使自己在瑜伽学习过程中收获更多的东西。

二、高校大学生参与瑜伽运动的动机分析

1. 高校大学生参与瑜伽运动的动机

据调查而知，高校大学生参与瑜伽运动受外界干扰比较少。根据这一总体特征，我们可以看出作为大学生群体，他们对瑜伽有着较高的认知与良好的学习状态，并对瑜伽练习寄予了非常高的期望，想要通过此练习手段获得身心的锻炼和满足。比较求知、体验刺激和完成得分情况，求知最高，完成得分次之，体验刺激最后。外部调节方面，统一化得分最高，说明其参与瑜伽运动很大程度上是处于自身的需要，内投得分接近中间分，体现出当前大学生对自我身体形态和社会交往的足够重视，外在调节得分在外部动机得分中最低的原因基本上可以解释为当前大学生有着较为成熟的思想意识，受周围环境影响比较小。

2. 不同层次学生参与瑜伽运动的动机比较

据调查得知，研究生对于瑜伽的主动参与程度高于本科生，说明其参与意识较本科生主动，但是其外部调节得分高于本科生，说明其参与动机受外部影响高于本科生，这一现象的主要原因是研究生参与瑜伽运动会有更多的外部动机。动机弱化研究生得分明显高于本科生，说明研究生对于自我的这种参与认可程度并不高，这一点很出乎研究预料。在本研究初始的预料是研究生有着更为成熟的想法和明确的选择需求，因此会在动机弱化方面得分低于本科生。产生这种现象的原因是多方面的，最主要的原因可能会是研究生有着更为多的社会经历，很多都是经过本科毕业时就业问题及现在面临的研究生毕业压力问题，在这些方面的社会经历和忧患意识都会影响其对未来自己行为的认可程度。

3. 大学生参与动机特征与整体得分状况的比较研究

体育院系的大学生的动机弱化趋势很明显，说明其对自己是否可以很好地坚持和完成瑜伽运动抱有很明显的怀疑态度。究其原因，不是他们完成得不好，只是作为体育专业人士对自身的要求比较高，还有就是对未来职业的不确定性的焦虑。其他学院大学生得分情况低于整体得分状况，说明其对参与瑜伽运动很自信、积极，也很看好未来自己在这方面的发展。据调查得知，体育学院的学生参与瑜伽运动有着很强的主动性和目的性，其他学院学生虽然也乐在参与，但内部驱力稍欠缺。体育院系的大学生外部动机得分明显高于平均水平，说明体育院系的大学生参与瑜伽运动受外部环境影响比较大，这或许和其将来从事的职业有关系，最为明显的就是考虑到将来和体育关系密切，为将来的工作打基础，另一方面瑜伽对参与者的柔韧、灵活度、受耐力等有绝对的促进效果，很多体育院系的大学生正是借此机会提高自身的身体素质。其中其他院系大学生较整体水平没有特别明显的不同。

4. 不同学历大学生参与动机特征与整体得分状况的比较研究

研究生参与瑜伽运动较本科生受外部环境影响比较大，不是完全地处于自身对瑜伽运

动的乐趣和自我的满足感，这或许跟研究生高度的学习和工作压力有关，很大原因就是将其作为一种缓解疲劳释放压力的一种手段。本科生得分较整体女大学生得分明显较少，说明本科生参与瑜伽练习受外部环境影响较小。据调查得知，研究生较本科生有着较强的内部驱力，说明他们内心深处更渴望接触、参与、了解、学习瑜伽运动，目的性很强，本科生则相对来说没有很强的内驱动力，得分也略低于总体得分。

5. 参与瑜伽运动人群的学历特征分析

通过和俱乐部管理人员和会员的交流，得知这主要是和俱乐部管理人员所属院系（体育科学学院）及俱乐部初期的宣传有关。但参与人员基本上可以代表大学校园大学生的不同群体，保证了本研究结果的有效性。据调查得知，参与瑜伽运动的大学生中间，有近60%以上的是研究生，这可能和研究生学业压力和单调枯燥的生活有关系，因为瑜伽运动对人们的生理、心理、精神、情感等各方面都能起到良好的作用，瑜伽的锻炼价值在于它能平衡人体的神经系统和内分泌系统，从而影响到人体的其他系统，达到整体的平衡，本科生少的可能原因是本科生有着丰富多样的课程和活动，加之本科生年龄小，比较好动，所以很少会把注意力集中在以冥想和静力性拉伸为主的瑜伽运动。体育院系人数占绝对优势，其他学院次之。

高校中的研究生群体参与内部动机很高，综合考虑动机等得分可以推断出该群体参与瑜伽运动有着很明确的学习导向，但也易受外部条件的影响，结合其他的研究结果可以推断出主要是由于瑜伽本身的锻炼价值所在，建议在高校中给研究生开设瑜伽课程，满足其学习和锻炼需求。高校本科生参与瑜伽内部动机和外部动机得分都不高，说明其本身对瑜伽运动的需求不是很强烈，也不易受外部环境的影响，所以在本科生中间开展瑜伽课程意义不是很大。作为与瑜伽运动有直接关系的体育学院学生，内部动机、外部动机得分均高于整体得分，说明在体育院校内部开设瑜伽课程是绝对必要的。但是动机弱化得分也明显高于整体水平，说明体育院校学生参与课外瑜伽运动的这种心态是很复杂的，一方面是受各方面因素影响，积极主动的参与瑜伽运动；另一方面又对自己现在和未来能否完成和坚持瑜伽运动持否定态度，出现这种心理现象的原因是多方面的，不能简单而论，应该引起相关部门和个人的注意。

瑜伽是一门融合了哲学科学、艺术和健身的综合学科。随着高校体育教学改革深入发展，体育课开设的项目也越来越丰富，瑜伽作为新兴的运动项目也被很多高校引入体育课堂，且深受学生的喜爱。但由于瑜伽是一个比较新的健身课程项目，高校瑜伽课程还缺少适合高校体育教学、大学生身心特点的完善的教学模式。

三、高校瑜伽课程自主学习教学模式的实施

1. 高校瑜伽课程教学中存在的问题

当前，高校瑜伽课程教学现状不容乐观，无论是教师方面还是学生方面都存在一定的

问题。

（1）教师方面的问题

①教师水平不高。教学质量好与否师资力量是关键，现普通高校瑜伽专业教师多数都是由健美操、舞蹈、武术等专业转行而来，没有经过系统、正规的学习培训，因此，专业技术技能水平不高。这样的师资状况，使学生瑜伽技术的学习和学习能力的培养受到了影响。

②教学内容与方法单一。教学质量要得到保证，教学内容及方法的选择和安排是很重要的。目前高校瑜伽课程的教学内容单一，不能较好地适应学生身心发展的需要；教学方法也过于简单，传统的教学方法机械地把瑜伽动作教给学生，没有把瑜伽练习与学生日常生活习惯及身体健康需求结合起来。

③瑜伽教材缺乏。目前还没有统一的、适合高校体育教学的瑜伽通用教材，这使得高校瑜伽教学一定程度上缺乏科学性、实用性、针对性，瑜伽教学质量及效果受到影响，瑜伽课程的持续性发展也受到影响。

（2）学生方面的问题

当前，高校中选择上瑜伽课的学生大多数都有较强的参与积极性，且具有明确的锻炼目的，但学生对瑜伽认识程度基本还是处于初级阶段，对瑜伽的认识还不够全面。很多学生与教师缺乏互动，课外自我锻炼意识不强，不能很好地培养自我锻炼的能力。

2. 瑜伽课程实施自主学习教学模式的必要性

瑜伽课程的学习与训练可使学生在身心等方面得到全面发展，使学生能系统地掌握瑜伽的基本理论、基本知识和基本技能。然而，瑜伽是一项需要经常练习才能体现效果的运动，因此，瑜伽的练习应贯穿到学生的生活中，才能取得应有的效果。仅在体育课堂上进行瑜伽练习较难达到理想效果，加之当前高校瑜伽课程教学中存在上述的问题，导致学生很难在课程上获得全面的提升，学生还需要在课外进行合理的练习。也就是说，学生的自主学习非常重要。自主学习是以学生作为学习的主体，通过学生独立地学习、分析、探索、实践等方法来实现学习目标的一种现代化学习方式。目前我国高校在体育教学中对培养学生自主学习能力方面还存在不足，如重视程度不够、体育设施投入不足、体育教学重在技能和健身方面、教学方法单一、缺乏创造性等，学生体育学习的主动性和创新性受到制约。在教学过程中教师应实施自主学习教学模式，即教学指导要科学规范，还要根据学生的身心发展需求，选择教学内容和方法，培养学生的学习及运动能力，培养学生对知识的主动探索精神，激发学生学习兴趣，培养学生提高获取知识的能力、自我认识的能力及自主学习能力，有效提升瑜伽课程的实效性。

3. 瑜伽课程自主学习教学模式的实施策略

在高校瑜伽课程中自主学习教学模式可从以下方面来实施：一是设计教学内容，二是建立良好的自主学习情境，三是制订与实施课后锻炼计划，四是进行自我评价与反馈。

（1）设计教学内容

自主学习教学模式实施的重要环节就是教学内容的安排。教学内容要遵循教育教学规律，满足学生的普遍要求和个性需要，因此，教学内容要有创新，突出培养学生的创新精神和自主学习的能力，同时要结合瑜伽课程的特点、价值和实际情况。教学内容的设计主要包括两方面：一是理论部分。瑜伽理论部分分为入门和提高两部分。入门部分为：瑜伽的起源与发展、瑜伽概述、瑜伽的价值；提高部分为：瑜伽的健身原则与方法——瑜伽健身的自我监督、健身动作的选择原则；瑜伽健身的营养与卫生；瑜伽健身的注意事项；瑜伽健身运动处方的制作与实施，这是学生课后自我练习的必备环节。二是实践部分。包括：瑜伽体位，主要以组合的形式进行学习，便于学生学习、记忆与掌握；瑜伽呼吸；瑜伽放松。

（2）建立良好的自主学习情境

①教师导学

教师的导学是师生共同参与、良好互动的载体。导学应从学生的角度与学习实际出发，让学生明确教学内容、重点难点和基本要求，引导和帮助培养学生自学的能力。在技术动作的教学上，教师要充分发挥主导作用：讲解动作准确，示范动作娴熟、正确优美，示范要有目的性，示范与讲解相结合；教学手段多样性、趣味性。在教学过程中培养学生自主性学习，教师要体现的是指导性作用，教学中要加强学生对瑜伽的学习方法、自我练习能力的培养，为学生探索学习提供载体。

②确定学习目标

学生根据瑜伽的教学内容，根据个性特点确定学习目标。目标由学生个人或教师、同伴协商确立，从而可以激发学生学习的动机。要求学生首先掌握瑜伽基本理论知识、技能、正确的练习方法等，其次要充分了解自己，根据自己的个性选择适合自己的有效学习方法。

③探索学习环节

是学生自主学习的中心环节。在培养学生自主学习的课堂教学过程中，教师要起到指导性的作用，培养学生形成主体意识。在瑜伽课堂教学中可将学生分组，以小组为单位进行合作学习，有问题可以求助教师。教师以指导学生学习方法为主，及时为学生提供帮助，培养学生资助学习能力，掌握自主学习的方法。这样可以增强学生的参与性、主动性、创造性和竞争性，加强学生掌握瑜伽学习方法的能力，保证课堂自主学习的开展，也能使学生的学习延伸到课外。

（3）制订与实施课后锻炼计划

瑜伽的练习不仅仅在课上的几十分钟，要想达到较好的学习及锻炼的目的，瑜伽的练习必须做到持久，这样也为培养学生的终身体育意识奠定良好的基础。学生课后的锻炼计划要结合课堂教学内容来制订，教师应指导学生根据自身的实际情况选择课后锻炼的内容，合理制订及实施课后锻炼计划，在合理安排瑜伽练习的同时，还要加强身体素质的练习，如下肢力量、腰腹力量等不足的应加强练习。教师还要加强对学生完成课后锻炼计划的监控。对此，要采取相应的措施，如加强学生完成计划的自我执行力，小组的相互检查、课后锻炼纳入平时成绩等方法，以有效地督促学生完成锻炼计划。

（4）自我评价与反馈

评价应与高校大学体育课程教学目标、培养目标相结合，结合瑜伽运动项目的特点，注重评价内容的丰富性、多元性与全面性，多方面评价学生的瑜伽学习情况。评价的内容包括：瑜伽技术、练习态度、情感、与人合作、课后锻炼等多方面。评价的方式，要重视自我评价的作用，教师应鼓励学生进行客观公正的自我评价和信息反馈，对信息的反馈，共性问题采取集体评价与调整，个性问题单独指导，这样学生能更安全有效地安排学习及课后锻炼。通过自我评价与反馈，及时了解学生的学习状况，给予指导与调整意见，鼓励学生勤于思考，使学生体验到学习瑜伽的快乐，从而提高学生自主学习能力，使学生养成自我锻炼的习惯。

4. 实施自主学习教学模式应注意的问题

①教学内容的设计除应结合瑜伽课程的特点、价值和实际情况外，还应符合当代大学生的培养需要，教学内容的设计要充分体现自主学习和创新能力的培养。

②瑜伽自主学习的教学模式要把学生的普遍需求与个体需求相结合，选择教学内容，组织课堂教学。教学过程要遵循以自主学习为主，以协同合作学习为手段的原则，充分体现主导与主体相结合。教学过程中，只有发挥教师的主导作用，体现学生的主体作用，才能有利于培养学生主动性、自觉性。

③让学生掌握练习瑜伽的科学方法，是瑜伽自主教学的教学模式重要的任务，只有这样才能保证学生安全、有效地开展课内课外的练习，养成锻炼的习惯和终身体育的意识。

四、形体训练与瑜伽教学的融合

1. 瑜伽与形体训练之比较

形体练习是很多运动的基础，也可作为瑜伽练习的基础。瑜伽教学中融入形体训练可更好的表现瑜伽动作的“准确”和优美，有助于更好地完成高难度的瑜伽体式。瑜伽是梵文“Yoga”的音译，意为结合、相应、心的统一等。瑜伽起源于印度，流行于世界，是东方最古老的强身术之一，是目前最时尚的健身方式，它注重“健全的精神寓于健全的身体”，实现身心和谐的过程。瑜伽的训练内容有：呼吸法、体位法、冥想法。瑜伽各宗、各派、各乘、各部的要求和形式不同，所以瑜伽名目繁多，有不同的分类方法。相对而言瑜伽可以分为智瑜伽、业瑜伽、信仰瑜伽、哈塔瑜伽、王瑜伽、昆达里尼瑜伽六大类。在高校，瑜伽教学内容主要是体位法，瑜伽之美主要通过身体姿态表现出来，良好的姿态美、时空感和控制能力在瑜伽教学中起着举足轻重的地位。而形体训练是培养良好身体姿态练习为主要特征的一项运动。它通过各种身体练习以改善形体的状态，提高人体良好形态的控制能力和表现能力，它是以增进健康、增强体质、塑造体型、培养气质为目的的身体基础练习。它通过多种多样的练习方法和手段，促进人体形态更加完美，培养练习者的审美情趣，增强其认识美、发现美、表现美的能力，从而产生对美的意识，逐渐提高练习者高雅的气质和表现自我的能力，对提高美的鉴赏能力具有独特的作用。形体训练是集健身、健美、健心为一体，其本质是“内化”道德情操，“外化”行为气质，这也是瑜伽教学的重要意义所在。

2. 大学生在瑜伽学习中存在的问题

大学生的身体姿态，柔韧性，灵活性，空中体位感觉，平衡、控制能力等大部分都比较差，练习起来不流畅、大方，离“标准”动作有很大的距离。例如：最基本的吉祥坐：右脚脚心朝上放在左脚大腿下方，左脚脚心朝上放在右脚大腿根上，髋打开，脊柱垂直。柔韧性好的学生两腿相叠两膝关节都可以贴在垫子上并保持脊柱垂直，而腿部柔韧性差的学生他们只能做到踝关节相交，膝关节与垫子的夹角有的是45° 以上，并且上体前倾。再如前屈式，要求前屈时脊柱伸直，尽量用腹部贴大腿、头部贴小腿，双手抱脚或双手掌贴地，许多同学背是弯的，连手指都触不了地别说手掌了。虽然瑜伽体式没有固定的要求，但类似这样的问题，让他们觉得自己的动作跟“标准”动作相差太远，感觉很挫败，从而降低了部分学生的自信心，影响了他们的学习积极性，使瑜伽体式教学难以达到满意效果。这些问题采用形体训练作辅助练习，加强柔韧性基本功练习将能得到较好的解决。

3. 在高校瑜伽教学中融入形体训练的重要作用

（1）瑜伽教学融入形体训练能提高大学生学习的自信心和积极性

高校大学生他们的身体素质参差不齐，大部分学生是第一次接触瑜伽运动，初次接触瑜伽往往很难准确的表达各个动作及身体的美感，学习效果不明显，动作笨拙不协调、不到位。而青少年时期的特殊心理：他们害羞、又想表现自己，却不允许自己表现不出色，不愿意别人看到自己不足的一面，因此部分学生就会不自信从而产生消极的学习情绪。而首先进行较基础的形体训练，让学生先有一定的基础，他们学习起来就会得心应手，能提高他们的学习自信心和积极性。

（2）瑜伽教学融入形体训练能提高大学生瑜伽的学习质量

形体训练是很多体育运动项目的基础，它也可作为瑜伽教学的基础。形体训练中对于肌肉的远端控制力要求很高，而这一点恰恰是许多瑜伽体式动作要领中所要求的。瑜伽要求动作具有一定的稳定性与时控感，所以，形体训练练习的效果能直接影响瑜伽练习质量。在形体训练中采用一些简单的练习方式，如：把杆练习，平衡练习等，掌握基本动作要领进行训练，能提高身体的协调性，动作的控制能力，增强肌肉的弹性和灵活性，形成正确优美的身体姿势。形体训练是外表形状及其在各种活动中表现出来的，它在缓慢、优雅、动听的音乐旋律下轻松、自如地完成动作，能使骨骼、肌肉充分伸展，塑造优美的体形，它有利于减缓心理压力。而瑜伽是对健康的身体、形体美的塑造和追求，在优美的音乐旋律伴奏下，通过多种体式动作的练习来表现美、塑造美，使瑜伽训练者活力增强，外观更年轻，心情更平静，增强疾病抵抗力。形体训练中轻音乐节拍的掌握可加强对瑜伽练习中音乐节拍的理解与鉴赏。瑜伽练习时配上音乐，可使练习者进入意境而精神专注，达到调节情绪，消除疲劳、陶冶情操的目的。由上所述，形体训练和瑜伽练习是相辅相成的，形体训练有助于提高瑜伽的学习质量。

4. 瑜伽教学中形体训练的内容及实施方法

（1）瑜伽教学中形体基础训练的内容

形体训练内容以舞蹈基训为主，其中把杆训练是每个学期都安排的内容。形体训练内容的安排应从易到难。首先是身体素质基础的形体训练，从把杆、“地面”训练到离开扶把的姿态训练、舞姿组合训练等，然后便进行专项的身体素质形体训练，如平衡、转体等。

第一，把杆训练。把杆训练内容主要包括扶把的各种站立、擦地、蹲、踢腿、屈伸、划圈、压腿、击打、身体的弯曲与波浪、移重心、平衡与控制、转体、跳跃等练习。把杆训练是瑜伽形体训练的基础，是每个学期都必须进行的形体训练内容之一。借助把杆进行慢动作和分解动作练习，不仅能培养规范化的身体姿态，而且能有效地发展腿部、躯干部位的柔韧性、力量和平衡能力，能够发展细腻的肌肉感觉，有利于掌握技术细节，建立正确的动作概念；第二，“地面”训练。“地面”训练是指坐、躺、卧于地面的各种练习，如坐地勾绷脚背、坐地吸腿练习、侧卧旁吸腿、仰卧吸腿练习等，主要是对全身肌肉进行等张力训练。“地面”训练可安排在瑜伽形体训练的初期，经过系统的“地面”训练，可使肌肉线条修长，避免肌肉向横向发展或成块状的形态，使学生获得专项所必需的基础技能；第三，舞姿组合训练。舞姿组合训练的内容主要是采用芭蕾舞的基本舞姿，如单腿屈膝前（后）举站立——阿提丢、做单腿后举站立——阿拉贝斯、单腿侧上举站立——艾卡地等舞姿的练习，通过手臂位置的变化，配合上体弯曲和扭转表现不同的神态。姿态是人体各部分、各环节构图的完整概念，只有上肢、下肢、躯干、头部这四大部分协调配合，才能产生完美的艺术造型。可见，舞姿组合训练是瑜伽形体训练的关键内容，是提高学生学习瑜伽专项身体素质的有力手段。舞姿组合训练可安排在瑜伽形体训练的中期，目的是在学生掌握了一定的基础形体训练后，使学生把之前所学的内容进行融合，使学生更好地掌握瑜伽动作技术；第四，身体动作组合训练。身体动作组合包括：跳、平衡、转体、波浪与柔韧等4类动作，是构成瑜伽形体难度动作的主要因素。身体动作组合训练主要安排在后期的形体训练，是为学习掌握瑜伽高难度动作做准备的。通过各类身体动作组的训练，掌握基本动作的正确方法，使学生懂得在全身各部分协调配合中完成高难度动作，在紧张与松弛相交替的韵律中表现出身体各部位的正确姿态、动作的最大幅度、支撑的稳定性、移动的轻巧性以及动力、幅度和动作速度之间的密切关系。

（2）瑜伽教学中实施形体训练的方法

形体训练动作形式多，锻炼部位广泛，可根据学生的实际情况选择不同的运动时间来进行。通过基本动作练习和强度不同的成套动作练习，对身体各关节、韧带、各主要肌群和内脏器官施加合理的运动负荷，对心血管功能、柔韧性、协调性、力量及耐力素质、体脂等身体成分有十分显著的作用。例如采用压、拉肩、下桥、体前、侧、后屈、压、踢、控腿等练习来发展学生的柔韧性。采用舞蹈、徒手及成套动作练习锻炼大脑支配身体部位同步运动的能力，体会各部位肌肉运动时的不同感觉，来发展学生的协调性。

第一，先集中进行形体训练然后学习瑜伽。在整个选项教学学习期间，用总学时的四分之一进行形体训练。假如计划用60学时学习瑜伽，那么可以用大约10至15学时的时间首先进行形体训练，主要进行手位练习、把杆练习、徒手组合练习，锻炼大学生的柔韧性、空间体位感觉、正确优美的身体姿态等。这种集中练习的方法具有较好的连续性，大学生容易掌握，效果也比较好。有些教师或学生可能担心耽误了瑜伽的学习，其实不然，在学习瑜伽之前进行形体训练可给瑜伽学习打下基础，有了一定的身体基础，便于教学进度的加快，学生的模仿能力就会提高，教学效果也会改善；第二，瑜伽教学过程把形体训练贯穿其中。课的准备部分、课的结束部分都可安排形体训练，80分钟的课可以安排15至20分钟形体训练，在课的准备部分安排形体训练内容不仅可以让学生活动身体各关节，更可以让学生尽快进入学习状态，为课的主要内容做准备；在课的结束部分安排形体训练内容则主要是起到放松肌肉和巩固课堂内容的目的。可见，形体训练在瑜伽教学中可起到重要的作用，每节课都可安排一些内容。

总之，形体训练能够很好地提高瑜伽所需要的协调、柔韧、身体姿态的控制以及对动作美的感受和表现力，培养学生自信、端庄、高雅等美的气质，增强他们的艺术修养。既有利于瑜伽的学习掌握，也可提高瑜伽的欣赏水平。因此，在瑜伽教学过程中，把形体训练与瑜伽的教学结合起来，把形体训练贯穿于瑜伽教学的始终，能有效地提高高校大学生瑜伽教学质量。当今很多瑜伽馆，为了提高瑜伽教学效果，也广泛采用瑜伽球、瑜伽绳、瑜伽带、瑜伽砖等辅助练习，在高校采用形体训练内容做辅助练习无疑是一个很好的借鉴。

第四节　太极拳与体育文化

太极拳是我国非物质文化遗产，是我国传统文化的优秀代表，其传承和推广对于我国传统文化的发展具有实际意义。通过高校体育教学能够让广大的青年学生认识和了解太极拳的基本技法和文化内涵，因此是推广太极拳良好的方式。

一、高校体育教学中太极拳的教学推广

与篮球等体育运动相比，太极拳运动在大学生中的认知广泛度较低，因此，在课程的教学及运动推广方面就不能按照篮球等接受度较高的体育运动推广等方式进行。针对太极拳本身包含的深层次含义，在高校体育教学过程中，必须从多个方面入手进行太极拳的教学推广。

1. 强化太极拳的文化内涵

文化内涵是太极拳重要的隐含的东西，也是学生在学习和了解太极拳过程中应当认知和明确的内容。因此，将太极拳的文化内涵作为体育教学的一部分，有助于学生从文化层次认识认识太极拳，并且端正自己的学习态度。在太极拳文化内涵教学过程中，教师可以从以下几个方面开展教学内容，第一，太极拳的发展历史。太极拳的发展历史是我国民间体育运动发展的缩影，要让学生真正体会太极拳给中国体育运动发展做出的推动就需要认知其发展历史。所以在实际的拳法教授之前，让学生了解太极拳的发展历史具有十分重要的意义；第二，太极拳的文化内涵。太极拳是结合易学的阴阳五行之变化、中医经络学、古代的导引术和吐纳术形成的一种内外兼修、柔和、缓慢、轻灵、刚柔相济的拳术。通过这些文化内涵的学习，学生能够对于我国传统文化具有更加全面的了解，对于接受和推广太极拳具有重要的作用；第三，太极拳的实战价值。太极拳的实战价值是其文化内涵的一部分，对于当前青年学生而言，这部分内容可能更加吸引学生，激发其学习兴趣，从而使得太极拳更好地得以推广。

2. 开展多样性的教学活动

在实际生活中，太极拳更多的属于中老年运动方式，青年学生对其并不了解。但是，这并不代表青年对其较为陌生，因为在很多影视作品，例如很多包含武当内容的影视作品中，都会涉及太极拳。所以，太极拳的多样性的表现形式就给予教学活动提供了丰富的资源。在实际教学活动中，可以通过下面几种方式开展多样的体育教学，第一，理论教学。理论教学是太极拳教学的重要部分，也是学生认识和了解太极拳的方式。其教学内容主要为前文分析的内容。通过理论教学能够让学生明确太极拳学习的意义以及文化层次的内容，增强了学生文化传承的责任感，有助于太极拳的推广；第二，影视作品赏析。影视作品是最能展示太极拳魅力的方式，能够最直观的让学生感受太极拳的。通过影视作品赏析，最重要的是能够激发学生的兴趣，让学生接纳太极拳；第三，实战教学。实战教学是学生掌握太极拳基本技法的最直接方式，通过一定的学习之后，教师可以让学生进行分组对抗，在实战中深化对太极拳的认识。

3. 系统的技法教学

实际的技法教学是太极拳体育课程教学的核心，也是学生真正了解和掌握太极拳基本技法的方式。因此，在太极拳体育课程教学过程中，应当设计系统的教学方案，为学生太极拳运动的开展打下良好的基础。系统的技法教学应当包括以下几部分内容

（1）准备活动

准备活动是太极拳运动的基础，也是运动过程中身体保护的重要方式。准备活动主要包括两个环节。首先，进行慢跑热身。通过慢跑热身能够加快周身血液循环，使得身体各个器官进入运动状态；其次，徒手操运动。徒手操运动包括手腕、踝关节、弓步压腿等运

动。徒手操运动能够帮助学生身体整体进入运动状态，防止在运动过程中的突发性带来的身体伤害。

（2）技法的演示和分解

在正式让学生学习太极拳技法之前，应当给学生进行演示示范，让学生从宏观层面认知所学内容。之后，教师应当将各个招式技法进行分解，让学生进行良好的掌握。例如，在当前高校体育教学中较为常见的二十四式太极拳，第二式为左右野马分鬃。其动作分解应当为三个步骤：第一，左野马分鬃：抱球收脚、转体迈步、弓步分手；第二，右野马分鬃：后坐翘脚、抱球跟脚、转体迈步、弓步分手；第三，左野马分鬃：后坐翘脚、抱球跟脚、转体迈步、弓步分手。整个动作的要点为：上体勿前俯后仰。两手分开要保持弧形，身体转动要以腰为轴，做弓步与分手的速度要一致。做弓步时，迈出的脚脚跟先着地，然后慢慢踏实。前后脚的脚跟在直线的两侧，两脚横向距离 10—30cm。将动作分解更加有助于学生掌握太极拳的基本技法。

（3）太极拳练习之后的身体放松

刚开始练习太极拳，由于身体长时间处于运动和紧张状态，因此，练习完成之后，会出现肌肉酸疼等问题。这些问题可能会给学生带来不良的心理感受，教师应当教授一些基本的身体放松方式，让学生能够更加喜爱这项运动。

太极拳运动的推广不仅具有其本身的运动价值，更担负着文化推广的重任。因此，在教学过程中，教师不仅要向学生进行基本拳术技巧的传授，更重要的是让学生了解其中的文化价值。因此，文章在分析过程中，除了对基本教学方法的分析和探讨之外，更加强调文化内涵教学的重要性，能够作为高校体育教学中的参考。

二、太极拳对高校大学生身心健康的影响

1. 太极拳锻炼对大学生体质健康的影响

第一，太极拳锻炼可以提高肺气功能。太极拳的呼吸是一种要求：“深”“长”“细”“缓”的腹式呼吸。现代医学认为深长而缓慢的呼吸，不仅无效腔对肺泡通气量的影响较小而且呼吸肌工作的能耗有利于人体吸入大量的新鲜空气。实践证明，经常进行太极拳锻炼对增加肺组织的弹性，增加肺通气功能，增加胸廓的扩张度，以及促进氧与二氧化碳的代谢功能有很好作用，生理学认为：腹式呼吸比胸式呼吸在增加肺活量方面有更大的优点。大学生经常参加太极拳锻炼，可以延缓因活动不足而加重的肺泡老化过程，同时增加呼吸肌肉的力量，胸廓运动，改善呼吸形式，增进和改善肺脏的“吸氧吐碳”能力，增加肺活量。

第二，太极拳锻炼可以改善神经系统的功能。太极拳锻炼可以提高神经系统的敏锐度，练习中要求有较好的协调和平衡能力，这样对中枢神经系统有良好的训练作用。适当地进行太极拳锻炼可以消除疲劳、活跃思维、修复和改善高级神经中枢功能，使大脑处于新的工作状态，有助于提高记忆力，提高学习效率。大学生的学习和生活都非常紧张，神经常

处于兴奋之中，容易出现疲劳现象，使得学生的身心素质下降。太极拳动作节奏舒缓而柔和，在意念的领导下通过神经系统的调节功能，协调全身的各个系统，能够有效地消除脑力劳动所引起的疲劳。

第三，太极拳锻炼可以增加腿部的力量，提高人体的平衡能力。太极拳运动是主要以下肢运动为主的体育项目，练习太极拳时下肢运动较多，在转换动作的时候要单腿支撑，还有的动作要屈膝下蹲或伸膝独立，这样长时间来克服自身重量可以增加下肢力量，同时又可以使下肢的柔韧性和灵活性提高。练习太极拳主要以腰为主，手脚的许多动作都是以躯干带动的，腰脊螺旋缠绕，其动作缓慢，柔和，圆弧运动，可增加腰部肌肉的力量和脊柱的活动范围以及灵活性。大学生正处于生长发育的重要时期，经常进行太极拳的锻炼还可以促进骨骼的生长发育，同时太极拳的螺旋式的弧形动作使得关节以及周围的肌肉、肌腱和韧带都受到良好的锻炼，从而使关节的稳固性、柔韧性、灵活性得到大大的增强。

第四，经常进行太极拳锻炼可以改善消化系统功能。减少肠胃疾病的发生在进行太极拳练习时由于采用的是腹式呼吸，呼吸加强加深，这样就增加了膈肌和腹肌的运动幅度，对肠、胃等器官起着一种按摩的作用，改善了消化道的血液循环，提高肠胃的蠕动能力，促进消化液分泌；增强消化吸收功能。同时肠胃功能的加强，可以预防溃疡和肠胃炎，消化不良等肠胃疾病的发生。

2. 太极拳锻炼对大学生心理健康的影响

第一，太极拳锻炼对意志质量的影响。随着人们生活水平的提高，现代大学生从小就受优越生活条件的影响，缺少艰难环境的锻炼，养成怕苦，怕累的习惯。意志薄弱，自觉性，坚韧性差和自制力差。缺乏吃苦耐劳的精神，对挫折的承受力弱，因而很容易引起大学生心理问题以及心理障碍。通过坚持不懈的锻炼，可以使大学生在学习和工作中能够克服困难，不屈服与困难的环境，和竞争对手勇于拼搏，自强不息，有利于增强他们在现代社会生活中的竞争力。

第二，太极拳锻炼对人际交往和社会适应能力的影响。集体练习太极拳可以协调人际关系，成群结队的太极拳练习可以大大增加人群的交流，从而使练习太极拳者能很好地克服孤僻，协调人际关系，扩大社会交往，提高社会适应能力。大学生进入了校园，也就是独立地进入了准社会群体的交际圈。进行太极拳锻炼可以促进个性的发展，使人变得开朗、乐观、自信心增强，逐渐学会控制自己的需要和动机，使人的个性更趋于成熟。在运动中互相交流思想、兴趣、情感，互相了解、互相帮助，不仅能在运动中忘记烦恼和痛苦，消除孤独感，同时在交流中增长知识和才干，在不断的交往过程中，逐步地提高自己的适应变化的环境的能力。

第三，太极拳锻炼对精神和情绪的影响。有相当一部分大学生精神长期处于紧张状态，导致“紧张状态病”，表现为缺乏忍耐力，容易发怒、迷茫、忧虑、心浮气躁、心胸狭隘等等，这种状态持续下去，最终会导致疲劳过度、头痛、神经衰弱、甚至出现心理异常、精神失常、行为表态等严重后果。然而预防和治疗这类疾病的理想选择就是经常练习太极拳，太极拳不仅讲究柔和缓慢，连贯均匀、圆活自然的行动。更加追求情绪稳定、心态平和的好心情，并且强调注意力集中、精神内守、排除杂念，这十分有利于消除人事的烦恼和缓解内心的冲突，获得心理平衡。

另外，大学生进行太极拳锻炼对抑郁、焦虑等心理疾病有明显的调节作用，太极拳锻炼学生不仅可以提高学生的身体素质，同时可以改善学生的心理素质。在大学中开展太极拳锻炼能培养学生自身修养的同时提高身体素质。

三、大学生如何科学地进行太极拳锻炼

1. 太极拳的锻炼方法

太极拳作为古老文明中国的宝贵文化遗产，虽然博大精深，但因其易学练的特点，深受练习者的喜爱。然而，为什么练习太极拳之后会存在体会深浅、受益大小差距甚大的问题，究其原因，有一个正规训练过程的问题没有得到有效的解决。

通常太极拳的练法是由静到动。先练静功，以无极式桩功和川字步桩功（姿势与提手上势同）为主，使身体下部有劲不至飘浮，如同建造房屋之基础。凡欲练太极拳之真功夫者，非先练桩功不可，而后练动功，练习架子、推手，一势一式地练，一式熟后再练一式。以免日久生滑。直至各式皆练习纯熟后，始互相连贯合为一套太极拳。前人云：拳不在多，而在练之纯熟。熟能生巧，巧极为绝招。而现在练拳的基本不按此过程。一上来就盘架子即动功。三四个月学一套，然后自己练，或接着学另一套。殊不知，这样练下去就把太极拳练成太极操。虽然健身防病有一定效果，但长期处于外形，处于晃拳阶段，就难以深入提高，练不出真功夫。或者静寓于动，静动结合，循序渐进。鉴于现今的情况与过去不同，无时间实施前辈的练法，应采用学架子——练架子——拆架子——摆架子这个正规训练过程。此过程必须在明理（明拳理，诚意传授）的老师指导下进行。而且要经常反复学、练、拆、摆，直至纯熟。先拆摆外形，再顾及神意气的内形，这就是由外人里。先拆摆定式，再拆摆动式。这是由易到难的反复学练拆摆的过程，把十三势（拥、捋、挤、按、揉、捌、肘、靠、顾、盼、进、退、定）的各种劲路贯穿到整个套路的练习过程中。这才能越练越长劲。

当然，首先应弄清何为太极，何为拳。简言之，虚实阴阳属太极，四肢身体动作属于拳。外家拳的撞头、踢脚、冲拳、劈拳皆是明显的技术动作。当内形（虚实阴阳）和外形（身体四肢动作）相结合时，就成为太极和拳的结合。在练习时，外形带动内形的叫太极操（前辈称拳太极、晃拳），内形推动外形方可称为太极拳。如何做到由内形推动外形呢？那就要谈谈学、练、拆、摆方法。

第一，学：首先当然要投明理之师。懂拳理、肯教、真教、肯喂劲，不怕“教了学生打老师”。这就避免了以错传错，误人光阴。古人言：“教拳不讲等于种田不耙。”要讲清每一招数，避免以错传错。使学生走捷径，不走或少走弯路。学生则要虚心勤学苦练，有

一种我要学要练而不是要我学的自觉思想，肯动脑筋钻研。势势认真决不马虎，把学到的理论知识通过实践的感性认识提高到理性认识。

第二，练：学后马上认真复习，照老师讲的去练。杨澄甫宗师要求每天练习七八次。当然，现在大家多数要工作学习，很难像过去那样整天练，但早晚练它两三遍，工作学习之暇可抓紧练一些单式。其实工间、排队、洗菜、看电视、散步等都可有意识地练一些单式。这是很重要的练习法之一。只要真正意识到练拳的重要性，时间就有了。练到一定程度就会进入无形的意念练拳，达到拳不离手的境界。做任何一件事都有从不会到会、从生到熟、从初级到高级、从表面粗浅认识到深处的实质追求的过程，这是人类的进取性。从而使人类社会不断发展前进。当然进取要付出大量辛勤劳动和代价。太极拳是前辈留下的宝贵财富，我们要继承和发扬，同样要花时间和精力。要有信心、决心和恒心，无论盛夏还是寒冬都应刻苦习练。从而健身祛病、享受美好人生。我提请大家记住：功夫 =(刻苦练习正确架势 + 动脑筋)× 时间。

第三，拆：已学会一套拳架子，为何还要不断拆架子？我国的传统文化，包括文和武两大体系，它们是相辅相成的，即文中有武，武中有文。如今我们的太极拳是举世公认的中国功夫的优秀拳种之一，它含有中国文武两大传统文化。不仅武术技击要求极高，而且练起来如行云流水、潇洒自如，亦是文中有武武中有文。文武即阴阳，阴阳为太极，故太极亦是文武之拳。因此它是一门高深艺术，不可能一下或短期就入门，练到一定程度就会感到难以深入，这时就要老师给你拆架子，目的是不断掌握太极拳中的技击要求，或把已掌握的东西变得更自如。每拆一次架子你就会感到有新味道。如拆云手一势，文拆 6 个不同方位的“8”字，武拆技击方法很多，有一开一合、二开二合或更细更多开合，还可抱、闪、截、切、击之，可单手随腰左右击之等。

第四，摆：摆架子是帮助自己正确地掌握练拳的要领，不使练的过程中将关键内涵滑掉。老师给摆正的架子会使劲路贯串，能随能合并喂劲试出来。只有在学练拆摆上花过功夫的人，才有可能继承和发扬、发展太极拳。通过拆架子、摆架子之后才能够把太极的要领贯穿在练习过程中。练拳，首先要提起全部精神，所谓虚领顶劲，还要把方向和路线统一起来，上下相随。要求：方向直（为实），路线曲（为虚属阴）。不统一就散。因此通过摆架子使拳架子正确是首要问题。要分清虚实，否则双重。但虚实不能截然分开，练拳的不同阶段虚实比例不同，由开始的大虚大实到成功后的不虚不实，方为太极，到此时拳才会运用自如，得心应手，才使人不知我，我独知人。太极拳以虚盖实，要求尾闾中正，含胸拔背。故两腿靠尾闾调整，上肢靠大椎来调整。含胸拔背指挥气沉丹田，沉肩垂肘指挥含胸拔背。腰、胯、膝、踝、肩、肘、腕节节贯串，故行气如九曲珠。松肩要靠气贴背，其根在脚，发于腿，主宰于腰，形于手指，一环套一环。练成别人不知我，我独知人，这个过程只能通过拆摆、喂劲才能掌握。否则练 20 年也是徒劳一场。

最后谈谈推手与架子的关系及原则。

关系：推手是太极拳技击的初步练习，是对架子的检验，盘架子为知己功夫，推手为知人功夫。

原则：一是，以柔克刚。这是必须遵守的原则，太极拳是柔拳的一种，故要向柔发展，至柔即为至刚。二是，以静制动。以己之安静、平稳、等待观察对方。“后人发，先人至”，就是这个道理。三是，以小敌大。只要做到以柔克刚、以静制动之后，一般说就与重量无关了。

2. 如何激发大学生太极拳的积极性

太极拳作为中国优秀传统文化之一，不仅是一项优秀的健身活动，还是一个具有浓郁民族特色的文化形态。不少高校把太极拳作为体育教学内容，甚至作为一门独立的体育课程，对学生进行普及教育。但是，通过对学生的调查了解及对太极拳学习现状的分析发现，太极拳在高校推广的成果并不理想。如何培养大学生学习太极拳的兴趣，从而提高教学效果是教学中的一个难点。

（1）渗透技击意识

作为武术项目的一个重要分支，太极拳不仅有健身养生的功效，而且有技击的作用。从根本上来说，太极拳的招招式式都是从技击御敌中来的。然而，在太极拳的教学活动中，“教”的一方往往采用“讲解示范——领做——纠正——学生练习”的方法，而“学”的一方基本上是模仿教师的动作，力求在动作的外形上与教师一致。这种教学方法往往使学生不仅不能正确掌握动作的规格要求，反而更不了解动作的技击含义、养生原理。在实际的教学中，学生对太极拳这种截然不同的运动方式感到陌生，学习时有一定的难度，不容易记住动作，其学习效果不甚理想，同时，这种教学方法往往造成学生对太极拳不感兴趣，只为考试而学，一考完就扔的现象。

“太极拳是中华武术理论精华在拳架中最集中的体现与总结，是一套科学训练肢体理论和方法及构思独特的技击理论与实践，练太极拳就是练太极拳的理论与技击含义，离开了太极拳的理论与技击含义，就不能称之为太极拳”。只练拳架而不练推手，很难深刻地领会太极拳技法的各种要求，只能练成“太极操”。学生在练习拳架时，如果教师只是讲解技法要求，学生就很难在完成动作时贯彻要求，而当他们了解和实践了拳架套路中的技术的技击运用时，通过两人的推手练习，在攻防的转换中反复体会腿部、腰部、肩肘掌运力的方式和规律，对太极拳劲力的掌握就可起到事半功倍的效果。所以，拳架结合攻防练习的教学方法能使学生深刻体会和实践拳理。在教学时，教师应该先教会学生拳架，接着用推手奠定学以致用的基础，并验证拳架，然后在拳架和推手的多次循环反复之中，逐渐加深学生对太极拳的体会和理解，使理论和实践紧密联系在一起，从而提高学生学习太极拳的积极性。

（2）丰富教学方法

要想使学生真正在有限的课时内掌握基本的知识和动作要领，并能熟练地完成套路，使太极拳教学逐步做到由教师教，到学生学，直至自觉地去练太极拳，教学中采用灵活多样的教学方法提高学生的习练积极性是不可缺少的，也是提高教学效果的良好途径。

第一，电化教学法。大学生思维活跃，易接受新鲜事物，但往往缺乏耐性，很难达到心静体松的练习要求，缺少对太极拳理论的理解与掌握，而仅模仿套路动作，这样习练太极拳就显得枯燥乏味，毫无兴趣可言。因此，可在课前一周利用电化教学组织教学班级观看太极拳教学片。这样做有以下几种好处：首先，能使学生欣赏到正确、优美的名家示范，产生强烈的求知欲。其次，运用电化教学，教师可采用慢放、定格等形式，让学生清晰地看到动作的关键和行走路线。再次，可方便形象地进行动作的讲解、分解、对比、归纳。通过观看教学片，学生对太极拳运动会有一个完整的认识，产生求知、求学的欲望，从而达到对太极拳由感性认识上升到理性认识，并自觉探索其运动规律的目的；第二，直观教学法。直观教学法是体育教学原则之一。首先，太极拳动作本身体现出一种美，对学生有一定的吸引力。教师做一些正确、优美的动作示范，能使学生看后产生一种羡慕和探求的心理，学习积极性便油然而生。其次，组织学生看一些太极拳表演和比赛录像，能开阔学生的眼界，培养他们对太极拳项目的喜爱情绪。再次，学生存在明显的个体差异，在学习动作时，对那些基础差、掌握动作慢和出现错误动作的学生，教师要耐心引导，用正误对比的方法，使学生分清什么样的动作是正确的，什么样的动作是错误的。同时，对进步快的学生要及时给予表扬和鼓励，进一步提高他们的学习积极性；第三，趣味教学法。在练习太极拳时，部分学生对所复习的动作不感兴趣，认为自己已经掌握，不再愿意提高质量，这时最容易注意力分散，敷衍了事。教师可通过不同的教法和练习手段增加练习的趣味性，提高学生的学习积极性，达到提高教学质量的目的。例如在教学过程中，采用集体、分组、个人等多种教学形式进行竞赛，由教师评判竞赛结果。这也是激发和提高学生习练太极拳积极性的一种有效途径。

（3）运用“互助式”学习模式

传统教学是按照一定进度的常规教学，从讲解示范到学生跟随教师模仿练习再到独自练习阶段，在动作过程基本掌握后，在教师的指导下由学生自练，教师集体纠正错误动作，学生反复练习和个别纠错，直到能够比较准确地完成动作为止。从单个动作练习到成组动作练习再到整个套路练习，均采用此方法，由教师进行评价。

互助式学习就是在教学过程中，将教学班级按照一定人数分为若干小组（一般每组 6—8 人），并注意培养骨干为小组长，由其组织练习的方法。教学中也是先讲解示范再到模仿练习，之后，学生练习按组进行，在学生不提出问题的情况下，教师不进行任何的练习方法干预，由组长组织学生练习，学生充分发挥主观能动性，根据各自的特点，选择适合自己的练习方法，在小组内开展互帮互学，团结合作，达到共同提高的目的。同时，小组长每节课都要对本组的练习情况进行总结和评价，并及时反馈给教师，以便指导。在课的结束阶段，教师对每组的学习情况进行汇总，对组织较好的小组给予表扬，并请组长介绍经验。互助式学习竞争意识引进课堂，可以充分调动学生的学习积极性，发挥学生的主观能动性，有助于提高学生分析问题、解决问题的能力；将互助式学习还能使教师及时获得反馈信息及时进行教学调整，有利于课堂的多边互动，提高学生的学习效率和交往技能。

教学案例：高校开展二十四式简化太极拳的教学方法

目前普通高校普遍开展简化式二十式太极拳，源于太极拳运动是一项既合乎生理和体育原理的健身运动，又是一种治疗疾病的有效手段。由于场地、器材要求不高和太极拳特有的健身、攻防技击的特点，很适合高校开展体育教学。而在多所普通高校调研的过程中，普遍存在一个问题，学生对太极拳的学习积极性不高，枯燥的教学及教师对太极拳的理解认识、教学方法等参差不齐，教学效果不好。

1. 利用多媒体教学，激发学生的学习兴趣

由于太极拳运动自身特点及学生初步接触学习太极拳，缺乏深入的认识与理解，造成学生在学习太极拳运动期间容易产生枯燥乏味、厌倦练习的行为，终而影响学习太极拳的兴趣。运用多媒体网络将太极拳的课外知识引入课堂，使学生拓宽视野，了解更多在书本上及课外实践中学不到的知识。通过观看优秀运动员太极拳表演、体育教师介绍国内国外开展太极拳运动的状况、讲解太极拳的健身功能和技击特点，学生进入一种喜闻乐见、生动活泼的学习氛围当中，从而产生极大的学习太极拳的兴趣。

2. 由简到繁，循序渐进

在教学初期，首先利用太极拳技击功能的特点，教师采用动作展示进行导入，运用生动形象的语言介绍太极拳运动的特点，激发学生学习的兴趣，并树立坚持练习的信心，初步建立太极拳动作的概念。其次，学习基本手型和步型的基本知识，由于太极拳步形较多，可采用每节课动作涉及的手形和步形知识进行详细讲解，并对比说明其动作与其他拳种不同之处，进一步加深对动作的理解。最后，结合所学知识全面讲解太极拳的身法、步法及眼法等特点。

3. 完整——分解——完整法相结合

简化二十四式太极拳套路动作是由许多不同类别的单个动作组成的，每个动作又是独立的。太极拳套路中有些技术动作的步形步法相对复杂，运动路线变化较大，同时手型手法伴随着腿部动作也是比较难掌握的学习内容。因此在初学者练习中，经常会出现上肢与下肢动作不协调，上下肢体不能同时兼顾的问题。首先采用完整教学法，在学习太极拳每一个动作名称时，教师应先进行技术动作的完整示范和详细讲解，使学生在头脑中建立一组完整的动作概念。其次采用技术动作分解教学法，把每一个完整动作名称包含的几个动作分解成若干相互衔接的技术动作，使学生更清楚、更容易地掌握动作要点。最后结合完整教学法，使掌握住分解后的动作尽快进行动作的完整练习，避免动作无法连贯，出现脱节的现象。三者相结合的教学方法使学生尽快掌握住一个完整的动作，并采取合适的练习方法，同时能够注意到每一个动作的要点和前几个动作的完整衔接。

4. 合理采用示范方法

教师通过示范太极拳的具体动作，使学生直接感知到所学动作的结构、顺序和要领。因此，正确的建立示范动作不仅能够使学生直观地形成动作概念，而且能够激发学生学习的兴趣，充分调动学生学习太极拳的积极性。首先明确示范的目的，针对普通高校学生的认识已由具体形象思维过渡到抽象思维，在教学中适当减少动作示范的比重，可加强太极拳技术动作的分析，明确指出学生重点应该看什么、怎么看、在看的过程中如何思考，也可采用正误对比的示范方法加深学生对技术动作的理解，达到防止错误动作的形成的目的。其次，注意示范者的位置与方向。为了使学生看清楚，一般情况下示范者应站立在学生的正面，与学生的视线垂直。在套路的教学过程中，随着技术动作的路线变动，转变移动位置，示范者应站在套路前进方向的斜前方。可采用正面、侧面、镜面、背面示范方法，使学生多方位观察学习技术动作。最后，除了教师亲自示范动作外，挑选技术动作掌握好的学生进行示范，增强学生学习的信心，更有利于掌握太极拳的技术动作。

5. 结合音乐练习太极拳

现代普通高校开展的太极拳练习，具有很强的观赏性，特别是在集体练习过程中，音乐伴奏显得尤为重要。太极拳动作缓慢、柔和、轻灵，整个套路是动中求静，静中有动。结合缓慢柔和的音乐让学生在练习中掌握自己的练习节奏与时间，同时把大家统一在一个节奏上，防止动作的散乱。通过音乐旋律的指挥，学生可以一边打拳一边欣赏美妙的古典音乐，既达到锻炼身体的目的，又陶冶性情。练习初期体育教师可选用动作提示性伴奏音乐，通过提示使初学的学生快速地掌握动作，提高学习兴趣。

6. 采用比赛教学方法

学生在练习太极拳套路过程中，技术动作需要重复性练习，才能熟练掌握、形神兼备。但是普遍存在一个现象，学生往往会感觉套路练习枯燥无趣，产生厌烦心理，探索性学习的积极性消退。比赛教学法对增强教学效果有非常重要的作用，鲜明的竞争性正好符合学生争强好胜的心理特点，进行分组比赛时学生在自我表现紧张的状态下，高度集中精神，能够最大限度地发挥自我潜在的能力，从而使学生掌握太极拳技术动作，同时培养大学生集体主义精神的优良品质。除此之外，教师还可以采用小组与小组之间攻防的演练，满足学生学习的好奇心及求知欲望，活跃课堂气氛，激发学习兴趣，促使学生主动地学习。

在太极拳的教学过程中，为了提高教学质量，教师应根据教学的内容及不同的教学对象，设计不同的教学方式方法，积极地探索新的教学模式，营造良好的学习氛围，激发学生学习二十四式太极拳的兴趣，达到强身健体、身心全面发展的教学目的，从而实现终身体育的教育思想。

第五节　游泳与体育文化

一、游泳运动对大学生身心健康的价值

游泳运动不仅是一项竞技运动项目，同时也是一项大众体育运动项目。该项目对性别和年龄的要求较低，是男女老幼都喜欢的体育项目之一，深受人们喜爱。它被称为最好的一项健身运动，可使身体各个器官或系统得到锻炼，同时还可锻炼人的意志。

1. 游泳运动对大学生身体素质的影响

（1）培养大学生健身习惯，提高身体素质

身体是革命的本钱。养成良好的健身习惯，坚持锻炼，提高素质是非常重要的。游泳是属于全身剧烈运动的项目，在一个动作周期中会有大部分时间是在没有氧气的情况下完成的，这样使人的身体机能发生变化。可以提高人体新陈代谢的速度和提高能量供应水平，扩大身体能量的储存。大学生要有健康的体育观念，要达到这个目的，就要从大学生喜欢的体育运动教学出发，培养他们的良好的健身习惯，鼓励他们个性发展。要让大学生真正理解到游泳运动的真谛，才能树立起终身体育意识和良好的健身习惯。

（2）改善身体的机能

经常进行游泳锻炼，可以使呼吸系统、消化系统、心血管系统和身体器官的机能得到健康的改善和提高，促进身体的基本素质得到提高，增强了人体抵抗疾病的能力。完成强度较大的脑力工作之后进行适当的游泳锻炼，可有效消除疲劳，恢复健康机体。

（3）减肥和健美形体

游泳是保持身材最有效的有氧运动之一。运动时消耗的热量多，实验证明：人在标准游泳池中跑步 20 分钟所消耗的热量，相当于同样速度在陆地上的 1 小时，在 14 度的水中停留 1 分钟所消耗的热量高达 100 千卡，相当于在同温度空气中 1 小时所散发的热量。另外，水的阻力可增加人的运动强度，但这种强度，又有别于陆地上的器械训练，是很柔和的，训练的强度又很容易控制在有氧域之内，不会长出很生硬的肌肉块，可以使全身的线条流畅、优美。

2. 游泳运动对大学生心理素质的影响

（1）游泳运动促进青年大学生良好道德品质的形成

大学生在系统教学方法的引导下，逐渐克服了怕水的心理。这种征服个体潜在消极心

理的过程，也就是学生掌握自我解脱和救护能力的过程。从内心的认知行为落实到具体的实践行为中，大学生不仅体验到应对外在压力的心理适应过程，而且通过行为的实施不断实现着身心的协调，从而由内及外形成了具体道德倾向。如在具体学习过程中，形成了他们遇到险情临危不乱，舍己救人的良好品质。

（2）培养学生的游泳意识

体育教师通过游泳知识与方法的传授，将学生带入更专业的游泳运动中去。通过游泳实践教学，让学生亲身体会到快乐、自信和成功，使学生从内心深入感受到游泳运动，也是人生活中的一种很有意义的运动，从而引导学生形成正确的游泳意识。在游泳教学中，教师要灵活引导学生把强烈的热情带入到生命的意义和价值中去，加强学生的游泳意识。

（3）提高适应环境的能力

大学时期是学生学习体育技能、知识，掌握体育运动技能，实现自我完善、社会化的重要阶段。游泳能够提高学生对身体语言的理解和驾驭能力。身体语言是沟通的有效方式之一。是社交过程中必须具备的能力。游泳运动有着独特的动作定式。而且蕴含了其他项目所不具备的审美内涵。

（4）缓解学习和生活带来的压力

游泳具有健身、娱乐双重功能，可以带给人们愉悦心情，对于缓解不安、紧张心理有一定的效果，进而实现情绪控制，促进心理健康状况向好的方向发展。经过一段时间的紧张工作、学习，不妨去游泳一番，嬉水弄波，趣味倍增，能减轻工作、学习带来的忧虑、烦躁情绪，缓解全身肌肉紧绷状态，使其得到放松，实现心理健康。

高校游泳的教学目标应该放在全面健身的基础上来实施，将提高学生的身体素质和心理素质作为目标，为社会创造更优秀的人才资源。要让学生在游泳练习中，体会到游泳运动的效果和乐趣，让学生离不开运动，通过运动可以加强健康，加强人的身体质量和身心素质。经常游泳可以改善锻炼者的心血管系统。另外，冷水的刺激能时皮肤血管收缩，以防热量扩散到体外。同时身体又加紧产生热量，使皮肤血管扩张，改善对皮肤血管的供血，这样长期的坚持锻炼能使皮肤的血液循环得到加强。另外，由于水波浪的作用，不断对人体表皮进行摩擦，从而使皮肤得到更好的放松和休息。当游泳池的水温常为26度到28度，在水中浸泡散热快，耗能大。为尽快补充身体散发的热量，以供冷热平衡的需要，神经系统便快速做出反应，使人体新陈代谢加快，增强人体对外界的适应能力，抵御寒冷。经常参加冬泳的人，由于体温调节功能改善，就不容易伤风感冒，还能提高人体内分泌功能，使脑垂体功能增加，从而提高对疾病的抵抗力和免疫力。

二、大学生初学游泳者克服恐惧的方法

游泳是古代人类为了求生存，在同大自然的斗争中产生的，是一项人体凭借自我支撑力和推进力在水中进行的运动。现代研究表明，游泳不仅能增强体质，还有利于促进大学

生智力的提高；有助于大学生意志品质及协调能力的形成与发展；同时，学会游泳，学会自护自救，掌握一项最基本的生存技能将使大学生终身受益。

每个游泳初学者都会有对水的恐惧心理，恐惧的程度因人而异。如何帮助初学者克服怕水心理是教学中首要解决的问题。

1. 造成初学者害怕的原因

第一，环境的改变。游泳时要仰卧或俯卧在水中做动作，完全改变了平时陆上那种习惯的直立姿势，其运动轴、运动面及运动方向也发生了变化。人在水中活动时，由于水的浮力，使得游泳者失去了陆地上的固定支撑，加上水的波动，会使游泳者感到晃晃悠悠，很难维持身体平衡。人在水中活动时要受到水的压力，造成呼吸困难。另外游泳时的呼吸与陆地不同，要求吸气时用口在水面上吸气，用鼻和嘴在水下呼气，并在吸气和呼气之间有一段憋气，还要求呼吸必须在一定动作配合下有节奏地呼吸。由于水对人体的压力和阻力，人们既要克服水对人体的阻力和压力，又要充分利用水的阻力，用四肢划水使水对手和脚产生反作用力，造成尽可能大的推进力。鉴于以上因素变化，给学生的身体、心理带来各种不适应，以致学生在学习游泳过程中容易出现溺水、喝水、呛水、呼吸困难及肌肉紧张等，从而产生恐惧心理。

第二，水质和水温的条件。满池的池水和过低的水温会造成初学者的不适心理，同时，过低的水温和气温会造成人体体表温度的下降，使人在水中活动出现肌肉僵硬、痉挛、头疼、力不从心等现象，使初学者产生恐水心理。

第三，心理素质差。有些学生由于意志品质较差，缺乏勇敢顽强的精神，虽然掌握了相应的技术，具备了一定成功的能力，但对日常生活中较少接触的游泳动作，仍然不敢练习，出现犹豫不决、动作失调等现象，结果不能完成动作，从而产生恐惧心理。

2. 恐惧心理的具体表现形式

第一，话多。在水中总是找机会和教师说话，借机会靠在岸边或伏着水线，表面上嘴里说个不停，实际上心里很害怕；第二，动作急。特别是在游蛙泳时，节奏特别快，生怕沉下去。两手不是在划水，而是在水面摸水；第三，不翻脚。踝关节僵硬，绷着脚面，甚至用手掰不动。两脚不是向后做蹬夹水的动作，而是像蝶泳似地拍击水面；第四，不下水。离岸边远远的，无论怎么劝说都无效，严重的甚至大声叫喊；第五，扶人。特别在蛙泳腿的练习中，往往是松开手中的浮板，去扶邻近的学员，或者是扶岸边和水线，不相信自己，总想找点儿依托；第六，缩肩收胯。由于害怕，致使身体各部位均处于紧张状态，肩、肘、髋、膝关节动作不舒展、不放松；第七，立着游。抬着头，挺着胸，怕头部沾水，导致臀部下降，以至于身体不能漂浮在水中，只能像海马那样立着游；第八，水中不吐气。因为怕呛水，嘴闭得紧紧的，即使头部进入水中也不张嘴吐气，而是始终憋着气。待头部出水后又吐又吸，造成身体缺氧无力。

3. 有效方法

体育引导者应该让学生喜欢水，建立兴趣与自信。此时动作尚未成形，不能提出过多的技术要求，先让他们在水中动起来。首先，明确学习动机。克服游泳心理障碍的关键，就是要有好的学习动机，因为好的学习动机是学生积极学习游泳的心理动力。学习动机是指直接推动学生学习的内驱力，是学生学习积极性的核心。而动机的产生总是和需要紧密联系着的。所以教师要让学生充分了解游泳在生理、生物力学、心理方面的价值，说明游泳在学校体育、生产劳动、日常生活中的重要地位，充分调动学生潜在的学习需要。其次，加强安全保护。学生心理上有安全感是非常重要的。在游泳教学中，学生如果有溺水的体验，都会给学生造成程度不同的怕水心理及心理障碍，对游泳的教学极为不利。因此，在教学中应尽量避免在学生毫无准备的情况下，突然出现一些强烈的刺激使学生出现不应有的溺水现象。然后，熟悉水性练习。熟悉水性教学是游泳教学中重要的一个环节，是游泳初学者的必经阶段。通过对游泳初学者进行水中行走、呼吸、憋气、漂浮、滑行与站立等练习，让初学者体会与了解水的特性，逐步适应水的环境，消除怕水心理，培养对水的兴趣，并掌握游泳中的一些最基本的动作，从而建立良好“水感”的心理状态。初学者通过对水感体会，就会逐渐达到在水中比较自由的境地，使学生在心理上从“恐惧感”转变为安全感，从惧水向爱水转变，进而提高学生学习游泳技术动作的能力和兴趣。最后，有趣的游戏活动。在游泳练习中对学生提出一定的任务，安排一些有趣的游戏活动，让学生在完成任务的过程中体会求知需要。如：学习憋气音，通过做水下数数、睁眼看同伴做动作，钻杆、钻救生圈等等方法，可进一步巩固呼吸方法，提高水憋气的能力，消除怕水心理，培养对水的兴趣。又如：在熟悉水性时，用扶池边行走、水中睁眼数数、憋气比赛、蹬边滑行比赛、打水仗等游戏练习，使学生从认识水性进而熟悉、掌握、利用水的特性。

在游泳教学中，学生的心理障碍也会对游泳产生一定的影响。要重视应用教学心理法，消除学生对水的恐惧感，教学中必须做到循序渐进，不要急于求成，才能收到较好的效果，在教法上也应该和游戏活动相互交叉进行，应寓教于乐。教学中针对学生上游泳课的心理状态，采用一些行之有效的教学方法，可以改变学生不良的心理状态，激发学生游泳的自觉性和积极性，从而提高教学效果。

三、我国高校游泳馆的现状与创新教学模式

1. 我国高校游泳场馆的现状与运行模式

近些年来，随着体育事业的市场化和产业化发展，在体育活动日益兴盛的同时，体育经营活动也得到了长足的发展。游泳场所的经营是体育经营活动的组成之一，而高校游泳场馆同时又是学校的基础体育设施的重要组成部分，负担着教书育人的重要功能，所以，在考虑高校游泳场馆的运行模式时，应该从高校的实际情况出发，在满足课堂教学训练的基础上，尽量做到综合利用，最大限度地提高利用率，降低运行成本，所以对高校游泳场

馆的现状和运行模式进行研究是十分必要的。

（1）目前我国高校游泳场馆的运行过程中存在的问题

①多数高校游泳场馆的配套设施不够完善，功能相对比较单一

高校游泳场馆不应单纯地作为人们游泳健身以及学生游泳教学和训练的地方，而应在此之外同时包含休闲、娱乐、餐饮等多种功能，但是因为高校在设置游泳场馆时目标定位的限制，因此极少有学校会为了配套设施的建设而额外投入资金，从而导致高校游泳场馆多数为功能相对比较单一的公益性的教学设施，仅能满足学生教学和训练的基本需求，而却因为休闲、娱乐功能的缺失，很少高校游泳场馆具备承接游泳赛事，特别是大型的、高水平、高盈利的赛事的能力，导致了高校游泳场馆运行过程中丧失了一个重要的收入来源，为高校游泳场馆的运营增加了一定的难度。

②在高校游泳场馆的管理体制不够完善

我国高校游泳场馆的所有权由学校来进行控制，并非真正地属于自己的独立的法人实体，所以说高校游泳场馆很难实现自我经营和自负盈亏，也因为自身并没有形成科学有效的管理结构，对学校还有较强的依赖性，所以说在市场化运作的过程中也会存在一定的问题，首先，随着高校的扩招，大部分学校的经费越来越紧张，相应的对游泳场馆的投入也会减少，而游泳场馆又必须在三个季度中都需要持续供暖，运行的成本也因此而居高不下；其次，高校游泳场馆的特殊性质决定了高校游泳场馆必须接受学校相关部门的指令，承担较多的公益活动或者教学训练任务，这种管理体制与市场机制还存在一定的矛盾，难以完全按照市场机制进行运营，所以，这种情况也导致了高校游泳场馆市场效率的降低。

③高校游泳场馆的管理水平无法满足管理要求，管理方式和管理手段均比较落后

由于传统思想和教学理念的影响，很多高校游泳场馆的经营管理水平和经营管理方式仍然停留在福利型的层面上，长期没有得到实质性的提升，从而导致了先进的管理理念的匮乏和管理水平的低下，并因为缺乏科学有效的管理手段，常常使得高校游泳场馆的管理脱离了市场经济的运行规律，从而为高校游泳场馆经营能力的进一步提升增加了新的难度。

④高校游泳场馆的服务水平有待进一步的提升

随着近几年高校的扩招，学生人数激增，很多学校也因此开始了大规模的基础教学设施建设，在这个过程中，多数高校考虑到各种原因都选择了在城市的边缘地区建设新的校区，而游泳场馆也大多坐落在这些新建的校区之中，新建成的校区一般与居民区相距较远，从而导致高校游泳场馆在向社会开放和服务的过程中会有诸多的不便，导致了服务问题的出现。除此之外，很多高校因为前面所说的配套设施的缺失，无法提供多元化的服务，而且各种体育用品、运动饮料的购买也很不方便，这些也会影响场馆的运行，不利于场馆经营水平的提升。

（2）高校游泳场馆的运行形式

目前，我国多数高校的体育场馆特别是游泳场馆的运营和管理水平仍处于较低的阶段，所采用的运行方式和运行方法均存在一定不够规范和科学的地方，现代化的配套设施、管

理人才和管理经验也均明显不足，所以说，根据目前我国高校的实际情况，高校游泳场馆应该选择服务与经营相结合的方式，采取有偿服务的运行形式，这样才能在保证高校游泳场馆正常运行的同时，逐步取得良好的效益，进而得以不断发展。

2. 高校游泳教学的内容方法及其模式

游泳可以提升人们的身体素质，同时游泳具有形体健美的功能，是我国《全民健身计划》中推广的运动项目。但是在高校游泳教学中，缺乏对游泳项目的重视，同时缺乏有效的教学方法和教学模式，另外，高校学生大部分缺乏对游泳的喜爱。诸多因素限制着游泳事业的发展。因此，在高校游泳教学中，教师要加强对学生的引导，并且要制定合理的教学方法和教学模式来提升学生的兴趣，以便可以更好地促进学生的健康发展。

（1）高校游泳教学的内容

①对称式转轮划水技术

对称式转轮划水技术是以身体的肩关节为中心，双手做圆周运动进行划水。对称式轮转划水技术可以用来水中自救，同时可以使游泳者掌握身体平衡，提高游泳者的游泳技术。因此，值得游泳初学者进行学习。在对称式转轮划水技术的教学中，可以摒弃传统教学中的抱膝浮体和蹬边滑行，可以从直立漂浮开始教学，其具体内容主要表现在以下几点：第一点是使学生由仰浮到站立，第二点是使学生在水中练习轮转划水，并且将头部浮出水面进行呼吸。第三点是练习自救姿势。

②熟悉水性练习

在学生初次学习游泳时，难以使学生直接平卧在水中，因此应该加强对学生熟悉水性的练习。其方法主要包括以下几点：第一点是屏息直立漂浮。教师可以将学生分为两人一组，一个学生在水中做直立漂浮，另一个学生在旁边进行保护。做直立漂浮的学生可以使鼻子处于最高位置，以便可以进行自由的呼吸。第二点是蹬底漂浮。教师可以使学生吸气，之后沉入水底进行漂浮。第三点是平卧漂浮，教师可以将学生分为两人一组，一个学生进行保护，另一个学生平卧在水面进行轮转划水练习。

③练习泳姿

在练习泳姿的过程中，仰泳对学生的入门要求相对较低，因此可以采取仰泳的方式来练习泳姿。在仰泳的练习中，使学生仰卧在水面，仰泳的手臂动作和对称式轮转划水相同，同时腿部的动作也相对对称，可以使学生尽快地掌握泳姿。

④练习耐力

在高校游泳教学中，往往过多重视体育竞技，因此，在教学中注重培养学生的爆发力和速度，却忽略了游泳健身的意义。在教学过程中，教师应该加强对学生耐力的培养，要加强学生的有氧呼吸训练，可以让学生进行长距离的游泳来提高学生的耐力。

（2）高校游泳教学的方法

①多媒体演示教学

在游泳教学的过程中，教师可以采用多媒体教学的方式进行教学，对于初次学习游泳的学生而言，往往只能通过模仿来建立思维意识，多媒体教学可以利用视频、图像和文字将游泳技巧生动地显示出来，可以在视觉上刺激学生的感官，从而增加学生的兴趣。[2]

②分层教学

在高校游泳教学中，由于学生的游泳起始素质不同，致使其对游泳技术的掌握也各不相同。针对这种现象，教师可以采用分层教学的方式进行教学。对于有一定游泳基础的学生，可以直接对其进行游泳训练，在游泳中可以纠正学生的错误，并且要逐渐增加其训练难度；对于缺乏基础，但是悟性较高的学生，可以按照教学目标逐步进行训练；对于怕水的学生，教师要一对一进行指导，并且要加强对学生的开导，以便其可以克服心理障碍。[3]

③示范教学

在高校游泳教学中，教师可以对学生进行示范性的教学。要加强对技术要点和注意事项的讲解。首先，教师要做出规范的示范性动作；其次，教师要对局部要点进行详细的讲解；最后，教师要放慢示范的速度，将动作分解成若干部分，使学生可以精确地掌握技术要领。

（3）分层教学模式

在高校的游泳教学中，教师可以放弃传统的分班教学模式，可以在教学过程中采用自由分班的模式进行教学。教师可以将游泳班分成大、中、小三个级别。大班可以训练具备基础的学生，强化学生的耐力、速度和爆发力的训练，学生通过强化练习，可以得到较好的发展。中班可以训练基础较差的学生，教师在教学过程中，可以有针对性地对学生进行指导，纠正学生的错误动作，并且引导学生掌握正确的游泳技术。对于小班的学生而言，教师可以从头开始教学，对学生进行一对一的指导，最终使学生掌握游泳技术。分层教学模式，学生可以根据自身的兴趣来选择班级和教师，同时教师可以根据学生的不同素质进行因材施教。对于教学效果而言，要以健身和娱乐为目的，不要强制学生在规定时间内掌握技术，教师可以采取动态考核的方式来评价学生。只有激发学生的兴趣，才可以更好地使学生喜爱游泳。

在高校的游泳教学中，往往过于重视体育竞技，注重培养学生的速度和爆发力，却忽略了游泳健身的意义。

第八章　体育文化遗产的传承与保护

作为有着五千年历史的文明古国，中国的文化遗产资源异常丰富。幅员辽阔的国土上不仅遗存着许许多多有形的物质文化遗产，同时还拥有大量无形的非物质文化遗产。但是，随着全球化和现代化进程加快，人们的生活方式受到了前所未有的冲击，蕴涵民族精神家园的非物质文化遗产已经消亡或正在从现代人的生活中消失。如何保持和弘扬独立的民族精神，保护和发展非物质文化遗产已成为必然的文化诉求。

第一节　文化遗传与体育文化遗产释义

传统体育文化属于非物质文化遗产，是中华民族创造的灿烂文化的一部分，是人类共同的骄傲。非物质文化和其他事物一样，都有产生、发展、辉煌、凋零和继承保护。“非物质文化遗产是不可再生资源，随着全球化趋势和现代化进程的加快，我国的文化生态正在发生巨大变化，文化遗产及其生存环境受到严重威胁”。然而，历史的发展、社会的进程中，人们会不自觉地丢掉属于我们精神领域内本性的东西，盲目地追求外在浮华的物质。

一、文化遗产中的我国传统体育文化概述

非物质传统文化遗产是全球性的对民族文化的维护和整理，包括中国在内的世界各个民族非常重视自己民族传统文化的挖掘和梳理。联合国教科文组织给非物质文化遗产界定为：“非物质文化遗产是指被各群体、团体、有时为个人视为其文化遗产的各种实践、表演、表现形式、知识和技能及其有关的工具、实物、工艺品和文化场所。”非物质文化遗产的概念是比较宽泛的，其内容、领域等在当前进行着多方面的研究，非物质体育文化是非物质文化的子文化，研究非物质体育文化对于当前我国的体育事业来说是很重要的工作之一，不论历史是如何发展的，但是本质的原则只有一个，那就是中国传统的文化不能舍弃和丢失，甚至是遗忘。“2006 年 5 月，国务院发布了第一批国家级非物质文化遗产名录，其中杂技和竞技类项目大约有 17 项，还有一些项目和我国传统体育文化有密切的关系，甚至从属于我国传统体育。比如：秧歌、那慕达等。”根据国务院 2006 年公布的第一批国家级非物质文化遗产的名录中选编的一部分与体育文化有关的非物质文化遗产依据类别分

为民间舞蹈、杂技和民俗等类。我们的祖先为世界创造了灿烂的文明，这些文明有的已泯灭在历史的星空中，有的我们还能深切地感受到。文化需要传承，需要继续，需要生生不息。古人说“苟日新，日日新，又日新”，即是希望文化传承能够不断自我更新，不断发展。非物质文化遗产同文化遗产一样，承载着人类社会文明，是世界文化多样性的体现。要实现中华民族傲立于世界民族之林，就必须加强非物质文化遗产的保护与传承。

二、非物质体育文化遗产保护的价值

1. 体育文化遗产保护的社会价值

每一个历史时期都有自己的使命，使命决定于当前历史的发展状况和状态。救助是源于主流文化的缺失、观念的单薄、意识的落后等；补正是源于异族文化的嫁娶，文化是民族的灵魂。我们必须清醒地认识到当前流行的体育文化是以西方为主钟典模：非物质体育文化遗产的价值与继承，这种文化是全球性的强势文化，我们必须把握历史必然阶段的文化交流与融合，必须清醒认识到我国非物质体育文化保护的社会价值，这就注定是我们这一代体育人的历史使命。我国非物质体育文化遗产是民族的心里情结，是世世代代生息的土地上文化血脉的流承，是文化传播的基因。文化的国际交往有助于文化的交融和发展，但是有一个不变的原则就是以承传主流文化为前提。在 2005 年联合国教科文组织公布的第 3 批“人类口头和非物质遗产代表作”中，我国内蒙古自治区和蒙古国政府联合申报的“蒙古族长调民歌”入选。因此，非物质体育文化遗产可以成为国家之间文化交流与合作的桥梁，民族之间联系沟通的纽带。

2. 体育文化遗产保护的文化价值

“我国的 55 个少数民族因为各自的生活环境、文化发展程度、经济发展水平、气候气象的不同孕育出了不同特色的少数民族文化，体现了这些少数民族风里来雨里去的生产和生活中形成的特别能吃苦耐劳的文化传统。”非物质体育文化遗产是中华民族非物质文化的子文化，文化遗产虽然是历史尘封的记忆，但与过去的历史事件、历史阶段和历史人物紧密相关，是历史发展的物证，是文化遗存的活化石，对研究历史有着重要的价值。因此，非物质文化的保护价值是多元的，不同的地域散发着不同地域的文化气息。

非物质文化遗产是人类自己创造的，它的继承和保护依然要靠人类自身来维系。通过加强区域性保护、建立法制体系、形成自觉保护意识可对文化做最好的延承。

第二节　中国体育文化遗产的现状及发展趋势

体育文化遗产是我国非物质文化遗产的重要组成部分，它的发展保护也受到各界专家学者的重视。当前，对体育文化遗产的保护工作主要是由文化部、旅游局、民委等部门在实施，在保护过程中存在不少问题，主要包括相关管理部门对体育非物质文化遗产保护重视不够，保护文化遗产的理念不清，缺少资金，缺少完善的保护措施等。

一、我国体育文化遗产保护的现状

1. 对保护工作的紧迫性认识不到位且意识淡薄

随着世界经济一体化和文化全球化的冲击和人们生活方式的改变，人们将更多的目光投射到奥运会、亚运会。民族传统体育的发展在世界体育文化日益多元化的趋势下面临新的机遇和挑战，许多人包括体育工作者本身，都认识不到体育非物质文化遗产日益恶化、加速消亡的现实，更多地把主要精力放在了如何发展学校体育和竞技体育上，而很少有人关注民族传统体育，认识不到传统民间体育文化属于不可再生资源，缺乏民间体育文化保护的紧迫感、责任感和使命感。

2. 新的社会环境变迁对体育非物质文化遗产保护的影响

体育非物质文化遗产保护要求在对某一具体对象进行保护时，不能只顾及该事物本身，而必须连同与它的生命休戚与共的生态环境一起加以保护。体育非物质文化遗产大多产生于传统社会，流传于民间，尤其是较为封闭的少数民族地区。我国传统社会是以家族、村落、社区为基础环境的农业社会，随着现代经济文明的迅速发展，传统的农耕文化向现代农业、新型工业、旅游等现代文明方向发展，传统体育依赖的环境也在不断发展变化之中，社会经济的改善与变迁是不可逆转的。因此，部分传统体育非物质文化遗产在实际保护中受到重大影响，是体育非物质文化遗产保护中的重大难题。

3. 体育非物质文化遗产保护与商业利益的矛盾

任何事情都有其合理性，对于传统体育文化等非物质文化遗产的商业开发不能横加指责，尤其是传统体育文化大多产于落后的民族地区与农村地区，对于群众来说，参与商业表演与经营是其改变贫困落后的重要途径，外界不能单纯以商业化的理由阻止群众为改善生计而做出的努力。在西部地区，还有相当一部分离土不离乡的人，他们同样需要提高自己的生活水平，人们不能简单地为了让他们保护世界文化的多样性、保护某种文化遗产的表现形式而固守贫穷。在市场经济体制下，周边的社会生活大都被烙上了商品经济的烙印。在这种情形下，任何将保护传统文化与市场经济分离的想法在实践中都会变得异常艰难。当前，出现了把申报非物质文化遗产当作是开发旅游或者是兴办其他文化产业的手段的现象，而这些非物质文化遗产的本质是广大民众的生活方式，而一旦这种生活方式被当作谋取利润的商品时，它的性质就改变了。因此，在传统文化的保护中经常面临的一个问题就是某一特定对象需要及时保护甚至抢救与当地群众对于经济利益的追求发生矛盾时，就需要依据以人为本的原则，应该尊重民族群众与地方政府追求经济发展和改善民生的努力。另一方面，在传统体育文化的传承和保护中最终还得依赖群众这一主体，必须在商业开发与传统体育文化保护中寻求一个平衡点。

二、中国体育遗产的可持续性发展

1. 吸收先进文化

我国民族传统体育在几千年的发展历程中掺杂着封建保守落后甚至是愚昧的思想，必须对其进行正确地分析、合理地选择和消化吸收。我国传统体育是在腐朽的封建社会中走出来的，传统社会文化封闭的价值体系及其所构成的心理和价值观念，已经不适于现代文化的发展趋势。以个体经济为基础发展起来的安于现状、不求上进、狭隘自守的保守性与现代经济发展速度、生活理念、价值观念以及科学的社会发展观是格格不入的，所以必须加以批判地继承，发扬优秀成分，摈弃不科学的成分，借鉴现代体育科学的基本原理方法，使传统与现代相结合，只有开放、积极地接纳外来先进的文化，才能促进民族传统体育的发展。

华夏民族传统体育文化实际上是融合了许多古代民族传统体育文化而形成和发展起来的。汉唐盛世文化繁荣，体育活动丰富多彩，蹴鞠、马球运动等形式无论在规则，还是在内容上都较具先进性，这有多方面原因，而吸收西域文化是其中一个重要原因。西藏吐蕃王朝时期，松赞干布迎娶文成公主，从内地带去大量唐汉文化，包括体育文化，促进了藏族体育文化的发展。白族、纳西族较早接受汉民族传统体育文化影响，其民族体育文化发展较快。侗族在唐宋以后接受汉文化影响，才产生侗戏、侗族曲艺和书面文学。屈原楚辞成就显赫，主要是由于屈原以楚文化，包括当地巫文化为基础，吸收中原文化以至四方文化而创造出来的，如果只吸收巫楚文化或中原文化，则不可能创作出如此璀璨夺目的作品。只有民族的，才是世界的，作为中华文化重要组成部分的中华民族传统体育，在经济全球化和体育全球化趋势的背景下，只有积极寻求可持续发展之路，使之既保持自身的民族特质，又汇入现代体育的共性，实现现代化发展，才能在新时代获得生存与发展。

2. 多渠道、多层次、多形式集资

民族传统体育中，许多器械落后、不安全，要改善这些基本条件，使其朝着规范化、科学化的方向发展，首先要解决资金问题．国外在开发和保护传统体育文化时，采取了各种各样的手段和措施：一方面，加大政府投入，设立专项基金；另一方面，实施差别税率，鼓励社会资金投入到文化的开发和保护上来。

国外在传统体育文化开发与保护上的一系列较为完善的政策、法律和规范，对于起步阶段的我国传统体育文化的发展具有积极的借鉴作用。由于我国少数民族聚集区大多经济发展滞后，导致传统体育的物质载体基础薄弱，因此要促进民族传统体育的发展，不能只靠国家投资，要采取多种投资形式，鼓励企业、个人和外商进行投资，开发民族传统体育，为民族传统体育的发展提供必要的设施、场馆，从而更好地贯彻全民健身计划。

3. 发展民族传统体育文化、旅游产业

多姿多彩的民族体育活动、色彩斑斓的民族体育服饰、体育用品及自然资源等形成了中华民族特有的民族传统体育文化旅游资源。来自世界各地的旅游者，带着不同的价值观、甚至是不同的文化观对民族传统体育文化旅游产品进行认同、接受和批评等，促使民族体育文化产品的设计用意、内涵加以改进，有利于民族传统体育朝着产业化、市场化的方向发展，增强民族体育文化的竞争性，促进其全面发展。

总之，人类社会在不断的发展中，曾经创造了辉煌的文明，同时也给我们留下了丰厚的文化遗产。在这些文化遗产中，有的我们只能通过字里行间和古老的岩画、壁刻去体会；有的我们还能亲身体会她的伟大魅力；有的已经化为烟尘，永远不再为人知了……。但是这些文化遗产都为我们人类的文明进步做出了或者还在做着贡献。珍惜、保护、传承文化遗产就是为了人类的明天有一个更好的发展。体育类文化遗产作为人类遗产中的重要组成部分，也具有同样不可替代的作用。保护和利用好非物质文化遗产，对于继承和发扬民族优秀文化传统、增进民族团结和维护国家统一、增强民族自信心和凝聚力、促进社会主义精神文明建设都具有重要而深远的意义。

第三节　中国体育文化遗产传承与保护的策略

民族传统体育是民族传统文化的典型代表，保护民族传统体育文化是社会和时代提出的要求。然而，随着工业化的发展以及追求利益的思想深入给体育文化带来了负面的影响，中国民族传统体育文化呈现出的逐渐消亡的局面给人民敲响了警钟，寻找其发展的有效途径已迫在眉睫。由于缺少组织和支持，研究水平参差不齐，保护与传承的方法、手段单一等，使得挖掘保护中投入大量的人力、物力、财力关注保护的形式和结果，而没有甚至是很少考虑非物质文化遗产持续传承、存在的根本动力等至为关键的问题。因此，挖掘整理、继承弘扬我们国家优秀的民族传统体育是一项十分紧迫的工作，也是一项十分艰巨的任务。

一、民族传统体育文化的保护形式

人民政府为开展中国传统体育文化的保护提供了一些政策依据，如《中华人民共和国体育法》第十五条指出：国家鼓励、支持民族、民间传统体育项目的挖掘、整理和提高。但是对民族传统体育文化的保护还没有专门性的法律法规，面对当前民族传统体育文化所面临的困境，从国家政府到地方应建立起一条系统的保护政策与措施，实现“从整体到局部”严密的保护线。民族传统体育是中国人民劳动的产物，它来源于劳动实践、风俗习惯和日常生活等。在我国，许多民族关于历史文化的文字记载较晚，甚至有些民族根本没有形成自己系统的文字，那么用身体语言进行历史教育就成为民族文化传承的重要方式，而体育文化就是身体语言的重要形式。由此看来，保护好民族体育的继承人与代代传授的方法是保护民族传统体育文化的重要途径。

1. 开展全国性民族传统体育盛会

在第九届全国少数民族传统体育运动会上，共有 16 个竞技项目，3 大类表演项目展开角逐。它不仅成为我国民族传统体育文化展演的舞台，更是成为我国各民族和谐团结、拼搏奋进的重要象征。1953 年第一届少数民族传统体育项目运动会成功举办以来，越来越多的少数民族群众参与其中，越来越多的少数民族民间体育项目被纳入比赛中。从第八届全国少数民族传统运动会开始，取消金牌榜，更没有人使用兴奋剂，前八名的选手可以在同一个领奖台上领奖，在这种和谐友谊的比赛理念影响下，没有人使用兴奋剂，这种亲和力使各民族团结在一起，和谐友好相处。这样民族传统体育项目不仅被很好地保护，而且通过比赛的角逐使项目本身趣味性增加，这对民族传统体育文化的发展和传承起到了推动作用。

2. 建立民族传统体育文化保护基地

国家为了保护原始的自然环境和濒临灭绝的动物建立起自然保护区，民族传统体育文化的保护工作可以吸取其宝贵经验，建立一系列传统体育文化保护基地，选拔优秀的继承人，开办民传教育班，培育民族传统体育文化的传承后代，改变民族传统体育项目后继无人的尴尬局面，形成民族传统体育资源开发和整理部门，发扬优秀传统体育文化，将其推向全国乃至全世界，使宝贵的文化得到发展，民族体育基地的建立是非常有必要的，而且任务刻不容缓。

二、民族体育文化的发展与传承

文化迅速变迁的背景下，对民族传统体育的批判继承和对现代体育文化的选择性吸收，是中国民族传统体育文化形成本民族特色又被国际社会认同的必经之路。现在的社会，无论哪一种文化形态的发展和开发都是以经济的发展为前提的。在中国社会主义市场经济和社会各方对文化保护事业的大力支持下，现在的任务就是选择中国特色的社会主义道路，大力发展和保护珍贵的民族传统体育文化。

1. 发展电视媒体和网络信息等传播途径

电视与电脑的发展与普及给民族传统体育文化的发展提供了一条便捷而又广泛的道路。各具特色的传统体育通过一定的整理出现在荧屏上远比那些令人乏味的非黄金时段和重复播放的节目更吸引人民的眼球，通过这种方式让民族传统体育时事出现在人民的视野中，逐步走近人们的身边，加深人们对传统体育文化的了解与认识，同时能激起人民群众对传统体育文化的保护的热情。CBA、CUBA、中超等国内体育赛事，广受人民喜爱的节目，其受到追捧的原因并不仅是比赛的激烈与精彩，中场休息时的表演类节目也深受人们的关注，这种关注也给中国传统体育提供了良好的发展契机。将表演类的民族传统体育项目与激烈的赛事一起呈现给观众，无论是坐在观众席还是电视电脑前的人们，都会感受到不一样的视觉冲击和激情体验。新兴媒体，如移动电视、数字广播、手机短信、网络、数字电视等作为技术支撑体系下形成的媒体形态，能将信息覆盖到全国的各个角落，快捷地传递信息，不同地区、不同民族的观众同步观看赛事转播，交流自己的想法与心得，这是一种全新的突破。

2. 加强项目创新

一种文化要想发展离不开创新，中国民族传统体育文化的发展也不例外。在民族传统文化的传承过程中，创新是唯一的一条途径，日本柔道、韩国跆拳道通过文化整合而走上奥运的先例给我们启迪和经验。相比较之下，中国传统体育项目的保护与发展则模仿较多，创新较少。第九届全国少数民族传统体育运动会取消了金银牌的争夺，改为等级评判一、二、三等奖，这就较具有竞争性和功利性特点的西方体育文化创新的一点，顺应了重视养生、重视人与自然和谐相处、重视天人合一的中国传统体育文化的核心思想。自新中国成立以来，党和政府对中国的体育事业给予高度重视，“举国体制”的全西化学习在很大程度上促进了中国体育的发展与独立，但是这种“效仿”性的发展模式在很大程度上也给予中国民族传统体育项目的发展巨大的影响和冲击，中国创造的发展路线阻碍重重，以至于现在也很少能发现民族传统体育项目中有所创新的项目，现在世界体育舞台上也很难发现具有中国本土特色民族传统体育项目。由此看来，创新才是中国民族传统体育文化发展的重中之重，但是创新需要资金和精力的投入，需要人才的培养和后备人力资源的储备。这就为政府和学校提出了新的要求。

3. 发挥学校和社会的教育功能

（1）民族传统体育文化的保护与传承必须重视和突出学校教育的作用

学校是社会有计划、有目的、有组织地培养人的专门场所，学校有专业的老师和丰富的体育设备，集前沿教学理论与教学内容为一体，学校是民族体育发展与传承的摇篮。经过专家的调查与研究，无论是中小学还是高校，民族传统体育都有作为教学内容的可行性，其发展空间较大。在学校中开展趣味性的传统体育项目，创编民族传统体育文化的教育读本，将民族传统体育文化渗透到教学活动中，逐步形成学校传统体育教育体系。中国民族传统体育的理论体系薄弱，可供参考的理论相对较少，研究理论与方法有待提升，学校有研究能力较强的专家学者，有基础理论丰富的学习团体，这是民族传统体育文化理论大幅度扩展的有利因素。学校教育为民族传统体育项目推向全国提供强大的智力支持。

（2）加强对民族传统体育文化的宣传力度，充分发挥社会教育功能

社区是社会教育功能发挥的基本单位，社区人群相对集中，居民价值取向易于整合。充分利用社区宣传栏、体育广场等场所宣传民族传统体育文化的相关知识，让人们了解传

统体育，参加民族传统体育项目。这是西方体育思想入侵的时代保护民族传统体育文化的主体地位行之有效的方法。民族传统体育与全民健身相结合是实现民族传统体育发展的另一途径，《全民健身计划纲要》深入实施，在全国范围内形成了一种前所未有的健身热潮，将民族传统体育项目中趣味性、表演性、健身性较强且易于开展的项目加以改造创新并与全民健身相结合，解决了全民健身场地、器材供应和无内容可练的困难。

4. 政府政策供给与资金投入

在民族传统体育文化保护与传承的过程中，政府应充分发挥主导地位：

（1）给予民族传统体育文化保护工作提供各种政策。

①对外，政府应加强民族传统体育文化与奥林匹克文化的交流，奥林匹克文化为我国民族传统体育文化的发展提供了展现平台，为它的发展带来广阔的空间；

②对内，政府应大力发展和拓展民族传统体育事业，保护民族传统体育文化存在的根基，开发民族传统体育资源，建立相应的管理部门，制定相应的政策条例，组织相应的研究团体，为民族传统体育文化的现代化转型提供智力支持。

③政府加强民族传统体育文化保护的立法工作。在人们的体育行为中只依靠道德的力量去规范，会导致一系列的问题出现，“球场暴力”“黑哨”这些体育赛场上问题的出现就是因为体育领域内法律制度的不健全和人民法律意识淡薄。体育事业中侵权行为也是屡禁不止，比赛转播权、赛事商标的知识产权破坏等。这些问题亟待民族传统立法工作的解决。

（2）政府应给予民族传统体育文化保护工作充足的资金投入

我国民族传统体育文化起源较早，而且受民族生活方式的影响导致民族传统体育项目种类繁杂、分布广泛而不均，这给民族传统体育文化的挖掘和保护带来很大的不便，大量的人力、物力如果没有政府的援助是不可能在民传保护中大有作为的。

①大力发展民族传统体育相关的体育产业，旅游业发展前景一片光明，例如云南省旅游收入从 2002 年 200 亿人民币到 2004 年 360 亿人民币，如此大的盘升幅度说明民族传统体育文化蕴含巨大的经济价值。彩票福利事业、体育商品产业、体育娱乐事业等的快速发展为民族传统体育文化的发展提供了良好的契机，将这些项目的收入投入到项目的创新与发展工作中减轻政府资金压力的同时，保证了民族传统体育文化的继承和发展。

②加强民族传统体育文化与现有商业文化的有机结合。民族传统体育项目具有较强的娱乐性，在政府部门、商业区等地的娱乐区建立民族传统体育项目体验广场，放松工作者的同时扩大了商品交易。在体育文化产业发展迅速的时代，政府应抓住时机，为民族传统体育文化的发展市场给予充分的鼓励与支持，使具有民族特色的传统体育文化强大，走上国际并影响国际。

中国民族传统体育文化在面对西方体育文化的冲击下，保护工作变得紧张与迫切。民族传统体育项目的保护与发展是一项复杂而艰巨的任务，不能因为保护而限制了发展，发展才是民族传统体育文化的出路，而又不能因为发展丢失了民族传统体育文化所具有的中国内涵。介于此种情况下，我国有必要集中一切可以集中的力量投入到民族传统体育文化的保护与传承工作中，无论是社会还是政府都有责任为此奉献自己的力量。当前我国民族传统体育文化的保护和传承工作还处于初级阶段，仍然受诸多不利因素的制约。要保持民族传统体育文化这种潜力资源的民族特性和时代性，应注意发挥学校的基础作用，协同政府、社会团体的呼应，为民族传统体育文化打造良好的发展与保护氛围。总之，民族传统体育文化的保护与传承工作是一项长期性的任务，培育民族精神发扬传统文化中的优秀部分和精髓，珍视传统，才能形成我们的文化向往力。

第四节　高校体育文化与体育文化遗产的传承与保护

一、我国体育类非物质文化遗产保护的必要性

体育类非物质文化遗产作为人类文化遗产的重要组成部分，在人类文明的进化过程中起到了重要的推动作用。我们甚至可以从民族体育的发展的轨迹，看出人类文明不断进步、冲突、融合的痕迹。但是随着西方体育文化的不断强盛，世界上的民族体育活动都受到了或多或少的冲击。如何处理好西方体育和民族传统体育之间的关系以及民族传统的体育的保护和发展问题，成为摆在我们面前的一个棘手的问题。

1. 保护和传承非物质文化遗产是人类文明进程的必然要求

无论优秀的传统文化还是先进的现代文明都是人类健康成长的精神食粮。我国是一个历史悠久的文明古国，不仅有大量的物质文化遗产，而且有丰富的非物质文化遗产。保护这些非物质文化遗产，既是一个民族对历史的延续、智慧的张扬、情感的联结，也是扩展时代思想、提升社会格调、培植公众修养的有利途径。正如国家前主席胡锦涛在致联合国教科文组织第 28 届世界遗产委员会会议的贺词中指出：“加强世界遗产保护已成为国际社会刻不容缓的任务。这是历史赋予我们的崇高责任，也是实现人类文明延续和可持续发展的必要要求” [3]。

2. 保护非物质文化遗产是保证世界文化多样性的重要保障

文化在不同的时代和不同的地方具有各种不同的表现形式。这种表现形式的多样性就表现为人类各族群和各社会特征的独特性和多样性。未来的世界和平只能建立在文明体系多元并立的基础上，因为只有在多元化的基础上实现的和谐，才是真正的和谐；只有在东西方各国和各大文明体系独立自主和平等对话的前提下实现的一致性，才是真正符合人道的一致性。

保护世界各民族的传统文化，是世界各国的共识，也是各民族的普遍要求。正如联合国教科文组织指出的：“尊重文化多样性，宽容、对话及合作是国际和平与安全的最佳保障之一”。

3. 保护非物质文化遗产是实现社会可持续发展的重要举措

可持续发展是当代世界各国普遍关注的问题，也是科学发展观的重要组成部分。自20世纪80年代起，国际社会便提出了“可持续发展”的概念。20世纪90年代起，可持续发展问题成为联合国的重要议事日程，成为世界各国政要和学术界的共识。可持续发展就是要求我们要珍视过去，立足现在，思考未来，我们不可只顾及眼前的得失，局部的利害，而全不顾全盘局势。文化遗产给社会可持续发展提供发展的土壤和精神动力。

4. 保护非物质文化遗产是实现物质文明和精神文明协调发展的重要一环

物质文明和精神文明协调发展，才能有效保障人们的身心健康，才能促进人的全面发展。非物质文化遗产有许多内容属于精神文化的范畴，具有了解历史、教育后人、鼓舞人心、陶冶情操、净化灵魂的功能。精神文明为物质文明的创造提供精神动力，而物质文明为精神文明提供物质保障。传统体育文化作为精神文明中的生力军，对塑造社会形象，提高民族素质起着重要作用。

5. 保护非物质文化遗产有利于实现中华民族文化的复兴

非物质文化遗产保护是经济发展到一定程度后，民族文化面对外来文化侵蚀的一次自省和对自身文化价值的再发现；是对文化传统的回归和守护；是民族通过文化保护而实现民族精神延续的一种方式。我国文化曾经在世界文明史上扮演着重要的角色，但随着近代国力衰退，以及西方列强军事和文化的入侵，使得我国文化相比西方文化而言，处于弱势的地位。随着国家现代化的推进，民族的伟大复兴也悄然落在了我们这一代人肩上。保护民族文化遗产就是实现民族伟大复兴的任务之一。

6. 保护非物质文化遗产有利于各民族间文化的交流和创新

联合国教科文组织《世界文化多样性宣言》指出：“文化多样性是交流、革新和创作的源泉，对人类来讲就像生物多样性对维持生物平衡那样必不可少。从这个意义上讲，文化多样性是人类的共同遗产，应当从当代人和子孙后代的利益考虑予以承认和肯定”。非物质文化遗产对保护世界文化的多样性有重要的作用，同样对于保护国内各民族的特色文化也起到重要的保障作用。我国是56个民族组成的大家庭，每一个民族都有自己特有历史和文化。特别是一些有民族特色的传统赛会和体育项目俨然就是民族名片，保护和传承这些文化遗产，对于提高民族的自豪感和增进民族间的交流和了解都有重要的意义。

7. 保护非物质文化遗产有助于维护民族团结和国家统一

非物质文化遗产具有极强的凝聚力和向心力，是维系民族团结、国家统一的基础。各民族无论大小，无论其社会处于何种发展阶段，都一律平等。各民族应该相互尊重各自的文化，并相互理解和相互认同。体育作为一种无国界、跨民族的文化传播媒介，对于推进民族认同、民族和解、跨文化交流与互动起着不可替代的作用。

二、体育文化遗产的继承措施

非物质体育文化遗产犹如乱石中的金子，在疯长的荒草和堆弃的瓦砾中散发着历史的光芒，如果精心收拾，依然会整理出精神文化的瑰宝，如散于梳理，又会埋没于匆忙的岁月。所以，非物质文化遗产的保护已是迫在眉睫的事情，我们应该坚持“非物质文化遗产保护的基本方针是贯彻‘保护为主、抢救第一、合理利用、传承发展’的方针”。诚然，物质文化、制度文化和精神文化是文化的三大层次，而精神文化属于文化深层次，常被人们认为是文化的核心层次。核心精神的变化常常会引起多重的反应，会波及人们的生活很多的领域。因此，如何继承和保护就显得格外重要。

1. 重点加强区域性保护为主

从非物质文化遗产的地域分布特征来看，不同的地区其文化遗产是不同的，而且不同的因素是多方面的。非文化遗产是一个地区历史积淀的结果，与本地区的民俗、习惯、风俗、信仰有很大关系。地区的差异本质上是文化的差异。我们强调非物质文化遗产的保护，首先的一点是对地区文化的认同，这是一个最基本的认识。在此基础之上才有可能对非物质体育文化遗产进行继承和保护。

2. 文化延承是非物质体育文化遗产的根本

中国自古耳提面命、口传心授的文化由于广泛公之于世而如今造成了文化的大面积的缺失。文化延承的主线在于青少年，为什么发达的地区没有珍贵的文化遗产，而大多数的文化遗产保留在少数民族地区和落后偏远的地区，原因之一是这些地方受到的现代西方文化的冲击较少。世界非物质体育文化的繁荣，最基本的还是继承和发扬光大。文化的延承是非物质文化遗产的生命线，是代代相传的基础。我们期待着有更多的人去走向民间、走向田野去整理失落太久的文明，那将是最大的文化延承。

3. 建立法制体系保护

我国的非物质文化遗产保护只有个别单项条例和地方性条例，尽管我国在 2004 年正式加入联合国《保护非物质文化遗产国际公约》，但我们还应该尽快建立自己的法律制度，从法律和制度的角度保护珍贵的非物质文化遗产资源，来健全法律法规体系。

4. 加强国民教育，形成自觉保护意识

“2004 年 8 月 28 日第十届全国人民代表大会常务委员会第十一次会议通过的《保护非物质文化遗产公约》的第十四条强调‘教育、宣传和能力培养’，通过向公众，尤其是向青年进行宣传和传播信息的教育计划；有关社区和群体的具体的教育和培训计划等途径

使非物质文化遗产在社会中得到确认、尊重和弘扬。”教育是产生文化认同的动力。历史表明，经济全球化趋势与非物质体育文化遗产流失成正比，教育的保护应该是多条主线，不仅仅是局限在学校教育。这种教育要面向全社会，形成大家共同的认识意识，因为体育文化遗产具有不可复制性、不可再造性和民族特有性。

特色案例：辽宁省体育文化遗产价值研究

20 世纪 20 年代，张学良将军提倡体育强国强种，支持体育事业发展，使辽宁体育事业活跃起来，享誉国内乃至海内外。新中国成立后辽宁的体育事业有了长足的发展，是名副其实的体育大省和体育强省。辽宁辉煌壮阔的体育发展历程留下了丰富的体育文化遗产，这是先人体育活动的记录和承载，是继承、传播和弘扬体育文化的重要形式，也是后人必需的文化营养和精神财富。然而，随着时间的流逝人类的社会生活和生活方式发生了演变，许多体育文化遗产不断遭到破坏甚至消亡一些传统体育项目不能得以流传，具有独特文化内涵的民族体育文化记忆正在逐步丧失。在我国经济飞速发展的今天，人们早已不再满足于衣食无忧的生存，更追求健康、愉悦，丰富的生活，因此研究与强调辽宁体育文化遗产的价值对于传承、保护和利用体育文化遗产具有重要意义。

1. 再现与传承辽宁体育文化的历史价值

（1）辽宁体育文化遗产是不同历史时期人类体育活动的真实再现

辽宁是清王朝的龙兴之地，清代官方文献中对辽宁的记载总有一些避讳和溢美之词，非物质体育文化遗产以其稗官野史的、口耳相传的、原态的文化形式，可以弥补官方记载和正史典籍的不足、遗漏或讳饰，有助于现代人更真实、更全面、更接近本原地去认识已逝的历史及文化。体育文化遗产与过去的历史事件、历史人物和体育发展阶段紧密相关，是体育发展史上的物证，是体育文化的活化石。辽宁体育文化遗产能够还原辽宁不同历史时期的体育活动，是以往人类体育水平和体育发展脉络的真实再现，生动准确地反映了历史各个阶段民众长期体育文化活动及其成果以及先民们在征服自然、生产劳动、杀伐征战、宗教祭祀、健身娱乐等活动中创造演化出许多带有地方特色和民族特色的体育形式，因而具有不容忽视的历史文化价值。

（2）辽宁体育文化遗产具有积淀和延续辽宁体育文化的传承作用

人类历史之所以不断向前发展，就是因为我们继承了前人的给我们的文化财富。文化的传承不是凭空的，要通过特定的载体得以实现。体育文化遗产是人民在长期的与自然抗争谋求生存、发展的过程中积累沉淀下来的文化精髓，深深地打上了民族的价值观念，思想意识，文化理念的烙印，饱含着独特的民族的文化基因。因其蕴含丰富的体育文化内涵，广纳体育文化的精华，并按照人类体育文化发展的这种需要而逐步发展完善，所以体育文化遗产成为联系昨天、今天和明天的桥梁和纽带。

有了东北大学体育场（汉卿体育场）旧址，当代的我们才能体会在民族存亡危机时刻辽宁体育的辉煌与悲情；同样五里河体育场被爆破拆除后，后世的人民就无法感知中国足球圆梦世界杯的激情与震撼；如果满族太平秧歌失传，当代的我们就只能从书本和影视作品里看到古代东北人的生产生活。

2. 保护民族文化多样性的社会价值

西周思想家史伯说，“和实生物，同则不继。以它平它谓之和，故能丰长而物归之。”多样性，是自然界存在并发展的法则。正是文化的多样性，形成了不同国家间和不同文化背景的人群之间彼此相互沟通的冲动和基础。体育文化遗产受到历史环境政治经济的影响，具有本民族独有的基因，保护体育文化遗产，就是保护民族文化的多样性。文化为什么能够在不同的社会文化共同体之间传播？这就像水为什么会流动一样，需要两边的地势不相同。也就是说，差异性是文化传播的根本原因所在。文化的过程，其实就是某一社会文化共同体的文化丰富与自我超越的过程，是向自身注入新的生命力和新鲜血液的过程。

3. 积累与推动学术发展的研究价值

体育文化遗产作为历史上各个时期体育文化的精粹，是人类物质文明与精神文明发展的提炼和总结，是不同历史时期体育文化发展的优秀成果的集中体现。对这些优秀文化成果进行深入探讨与研究，有利于我们准确地把握人类体育文化发展的规律，从而推动体育科学的研究与进步。同时，体育文化遗产作为文化遗产的一部分并不是孤立存在的，其中体育场馆融合了建筑学，体育宣传融合了新闻学，体育文物收藏融合了考古学，体育非物质文化遗产更是集社会学、民族学、音乐、美术艺术等众多领域于一体，更多存留了当时人们的思想认识水平、审美情趣、生活情感态度、风俗信仰禁忌等社会历史文化内容，因此为其他领域的研究提供了新资料，从而推动各个学科的学术发展与深入。体育文化遗产真实地再现了当时社会体育文化发展的状况，以其“原始记录”的真实性与可靠性在体育史上拥有无可比拟的信息资源优势和权威话语权，具有极高的史料价值，因此体育文化遗产是当代学者进行体育科学研究的重要理论基础和史实依据。

4. 审美和激发创新的艺术价值

遥望古罗马角斗场似的汉卿体育场，我们可以想象在20世纪二三十年代，以救亡和启蒙为现代体育的主要目标的指引下，辽宁青年在赛场上飒爽的英姿；观看抚顺满族的秧歌表演我们可以推测早期先民们在这片白山黑水中狩猎骑射，抵抗外敌的朴素骠勇的生活实践；参与到本溪朝鲜族农乐舞当中我们更能体会劳动人民祈祝农业丰收、家宅安泰的愉悦。这些都是极具审美价值的艺术品。体育文化遗产在历史发展的长河中被披沙拣金的流传下来，就是因为他们是历史上各个时期体育文化的精华。因此体育文化遗产中有许多美轮美奂的艺术形式，无与伦比的艺术技巧，独一无二的艺术创造，能深深触动人类的感官，打动人类情感，震撼人类心灵。通过这些体育文化遗产中的艺术作品，我们仿佛可以真切地看到当时的历史状况、人的生存状态和生活习俗以及他们的思想与感情。

同时，体育文化遗产中本身就有大量的创作原型和素材，可以为新的文艺创作提供取之不竭的源泉，当代许多影视、小说、戏剧、舞蹈等优秀文艺作品就是从体育文化遗产中孕育而出的，这样很好地发挥了体育文化遗产的审美再造功能，充分利用了体育文化遗产的审美艺术价值。

5. 创新与拉动辽宁旅游业发展的经济价值

辽宁省是中华文明的发源地之一，也是近代开埠较早的地区，新中国成立后辽宁号称“东方鲁尔”，是新中国崛起的工业摇篮。辽宁是东北地区通往关内的交通要道，也是中国连接欧亚大陆桥的重要门户，交通便利。深厚的历史积淀，独特的白山黑水，飞速发展的经济，优越的地理位置，使辽宁省成为东北亚旅游的重点区域。但是由于旅游整体宣传力度不够等原因，辽宁省的城市与其他旅游城市的名气上相比还有一定的差距，另外辽宁省各城市除大连以外给外界的印象中多是“重工业”的原始城市形象，旅游产品的文化品位和文化内涵不足，特色不突出，旅游产业的潜力尚未得到充分挖掘。

近年来，随着经济的发展，人们的消费观念和旅游观念也发生了变化，开始从自然风光游向文化之旅，专题之旅转变。2008 年奥运会、2010 年亚运会在我国成功举办，国民对体育的关注度有了明显的提高，体育参与意识增强。2001 年在沈阳举行的十强赛上，中国足球终于冲出亚洲拿到世界杯的入场券，辽宁沈阳作为中国足球的福地知名度显著提高。辽宁作为体育大省和体育强省应该抓住体育这张王牌，做好体育旅游市场。更值得注意的是，第十二届全运会在辽宁召开，给辽宁旅游市场带来发展的难得契机，以体育为主题的旅游将有极佳的市场前景。辽宁具有众多有纪念意义的体育物质文化遗产和具有民族特色和美感的非物质文化遗产，文化内涵十分丰富，是极具价值的新型旅游资源，有助于拉动旅行旅游业的发展。

第九章　体育文化现代化

民族传统体育——我国优秀的民族文化之一，内容丰富多彩，形式多种多样，其功能具有休闲娱乐、养生保健、竞技等，但其现代化与全球化却举步维艰。提出整合民族传统体育文化，冲破禁锢、打造现代化环境，实现基本理论与方法体系的标准化，实现竞赛和普及相结合的“两条腿走路”等实现民族传统体育未来发展的具体设想措施。

第一节　体育文化的现代化转型

现代体育的兴起是文明社会的重要标志。实现体育现代化，是一个历史过程，是中国现代体育的基本走向。中国传统体育与现代体育的糅合、并驾齐驱，是中国体育现代化的基本特点。

一、中国传统体育与近代体育的糅合

1. 中国传统体育的特点

中国作为拥有上下五千年历史的文明古国，其文化也是源远流长、博大精深。文化范畴广阔，体育文化也是其不可或缺的一部分。体育文化反映了体育的整体面貌，通过各种体育活动得到具体展现。体育文化在当今不仅能体现出个人素养，也能展现出小到一个多人集体，大到一个国家的整体风貌，因而体育文化在当下有着愈发重要的地位。“体育”这一术语并非是我国故有的，它是从国外传进来的。在我国使用“体育”这一术语之前，使用的是“体操”这一词。这一词义同现代体育运动项目的“体操”不同，它泛指整个体育。在我国古代还未出现一个可以概括所有体育活动的概念或术语，没有一个与今天“体育”完全相当的概念。类似“体育”词义的，如“养生”“导引”“尚武”“习武”等等。儒家文化是中国传统文化的核心，因而中国的传统体育文化也受到了儒家文化的许多影响。在儒家文化的影响下，中国传统文化主要可以有以下的特点。

（1）遵循礼

“礼”是中国传统文化价值体系的中心范畴和文明进化的主旋律。孔子是中国礼文化

的集大成者，他提出“不学礼，无以立”，把一切都纳入到礼的轨道，所以体育文化活动也不例外。中国古代体育作为传统文化的一个组成部分。如盛行于唐代的“十五柱球戏”，柱子上就分别标有“仁、义、礼、智、信、温、良、恭、俭、让”等红字和“傲、慢、佞、贪、滥”等黑字，木球击中红者为胜，击中黑者为败。这个小游戏过程充分表达了娱乐活动中的道德规范和价值观念。

（2）内外兼修

作为中国传统文化主体之一的儒家文化，以“修身、齐家、治国、平天下”为修行方法，从而达到“内圣外王”的理想境界。中国古代体育由于受这种思想的影响，偏重于在修身养性、陶冶性情上下功夫，不像西方古代体育追求人体美，追求力量、速度。在中国古代的典籍中描述最多的古代体育莫过于武术和养生运动，这两种运动都有着深层次的哲学思想、成熟的习练方法、完美的艺术形象。注重武德，内外兼修，神形兼备历来是习武者的第一要义。在整个武术运动的习练中无处不突显出自强进取、自我修养、人格完善的传统文化精神。愉悦身心、宣泄情感、调情养志同样是中国古代体育所具有的文化功能，民间体育和女子体育尤甚。

（3）具有艺术性

比如1973年在青海省大通县上出土了距今4 500年左右的彩陶盆，陶盆内壁上绘有5人一组共三组的舞人在翩翩起舞。西周时的“礼射”，不只是单纯的射箭表演和比赛，而且还按等级配有不同的音乐，这可以说既是古代的体育，又是古代的艺术。还有中国武术的发展，最初的武艺主要是在军事战争中形成和发展起来的。后来，当它逐渐脱离了军事而独立存在、自成体系时，它的艺术性也就愈来愈高。除此之外，中国古代体育中其他项目如剑舞、龙舟竞渡、秋千、蹴鞠、滑冰等，也都追求形式美和艺术性的表现。

（4）中国古代体育缺乏竞技性

主要表现在竞技性体育项目较少和有些本来属于竞技性较强的体育项目，后来也变成了非竞技性的体育项目。没有全国性、综合性、长期存在、形成制度的体育比赛。如田猎、武舞、秋千、武术、踢毽子等，没有或很少有竞技比赛，主要是表演给别人看，或人们的自我习练。

中国传统体育文化便存在以上四种特点。不难看出，传统体育文化在古代没能独自发展起来，更多的是在儒家文化的支配之下的发展，不能够真正的普遍化、大众化，更多的局限于皇宫深院之中，是上流人士的活动。这种保守式的传统体育文化发展有利有弊。一方面可以丰富人们日常娱乐生活，陶冶人们性情。同时在传统儒学的影响下，一定程度上有利于维护封建专制统治，符合统治者的需要。但另一方面，传统保守的体育文化，不利于体育的整体发展，最明显的体现便是在近现代，中国体育事业的长期落后，中国人民的体质偏弱。因而在今后继承传统体育文化与发展现代体育文化的过程中，需要保持传统体育文化的优良传统，能够让人谨记道德，并且一定程度上的修身养性。另一方面，要注入更多积极向上的力量，让体育更加普及，实现全民化，作为提高全面体质的重要途径。

2. 中国近代体育的发展

中国现代体育与中国近代化、现代化的进程是一致的。自 1840 年鸦片战争后，西洋体育开始传入，并与中国传统体育相结合，因而开始了中国体育近代化进程。这一进程大体上分为 3 个阶段：

① 19 世纪 60 年代后至 19 世纪末。首先是洋务官僚聘请外国人教练兵勇，习练“洋操”，以及北洋水师学堂开设的西洋“体育课”，这些与中国的传统武术等训练项目结合，使中国军队开始走上了近代化之路。其次是近代学校体育也出现了新的内容。尤其是美国、英国等开办的教会学校，以课外活动的方式，开展了诸如田径、球类等“新式体育”活动。

② 20 世纪初至新文化运动时期。首先是近代体育在学校的实施迈入制度化轨道，如体育排入课表，纳入考试范围等；二是传统体育开始与竞技体育结合。如 1910 年 10 月举行的第一届“全国运动会”，便有武术、田径、足球、篮球等比赛或表演项目，将中国传统体育与“进口”的近代体育结合，用于竞技体育。

③新民主主义革命时期。首先是中国先进青年的体育观念，如毛泽东德、智、体三育并重的思想等，在同时代具有先导作用;其次是现代体育体制的建立，如国民政府成立“全国体育指导委员会”，建立“国术馆”等；再次是学校体育开始着重培养新型的高层次体育人才，如成立体育专门学校，在大学开办体育系等。“国运兴，体育兴”。新中国成立后，中国走上了现代体育发展之路。特别是改革开放以后，现代体育又催化了体育的大变革，使中国变体育弱国为体育大国、强国，加速了体育现代化进程。

二、实现中国传统体育现代化的途径

中国科学院可持续发展战略研究组对现代化的定义是：“一个时段（期）的现代化是指某个特定的空间系统，在人类发展进程中的特定时间间隔，规定一组具体的可操作目标（即预设具体目标）的实现步骤。”由此，可以对民族传统体育的现代化内涵阐释为：在当代社会的发展路程上，不断趋向于一组复杂的、同时具有时代内涵的和时空边界约束的、与其他社会组成部分相协调且相对目标集合的动态过程。我们研究民族传统体育的现代化，目的是为了建立一套科学的、全面的、系统的现代化理论体系，使民族传统体育在现实中面临种种碰撞和冲击能够保全和创新发展，从而能在世界主体文化中展现出中华民族的特色，丰富世界文化内容。实现民族传统体育现代化的途径则是：

其一，整合民族传统体育文化。中华民族传统体育与西方竞技体育有着根本性区别，蕴含着形神合一、天人合一、修身养性的深厚含义，具有“内向性”和“调和”的特征并且追求“和合”的精神。其所具有的这些思想特性，将更加适应现代体育在未来发展动向和潮流，也是中华民族传统体育的优势所在。因此，发展民族传统体育文化要立足长远，着眼于未来发展，对现代体育文化实施去粗取精，博采众长，开拓创新，整合成一种面向未来的、超越现代体育文化的现代化文化。我国民族传统体育项目近千种，形式多样、内容丰富，试图把我国民族传统体育所有项目均留存传承下去是很不现实的，也是不符合发展规律的，因此我们只能从众多的项目中筛选，来打造一批中华民族传统体育精品项目。在推广中，可能只有部分项目能够得到充分的发挥，绝大部分项目只能面临被淘汰的厄运。

其二，打破禁锢，创造现代化环境。我们要想认知历史、研读历史就必须回到事物的“原生态”，追求“本真”“原汁原味”“乡土”“返璞归真”等等，这些无形的要求也就成了我们挖掘和整理民族传统体育初期的主要思想。我们的初衷是好的，然而在对民族传统体育现代化研究的过程中却被这种“原生态”思想禁锢了，它无形中羁绊着民族传统体育的改革发展和创新实践。因而我们在研究现代化时需要转变陈旧的思想并进行思想理论创新，营造“百家争鸣”和“百花齐放”的氛围，创建良好的科研和创新环境。“土洋体育”之争出现于我国20世纪30年代，如果那时我们采取“土洋结合”“土洋并举”的方针，那么到现在也就可能不需要再重提民族传统体育的现代化问题了。但是历史毕竟已经是过去，我们也无法去改变，深究谁是谁非已没有现实意义。目前我们开展的一些国际、国内、省市等民运会并不少，但观众却寥寥无几，导致这种现象的出现，主要因为有些项目缺乏娱乐性、锻炼价值、趣味性和观赏性，或者说缺乏竞技性和挑战性，因此我们更为民族传统体育的发展担忧，同时也进一步说明随着生活方式的改变，人们对体育的需求也发生变化。所以，立足现实、解放思想、打破禁锢、着力创新才是民族传统体育现实现代化的正确出路。

其三。借鉴融合，积极转型。西方体育能够长期扎根学校，一方面得益于政府主管部门及学校领导的重视、党的教育方针和“为国争光”的奥运精神，另一方面就是这些运动的形式简单方便，训练者甚至什么都不需要带就能直接进入状态，并能自觉参加锻炼和自觉地组织比赛活动。我们可以从中学习并借鉴经验。在创新的过程中，我们可以运用嫁接、借鉴、融合哪怕是变异的方式。我们要敢于进行创新研究和善于发现变异，还要努力去培养变异。以土家族棉花球项目为例，它巧妙地把篮球的扣篮技术移植到棉花球运动中，从而使棉花球运动不仅增加了本身的锻炼价值、挑战性、趣味性和观赏性，还更加符合广大青少年的生理心理特征，并对青少年速度、力量、耐力、灵敏等素质的发展具有良好的促进作用。《中共中央关于加强青少年体育增强青少年体质的意见》中有一条不得不引起国人的注意：当前青少年力量、速度、耐力等体能指标持续下降。还有一项调查显示：许多学校的校纪录几十年内没有被打破。我们面对如此严峻形势，应该遵循《意见》的精神，努力提高人才培养质量和国民整体健康素质，尤其是青少年的生活与成长健康，努力创新民族传统体育项目，使其更加适应当代国人的需求。

其四，运用现代科技手段实现民族传统体育的现代化。创新是一个民族进步的灵魂和标志，是一个国家兴旺发达的不竭动力。离开创新谈民族现代化是不可想象的。现代体育中，体育已经离不开现代科技，世界各国都致力于研究和开发新姿势、新器材、新技术，纵观体育发展史，许多新的世界纪录或新的世界冠军往往取决于一种新技术、新姿势、新器材等，这种现象在高手如云的国际赛事中比比皆是。例如：新的泳衣、撑杆、标枪等高科技材料的尝试和使用；跳水、体操中翻转动作的周数和连接次数不断增加；跳高、铅球动作的进化；游泳服装的现代化改进等等。所以，在民族传统体育的现代化征程中，现代科技所带来的科技创新是必不可少的。

当前，相关研究者正在创新研究一些民族传统体育项目，探索改造革新技术，研究新型高性能器材，相信这些有益尝试必将促进我国民族传统体育的现代化。

第二节　全球化对体育文化的影响

全球化实际上并不是一种怪异奇特的社会文化现象。早在传统的古代社会，国家之间甚至是洲际之间就进行着一定的交往发展。我们可以将此看作是国际化发展的早期阶段。进入二十一世纪以来，全球化发展到了充分全面的阶段。尤其是经济领域，全球化发展加速推进。伴随而来的文化全球化发展也势不可挡，这其中当然也包括了体育文化的全球化问题。历史地辩证地看，全球化在文化领域的影响有消极和积极两个方面。具体就中国体育文化发展来说，全球化使其前途充满了机遇和挑战。

一、全球化背景下的中国体育文化

全球化是非蓄意和非预期的全球性效应，而不是全球性倡议和行动。我们一方面把流动自由权赞颂为全球化的最大成就和它不断繁荣昌盛的保证，而另一方面我们又经常剥夺其他人的这一权力。在全球化视域下对中国体育发展的哲学思考，“不再仅是追求唯一的真理，或者是追求普遍的共识，还可以从不同的背景进行各种探讨，去扭转人人习以为常的思维”[2]。“人的发现”和“人文精神的反思”是人类永恒的两大课题[3]。反思全球化下中国体育的发展，不是一味地批判全球化，也不是全盘接收全球化。在全球化的带动下，及随后西方体育文化的强势冲击下，反思中国民族传统体育首当其冲地遭到破坏的现象，以及未来中国体育发展的方向。

近年来，中国在经济发展上逐渐找回了民族自信心，接下来就是要在心理上、文化上逐渐建立起中华民族的自信。在全球化环境里，中国体育文化不能被湮灭在以西方为主流的文化之中。那么，中国体育人文之中心价值在哪里，中国体育的长远之路又在何方，这些问题都值得思考。

1. 问题的提出

“全球化”一词虽然多用于经济领域，但就体育领域而言，恐怕比经济全球化的程度还要高，而体育的全球化又以欧美为主要代表的西化体育为主。目前，中国体育的西化程度非常高。中国体育人文精神接受了以欧美为代表的全球化标准，并应用在体育实践中。

在这种情况下，我们应如何从全球化标准中抽身出来，再回到传统中去寻找属于我们民族的体育文化精华？至于如何梳理民族传统体育，可基于文化生态、后现代等基本理论，思考全球化对中国体育的内涵，及其在全球化体系中的影响，并在全球化体系中探索中国体育发展之路。此时，要回头重视原生态的本土体育，并继承与发展映射民族精神、体现人民智慧的体育项目，而不只是关注纯粹的舶来品——现代体育，目的是使未来中国体育人文朝着保有民族印迹的方向长远发展。中国体育包含现代体育与民族传统体育。在全球化中，中国现代体育的发展不可避免地跟随全球化大潮。在这种环境下，民族体育也出现泛化倾向。因此要找回民族，就要先找回族群，而中国就有56个族群，原有的民族传统体育人文非常丰富。我们应该认同中国的民族传统体育人文，并让更多人参与到民族传统体育的继承与发展中来。

2. 全球化背景

“全球化”这个概念，是20个世纪60年代由“罗马俱乐部”提出的。从狭义上讲，是指“从孤立的地域或国家走向国际社会的进程”；从广义上讲，是指“在全球经济、文化交流日益发展的情况下，世界各国间的影响、互动、合作愈益加强，使得具有共性的文化样式逐渐普及，并推广成为全球通行标准的状态和趋势”。“全球化”主要有两种理论，即“中心论”和“反中心论”。“中心论”认为，全球化源于一个中心，其进程是这个中心模式在全球扩展，其结果是这个中心模式在全球普遍化。不同的“中心论”者对这个“中心”的定位也不同，归纳起来主要有“欧洲”“西方”和“美国”这几个中心。“反中心论”主张，全球化将是一幅多元化的图景，这得到了长期受西方力量压迫的非西方国家的认同及支持。1990年，世界环境与发展大会在里约热内卢召开，作出了《世界二十一世纪议程》的决议，这标志着各国开始共同解决“全球问题”。1995年10月，150多个国家元首和政府首脑出席了“联合国宪章”生效五十周年大会，共同研讨如何解决世界上最紧迫的问题。这些都表明了人们共同面对“全球问题”，并促进人类步入“全球化”时代[5]。而对全球化问题的讨论与实践主要包括以下两方面：一是将研究对象处于全球化的背景之中；二是如何对研究对象在全球化中产生的问题进行治理（Global governance）。

二、民族传统体育全球化的内涵以及途径

1. 民族传统体育的全球化理论分析

（1）全球化的内涵

20世纪80年代中期以来，全球化（Globalization）取代国际化（Internationalization）、一体化（Integration）和跨国化（Transnationalization），成为比较通用的学术关键词[5]。全球化是主权国家和国际组织，根据自身的利益和需要，通过签订协议和制定规则，促进生产社会化和分工发展的客观趋势超越民族国家疆界和壁垒限制，而不断向全球范围扩张和延伸的过程，及其所形成的世界经济、政治、文化等诸因素相互渗透和紧密依存的状态

[6]。当今全球化已经是一个不可逆转的潮流，它给人们的生活带来翻天覆地的变化，并影响着当今世界的各个层面，更是不断给全球的文化带来层出不穷的问题，特别是对国家与民族自身的文化。

（2）竞技体育成功发展的借鉴与启示

竞技体育在现代社会保持持续、快速发展，究其原因不仅仅是因为各民族体育发展速度较慢，更是竞技体育在实践和理论上不断的探索创新。理论层面上，过去实行单一化训练理论和方法，现在则逐步发展成包括速度、力量、耐力和柔韧等内容的一系列科学化手段、方法、原则，引导竞技体育水平的发展。与此同时，高新科学技术的不断应用，促进了实验设备、运动服装、场地器材、实验方法等的改良创新。全球化是人类各种文化、文明发展要达到的目标，也是未来文明存在的文化，它表明世界是多元或多样性共存 [7]。跆拳道、柔道相继列入奥运项目，印度瑜伽运动的火爆告诉我们，在西方竞技体育为主导的体育运动中，民族传统体育不应停止不前，因为它仍然拥有自身生存和发展空间，一样也可以风靡世界。面向新的未来，没有理由自甘落后、自制囹圄。

2. 实现民族传统体育全球化的途径

（1）基本理论与方法体系的“标准化”

目前，民族传统体育学科发展模式和学科体系的建设还尚未成熟，薄弱的理论给实际工作带来诸多不便，面对这种严峻形势，我们必须清楚认识到学科建设对学科发展的重要性，并把学科建设问题摆在重要的、优先发展的地位来进行研究。正如恩格斯所说：“一个民族要想站在科学的最高峰，就一刻也不能没有理论思维。”武术的发展已经率先提出了“标准化”问题。要推动武术运动的国际化发展，并保持健康、持续的发展态势，必须站在历史的高度，用不断发展的眼光去审视武术；站在民族的高度，去弘扬武术；站在文化的高度去挖掘武术。为了这一远大目标，国家体育总局武术运动管理中心在 2010 年底正式提出，将 2011 年定为“武术工作标准化年”。武术标准化作为 2011 年武术工作的一个主题，是推进中国武术繁荣发展的重要举措。国家体育总局副局长肖天在召开中国武术协会的会议上指出：武术的标准化与段位制的实施，是大势所趋，是武术适应时代发展的需要。

（2）以留学生教育为切入点，大力发展教育国际化

增强留学生教育是中国进入国际教育发展的一个很好的切入点，也是走向教育国际化的必由之路。很多国外留学生就是从学习中国民族传统体育才开始了解中国、认识中国进而热爱中国。更主要的是，来华留学人员学成回国之后，也把学习的中国民族传统体育传到了自己的国家，留学生就像是活招牌一样把中国民族传统体育宣传到世界各地。因此，大力发展海外留学生教育，对民族传统体育全球化的实施具有重要的和长远的现实意义。

①要制定具有战略性发展的法规和政策

长期以来，民族传统体育大多以民间形式，自发地在国外开展教学活动。教学形式五

花八门，极不规范，缺乏统一的目标，甚至有的人只在于个人谋生而为。因此，由国家出面制定具有战略性的、反映国家意志的教育法规和政策，将民族传统体育教育全球化发展的要求和标准规范起来，从而保证民族传统体育教育国际化的可持续性和稳定性。

②要有学习和借鉴意识，加强国际化的合作和交流

这一点可以借鉴孔子学院的办学模式和思路，甚至可以在孔子学院的教学内容中增设民族传统体育课程，开展与民族传统体育有关的资格认证，例如武术、健身气功的段位制培训、考评和认证，满足国外学生学习并传播民族传统体育文化的需求，进而有力地提升我国的文化软实力。同时，还要加强校际民族传统体育文化的交流与合作。通过对国际学生的民族传统体育教育，使他们更好地了解中国的社会、历史、文化、政治等方面，增加对中国的认识和兴趣，更有利于中国的国际交往，有利于中国软实力的增强。

③走“竞赛和普及”“两条腿走路”发展模式

民族传统体育作为一项体育运动项目，从传统中走来，更多的是一种自发于民间无组织的形式，在竞技、教育与经济方面的功能相对较弱。然而，竞赛的开发更能充分地展现出民族性，推动民族传统体育运动向着多元化方向发展，加快民族传统体育的现代化步伐，适应人们对体育运动的多元化需求。应“抓住以竞赛为规范化发展的契机，因为‘竞赛是运动项目发展的杠杆，运用好这个杠杆，可以调动各方面的积极性，促进运动项目的发展’”。在全球化语境下，竞赛形式还有利于民族传统体育在全球化进展中“两条腿走路”，使竞赛引领促进大众推广，竞赛和普及相互促进。

中华民族传统体育的竞赛化可以作为进入全球化的标准，但绝不是唯一标准。中华民族传统体育内容丰富多彩、形式多种多样，由于缺乏竞赛的可比性和竞技性，很多项目不太适合于正规运动会比赛，只适合于在一定地域、一定人群内开展，更多地承担着民族文化传承、民族精神培育之重任，对于这部分传统体育项目，可以挖掘其文化内涵，作为了解、考查其主体民族文化的线索，当然也可以在全民健身中普及。人们对体育文化的多元化需求，从而可以对内容丰富、形式多样的中华民族传统体育进行多元的选择，促进全球体育文化“百花齐放”，还可以促使中华民族传统体育自身的优化，为民族传统体育迈向现代化、走向全球化，实现其繁荣昌盛提供可能。

三、全球化过程中中国体育文化获得机遇

1. 在文化发展领域

中华人民共和国成立至 1956 年，在整个社会主义中国形成了生产资料公有制的体制。虽然如此，但是在思想文化领域，人们对什么是真正的社会主义社会，在认识上还有很多很大的误区或浮浅性。在认识领域，往往以“资本主义”为借口，对立于社会主义，将西方文化整体排挤于思想认识领域之外，自我封闭、自我陶醉。随着改革开放的推进，文化领域开始觉醒繁荣，社会主义新文化发展迎来了空前的机遇和发展空间。人们的思维空前

活跃，视野极大地得到活跃。其实，关于文化问题的讨论和认识早在20世纪40年代在我国就开始了充分深入地讨论。思想家文化大师牟宗三先生就曾经总结说：“今日国家政治问题实是文化问题”。新中国的现代化建设实际上也是与国际文化接轨的问题，其本质上也是文化问题。西方文化有其独特的文化内容和特性，有值得中国文化借鉴和吸收的积极内容，这是我们必须认同的前提。鲁迅的“拿来主义”其实早就为我们指明了发展和行动的基本原则和策略。

全球化的发展使得人们打破了原有的传统思想禁锢，不断消除思想误区，促进观念更新，最终不断接近或形成政治文化民主科学和思想自由理性。

2. 全球化为中国体育文化走向世界奠定了基础，提供了契机

文化在互通的同时，也形成对比和竞争，彼此促进发展，但这并不影响他们的接触和交流。全球化正是在这样一种平台意义上，为中国文化和体育文化发展奠定了良好基础，提供了有效契机。中国体育文化植根于华夏大地，是中华民族文明的璀璨结晶。中国文化追求人与自然的和谐，“天人合一”“道法自然”，等等文化理念是与世界文化、西方文化相一致的，有着殊途同归的人类文化旨趣。中国文化中追求辩证思维、讲求人伦道德等积极内容也给西方文化很好的借鉴，起到了良好的文化发展补充作用。

3. 全球化过程中增进了体育文化民族主体的自信心和自尊心

殖民地时代的中国，民族主体在文化上更多的妄自尊大，是屈辱的自大；新中国创建初期，我们更多的是忙于百废待兴的文化梳理和初级认知；到了20世纪80年代，不幸又出现了失去理智的文化“狂热”。只有在20世纪90年代以后，随着全球化认知的理性化和科学化，人们才充分意识到了自身民族文化的科学定位以及发展趋势。一定意义上讲，全球化不仅为民族文化和体育文化提供平台基础，提升了民族自信和自豪感，同时也为中国文化和具体的体育文化发展指出了一条通天坦途。

三、体育全球化对中国体育文化的挑战

21世纪初期，全球化发展更多地表现为西方文化对中国文化的挑战，甚至有时候表现为非常不对等的强弱势头对比。究其原因，主要是因为中国文化和体育文化发展没有充足地应对文化挑战，没有做好积极的准备。机遇往往是与挑战并存的。这一点在文化发展领域也不例外。这方面的表现在中国文化和西方文化接触的初期就已经露出了端倪。所以，中国文化和体育文化发展面临的挑战依然是十分严峻的，对于文化建设者而言，所要完成的工作也十分繁重和长远。

1. 全球化对体育思想文化领域的影响和挑战

随着全球化发展，西方文化中一些自由主义、虚无主义、拜金主义等不良思想观念来到了中国，自然会对中国体育文化和文化整体形成不良影响。突然接触西方文化的中国人，

尤其是年轻人，有不少会陷入迷茫，甚至是“全盘西化”的错误抉择之中，由此产生了对社会主义、对中国传统文化的彻底否定，这是很可怕的。这也是中国体育文化发展必须面临的一个极大挑战。中国体育文化的传统思想文化背景是中国传统文化，是传统的思想道德观念，其所处的当下时代的社会意识形态是马克思主义思想指导下社会主义意识形态。意识形态“能够整体反映一个阶级、国家和政党的性质、面貌和利益关系……它能协调文化活动的发展。”我们在坚持和客观面对全球化的同时，必须积极进行应对和挑战文化发展战略和策略。坚持社会主义和马克思主义指导，立足社会主义中国的具体特殊文化特性，不丧失自我，不自我贬低，坚持文化个性，借鉴吸收西方文化的长处。

2. 如何甄别和剔除全球化带来的西方文化中的糟粕是一个必须思考的重大课题

在全球化面前，前新加坡总理黄金辉曾经说过：“以往支撑我们发展的亚洲传统的道德、责任和社会观念，正在让位于西方文化的个人主义、自我中心的价值观。”黄金辉的话也必须引起我们每一个体育文化建设者的警觉，也必须认真思考如何科学对策。我们不应该面对西方文化盲目乐观，更不可全盘接受。这就要求我们的文化建设工作者，必须养成科学严谨的文化素养，理想分析，积极谨慎地接受，科学批判地吸收。任何文化都是动态发展变化的，不仅西方文化，中国文化都是如此。我们知道中国文化中有糟粕的成分，我们很容易发现并修正，但是我们也应该意识到，西方文化也同样如此。中国文化的核心是儒释道三家文化的融合发展，同时以马克思主义为当代政治文化的指导，发展于具有中国特色的社会主义初级阶段。这就是我们面对的现实，我们只有时刻清醒地保持这一状态，我们将比较容易把握住中国文化和体育文化发展的主流正确态势。我们的文化绝不能被西方文化打着全球化的旗帜所颠覆。

3. 我们必须面对文化发展中的文化认同危急，积极建立文化安全机制

俞可平在研究中指出：“并没有那么多人意识到西方文化霸权正在支配着我们”。不得不承认的是，在我们的体育文化发展的近些年中，西方体育文化的影子有时候甚至变成了主宰者，我们在努力地寻找着迷失的自己。我们的体育传统在很多时候很多方面被否定被遗忘。传统和特色有时候因为厚重或者过于熟悉而不被重视。全球化来了，西方文化霸权也来了。可是并不是每一个中国人都能意识到这一点。当我们一再丢弃传统和自我的时候，我们没有了的不仅是文化，更重要的是我们没有了安全感，没有了文华的安全感，于是有学者开始呼吁建立文化安全机制，以便更好地保护和发展中国文化。在体育文化方面，更是如此。

当文化主体新奇地面对西方文化的时候，很容易被“俘虏”，进而丧失文化主体性。没有了自身主体性的文化主体很快就会有一种不安全感，一种文化缺失的游离者，没有归依，没有信仰，没有安全。这似乎是一个可怕的恶性循环。“资本主义卖的不仅仅是商品和货物，它还卖标识、声音、图像、软件和联系。它不仅仅将房间塞满，还统治着想象领

域，占据着交流空间。”至此，我们不难发现，全球化不仅带给了我们前所未有的新鲜的文化营养，带给了我们开阔的文化视野，同时它也带给了我们烦恼，带给了我们第一次考虑到的“文化安全”这个新名词。中华民族伟大复兴的深层意义中必然不可缺少文化的伟大复兴。作为其中重要组成部分的中国体育文化，如何建立自身的安全机制，为实现民族文化的伟大复兴作出积极贡献呢？每一民族都有着自身独特的“精神家园”，是一个特殊的空间。我们不可以只像精英们说的那样一味“拒绝”，也不能像普通大众一样一味“陶醉”。我们必须时刻保持科学理性地觉醒着，为了自身家园美好，我们的体育文化建设将是一个长远而持久的征程。

第三节 高校体育文化现代化的发展策略

在我国大多数高校课堂教育中，都将体育教育划分为副科，没有给予充分的重视。因此要想切实提高体育现代化发展目标就要求教育部门重新修订教学大纲，把体育教育作为基础的学科来进行系统的课堂教学，并且要保证学校体育教学的质量。可以采取一些具体措施来配合学校体育教学的实施，例如规定文化课不及格可以进行补考，如果体育课达不到要求不可以补考，这样严格的规定势必会提高学生对体育课的重视程度。

一、高校体育教育现代化的必要性

由于受过去封建统治的影响，中国对人的研究还远远落后于西方发达国家，这也是我国迫切需要改进的任务。中国现代化建设是以市场经济发展为前提的，那么我国的体育教育现代化的发展就不可能脱离中国的基本国情。只有正确地看清本国存在的不足与合理汲取世界各国的优秀文化，实现中国特色体育现代化的理论，才能使得中国体育现代化与体育现代化教育有更好的发展，最终将中国的完美形象展现在世界的大舞台之上。我们已经认识到，盲目地追求西方文化对于建立现代化体育教育是错误的，适当借鉴西方文化，以本国文化为主导来构建现代化体育教育才是发展的根本。众所周知，文化是一个民族经过几千年沉淀下来的巨大财富，民族文化可以反映一个国家的特征。改革开放政策的实行，将中国推到了世界的历史舞台之上，中华儿女已经成功地把中国文化展现给世界。

二、高校体育教育现代化发展的策略

1. 体育教学思想现代化

教育思想现代化即教育思想主动适应社会变革，对教育建设具有超前意识，它包括人才观、质量观、教育价值观、教学观、师生观，并在教学实践中身体力行，使之成为全体教育工作者的自觉行动。就体育教育学而言，应从单一的生物体育教学观转变到多维的体育教学观；从传统的以体育知识技能灌输传授为中心转向以培养学生自主学习，自主锻炼，发展独立思考能力和创造能力为主的体育教学，从多元化、全面性、发展性的教学目标出发，从体育教学的生物，社会教育、心理方法论等多重原理出发注重不同年龄段学生在体育知识、技能、体育兴趣及体育价值观的培养；改变人为地用心率、密度等生物学科的知识和方法来评定任何体育课的思想。而现在许多学校的室外体育优质课的评判，许多教师并不是关心该课是否使学生在愉快的身体运动中学到了哪些东西，而是忙于测量学生的心率测算该课的密度，使学生如临大敌，根本谈不上在愉快中运动学习，简直是在表演，整个体育课如果达不到预定的心率和密度，即使该课如何愉悦了学生的身心，增强了学生的体质，也只能与优质课无缘。以上思想有的已深深根植于体育教师的头脑中，甚至成为某些教师的自觉行动，所以这些对体育教学的改革极为不利。

教育思想现代化要求体育教学思想应在学生主体性观念上，由过去的学生“跟着练”转向学生“自主练”为主；由过去“育体练身”为主的方法，扩展向同时“启智”“调心育人”的综合多样化方法体系，由简单的达标定名次向促使学生在已有水平上都有所发展的方向迈进，使学生的一般发展、共同发展与特殊发展、差别发展相结合，创造性地解决学生个体学习中的问题。

2. 体育教学内容现代化

用先进的科学技术来充实技工学校的教育内容，强调教材要反映出现代科学文化的先进水平。因此教育内容的精心优选科学搭配是教育现代化难度最大，影响最广泛的基础性工作。现在的体育教材内容多而杂，而且缺乏年龄，性别、专业的特点，教学内容陈旧，只重视知识本身不重视知识的更新和选择的针对性，教材内容脱离群众体育内容，如铅球运动项目从小学就开始学习直到大学还在学习，真正走向社会之后没有人手里握着铅球在社区或公园进行锻炼，诸如此类的教材内容屡见不鲜，现代体育教学内容应重视多种教学内容的综合，体现终身健身的需要；注重基础理论内容与运动技能内容的合理搭配。注重体育教学内容的科学性、时代性、全面性与民族性，而现在的体育课教学很少体现出民族性，许多传统的有价值的运动内容被安排在教材的选修部分或占必修教材的一小部分。而且必修教材多由竞技体育动项目内容所取代。

因此，在内容的选择上注意继承与创新的结合。理论课教材应选择有利于强化学生健身意识增强体质的知识，养护身心理论和方法等方面的内容。同时，应该抱着发展的实事求是的观念来扬弃传统的教学方式，方法、充实学校体育教育的文化价值与观念体系，实践课教材应打破以竞技运动为中心的教材体系，选用具有较高锻炼价值和终身效益的民族传统体育项目等，个体练习教材、培养学生科学锻炼养护身体的能力。

3. 体育教师队伍现代化

体育教师队伍的现代化是体育教学现代化的核心因素。现代化的体育教师应具有一定的体育知识技能技术等专业素质，掌握现代教学方法，新型教学设备的操作技术和一定专业外语，具有正确的人才观、教育观、师生观。

我国现有的体育教师队伍不论是学历层次，还是知识结构层次都不容乐观，仅就学历达标情况而言，小学、初中、高中、情况分别为61.84%、82.9%、87.9%。而且部分中小学体育教学水平低下、教育观念和知识结构陈旧，不能从较高层次上进行教学在教学方法和手段上仍采用凯氏教学法。不管是幼儿园学生还是高中学生、大学生都是千篇一律的“立正”“稍息”“齐步走”，使儿童教育成人化、无趣性，成人教育无特性，而且绝大部分体育教师缺乏驾驭现代化教学设备能力尤其是运用先进的信息工具获取各种体育信息的能力更是极为贫乏。这就要求体育教师不仅注重提高自己的学历层次，更要注要不断吸收新知识更新知识结构、学会改变体育教学工作中形成的传统工作习惯与思维方式用现代教育思想与理论武装自己，使自己的观念和认识得到提高。

4. 体育设施现代化

（1）电子计算机的运用

在对运动员进行训练的时候，电子计算机是教练最常用的工具，教练可以把运动员的生理状况通过编写程序输入到计算机中，根据队员的自身情况制定针对性较强的训练计划。在竞赛的时候，电子计算机能够综合运动员各项结果，预测出运动员在下节比赛中可能表现出的状态，这样就可以给教练足够的实践来制定准确的战术。在现场比赛设备布置方面，电子计算机常常和记分牌相连接，计算机的应用不仅能够提高记录的准确性还能自己排列出名次，最重要的是可以将比赛成绩转化成信号传送到荧幕上。

（2）激光、电子设备的运用

在训练过程中随处可以见到激光、电子设备的运用，比如录像机、摄像机、立体摄影仪等，这些设备的应用可以从不同的视角来记录场上队员的表现，以便在赛后进行正确的技术分析，同时也能够给观众清晰地呈现出不同场地的不同镜头的切换。

（3）电子遥测技术的运用

在体育科研中随处可见心率、心电等遥测设备，可以随时监控运动员在训练时的身体各项指标的改变，合理地安排运动量。在比赛过程中，教练员可以通过电子遥测技术对运动员进行场外指导及时纠正错误，从而能够取得预期的效果。

新中国成立以后，我国对外体育交流工作取得了令人瞩目的成绩，但是主要停留在对竞技运动的多变和双边竞赛活动的表面阶段，在对国家学术交流方面还没有形成规模化。我国体育事业虽然已经取得了很大发展，但是与国外相比还是存在着较大差距。因此在未来的体育现代化发展中，我们要通过各方面的不懈努力来打破这样的局面，积极吸取国外的先进训练方法并向国外推广我国的先进理论，通过不断加强国际体育交流与信息搜集，实现体育教育现代化走向全世界。

实现体育现代化建议从以下几个方面着手：首先是实现体育教育指导思想现代化。在体育实践教育中要以学生为教育的核心，教师应该多关注学生个体素质区别要因材施教，正确突出学生是主体，建立良好的师生合作关，实现共同进步。其次是丰富体育教育内容现代化。要求整个体育教育内容要完整、课程设置合理、结构简明、实用性强等特征，在教学中要运用科学的方法，能使得所有的运动员虚心接受，从而达到教学的目的。再次体育设施要现代化。体育设施是体育教学的基础设施，它也是学校体育教学综合实力的体现。它具体包括体育教学设备、训练装备达到现代化体育教育水平的要求。对于有经济实力的学校，应该根据学校的规模建设相配套的体育设施。对于经济欠缺的学校，应该结合学校一切能利用的教学设备，最大限度地服务于学生。最后还要实现体育教学管理的现代化。体育教学管理现代化是指以理论知识为基础，应用现代化教学的方法来提高体育教学质量，积极地将先进的科技技术运用到体育教学管理中，优化体育现代化教育的过程。我们只有不断完善自身建设，才能满足体育现代化发展的新需要。

案例分析：印度的现代化教育及其对中国的启示

1. 印度教育现代化的经验

印度的现代 ICT（Information and Communication Technology）产业的发展开始处在领跑地位的世界第一集团之中。先进的现代 ICT 促进着印度经济发展，使得印度成人教育特别是农村成人教育带来新的技术和活力。印度政府自 2000 年以来也已经启动了大量推动农村成人教育的项目，而其中主要又是通过引进现代 ICT 来实现。现代 ICT 发挥着越来越积极的作用，成人学习者能够利用课程录像随时观看学习材料，能够为成人学习者提供个别指导。瑞士著名的 Tata 手表公司赞助并策划了多个利用先进的 ICT 而进行的印度成人教育项目，为印度农村创设了新的成人教育电视节目，合并了美达克地区早先的三种初级读本，并将 17 门课程制作成电脑学习课程。

经济全球化势必会带来道德的全球化危机，处理不好就可能使得一个国家或是一个民族道德沦陷或是失去生命的根源。印度和中国在经济快速发展的同时同样面临全球化的“道德危机”，两国可以相互借鉴经验。印度从建国初期开始就一直重视学生道德价值的培养。1986 年，印度政府颁布《国家教育政策》，规定初级教育要培养学生的基本品质，如同情、忍耐力、勇敢、决策能力、团体精神等。1992 年，印度的教育政策就把教育作为培养社会和道德价值的有力工具，培养学生普遍的永恒价值，实现国家的统一和人民的团结。1999 年，印度查范委员会提出关于人类价值的报告，要求通过教育培养人类的道德价值。

中国和印度都是多民族国家，少数民族教育的发展决定着整个国家教育质量和水平，印度在这方面的努力我们也可以学习和借鉴。为降低少数民族学生的辍学率，提高他们的毕业率，印度政府采取了动员社团力量参与教育宣传，提高学生家长的意识，给予经济激励，改善学校的基础设施等有效措施，大力开展一系列农村、部落地区基础教育工程，以达到在少数民族地区普及基础教育的近期目标。

2. 印度教育现代化的教训

（1）印度教育计划头重脚轻，未能有效实施

印度独立后，1951—1985 年，印度政府制定、贯彻和实施了六个五年教育计划，计划的实施改善了印度的教育困境，提高了国家经济水平，但很大程度上存在计划头重脚轻的问题，虽然在以后的教育计划中有所改善，但其根本问题仍然存在。在印度，所有的计划工作都是在国家一级进行的，而没有邦、县和地方一级的人员参与。除此以外，计划工作就像一个颠倒的金字塔那样进行，即把较多的钱花在高等教育上，而随着教育层次的降低，花的钱逐渐减少。即使在中央一级，也有很多缺点。

（2）教育学习体系偏理论、轻实践

麦肯锡全球研究所 2005 年做了一项调查，向来自全世界 83 个公司的人力资源方面的专业人士提出这样一个问题："在 100 个符合学位条件的本科生毕业生中，你会雇佣他们中的多少？" 结果显示，有 80.7% 的美国毕业生可以被雇佣，但同时只有 25% 的印度毕业生被雇佣，中国甚至更低。造成印度目前与美国相比，人才低竞争力的因素一方面是距离主要中心城市太远和文化交流等问题，但最主要的原因则往往是印度教育学习体系偏理论、轻实践。

（3）缺乏教育督导和质量监控，地方执行者公信力低下

印度教育，特别是作为印度远距离农村成人教育、扫盲教育、少数民族部落教育具体项目执行者的地方政府机构，其办事效率低下，腐败现象严重，而且存在地方当局歧视作为低等种姓的贫困农民的情况。印度广大农民与政府官员之间存在很大的隔阂，普通农民缺乏渠道、没有机会接触高一级的行政官员，并与之沟通与对话，这就可能导致腐败现象滋生，并出现中间人即地方执行者对农村成人教育、少数民族部落教育或扫盲教育项目的干扰。由此，社会学家大声疾呼，农村成人教育、农村扫盲教育和少数民族部落教育所出现的"中间人的干扰"应该得到彻底的清除，"地方执行者"的公信力必须得到提高。

3. 印度教育现代化对中国的启示

（1）教育优先发展，走教育强国之路

印度政府和国民非常重视教育，举国上下都把教育当作立国之本。通过确保教育机会均等和提高国民教育水平，特别是高等教育水平，成功地走上了教育现代化道路。教育特别是高等教育的腾飞为印度经济的发展做出了巨大贡献，我国要从印度成功的经验中寻求启示，视教育为立国之本，走教育强国之路，进一步提高对教育重要性的认识。

（2）加强教育立法，确保教育的法律地位

印度是高度重视法制的国家，印度教育拥有配套的法律法规系统，确保教育能稳定地发展。我国应该吸取印度等国家的先进经验，认真总结教育发展的经验教训，尽快建立起一整套教育法律体系。这是我国教育事业发展的基础性工作。这样，便可以确立我国教育的基本框架，为教育的健康快速发展提供法律保障，创造良好的环境。

（3）加强宗教共存教育

印度是多宗教的国家，宗教冲突经常发生，因而在宗教教育中特别强调宗教之间的宽容与共存，理解宗教之间共有的价值。实际上，印度教育当局一直支持宗教教育。1999 年，印度查范委员会的报告提出，要让学生了解所有宗教的基础，从中学到大学进行比较宗教哲学的教育，让学生意识到每种宗教的基本观念是共同的，学会不同宗教之间共存，对任何宗教不怀敌意。